PREDESTINATION

&

FREE WILL

□ 董江阳 / 著

预定与自由意志

基督教阿米尼乌主义及其流变

中国社会科学出版社

图书在版编目（CIP）数据

预定与自由意志/董江阳著．—北京：中国社会科学出版社，
2011.7（2019.10 重印）

ISBN 978 – 7 – 5004 – 9742 – 4

Ⅰ. ①预… Ⅱ. ①董… Ⅲ. ①阿米尼乌斯，J.（1560～1609）—哲学
思想—研究 Ⅳ. ①B563.9

中国版本图书馆 CIP 数据核字（2011）第 066935 号

出 版 人	赵剑英
责任编辑	陈 彪
特约编辑	蒋海军
责任校对	杨 林
责任印制	张雪娇

出　　版	中国社会科学出版社
社　　址	北京鼓楼西大街甲 158 号
邮　　编	100720
网　　址	http://www.csspw.cn
发 行 部	010 – 84083685
门 市 部	010 – 84029450
经　　销	新华书店及其他书店

印　　刷	北京君升印刷有限公司
装　　订	廊坊市广阳区广增装订厂
版　　次	2011 年 7 月第 1 版 2019 年 10 月第 2 版
印　　次	2019 年 10 月第 2 次印刷

开　　本	710×1000　1/16
印　　张	27
插　　页	2
字　　数	443 千字
定　　价	158.00 元

上帝的预定啊！隐藏得何其深奥

以软弱无力的目光，无法探明一切

"第一因"的整体，乃祸福甘苦的根基！

世人啊，让你们的评判慎之又慎，

因为在此我们是直面着上帝，而且

我们还不知晓他拣选者的全部名册；

然而我们评判力的缺乏，对我们却是美好的，

因为这种善使得我们的善更加美妙，

那上帝所意愿的，就是我们所意愿的。

——但丁：《神曲》3，20：130-138

前　言

　　预定与自由意志的问题是一个具有某种普遍意义的宗教与哲学问题，但本书涉及的内容是隶属于基督教教会史与神学史之内的特定范畴。所谓"预定"，当然是指"上帝的预定"；所谓"自由意志"，当然也就是指"人的自由意志"。这里，上帝的预定与人的自由意志，并不是一般性延展到了这两个术语的字面逻辑外延上，而是具体地指建立在基督教上帝论、基督论与人论基础上的基督教救赎论而言的，涉及基督教救赎论的一个核心教义，专指上帝经由基督这一中介对人实施的救赎。在全能的上帝给予堕落的人的救赎问题上，既然说"预定"似乎就排斥了"自由"；既然说"自由"似乎也同样与"预定"存在着张力。在"预定"与"自由意志"之间的这种形式紧张关联，在将各自的主体亦即"上帝"与"人"置于同一层面上时，就显得尤为明显。但即便是基督教信仰将上帝与人置于一种自上而下的统治与看顾的关联中，在预定与自由意志之间的形式与内在张力也并未完全消解。由此，这一神学教义问题及其引发的不同见解之间的分歧与论辩，也就成为基督教思想史上一个持续而广泛的论题。

　　本书以这一论题为中心，主要研究的是著名神学家阿米尼乌本人的生平、活动、思想与神学主张；16世纪后期至17世纪初期荷兰的宗教改革与国家独立；多特会议的召开；阿米尼乌思想追随者对阿米尼乌主义的种种发展与推进。本书还涉及其他一些重要人物，包括尤腾鲍加特、普兰修斯、朱尼厄斯、珀金斯、戈马鲁斯、格劳秀斯、沃斯修斯、博格曼、埃皮斯科皮乌斯、利姆鲍尔奇、卫斯理、葛培理、C. S. 刘易斯、平诺克，等等；涉及一些宗教信仰派别和社团，包括极端加尔文派、阿米尼乌派、"抗辩派"、"反抗辩派"、布朗派、"宽容（放任）派"、"高教派"、"广教派"、剑桥柏拉图派、福音派、一位论派、普救论派、五旬节派、灵恩运动，等等；涉及一些相关的思想与学派，包括堕落前预定论、堕落后预定论、自由意志有神论、开放性有神论、贝拉基主义、准贝拉基主义、阿里乌主义、苏西尼主义、埃米劳特主义、以拉斯图主义，等等；涉及一些重要历史事件，包括西班牙人的宗教迫害、荷兰的反抗与独立、莱顿大学的创立、阿姆斯特丹改制、远东探险与贸易、多特会议、荷兰的相互宽容及其失败、改革宗教会的宗教迫害、英国清教革命，等等；涉及一些重要的神学教义问题，包括上帝拣选与弃绝、人的自由与回应、基督赎罪与普遍恩典、获救的确据、圣徒的忍耐持守、重生与圣洁、"五点抗辩"、"神学郁金香"、信条信纲的权威、新教普世教会，等等。此外，本书还涉及一些特殊事件和有意思的事情，包括"海上乞丐"、"沉默者威廉"的遇刺、"纳维拉的亨利"的暗杀、詹姆斯一世的神学兴趣、奥德瓦特的屠城、莱顿的围城、阿姆斯特丹的大鼠疫、短期内建成的"世界一流大学"、16世纪与17世纪之交的大学生活、早期博士学位的授予、奥尔登巴恩韦尔特的被捕与受审、格劳秀斯的传奇式越狱、教会的分裂与迫害、邻居家出生的伦勃朗、客居莱顿并于后来乘"五月花"号前往北美的清教徒移民先驱，等等。

　　本项研究的困难性，除了一些常规问题和因素以外，还由于以下几点原因更平添了额外的困难。鉴于在各种著述中，对于阿米尼乌主义的基本立场，特别是对于阿米尼乌本人的神学思想，多存在着人云亦云、以讹传讹的现象，本研究将许多时间与精力都花在对阿米尼乌原著的研读、阐释和分析上。阿米尼乌的神学风格总的说来具有简明和清晰的特征，但这并不意味着他就是一个易于理解和领会的神学家。阿米尼乌神学所占据的高度以及所抵达的深度，在基督教神学史上是出类拔萃的。任何人想要透过几个世纪的间隔，准确理解和把握这位伟大神学家的所思所想，都需要付出大量时间与精力，需要去同他一道感受与思索，才能有所同感和收获。同时，由于论述的这一特定主题背景久远，跨度连绵，场景流转，余音迁延，人物众多，线索繁复，为便于理解与把握，除非是在万不得已的地方，本书基本上都是严格按照时间先后顺序来进行叙述和阐释，同时还对在全书中仅出现一两次的陌生人名与地名作了最大限度的压缩与删减。此外，那些主要是来自两三个世纪以前的旧式英语，在用词造句、句型文法、概念术语、语义主题以及叙述风格上，都与当代惯例与风格有着巨大差异，这又为本项研究增添了另一层困难。

在此，需要事先明确和强调的一点是，基督教的预定论及其相关的神佑论与神治论等，是基督教整个神学教义体系中的一个组成部分，是基督教信仰这一整体中的一个组成因素，不宜单独将其与其他表面相似的观点加以类比。譬如，它与古希腊罗马神话和哲学中的"命运"（"fate"或者"destiny"）范畴就毫不相干，基督教以自己的上帝论完全否定了古希腊的命运或命定观。同时，它也与中国传统的命运观完全是两回事；不应轻易将两者加以比较或攀附。中国思想史上的天命观一般可以区分为三种类型：一种是宗教神学型天命观。它明确将"天"视作主宰万物的神灵，人与万物的命运都由作为最高神的"天"来决定，这一类型主要见于春秋以前的古代信仰。另一种是哲学伦理型天命观。它逐步将"天"视作"自然之天"，强调人与万物是由存在于万物之内的盲目异己力量所支配，突出了天命观的人本与自然色彩，减弱了其宗教意味。就这一形态而言，"天"与"命"有逐渐剥离的倾向，"天"逐渐远离人的生活世界，而"命"则成为与人的生活息息相关的感受。这一类型主要见于春秋战国时期及以后的儒家士大夫阶层当中。再到后来，主要是通过对前两种天命观的综合和通俗实用化，发展成了主要为普通大众所采纳的天命观亦即命定式的天运观，可以将这第三种类型称之为心理消解型天命观。可见，"天命"这一范畴尽管在中国思想史上有着多重含义，但就人与周遭境遇之间的关系而言，天命的含义主要是指命运，即不知所以然、自然而不可免的意思。人在生存中尽心尽力，奋斗过了，努力过了，而仍然招致不期然而然的遭遇，莫之致而致的事态。对这种出乎意料的偶然性遭遇及结局的反思与认同，就是命的观念。一个人对此既不表现为激愤，亦不体会到畏惧，而能正视和承受它，就叫认命或者知命。这种命运观念发挥作用时，大都伴有突发性事件的到来，当个体处于人生"边缘情境"时，个体原有的生活模式受到撞击与动摇并最终丧失生机，从而引发个体整个精神与心理定向的转变与疏通。命观念作为一种虚拟归因，为这种转变与疏通提供了动力和通道。它在探索目前一切的成因时，会俨然觉得宇宙万物在按照一种先前预定好的轨道运行。它为反思者就自己的人生提供了一种虚假的或似是而非的意义与价值感。总之，中国传统的命运观，主要是非体系性的、非人格性的、非道德性的、非理性的与非超越性的，它与基督教预定论有着根本的差别与不同。

本书由六个主要部分组成。在"导论"部分，简要介绍了阿米尼乌在基督教教会与神学上的地位与影响，以及对阿米尼乌所作的一些总体性评价。鉴于今人对阿米尼乌及其思想的了解主要借助于散布在历史中的书面记述与资料，所以在"导论"里详细探讨了阿米尼乌本人著述的撰写、背景、出版与流传情况，并对现今可资利用的收录在《阿米尼乌文集》里的所有篇目，逐一作出点评和简介。"导论"的后一部还分别评介了后人撰写的与阿米尼乌研究有关的一些主要文献。

第一章论述的是阿米尼乌主义的发端。论述的主要内容有三部分：阿米尼乌的身世和早年个人经历；在莱顿大学以及毕业后前往日内瓦学院求学期间的经历；在阿姆斯特丹教会担任牧师时期的事奉与神学思考。阿米尼乌在阿姆斯特丹担任牧师的十五年里，尽管没有公开出版过什么，但他的主要神学著述大都是在这一时期完成的。他独到的神学见解通过他在教会里的布道而得以部分公开和流传出去，并在阿姆斯特丹其他牧师那里引发质疑与争论。同时，本章还论述了阿米尼乌所处的时代与宗教背景以及他早期的个人生活和教会生活。

第二章论述的是阿米尼乌在执教莱顿大学的六年间，对阿米尼乌主义思想的推进与完善。主要内容包括：邀请阿米尼乌执教莱顿所引发的争论，对阿米尼乌的种种怀疑与猜忌，阿米尼乌出任莱顿神学教授的教学情形，在大学内外进行的辩论与争执。同时，这一章还对阿米尼乌本人的主要神学思想作出了详尽剖析与探讨。

第三章论述的是阿米尼乌本人逝世以后，荷兰教会和全国围绕他的神学思想所发生的激烈争论与斗争。主要内容包括：尤腾鲍加特领导的"抗辩派"的形成，"抗辩派"与"反抗辩派"的辩论与斗争，荷兰议会推行的"相互宽容"政策及其失败，多特会议的召开及其对宗教争执的评判与处理，埃皮斯科皮乌斯等人在多特会议期间的遭遇及应对。在17世纪最初20年里，围绕阿米尼乌主义的教义之争，几乎撕裂了整个荷兰社会与教会，并使整个荷兰濒临内战边缘。本章详细探讨和分析了这场席卷全国的教义之争的来龙去脉，对争执双方的神学主张与结晶进行了系统分析与评判。

第四章论述的是多特会议以后阿米尼乌主义的流布、传播与发展。在神学教义上，涉及理性派的阿米尼乌主义和福音派的阿米尼乌主义这两大分支。在空间分布上，涉及从"荷兰联省"到英国、从英国再到北美的传布与演化。在时间上，涉及整个北大西洋两岸英语世界的新教发展历程。主要内容包括荷兰"抗辩派"的流亡与回归，"抗辩派"教会在荷兰的后续自由化与理性化发展，英国"高教派"与"广教派"的阿米尼乌主义，卫斯理推动的福音派阿米尼乌主义，以及最新出现的"开放性神学"阿米尼乌主义，等等。

　　本书的"结语"部分，则从十二个主要方面，简明扼要地对这场加尔文主义与阿米尼乌主义神学之争作出了回顾、展望、总结、分析、评论、批判与反思。

目　　录

导　论

阿米尼乌著述及相关研究

一　阿米尼乌的影响与地位

预定与自由意志历来都是一个极其重要的宗教与哲学问题。基督教围绕着这一问题也形成了自己特有的看法与立场。所谓"预定"，当然是"上帝的预定"；所谓"自由意志"，当然是"人的自由意志"。在"预定"与"自由意志"这一看似紧张与矛盾的关系中，也体现着上帝与人的一种神圣与神秘的关联。基督教教义与神学在其历史与逻辑的发展与推演中，围绕这一核心问题逐步凝结为所谓的"阿米尼乌主义之争"。

詹姆斯·阿米尼乌或者雅各布斯·阿米尼乌（James Arminius 或者 Jacobus Arminius，约 1559—1609 年），[1] 是一位 16 世纪后期至 17 世纪初期的荷兰神学家。从比较宽泛的年代划分上讲，他属于一名宗教改革者。更具体地，如果把约翰·加尔文（John Calvin，1509—1564 年）看作第一代宗教改革者，把加尔文的接班人西奥多·伯撒（Theodore Beza，1519—1605 年）看作第二代宗教改革者，那么作为伯撒学生的阿米尼乌则属于第三代宗教改革者了。阿米尼乌神学，代表着那个时代基督教新教神学关注的焦点与核心。在阿米尼乌作为牧师与神学教授的生涯中充斥着种种神学争论与斗争。作为一种温和形式或修正形式的加尔文主义代表，阿米尼乌与严格或极端加尔文主义产生了激烈的神学冲突，因为前者坚持自己的观点但又不能为后者所宽容。在阿姆斯特丹期间与彼

1　有关阿米尼乌的姓名及翻译问题，请参看本书第一章第二节相关部分。

得勒斯·普兰修斯（Petrus Plancius）等人的争论，预演了他以后将会面临的无数非议与纷争；在莱顿大学期间与弗朗西斯·戈马鲁斯（Francis Gomarus）等人的争论，其影响开始波及整个荷兰内外。阿米尼乌本人虽然在这种争论逐渐达到高潮时因病去世，但围绕着阿米尼乌神学主张所形成的这场教义争议，从阿米尼乌逝世直至多特会议之前，却使得整个荷兰都深陷于"抗辩派"（the Remonstrants）与"反抗辩派"（the Contra-Remonstrants）的神学之争，并几乎濒临内战的边缘；在多特会议（the Synod of Dort）之后，一直到今天，几乎整个世界范围内的非路德系的基督教新教，在某种意义上都因此而区分成所谓的"加尔文派"与"阿米尼乌派"。由于观察的角度和采取的立场互不相同，人们对詹姆斯·阿米尼乌不论大加挞伐还是大加褒扬，都是情理之中的事情。反对者将他看作异端和"创新者"；拥护者将他看作启示真理与《圣经》讯息的忠实解读与诠释者。阿米尼乌的当代传记作者卡尔·班斯（Carl Bangs）曾提到，一位19世纪的著述者就将阿米尼乌看作整个基督教历史上三位最伟大的神学家之一，因为在那位作者看来，"亚塔纳修（Athanasius）懂得上帝；奥古斯丁（Augustine）懂得人；阿米尼乌则懂得上帝与人之间的关系"。[1] 与这种极端化的溢美之词相比，一位当代学者的评价也许要更为客观和中肯一些。美国学者理查德·穆勒（Richard A. Muller）在一项专门研究中指出，"詹姆斯·阿米尼乌是基督教会史上赋予神学传统以永久方向、并因而在一种特定教义和信仰观点上烙上自己名称的十来位神学家之一"。[2] 无论如何，对于阿米尼乌本人以及阿米尼乌主义（Arminianism）虽然没有什么统一的定论，但将阿米尼乌列入整个基督教发展史上十来位最具代表性和影响力的神学家之列，应该算是对这位荷兰神学家的一种比较恰如其分的评价。

与此同时，詹姆斯·阿米尼乌也是基督教历史上最受误解和最受忽视的神学家之一。对阿米尼乌的种种误读或误解可谓由来已久。不论拥护者还是攻击者，往往都从自己的想象与界定出发，为阿米尼乌或阿米尼乌主义增添上自己

---

[1]　Cited from Carl Bangs, *Arminius: A Study in the Dutch Reformation*, Nashville: Abingdon Press, 1971, p. 18.

[2]　Richard A. Muller, *God, Creation, and Providence in the Thought of Jacob Arminius: Sources and Directions of Scholastic Protestantism in the Era of Early Orthodoxy*, Grand Rapids: Baker, 1991, p. 3.

的枝叶、涂抹上自己的色彩。阿米尼乌或阿米尼乌主义在许多时候成为神学争论中一个便利的标签。以至于在回归到阿米尼乌本人、接触到阿米尼乌原著时，极端加尔文主义者发现他的著述并不能产生他们预期的异端效果，而许多阿米尼乌主义者则会觉得他又太过于加尔文主义化。的确，就像许多思想大师与伟大人物一样，在阿米尼乌思想中蕴含着多向或多维发展的潜在可能。随着逻辑与历史的推演，阿米尼乌主义能够成为正统的改良者、颠覆者，也能够成为正统的支持者、卫护者。面对极端加尔文主义，一方面，他对"唯有恩典"（*sola gratia*）这一"宗教改革"精髓的过度强调作出了谨慎的校正；另一方面，他又对"唯有圣经"（*sola scriptura*）这一"宗教改革"精髓的不当贬抑作出了坚定的卫护。阿米尼乌主张的神学信仰，既能够派生出"人本与自由主义的基督教"，譬如后期的抗辩派教会，也能够衍生出"福音派的基督教"，譬如卫斯理式的阿米尼乌主义。阿米尼乌主义曾经成为为清教徒所仇视的、以威廉·劳德（William Laud）大主教为代表的"高教派"的代名词，也曾经成为以卫斯理兄弟为代表的福音派基督徒的称谓。阿米尼乌主义，既曾在约翰·卫斯理那里被突出其"普遍救赎"的主旨，也曾在克拉克·平诺克（Clark Pinnock）那里被强调其"人之自由意志"的主题。阿米尼乌及其所主张的学说就这样在他生前身后受到了种种褒贬评说和是非论断。

　　这一切对于詹姆斯·阿米尼乌本人来说也许并不是出于他的本愿。事实上，在他的一生中，虽然受到别人的指责，但他却没有指责别人。人们在评价詹姆斯·阿米尼乌时，经常喜欢引用彼得·伯修斯（Peter Bertius）在阿米尼乌葬礼上所致"悼词"的末尾一句话。但就是这样一句话，由于人们依据的版本互不相同以及这段拉丁文在语义上的两可性，[1] 使得人们对这句话的理解也是见仁见智。伯修斯在说这句话的时候所想要表达的意思也许只有一种，但人们根据这句话却产生了多种理解。撇开对这句话本身理解的对错不论，如果把这些互不相同的理解罗列在一起，却会发现这些不同理解出人意料地从不同侧面和视角表达了人们对于这位思想家和神学家的看法，而这些看法用在阿米尼乌身上竟然也都是十分贴切的。譬如，可以这样说，"曾经有过这样一个人，那些了解

1　Caspar Brandt, *Historia vita Jacobi Arminii*, Brunswick, 1725, p. 435.

他的人，对他怎么敬重也不足够；而那些不敬重他的人，也绝不会真正了解他并欣赏他"。[1] 也可以这样说，"在荷兰曾经有过这样一个人，人们由于不了解他而无法足够地敬重他；由于不敬重他而永远都无法足够地了解他"。[2] 还可以这样说，"在荷兰曾经有过这样一个人，了解他的人无法充分地敬重他；不敬重他的人也永远都不会充分地了解他"。[3] 甚至还可以这样说，"在荷兰曾经有过这样一个人，那些了解他的人不能充分地敬重他；而那些不了解他的人也不会敬重他"。[4] 最后还可以这么说，"在荷兰曾经有这样一个人，只有那些了解他的人，才能充分敬重他；而只有那些不太了解他的人，才会对他缺乏敬重"。[5]

二 阿米尼乌的著述与译介

人们经常谈到荷兰神学家詹姆斯·阿米尼乌。在许多神学论著里阿米尼乌也是一个出现和引用频率很高的用语。但若要直接阅读阿米尼乌本人的著述，却没有想象的那么简单和容易。在詹姆斯·阿米尼乌那不算太长的一生中，尤其是当他在阿姆斯特丹担任牧师和在莱顿大学担任神学教授期间，完成了大量的著述。其中，只有极少数著述是在他生前发表出版的，其他绝大多数著述都是在他于1609年逝世后才得以面世的。在阿米尼乌逝世以后，随着"抗辩派"与"反抗辩派"之间神学争论与派系斗争的加剧，他的许多著述被公开出版发表并开始结集。自1610年起到1635年止，阿米尼乌的著作文集

---

1 *The Works of James Arminius*，Vol. 1，p. 47，"note"．本书有关《阿米尼乌文集》的引文，除个别表明引自"美国版"以外，所有引文均来自"伦敦版"。由于"伦敦版"《阿米尼乌文集》里，不论正文、解说、附录、补充还是注释中，有许多内容并非阿米尼乌本人著述，为示区别，凡是阿米尼乌本人的著述，引文直接注明"文集"卷数和页码。凡包括在《阿米尼乌文集》里但不属于阿米尼乌本人的著述，则在标注的卷数页码后面，加注"note"字样。

2 Carl Bangs，*Arminius：A Study in the Dutch Reformation*，Nashville：Abingdon Press，1971，p. 331.

3 Howard A. Slaatte，*The Arminian Arm of Theology：The Theologies of John Fletcher，First Methodist Theologian，and his Precursor，James Arminius*，Washington，D. C. ：University Press of America，1977，p. 12.

4 A. W. Harrison，*The Beginnings of Arminianism*，London：University of London Press，LTD. ，1926，p. 129.

5 Gerrit Jan Hoenderdaal， "The Life and Struggle of Arminius in the Dutch Republic"，in Gerald O. McCulloh（ed. ），*Man's Faith and Freedom：The Theological Influence of Jacobus Arminius*，Nashville：Abington Press，1962，p. 23.

（*Opera theologica*）被多次加以编辑出版，其中较为完整和较具影响的版本有1629 年版、1631 年版和 1635 年版；而 1635 年版是拉丁文《阿米尼乌文集》的最后一版。

阿米尼乌的神学著作基本上都是以当时通行学术语言即拉丁文写就的。也就是说，拉丁语而不是他的母语荷兰语，才是阿米尼乌撰写神学著述所使用的主要语言。1609 年阿米尼乌逝世后，他的终身好友彼得·伯修斯在他葬礼上所致的"悼词"，很快就被同时以拉丁文和荷兰文公开出版。由此在反对阿米尼乌和支持阿米尼乌的两大阵营之间，引发了一场持久的"小册子大战"。阿米尼乌追随者为了宣扬阿米尼乌的观点，开始迅速大量出版阿米尼乌的著述。据估计，从阿米尼乌去世到多特会议这十来年间，出版了二三十种阿米尼乌著述。其中有一些是以荷兰语出版的，这是出于神学斗争的需要，以便使所有人而不只是学术界能够阅读阿米尼乌的神学思想。不过，荷兰语的阿米尼乌作品仍然只是其整个作品的一小部分，并且从 1617 年以后，除在 1662 年出版了一些荷兰语的书信和在 1960 年重新出版了荷兰语的《观点的声明》之外，就再也没有出版过其他荷兰语的阿米尼乌著述。在拉丁语和荷兰语以外，也从未翻译出版过德语、法语或其他什么语种的阿米尼乌文集或选集。由此看来，反而是英语出版物成为当今人们阅读和了解阿米尼乌的最充足、最便利的文本。换言之，就文集性质的阿米尼乌著述而言，在收录范围、译文质量和背景素材等方面，在各种语言的出版物中以英语出版物为最佳；而在英语出版物中又以"伦敦版"的《阿米尼乌文集》为最佳。而后人有关阿米尼乌及其思想的研究著述也大都集中在英语出版物中。

在英国人詹姆斯·尼科尔斯翻译阿米尼乌著作之前，阿米尼乌著述的最早英文翻译，出自一位名叫托拜厄斯·科尼尔斯（Tobias Conyers）的英国新教"独立派"（Independent）牧师。他于 1655 年将阿米尼乌《观点的声明》和《九个问题》这两部篇幅简短的作品，以《为正义之人辩护》为题翻译成英文，并将它们献给执政者克伦威尔（Oliver Cromwell）。[1] 不过，这本小书很可能在当时没有受到人们的重视和获得广泛流传。在此之后，约翰·卫斯理（John

---

1　Cf. *The Works of James Arminius*, Vol. 1, pp. xli – xliii, "note".

Wesley）等人在其编辑的《阿米尼乌杂志》中，曾对阿米尼乌的论述进行过零星的摘录式翻译和介绍。

对阿米尼乌著述的系统英文翻译工作，一直到 19 世纪早期才开始进行。被称为伦敦最后一位"伟大学者型"印刷商的詹姆斯·尼科尔斯（James Nichols, 1785—1861 年），对 17 世纪清教徒与阿米尼乌派之争产生了浓厚兴趣。1824 年，他编辑出版了一本厚厚的名为《加尔文主义与阿米尼乌主义之对照》的书，其中许多资料都来自荷兰历史学家杰勒德·勃兰特（Gerard Brandt）的历史巨著《低地国家的宗教改革史》。紧接着，詹姆斯·尼科尔斯将兴趣转向对阿米尼乌原著的翻译。他主要依据各种拉丁文版《阿米尼乌文集》，分别于 1825 年和 1828 年翻译出版了英文版《阿米尼乌文集》的第一卷和第二卷。詹姆斯·尼科尔斯并不是一位学院学者型人物，而是一位职业印刷商。但他利用工作余暇，学习并掌握了拉丁文。在出版英文版《阿米尼乌文集》第一卷和第二卷的工作中，他集译者、编者、印刷人和发行人等多重身份于一身，投入了相当的热情和精力。然而读者冷淡的反应却使他大失所望，因为，当时的人们似乎已经遗忘了 17 世纪英国国教会内清教徒与阿米尼乌派之间的神学争论，其注意力完全转向了新近崛起的"牛津运动"（1833—1845 年）。受此打击，詹姆斯·尼科尔斯未能完成拉丁文版《阿米尼乌文集》剩余部分的翻译。而英文版《阿米尼乌文集》第三卷的出版也就此中途搁置下来。

富有戏剧性的是，较为完整的三卷本的《阿米尼乌文集》英译本，却于 1853 年在美国而不是在英国第一次面世了。编辑者并不是尼科尔斯父子，而是新英格兰一位卫理公会牧师威廉·巴格诺尔（William R. Bagnall）。所以，三卷本英文版《阿米尼乌文集》，先有所谓的"美国版"，后有所谓的"伦敦版"。在"美国版"中，巴格诺尔前两卷其实完全采用了詹姆斯·尼科尔斯的译本，但却删掉了詹姆斯·尼科尔斯所作的那些为数惊人的"解说"或"注释"。巴格诺尔自己则翻译了拉丁文版中詹姆斯·尼科尔斯尚未翻译的部分；它们构成了"美国版"英文《阿米尼乌文集》的第三卷。

这样，完整的三卷本英文《阿米尼乌文集》，首次于 1853 年在美国由巴格诺尔编辑出版了。巴格诺尔在"序言"里宣称，这是第一次出版阿米尼乌著作的完整英文版。实际上，他完全采用了詹姆斯·尼科尔斯前两卷的英译本，并对其中个别地方作了修正。但这些为数不多的修订的必要性与准确性，仍然受到詹姆斯·尼科尔斯的儿子威廉·尼科尔斯的质疑。巴格诺尔在编辑前两卷著作时，完全放弃了詹姆斯·尼科尔斯编写的大量注释。在巴格诺尔看来，那些为数甚多的注释所包含的大量信息资料，对大多数读者来说是"好奇"大于"价值"。[1] 此外，巴格诺尔还删掉了自 1629 年拉丁文版《阿米尼乌文集》问世以来就存在的，由编辑者在各篇文献之前撰写的有关各篇文献缘起、内容、目的与背景等介绍性的内容。可以说，与"伦敦版"相比，巴格诺尔编辑出版的"美国版"《阿米尼乌文集》，就像是一棵被削减掉一切枝叶的光秃秃的树干：在抓住事情主干的同时，却丢掉了一切颇有价值的枝叶素材。在"美国版"《詹姆斯·阿米尼乌文集》中，译者巴格诺尔撰写了一篇《詹姆斯·阿米尼乌生平概述》，基本上是对已有材料的综述，并没有什么新的研究发现。此外，巴格诺尔还在第三卷末尾附加了一份主题索引，但由于过于简略，亦无什么学术利用价值。尽管巴格诺尔声称其目标是要简明准确地呈现阿米尼乌的思想，尽可能地忠实于拉丁原文并采取了一种字面直译方法，[2] 但其译文质量与尼科尔斯父子的译文相比，在准确性、明晰性与完整性等方面还是存在着一定的差距。

詹姆斯·尼科尔斯的儿子威廉·尼科尔斯（William Nichols）亦是一位学者型印刷商。他先前曾经努力设法使父亲继续完成未竟的译作，但未能如愿。所以，他决定自己完成父亲遗留下来的译作。威廉·尼科尔斯在《阿米尼乌文集》第三卷"序言"里说道，"许多年前，促使我开始这种翻译工作的主要动机是基于这样一种愿望，即我父亲的名字不应该与一部未完成的著作联系在一起。他那时年事已高，但却从未放弃要完整介绍这位伟大荷兰神学家的念头；而他自己的名声与这位荷兰神学家一直都是紧密相连的，并且他也对这位荷兰神学家保持着深切的怀念"。[3] 威廉·尼科尔斯最初着手翻译的阿米尼乌著作，是《对珀金斯小册子的考察》。他起初的愿望是翻译出一份草稿，然后由他年

1　Cf. *The Writings of James Arminius*，"American edition"，Grand Rapids，Michigan：Baker Book House，1956，p. iv.

2　Cf. *The Writings of James Arminius*，"American edition"，Grand Rapids，Michigan：Baker Book House，1956，p. iv.

3　*The Works of James Arminius*，Vol. 3，p. v，"note".

迈的父亲修订后作为他父亲的译作加以出版。然而，他父亲由于其译作受到世人的冷落，而最终未能继续完成他的工作。在詹姆斯·尼科尔斯去世后，威廉·尼科尔斯曾一度放弃这一计划，只是后来才时断时续地继续着这项翻译工作。

　　1853 年"美国版"《阿米尼乌文集》的问世，给威廉·尼科尔斯造成了极大的震动。一方面，他不满"美国版"译者巴格诺尔未经同意就擅自利用他父亲的前两卷英译本。威廉·尼科尔斯对此抱怨道，巴格诺尔甚至都没有提及"承蒙俯允"一类的客套话。另一方面，他也无法认同巴格诺尔对他父亲译本的擅自删减与更改。更重要的是，他对巴格诺尔的翻译也不甚满意。威廉·尼科尔斯指出了巴格诺尔译文的不足之处，认为巴格诺尔的译文充斥着大量的错误和遗漏；在遇到疑难地方，巴格诺尔采取的应对方式是，作者"或许"说了什么，而不是表明作者"到底"在说什么。此外，"美国版"还存在着一些荒唐的打印错误和事实错误。于是，在浏览了一下巴格诺尔的第三卷英译本后，威廉·尼科尔斯决定自己重新翻译。在重新翻译时，他恢复了拉丁文版对每篇著述所作的"编者序言"，并为每篇文献增加了一篇简短的"译者导言"。同时，还增加翻译了一篇阿米尼乌极其重要的著述，即《对戈马鲁斯论点的考察》。总体说来，威廉·尼科尔斯编辑翻译的第三卷《阿米尼乌文集》，延续了他父亲在"第二卷"文集里所体现出的简明特征，因为《阿米尼乌文集》"第一卷"中庞杂繁复的注释和背景资料，就连威廉·尼科尔斯也承认有一些"过度"。[1]

　　最终，威廉·尼科尔斯在 1875 年出版了"伦敦版"英文《阿米尼乌文集》的第三卷。这三卷蓝色封面的《阿米尼乌文集》，后来于 1986 年由位于美国密歇根州大急流城（Grand Rapids, Michigan）的贝克书社（Baker Book House）重新印刷发行。而与"伦敦版"并行于世的"美国版"《詹姆斯·阿米尼乌文集》，最初于 1853 年在美国奥本市（Auburn）和布法罗市（Buffalo）出版，当时的英文书名为"*The Works of James Arminius*"。后来，亦由贝克书社于 1956 年和 1977 年以照相平版印刷形式重印了该书。为了便于与"伦敦版"相区别，1956 年以后"美国版"的《詹姆斯·阿米尼乌文集》，在英文书名上采用了

1　Cf. *The Works of James Arminius*, Vol. 3, p. vii, "note".

"*The Writings of James Arminius*"，以与"伦敦版"的英文书名"*The Works of James Arminius*"相区别。后来，这两个版本的《詹姆斯·阿米尼乌文集》都已脱销，但偶尔还可以通过网络在二手书店以高价购得。不过进入 21 世纪后，贝克书社再次重印了"伦敦版"，从而彻底改变了《阿米尼乌文集》稀缺的局面。近年来，"伦敦版"《阿米尼乌文集》已成为学术界研究阿米尼乌的规范文本；而本项研究所依据的阿米尼乌著述也主要出自这个版本。

　　纵览"伦敦版"《阿米尼乌文集》，尼科尔斯父子虽然只是业余神学家，但他们的英文译文还是完整准确地表达了原作者的思想与见解；它们成为后人研读和了解阿米尼乌的可靠文献，亦为当今学术界普遍认可。詹姆斯·尼科尔斯在编辑翻译阿米尼乌文集过程中，不仅在最大限度上收集翻译了阿米尼乌的神学著述，而且还把他自己《加尔文主义与阿米尼乌主义之对照》一书所收集的全部材料，杰勒德·勃兰特《低地国家的宗教改革史》中的绝大部分相关资料，以及他在那个时候所能搜集到的一切有关阿米尼乌主义争论的资料，甚至还包括截至那个时期的所有相关研究成果，全都杂乱无章、支离破碎地糅合进了他的《阿米尼乌文集》第一卷中。毕竟，詹姆斯·尼科尔斯并不属于严格意义上的专家学者，而只是一个支持阿米尼乌主义、反对加尔文清教主义的狂热宗派主义者；辩白与论战的冲动，驱使着他尽其可能地收集了一切可资利用的资料，但他自己又无可奈何地被那些庞杂资料所淹没。这使得詹姆斯·尼科尔斯的译本成为有关阿米尼乌以及阿米尼乌主义的一座蕴藏十分丰富的"矿藏"。人们若要利用它们，就必须经过艰苦的开采、提炼和加工等工序，作去伪存真、去粗存精的提炼与甄别，才能有所收获，否则就只能望洋兴叹了。

　　还需要指出的是，尼科尔斯父子的英文译文对于当代读者还是有相当难度的，毕竟它们都是大约一个半世纪以前的英文译文了。尼科尔斯父子所使用的英文不仅在遣词造句上与当代英语存在着诸多差异，而且还由于译者常常喜欢使用某种繁复累赘的句法和文风而愈发增加了理解的困难。在某种意义上，"伦敦版"《阿米尼乌文集》也需要加以"现代化处理"，并进行一些"校订"或"修正"。但这毫无疑问是一件令人望而生畏甚或却步的艰巨工作。并且，使得这项工作难上加难的一点就是，阿米尼乌本人的神学原著并非那么容易阅读和理解。威廉·尼科尔斯在《阿米尼乌文集》第三卷"序言"里就曾经指出，阿米尼乌的拉丁文是简要而富有活力的，但它们并不因此就易于翻译。也就是说，那些句子所使用的词语是熟悉的和可以理解的，但是，对整个语句的理解却颇费踌躇并需要反复思量。[1] 所有这一切，都使得人们对于将来"经过现代化处理的"《阿米尼乌文集》的问世，不敢心存奢望。

三　"伦敦版"《阿米尼乌文集》篇目解析

打开"伦敦版"《阿米尼乌文集》的第一卷，不论在目录中还是在正文中，人们很难发现阿米尼乌本人的著述。单从目录上看，各个篇目之间的编排并没有什么明显的踪迹可循，既不是按照时间顺序排列，也不是按照逻辑或主题加以编排。对于正文篇目的标示也不周全，譬如"荷兰语版编辑致基督徒读者辞"，在目录中就没有标示出来。同时，打印排版等方面也显得不够清楚醒目，让读者有茫然无措的感觉。从内容上讲，各种各样的材料被不加分别地堆集在这一卷文集中，乍看上去，仿佛乱成了"一团麻"。事实上，在第一卷"文集"中，只有大约20%的篇幅属于阿米尼乌本人的著述，而80%左右的篇幅是由编辑兼翻译詹姆斯·尼科尔斯所提供的有关阿米尼乌的各种材料所组成。詹姆斯·尼科尔斯将这些有关阿米尼乌的背景资料称为"解说"或"注解"。这些数量庞杂、内容繁复、性质不一的"解说"，用普通字体或小字体，以注释、附录和正文形式占据了"文集"第一卷的绝大部分篇幅。它们彼此之间并无明确的联系与次序，人们很难对它们作出类别划分。詹姆斯·尼科尔斯在从事翻译之前，曾收集大量有关阿米尼乌之争的素材。他似乎是想要把手头所拥有的素材全都塞到这卷文集中。不过，也可以看到，这些素材大都与阿米尼乌的生平以及多特会议的召开有关。这一类资料在相当大程度上来自历史学家杰勒德·勃兰特（Gerard Brandt）及其子卡斯珀·勃兰特（Caspar Brandt）的相关著作；前者著有《低地国家的宗教改革史》，后者著有《阿米尼乌生平》。尽管这些所谓的"解说"素材有点儿杂乱无章地分布在第一卷"文集"当中，尽管这些素材有些地方不尽可信或者有点以讹传讹的意味，但它们对于那些想要详尽了解

1　*The Works of James Arminius*, Vol. 3, p. vii, "note".

16 世纪末至 17 世纪早期在荷兰所发生神学争论的探究者来说，却构成了一座蕴含着丰富背景资料和历史素材的"宝藏"。

　　包含在《阿米尼乌文集》第一卷中的不属于阿米尼乌本人的作品，主要为以下几类内容：按照其出现在"文集"中的先后顺序，首先是当代美国阿米尼乌研究专家及最新阿米尼乌传记作者卡尔·班斯（Carl Bangs）于 1986 年为再版的"伦敦版"《阿米尼乌文集》撰写的一篇"导言"。它综合当代相关研究已有成果，简要介绍了阿米尼乌的生平及其"文集"各个版本的编辑、翻译与出版情况。接着，是最初的英译者詹姆斯·尼科尔斯为 1825 年英文版第一卷"文集"撰写的一篇简短的"序言"。在这篇"序言"里，尼科尔斯陈述了阿米尼乌及其教义的历史背景与重要性，概述了阿米尼乌主义在荷兰和英国的早期发展及其与极端预定论的对立与争执。再接下来，在《阿米尼乌文集》第一卷里出现的内容，是尼科尔斯搜集整理的近 30 页的所谓"证言"（Testimonies），以图证明阿米尼乌的人格特征和其教义的历史影响。[1] 按照尼科尔斯原意，这些"证言"其实也属于"解说"（elucidations）部分的内容，应收集在后面的"附录"当中，只是由于文献的性质与编排方面的原因才被单独收集在"文集"里。[2] 这些"证言"包括了自 1610 年至 1824 年间近 40 位重要历史人物就阿米尼乌本人及其思想所发表的见解与评价；其中有许多资料是首次出现在英文中，还有些资料的拉丁原文已经绝版。随后，第一卷《阿米尼乌文集》还收录了篇幅不长的"荷兰语版编辑致基督徒读者辞"，简单介绍了荷兰语版"文集"的内容与目的；由此可以看到，荷兰语版《阿米尼乌文集》所收录的全部篇目都被尼科尔斯收录在英文版当中，而英文版"文集"还额外增补收录了其他一些篇目。紧接着这篇"致辞"之后，收录的是"阿米尼乌的九个遗孤所作的献辞"；这篇文献的实际作者是阿米尼乌的终生挚友约翰尼斯·尤腾鲍加特（Johannes Uitenbogaert）；这篇"献辞"在赞扬阿米尼乌的同时，还阐述了神学探索的独特性质，并呼吁人们采取一种谦卑与宽容温和的精神。再往后面，是一篇极其重要的文献，这就是彼得·伯修斯于 1609 年 10 月 22 日在阿米尼乌葬

1　*The Works of James Arminius*，Vol. 1，"Preface，" p. xxxiv，"note"．

2　*The Works of James Arminius*，Vol. 1，p. 304，"note"．

礼上所作的"悼词";这是第一部也是最重要一部有关阿米尼乌生平的传记文献;这篇文献除了在 17 世纪中期曾经出现过一个英译本之外,这是唯一一个可供英语世界读者利用的译本。伯修斯的"悼词"只有 30 多页篇幅;而在"悼词"之后则是尼科尔斯收集的近 300 页带有注解性质的"附录";这些随机性对出现在伯修斯"悼词"中的人或事加以补充解说的材料,采取了从英文字母 A一直到 Z 的顺序排列形式,各个附录之间没有确切的逻辑关联,完全是随机性排列;其内容主要涉及阿米尼乌的生平以及多特会议前后所发生的历史事件,其来源主要取材于勃兰特父子的相关著作及一些其他来源的素材,其中一些材料在内容上互有交叉或重叠。在所有这些"附录"内容结束之后,才开始出现詹姆斯·阿米尼乌本人的作品,不过在篇幅数量上并不占优势,而是被淹没在数不胜数的、占据了绝大部分篇幅的脚注和尾注当中;其中,在第五篇演讲词之后,还附加上了有关多特会议的长篇介绍与资料选辑。看来尼科尔斯是搜集了太多的相关资料;由此也可以看出,尼科尔斯并不是一位批判性研究学者,而是一位阿米尼乌主义的坚定拥护者和宗派主义者。

收录在"伦敦版"《阿米尼乌文集》中的阿米尼乌本人的作品,既不是按照写作的先后顺序,也不是按照发表的先后顺序加以排列的。在"文集"第一卷中,最先出现的阿米尼乌作品,是阿米尼乌于 1603 年秋季出任莱顿大学神学教授之际,公开发表的三篇次序相连、主旨相关的演讲。它们分别是《神学的对象》《神学的作者与目的》和《圣神学的确定性》。它们表明了阿米尼乌对于神学这门学科的基本看法与理解。"文集"第一卷里出现的第四篇和第五篇阿米尼乌作品也是他在不同时间所作的公开演讲。第四篇是 1603 年 7 月 11 日,在接受莱顿大学授予"神学博士"荣誉典礼上所作的演讲,标题为《基督的祭司职责》,主要阐述了基督对于救赎的意义。第五篇是阿米尼乌于 1606 年 2 月 8日在担任为期一年的"首席院长"职务届满之时,在莱顿大学礼堂发表的公开演讲,选择的题目是《论在基督徒当中对宗教分歧的和解》,集中阐述了阿米尼乌坚持的宗教自由与宽容原则。

在这五篇公开演讲之后,"文集"收录的是阿米尼乌最重要文献之一,标题为《观点的声明》。这也同样是一篇公开演讲稿,是阿米尼乌于 1608 年 10 月30 日在首都海牙会议厅,面对荷兰与西弗里斯兰(West Friesland)全体议会代表所作的演说。它代表了阿米尼乌成熟的、坦率的神学立场与观点。这篇演说当时是以荷兰语进行的；阿米尼乌这篇演讲的荷兰语手稿，至今仍然保存在鹿特丹（Rotterdam）"城市图书馆"（the City Library）里。这篇文献后来被别人，有可能是尤腾鲍加特，翻译成拉丁文，收录在拉丁文《阿米尼乌文集》里。尼科尔斯正是根据拉丁文本将它翻译成英文。阿米尼乌在《观点的声明》一文里，曾经两次提到他针对一些诽谤或中伤性论纲所作辩护的文献，这就是"文集"接下来收录的《针对三十一条诽谤性论纲所作的辩护》。该文公开发表的具体日期无法断定，但据尼科尔斯推测，当在 1609 年年初。[1]　自 1607 年起，随着神学争论的加剧，在荷兰一些人中间，流传着一些有关基督教信仰的似乎是属于错误或异端性质的论纲，而这些论纲被诬蔑为是阿米尼乌及另外一个人所坚持的观点。有鉴于此，阿米尼乌针对这三十一条论纲逐条作出答辩，表明了自己对它们究竟是反对、赞同还是有所保留的立场。由于篇幅关系，詹姆斯·尼科尔斯在第一卷"文集"中只收录了前九条答辩文，而将剩余的二十二条答辩文放在了《阿米尼乌文集》第二卷当中。厚厚的第一卷"文集"，就这样在本不应该结束的地方突然结束了。

在打开"伦敦版"《阿米尼乌文集》第二卷的时候，人们立即就会发现它与第一卷相比，存在着明显的不同，至少在形式上似乎是出自不同编辑者之手，尽管它事实上是同一编辑在时隔三年之后出版的作品。首先就会看到，"第二卷"的"目录"在篇幅上显得冗长，这是因为它逐一标示出每篇文献的二级子标题。翻开正文，就会发现，编者附加在"第一卷"里为数庞杂的"解说"文字，在"第二卷"里已经降低到最低限度，只有一些零星的、简短的"注释"。

就收录文献内容而言，"第二卷"一开头收录了《针对三十一条诽谤性论纲所作的辩护》剩余的二十二条辩护文。接着，"文集"第二卷又收录了另一篇在《观点的声明》里提及的简短文献。这就是阿米尼乌于 1605 年 11 月撰写的《九个问题》。这九个神学问题是"南部荷兰教会会议"（the Synod of South Holland），通过莱顿大学校方向其神学教授们提出的问题，旨在获取他们对这

1　*The Works of James Arminius*，Vol. 1，p. 733，"note"．

九个问题的回答，以使校方对这些神学教授的神学正统性展开审查和确认。阿米尼乌对这九个问题作出了回答，并逐一提出了对立性的问题，同时还指出了那九个问题在措辞上别有用心的模棱两可之处。鉴于挚友尤腾鲍加特对这一事件的关注，阿米尼乌于1606年1月31日就此事给尤腾鲍加特写了一封信。尼科尔斯翻译了这封书信，并将它附在《九个问题》之后，题名为《对于前述问题及对立问题的评论》。这封信函是拉丁文版《阿米尼乌文集》未曾收录的。

接下来，"文集"开始收录阿米尼乌一些较为正式和规范的著述。首先是《二十五次公开的辩论》。其中第四次辩论《论上帝的本质》，在发生时序与场合等方面都有别于其他各次辩论，因为它是阿米尼乌在1603年7月10日亦即在被授予博士学位前一天，作为获得博士学位预备程序之一而举行的一次公开演讲与辩论。将这篇文献作为第四次辩论而包含在《二十五次公开的辩论》中的做法，源于1610年单独出版的一部有关阿米尼乌"公开"与"不公开"辩论的文本。拉丁文本和英文本沿用了这一做法。其他二十四次"公开的辩论"，出自当时莱顿大学这样一种教学方式，即由包括阿米尼乌在内的神学教授，依据"系统神学"的架构，轮流向学生提出一些神学论纲，而学生们则必须轮流就这一系列论纲作出辩护。在阿米尼乌六年教学生涯中大约参加过六十次这样的神学辩论。"文集"收录的二十四次辩论，大概是当时出版者所能够收集到的文本。第二卷"文集"在收录了这《二十五次公开的辩论》之后，紧接着又收录了阿米尼乌《七十九次不公开的辩论》。所谓"公开的"或"不公开的"，均指其授课的特定性质，前者是对全学院师生开放的课程，后者则只对该教授指导的学生开放。这些创作于其教学生涯最后几年间的《七十九次不公开的辩论》，构成了阿米尼乌最具体系性的神学表述，但它却是不完整的。日趋剧烈的神学争论与日益恶化的健康状况，使得阿米尼乌最终未能完成他的系统神学写作计划。总之，不论"公开的辩论"还是"不公开的辩论"，由于主要是用于教学目的，所以它们在行文表述上都比较简明易懂，在神学观点上也比较平和适中。

接着，"文集"第二卷收录了阿米尼乌在阿姆斯特丹任牧师期间撰写的一篇极其重要的著作：《论"罗马书"第七章的真实含义》。在对"罗马书"第七章一些关键字句的解释上，阿米尼乌与当时新教主流教会的理解发生了严重分歧。阿米尼乌的不同解释为他招致许多争执与非议。在该文中，阿米尼乌展示了自己在《圣经》理解、释经学以及神学思辨力等方面所具有的高超才赋与能力，以至于连一些持不同看法的读者在阅读该文之后，也不得不认同阿米尼乌所作的解说。接着，"文集"第二卷收录了阿米尼乌于 1608 年 4 月 5 日写的一封书信，《致希波吕托斯·阿·科利布斯》（*Hippolytus a Collibus*）。后者是帕拉丁选侯（the Elector Palatine）腓特烈四世（Frederick IV）派驻海牙的大使。他因为听到一些波及德国的有关阿米尼乌神学观点的议论，而希望了解阿米尼乌的真实看法。阿米尼乌在这封书信中就圣子神性、上帝佑护、神圣预定、恩典、自由意志以及称义等问题，坦率表达了自己的见解，从而消除了大使的疑惑和误解。在这封神学书信之后，收录的是《应受到严密核查和权衡的一些论纲》；这里一共包括了二十九条神学论纲。它们之所以应受到严密核查与权衡，是因为围绕着它们即便是在改革宗内部也产生了一些争论。这篇文献大致是阿米尼乌在莱顿大学任教期间完成的。在这些论纲中，有些是阿米尼乌自己的观点，有些则是阿米尼乌带有诱导性质的提问。《阿米尼乌文集》第二卷所收录的最后一篇文献，是阿米尼乌于 1599 年 3 月 3 日从阿姆斯特丹写给挚友尤腾鲍加特的信函，标题是《论反圣灵之罪：致约翰尼斯·尤腾鲍加特》。该文献是尤腾鲍加特为准备这样一个讲题的布道，而向挚友阿米尼乌征求建议与帮助所引发的。这封长信集中表达了阿米尼乌对于罪的看法；它在以后的神学争论中，并没有引发什么特别关注与争执。

"伦敦版"《阿米尼乌文集》第三卷的编辑与翻译，出自詹姆斯·尼科尔斯儿子威廉·尼科尔斯之手。威廉·尼科尔斯基本上延续了其父"第一卷"和"第二卷"的翻译风格，保留了拉丁文版附加在每篇文献之前的序言与献辞，舍去了"第一卷"附带的大量注释，但在每篇文献之前增加了一个简短的"编译者导言"。《阿米尼乌文集》"第三卷"的"目录"一目了然。这主要是因为这卷文集一共只收录了阿米尼乌的四篇主要文献。其中前三篇，即《与弗朗西斯·朱尼厄斯博士（Dr. Francis Junius）进行的友好磋商》《对珀金斯博士（Dr. William Perkins）所著小册子的审慎考察》和《对"罗马书"第九章的分析》，均创作于作者的阿姆斯特丹事奉时期，也全都被收录于拉丁文版《阿米尼乌文集》当中。第四篇是作者创作于莱顿时期的一篇论战文献，《对弗朗西斯·戈马鲁斯博士（Dr. Francis Gomarus）关于预定命题的考察》。这篇文献既没有收录于"拉丁文版"中，也未见于巴格诺尔的英译"美国版"中。它是威廉·尼科尔斯根据一个1645年在莱顿出版的版本，翻译并收录在第三卷"文集"当中的。

可以发现，包含在第三卷"文集"里的这几篇文献，其核心议题就是关于上帝预定的问题。在《与弗朗西斯·朱尼厄斯博士进行的友好磋商》中，阿米尼乌与当时的莱顿著名神学家弗朗西斯·朱尼厄斯就预定论问题进行了细致而友好的磋商。朱尼厄斯追随加尔文关于预定论的观点，认为上帝预定的主体既不是尚未决定创造的人，也不是预知了其堕落的受造者，而是已经被上帝赋予自然恩赐并被呼召至超自然之善的受造者。当时在阿姆斯特丹担任牧师的阿米尼乌在仔细考虑这一问题后，发现自己无法认同这样一种见解，于是主动要求与朱尼厄斯教授就这一问题以书信方式展开探讨。双方探讨的目的应该说是为了探寻真理，彼此的态度是友善和好的，但双方的磋商进展却并不十分顺利。这主要是因为阿米尼乌就预定论问题已经形成自己明确而完整的看法，而朱尼厄斯对这一问题并不十分感兴趣，同时他似乎并不完全了解阿米尼乌对于预定论的看法。所以他对于阿米尼乌的解答、回应与反击有时无法切中问题的实质与核心，显得有些不着边际。不过，随着磋商的持续与深入，他们最终还是触及核心问题。但最终的结果是，在阿米尼乌最后一次向朱尼厄斯提出自己翔实而具有挑战性论证后，朱尼厄斯没有作出预期中的回应。随后一直到逝世前的六年间，弗朗西斯·朱尼厄斯始终没有对阿米尼乌的挑战作出任何回应，甚至也没有只言片语涉及阿米尼乌的挑战。这对性格温和的朱尼厄斯来说也许是出于什么其他原因，也许是他发现自己无法对阿米尼乌的问题作出解答。

《对珀金斯博士所著小册子的审慎考察》这篇文献正如其名称所暗示的，起因于英国剑桥大学著名神学家威廉·珀金斯所著的名为《论预定的模式与秩序，兼论神圣恩典的充足性》的小册子。阿米尼乌出于对这位神学家盛名的仰慕，购买了这本小册子。不过在阅读两遍以后，他决定与这位作者进行一次心平气和的商榷。威廉·珀金斯所持加尔文主义属于一种严厉类型的加尔文主义，在预定论问题上采取了一种高调与僵硬的立场。阿米尼乌对于这样一种预定论在改革宗教会内的流行甚感忧虑，因为他认为这种神学教义与宗教传布是背道而驰的，是与《圣经》真实含义大相径庭的，是会在信徒中间引发盲目安全感或彻底绝望心态的。阿米尼乌在本文中对珀金斯所持预定论进行了坦率的质疑与批评，并希望将此文送交珀金斯本人。不过就在他快要完成此文之际，威廉·珀金斯于 1602 年逝世了，年仅 44 岁。阿米尼乌这篇著述也就一直没有出版发表。

在阿米尼乌完成《对珀金斯博士所著小册子的审慎考察》一文多年以前，他就已经完成了《对"罗马书"第九章的分析》。在"文集"第三卷里，这后一篇文献是为了论证便利而附加在前一篇文献之后的。围绕着"罗马书"第九章某些关键性章节的释义与理解所形成的争论，可以说贯穿着整个基督教发展史。而发生在阿米尼乌主义与极端加尔文主义之间的争论，则构成了这一神学争论的高潮。这部于 16 世纪 90 年代写给一位名叫格利乌斯·斯内卡纽斯（Gellius Snecanus）的持相同观点者的简短作品，同样也是阿米尼乌一部极其重要的文献。

"文集"第三卷收录的最后一篇文献就是《对弗朗西斯·戈马鲁斯博士关于预定命题的考察》。阿米尼乌这篇作品是对戈马鲁斯于 1604 年 10 月 31 日所作"公开辩论"的一种回应。所以尽管不清楚其具体创作日期，但可以推定大致是在 1604 年至 1605 年间。由于种种原因，这篇文献一直没有收录在《阿米尼乌文集》里，甚至也没有收录在 1635 年版的《阿米尼乌文集》里，尽管荷兰语编辑意识到这篇文献的存在，但可能是因为无法获得阿米尼乌手稿而未能收录这篇作品。威廉·尼科尔斯的英译本译自极其珍稀的 1645 年拉丁语本。后者是由当时担任阿姆斯特丹"抗辩派"神学院神学教职的斯蒂芬·德·库尔塞勒斯（Stephen de Courcelles）编辑出版的。库尔塞勒斯在"序言"里声称，他所获得的原本是阿米尼乌亲笔书写的手稿。[1] 就内容而言，这同样是一篇有关预定论的争论。透过"文集"第三卷可以看到，阿米尼乌就同一主题、以类似方式先后三次进行了辩论与质疑。不过它们在行文论证上却并无重复啰唆之嫌，而是各有特色与侧重。《与弗朗西斯·朱尼厄斯博士进行的友好磋商》显得委婉温和；《对珀金斯博士所著小册子的审慎考察》比较坦率直接；而《对弗朗

1　*The Works of James Arminius*, Vol. 3, p. 523, "note".

西斯·戈马鲁斯博士关于预定命题的考察》则最为激烈无情。阿米尼乌就是这样坚定而清楚地表达着自己的立场，即使涉及重复性的主题，但在论证与推理上却并不缺乏活力与机智，充分展现出大师级的神学素养。

　　应当指出的是，严格地讲，不论拉丁文版还是英文版的《阿米尼乌文集》，在包含文献范围上都是一种"选集"而不是"全集"。阿米尼乌早年在瑞士求学期间创作的诗歌，在 20 世纪早期曾结集出版。[1] 阿米尼乌撰写的一些书信，在 17 世纪中期曾收录在"抗辩派"书信集里。[2] 此外，前文已经指出，他在莱顿大学执教时的一些"公开的辩论"文稿已经遗失。在他逝世以后，一些以他的名义发表的出版物事实上系托名之作。不过，可以肯定的是，《阿米尼乌文集》，尤其三卷本的英文"伦敦版"《阿米尼乌文集》，为人们深入全面地了解阿米尼乌的神学思想提供了最充足而翔实的素材。在某种意义上，它就是这位荷兰伟大神学家的原著作品，并已经成为历代基督教思想宝库中的一套经典。

四　有关阿米尼乌的资料与研究

　　阿米尼乌或者阿米尼乌主义，是基督教新教神学和教会史文献中使用和出现频率非常高的一个术语。有关阿米尼乌主义的讨论与争执一直贯穿着新教发展的进程。可是，检视这四百年来的相关著述，真正有关阿米尼乌或早期阿米尼乌主义的专题研究却为数寥寥，这不能不说是一件让人感到不可思议的现象。在西方语言特别是英语基督教文献中，直接或间接涉及阿米尼乌或阿米尼乌主义字眼的著述可谓汗牛充栋，数不胜数。但其中真正有见地和价值的学术研究著述却很少。检阅那些著述，就其作者而言，除有一部分神学家和学者外，绝大部分作者都是学术界以外的圣职人员和热心的平信徒。他们主要是出于自己神学信仰立场和为了进行教义论战来撰写那些著述的。相应地，就其涉及内容

　　1　Herman de Vries（de Heekelingen），ed.，*Quelques Poésies de Jacques Arminius，Composées pendant son Séjour en Suisse*（The Hague，1925）.

　　2　Hartsoeker & van Limborch ed.，*Brieven van Verscheyde Vermaerde en Geleerde Mannen dezer Eeuwe…*（Amsterdam，1662）.

与论述性质而言，可以粗略地将所有那些与所谓阿米尼乌主义有关的著述，不成比例地划分为三大类。其中一大部分，论述的是作为教会与神学发展史上一种"标签化"的阿米尼乌主义；这种标签化的阿米尼乌主义往往同历史上的阿米尼乌及其直接追随者并无太大干系，而是作为一种因人而异、因人而定的便宜神学或教义称谓或标签被加以运用的，使用它的每位作者都有自己的理解、界定和指涉；而对这种标签化的使用与理解，又存在着严重的众说纷纭、歧义林立乃至以讹传讹的现象。可以说，这一类著述在数量上占据了最大一部分空间。同时，在那些有关"阿米尼乌主义"著述中，还有相对比较小的一部分，实际上讨论的是卫斯理式的阿米尼乌主义；它们大都是卫斯理传统支持者为维护卫斯理派信仰而撰写的，属于卫斯理派的信仰辩护与论战著述。最后剩下的只有为数寥寥的一小部分著述，才是真正属于学术研究性质的有关阿米尼乌主义的著述。

詹姆斯·阿米尼乌为后人留下了大量的神学著述和往来书信，但那些文字主要谈论的都是神学问题和牧职事奉工作，很少涉及个人生活内容。阿米尼乌与马丁·路德不同，他很少描写自己的私人生活世界和家庭。他的文字冷静、质朴、明晰，而很少带有个人情绪色彩，给人的印象就像是一部制造神学思想的机器。这一切都使得阿米尼乌的内心情感世界和身世，蒙上了一层朦胧的面纱和神秘的气息。

第一部全面介绍阿米尼乌生平的著述，是彼得·伯修斯于 1609 年为阿米尼乌葬礼撰写的"悼词"。伯修斯可以说是阿米尼乌自从少年时代就结识的终身朋友。阿米尼乌在注册成为莱顿大学学生之前，曾在鹿特丹受到老彼得·伯修斯的短期照料。当莱顿大学成立的消息传来后，老伯修斯从伦敦召回当时才十二三岁的儿子小彼得·伯修斯，并让这两个少年结伴前往莱顿大学求学。后来阿米尼乌在莱顿任教时，与同在莱顿神学院任教的伯修斯又成为同事。应该说伯修斯是最为了解阿米尼乌的人之一。故而伯修斯这篇简明的"盖棺论定"之作，也就成为后世关于阿米尼乌生平研究的主要参考文献。后世诸多有关阿米尼乌的说法，大都源于伯修斯这篇文献，其中也不乏以讹传讹之处。因为伯修斯这篇"悼词"性质的传记，并不是出于对阿米尼乌生平客观研究的结果，其主观动机很大程度上在于维护阿米尼乌的正统信仰声誉，澄清和反击有关阿米尼乌神学属于"创新"或"发明"的异端传言与嫌疑。譬如,有一则流传甚广的说法就源于伯修斯这篇传记:据说刚到阿姆斯特丹担任牧师的年轻阿米尼乌,此前一直信奉他日内瓦导师伯撒的预定学说,并被荷兰教会委派前去反驳正在攻击这种预定学说的德克·库恩赫特(Dirck Volckertsz Coornhert)。然而阿米尼乌在深入了解库恩赫特的反预定论教义后,不但未能有效反击库恩赫特,反而接受了后者的见解,并由此成为那种学说的倡导者。这种含有传奇韵味的说法,固然易于攫取人们的好奇心,但却未必出于历史事实。而今人的学术研究也令人信服地表明,阿米尼乌既从未信奉过那种极端预定论,也没有经历过那种剧烈的思想大转变。但不论怎样,彼得·伯修斯这篇传记,都是后人研究阿米尼乌最重要和最基本的文献之一。这篇"悼词"的演说是以拉丁语进行的,随后以拉丁语和荷兰语公开加以出版。英译者詹姆斯·尼科尔斯将它翻译成英语并收录在《阿米尼乌文集》第一卷里。

詹姆斯·尼科尔斯不仅收录了彼得·伯修斯这篇"悼词",而且还为它附加上了许多解说性的背景资料。那些背景资料在很大程度上来自勃兰特父子的历史著述。杰勒德·勃兰特本人就是阿姆斯特丹"抗辩派"教会的圣职人员。他的四卷本历史巨著《低地国家的宗教改革史》(其中最后一卷叙述了从 1600 年至 1623 年的历史),原书于 1671 年至 1704 年以德文出版于阿姆斯特丹;英译本于 1720 年至 1723 年出版于伦敦。这个英译本于 1979 年由 J. W. 史密特(J. W. Smit)撰写"导言"后,由纽约的"AMS"发行了重印本。就有关阿米尼乌争论这一主题而言,杰勒德·勃兰特这部历史巨著以详尽无遗的笔触介绍了从选聘阿米尼乌接替弗朗西斯·朱尼厄斯担任莱顿神学教授职务起,中经"抗辩派"与"反抗辩派"之间的争论,直至多特会议为止这一期间内所发生的一切。杰勒德·勃兰特将阿米尼乌主义看作接近于梅兰希顿(Melanchthon)立场的较为温和的加尔文派,并由此围绕预定论问题与严厉加尔文派展开了激烈斗争。这部著作构成了有关莱顿时期阿米尼乌、早期抗辩派以及多特会议的最详尽和最丰富的史料文献。

詹姆斯·尼科尔斯为彼得·伯修斯"悼词"所附加的解说素材,其另一个主要来源就是杰勒德·勃兰特的儿子卡斯珀·勃兰特所著的《詹姆斯·阿米尼乌生平》。卡斯珀·勃兰特在伯修斯著述基础上,主要参考了 17 世纪后期编辑出版的包括阿米尼乌、尤腾鲍加特以及其他著名抗辩派人士在内的书信集[1]所提供的资料，以更为详尽的篇幅介绍了阿米尼乌的生平，并尤其详细地叙述了阿米尼乌所卷入那些争论的发生过程。值得一提的是，勃兰特父子均属于"抗辩派"作者，所以他们对阿米尼乌主义寄予更多的同情式理解，并在叙述中采取了一种为阿米尼乌主义申诉和辩护的立场。卡斯珀·勃兰特的《詹姆斯·阿米尼乌生平》大约完成于18世纪初，但一直到1724年至1725年才以拉丁文出版。英译本于1854年出版于伦敦，译者是约翰·格思里（John Guthrie）；1857年由托马斯·萨默斯（Thomas O. Summers）撰写"导言"后在美国田纳西州纳什维尔市（Nashville）出版。这个版本如今已经极其稀少了，但至少在美国个别"常春藤联合会"大学珍本图书馆里还可以看到它。这部内容相对扎实的著作，同样也成为后人研究阿米尼乌不可或缺的参考文献。

英国所谓的"阿米尼乌主义"萌芽于16世纪末和17世纪初。在有英国代表参加并发挥重要作用的多特会议之后，英国阿米尼乌主义更是进入了一个新的发展阶段，并与英国清教徒运动展开了激烈的政治与神学斗争。著名清教徒领袖约翰·欧文（John Owen，1616—1683年）早在1643年就撰写了一部有关阿米尼乌主义的著作：《阿米尼乌主义的展示》。[2] 这是一部具有高度论战色彩的不太成熟的神学作品。在书中，阿米尼乌主义被视同贝拉基主义（Pelagianism）、准贝拉基主义（Semi-Pelagianism）、阿里乌主义（Arianism）、托马斯主义（Thomism）、苏西尼主义（Socinianism）一类的神学异端，并对之作出全面批判。这样的阿米尼乌主义，已经是一种被标签化了同时也是被扭曲了的阿米尼乌主义。从那时候一直到如今，在英国和美国等地出现了无数类似的论辩性著述；在这类作品中，阿米尼乌或阿米尼乌主义被用作一种便利的因人而异的神学标签，它们虽然也频繁地使用阿米尼乌主义这样一个术语，但它们的论述内容往往仅限于一些当下的神学关切，而与真正的阿米尼乌主义研究相去甚远。

1　Hartsoeker & van Limborch ed.，*Brieven van Verscheyde Vermaerde en Geleerde Mannen dezer Eeuwe…*（Amsterdam，1662）.

2　John Owen，*A Display of Arminianism*，London：a new edition，rev. and corr. by the Rev. S. Burder，1809.

而曾在 19 世纪后期担任波士顿大学校长的威廉·沃伦（William F. Warren），则对詹姆斯·阿米尼乌满怀仰慕与钦佩之情。他在 19 世纪中期曾两度长驻欧洲。在此期间，他完成了自己对于阿米尼乌这位伟大思想家的"朝圣之旅"，遍访阿米尼乌一生中所曾访问和居住过的地方与城市。1888 年，他出版了一本题名为《沿着阿米尼乌的足迹：一次令人愉悦的朝圣之旅》[1] 的游记著作。在这本略显异类的作品中，沃伦在表达了自己未能完成编辑全新阿米尼乌文集和撰写阿米尼乌传记这一夙愿的遗憾之余，对阿米尼乌生前所曾涉足之地的人与事，作出了富有温情和饶有趣味的记录与描述，但本书并非学术著作。

美国印第安纳州迪波夫大学（DePauw University）神学院的乔治·刘易斯·柯蒂斯（George Lewis Curtiss，1835—1898 年）教授，在其历史神学讲义基础上，于 1894 年出版了一部有关阿米尼乌主义的著作：《历史中的阿米尼乌主义，抑或对预定论的反叛》。[2] 柯蒂斯的这部著作算不上一项对于阿米尼乌深入而专门的研究。它基本上是在现有资料基础上，以一种条理化方式和简明笔调对历史中的阿米尼乌主义进行了全面系统的梳理。就像此后许多具有卫理公会背景的美国教会学者一样，柯蒂斯基本上是从卫斯理式卫理公会的立场出发，按照"阿米尼乌式的卫理公会"或者"阿米尼乌—卫斯理式的卫理公会"这一参照模式，来解读并重构历史上的阿米尼乌或阿米尼乌主义。本书对历史中阿米尼乌派的主要代表人物及其思想进行了简明描述和探讨，但并不全面系统，而且宗派色彩也比较浓厚。

荷兰学者 J. H. 马罗尼尔（J. H. Maronier），同样也利用上述 17 世纪后期问世的"抗辩派"书信集所提供的素材，于 1905 年在阿姆斯特丹出版了一部《詹姆斯·阿米尼乌：一部传记》。[3] 该书包含了一些阿米尼乌在莱顿大学执教时期的有趣素材，但在其他记叙方面并没有什么特别的发现。而且，这部以荷兰语写就的简明著作很难为荷兰语以外的世界所利用，所以其影响也十分有限。

---

1   William F. Warren, *In the Footsteps of Arminius*: *A Delightsome Pilgrimage*, New York：Phillips & Hunt, 1888.

2   Geo. L．（George Lewis）Curtiss, *Arminianism in History*，*or*，*The Revolt from Predestinationism*, Cincinnati：Cranston & Curts；New York：Hunt & Eaton, 1894.

3   J. H. Maronier, *Jacobus Arminius*：*Een Biografie*, Amsterdam, 1905.

英国学者 A. W. 哈里森（A. W. Harrison）为世人贡献了两部有关阿米尼乌主义研究的重要专著。一部是《阿米尼乌主义之发端》，[1] 1926 年伦敦大学出版社出版；另一部是《阿米尼乌主义》，[2] 1937 年"达克沃思"公司（Duckworth）出版。这两部著作其实属于姊妹篇；前者是作者在伦敦大学获得神学博士学位时提交的论文，后者是前作的续篇；前者叙述了从阿米尼乌诞生直至多特会议结束这一时期围绕阿米尼乌主义所展开的争论，后者叙述了阿米尼乌主义从开始直至 19 世纪末的传布与流变。A. W. 哈里森这两部著作对阿米尼乌主义这一主题的描述，在时间上相互接续，在内容上相互重叠，例如，后一部著作有超过三分之一篇幅其实是对前一部著作的概括。这两部著作在前人相关著述基础上，结合当时所能够利用的资料，对阿米尼乌主义作出了一种比较全面系统的描述，其对一些历史事件和神学争论过程的叙述尤其详尽。不过，A. W. 哈里森这两项研究主要是历史性研究，对所涉及的神学问题没有进行深入系统的探讨，对阿米尼乌本人神学思想的介绍也不充分。此外，该书对有些历史事件的叙述也不够清晰准确。

杰拉尔德·麦卡洛（Gerald O. McCulloh）在 1962 年编辑出版了一本名为《人的信仰与自由》[3] 的论文集。该论文集包含的论文，主要来自 1960 年荷兰纪念阿米尼乌诞生四百周年期间召开的学术研讨会。在该论文集里，来自莱顿大学的两位神学与哲学教授霍恩德达尔（Gerrit Jan Hoenderdaal）和范霍尔克（Lambertus Jacobus van Holk），分别介绍了阿米尼乌的生平与思想流变，其他来自英国和美国的作者则分别探讨了阿米尼乌主义在各自国家里的演变与发展。该书提出了一些新颖观点，但作为一部篇幅有限的论文集，其探讨不可能走向系统深入。

米尔德里德·班斯·温库普（Mildred Bangs Wynkoop）在 1967 年出版了一本名为《卫斯理—阿米尼乌神学的基础》[4] 的简明著述。本书主要是围绕圣洁

1　A. W. Harrison, *The Beginnings of Arminianism*, London: University of London Press, LTD., 1926.

2　A. W. Harrison, *Arminianism*, London: Duckworth, 1937.

3　Gerald O. McCulloh ed., *Man's Faith and Freedom: The Theological Influence of Jacobus Arminius*, Nashville: Abington Press, 1962.

4　Mildred Bangs Wynkoop, *Foundations of Wesleyan-Arminian Theology*, Beacon Hill Press of Kansas City, 1967.

教义对预定和成圣等问题所作的历史探究。不过，正如其书名所表明的，它论述的主要问题仍然是卫斯理派的教义问题，而阿米尼乌主义只是它的一个理论与历史发端和背景。值得一提的是，温库普这部著述缘起于他在亚洲的中国台湾和日本等地所作的曾引起人们极大兴趣的教学讲稿。

当代最有影响力的阿米尼乌专题研究，是美国学者卡尔·班斯于1971年在纳什维尔的阿宾登出版社（Abingdon Press）出版的阿米尼乌传记：《阿米尼乌：荷兰宗教改革研究》。[1] 这部传记作品的可贵之处在于，它利用了大量的档案资料和16世纪末与17世纪初的历史资料，其中包括莱顿大学和阿姆斯特丹大学等大学图书馆、荷兰中央宗谱与肖像事务局、设在海牙和乌得勒支（Utrecht）的国家档案馆、各级城市档案馆以及部分抗辩派后人的家族档案等历史档案资料。同时卡尔·班斯作为"富布赖特学者"还有机会到阿姆斯特丹和莱顿，亲身参与包括"抗辩派兄弟会"（The Remonstrant Brotherhood）等组织在内的许多涉及这一主题的社会与学术活动。这一切为卡尔·班斯的研究奠定了坚实而可靠的基础。在对阿米尼乌一生的考察中，卡尔·班斯并没有不加批判地因袭一些前人的说法，而是依据各种史料和逻辑推演提出了令人信服的见解。譬如他就没有接受伯修斯和勃兰特等人有关阿米尼乌在早期曾经历过思想剧变的观点，而是指出阿米尼乌在神学尤其在预定论问题上一直都采取了一种较为温和的立场，他从未接受过伯撒等极端加尔文主义者所持的堕落前预定论（supralapsarianism）或堕落后预定论（infralapsarianism或sublapsarianism）。正如卡尔·班斯所说，"这部著作所接受的使命是将焦点集中在阿米尼乌身上，不是作为一个英雄，不是作为一个异端，也不是作为一个先驱，当然也不是作为一个数码。本书所致力的问题就是：发现那个'人'。阿米尼乌常常被描述成一架神学机器、观念的制造者，而很少言及他的青年期、他的父母、他的兄弟姊妹、他的挚友与伙伴、他的妻子与孩子。他是如何理解看待他自己的？他的价值、失败与挫折是什么？他的喜怒哀乐又是什么？"[2] 总的说来，班斯这部传记对阿米尼乌的一生以及其思想发展作出了令人信服的考察，具有很高的学术

1　Carl Bangs, *Arminius：A Study in the Dutch Reformation*, Nashville：Abingdon Press, 1971, 1985.

2　Carl Bangs, *Arminius：A Study in the Dutch Reformation*, Nashville：Abingdon Press, 1971, p. 19.

价值。不过，历史档案的编纂者无法通过预知后事来指导他们的编纂，而且历史的动荡也无法保留全部的历史资料，再加上事主本人也没有为后世留下有关他个人生活的详细记录，这一切使得任何想要完整描述阿米尼乌一生尤其他早期生活的尝试，都会变得极其困难。这一点对于班斯来说也不例外，因而在他对阿米尼乌早期生活的描述中，常常可以看到一些类似于电影里使用的"空镜头"性质的手法，他往往不得不通过对历史背景、地理风貌和相关事件的描写，来填补阿米尼乌早期生活中的一些空白与断档。可贵的是，卡尔·班斯并没有无节制地放纵他的想象力，他的主要立论基本上都立足于可信的史料和历史事实，在推断处也显得比较审慎和保守。卡尔·班斯的叙述截至阿米尼乌去世为止。需要指出的是，班斯这部著作在 1971 年初版以后，分别于 1985 年和 1998 年由另外两家出版社另行出版，内容上除在书尾增加了一份六页的"补遗"外并无其他变动。

美国马歇尔大学（Marshall University）哲学系的霍华德·斯莱特（Howard A. Slaatte）在 1977 年出版了一本《神学的阿米尼乌分支》[1] 的著作。在这部篇幅简短的著述里，作者分两部分分别对阿米尼乌与约翰·卫斯理的追随者约翰·弗莱彻（John Fletcher）的神学进行了比较研究。斯莱特在抱怨人们忽视神学中阿米尼乌分支的同时，还从当代神学关切与派系斗争立场出发，对阿米尼乌思想作出了一些当代性解读。该作者的研究兴趣主要在于卫斯理、卫理公会和当代神学，对詹姆斯·阿米尼乌的研究并不深入。

英国学者艾伦·塞尔（Alan P. F. Sell）在 1982 年由贝克书社出版了一本题名为《大争论》[2] 的篇幅十分短小的研究著作，对阿米尼乌主义的起源、发展以及在历史中的变化与争论，进行了提纲挈领式的勾勒。其中对阿米尼乌主义在英国和美国后续发展的分析尤为精当。不过，该书由于篇幅过于短小而更像一篇学术论文，对许多问题也没有进行深入的分析和探讨。

美国加尔文神学院（Calvin Theological Seminary）的理查德·穆勒（Richard A. Muller）教授在对宗教改革和"后宗教改革"（post-Reformation）思

---

[1]　Howard A. Slaatte, *The Arminian Arm of Theology*: *The Theologies of John Fletcher*, *First Methodist Theologian*, *and his Precursor*, *James Arminius*, Washington, D. C. : University Press of America, 1977.

[2]　Alan P. F. Sell, *The Great Debate*, Baker Book House, 1982.

想的系列研究中，为人们贡献了一部有关阿米尼乌主义的具有较高学术价值的专题研究。这就是 1991 年由贝克书社出版的《雅各布·阿米尼乌思想中的上帝、创世与神佑》。[1] 穆勒这项研究主要侧重于对阿米尼乌神学与哲学思想的考察。与此前大量相关研究不同，穆勒没有单纯将注意力集中在上帝的预定论与人的自由意志这些问题上，而是试图在一种更为宽广和更具历史传承的思想背景中，来检视阿米尼乌对于神学观念与方法、上帝存在与本质、神圣认识与意愿以及上帝创世与神佑等问题的理解。理查德·穆勒所采取的基本视角是，将阿米尼乌的思想看作一个整体，将作为一个整体的阿米尼乌思想看作整个宗教改革时期新教正统神学的一个组成部分，将作为新教正统一部分的阿米尼乌思想看作对中世纪经院哲学的一种既相关联又具变革性的发展。该书在挖掘阿米尼乌思想深度与广度的同时，将阿米尼乌的上帝观与认识论完全归结和依附在罗马"经院哲学"和新教"经院哲学"的框架与理路内，难免有些牵强和生硬。

美国南方福音派神学院（Southern Evangelical Seminary）的诺曼·盖斯勒（Norman L. Geisler）在 1999 年出版《被拣选了但仍是自由的》[2] 一书。该书运用哲学与逻辑方法，通过对圣经的重新解读，主要围绕上帝拣选问题，为阿米尼乌主义与加尔文主义的传统争论提出了一种折中性解决方案。作者认为坚持上帝完全的神治和坚持人的自由意志，这两者并不是非此即彼的关系，而是可以并行而立的关系。该书在批评极端加尔文主义的同时，也对当代激进阿米尼乌主义特别是"开放性神学"的阿米尼乌主义作出了批判。

美国得克萨斯州贝勒大学（Baylor University）神学教授罗杰·奥尔森（Roger E. Olson）于 2006 年出版了一部题名为《阿米尼乌神学：神话与现实》[3] 的研究专著。奥尔森针对神学史上有关阿米尼乌主义的十种误解，逐一作出辨析和批判，并试图还原阿米尼乌本人的神学见解。同时作者还指出阿米尼乌主

1　Richard A. Muller, *God, Creation, and Providence in the Thought of Jacob Arminius: Sources and Directions of Scholastic Protestantism in the Era of Early Orthodoxy*, Grand Rapids: Baker, 1991.

2　Norman L. Geisler, *Chosen But Free: A Balanced View of Divine Election*, Bethany House Publishers, 2nd ed. , 2001.

3　Roger E. Olson, *Aminian Theology: Myths and Realities*, InterVarsity Press, 2006.

义尽管与加尔文主义存在教义分歧，但它作为根植于宗教改革运动的一种新教改革宗神学，属于当今福音派神学一个不可或缺的组成因素或部分。该书似乎提供了一种作者理想中的阿米尼乌主义。作者逐一指出阿米尼乌主义不是什么，但在对历史中阿米尼乌主义究竟是什么的论述上略显不足。此外，对阿米尼乌与阿米尼乌主义之间关系的论述也不够清晰。

在了解了这些文字著述和学术研究里的阿米尼乌以后，下面就将转向历史与思想史里的阿米尼乌及阿米尼乌主义。

第 一 章

发　轫

求学与牧职事奉时期的阿米尼乌

第一节　荷兰新教的初期发展

荷兰（The Netherlands；表示"荷兰语"或者"荷兰人"的词语为 Dutch），荷兰语名为尼德兰（Nederland；因其中一个最主要省的名称为 Holland，所以有时亦将整个尼德兰称为 Holland），字面原义可能是指位于法国和诺曼底公国以北的那些地区。它是欧洲西北部、濒临北海边的一个弹丸小国。在历史上，尤其是在现代国家概念与界限形成以前，这一地区因其特殊地理特征，亦被称为"低地国家"（Low Countries 或者 The Lowlands），因为其许多地方的海拔都低于海平面，只是依靠堤坝围堰等自然与人工设施，才阻止了海水的倒灌和入侵。由于其北方各省在与西班牙统治者斗争中，在军事和政治上采取了联盟形式，所以也一度被称为荷兰"联省"（the United Provinces）；更有因其独创和实施的"共和"政体形式，亦被某些人称为"联省共和国"（the Republic of the United Provinces）。这里所谓的"共和国"只是史家的方便指称，其实在与西班牙人斗争期间并不存在一个真正意义上的"共和国"；现当代意义的"荷兰共和国"一直要等到 18 世纪末才得以出现；将 16 世纪后期与 17 世纪初期的荷兰"联省"指称为"共和国"，在历史时代上是一种前后倒置。

荷兰"联省"的范围一度不仅包括现今的荷兰，还包括现今属于比利时和卢森堡的部分地区。当尼德兰处在西班牙统治下、南北部地区尚未分离以前，尼德兰共辖有十七省。其中，南部十个省信奉罗马天主教并成为顺从和支持西班牙统治的地区；后来出现的国家比利时，就是在南部十省的基础上发展起来的。而北方七省则主要信奉新教并因其宗教信仰自由和寻求政治独立，而成为罗马天主教和西班牙人的敌对势力。代表罗马天主教势力的西班牙军队曾竭力想要镇压和征服在他们看来属于"叛乱"的北方七省，但事与愿违。愈是镇压，北方七省愈是顽强，并愈是坚定了他们的新教信仰和政治独立的主张与诉求。当南北部地区逐渐分离后，北部七省于 1579 年组成了独立自主的"联省"（the United Provinces）政治与宗教联盟；本书称为"荷兰'联省'"。由北部七省组成的荷兰"联省"，在 16 世纪末期逐步形成一个新兴政治实体或国家。在土地面积上，荷兰"联省"是个十足的弹丸之地，只有不到四万平方公里。人口虽然正处在快速增长时期，但也只有三百万人上下。由于土地资源有限，所以这一地区向来注重贸易和手工制造业。在各城镇自发形成的各种具有准宗教色彩的"行会"，日益在经济政治生活中占据了重要地位，不仅对推进各地商业工业及贸易发挥了重要影响，而且也为组成建立在某种"平等性"基础上的，类似于"议会"制的政治与行政政体奠定了社会组织基础。

16 世纪初期，荷兰与西班牙之间的关联，源自欧洲王室成员之间复杂的联姻与继承关系。"神圣罗马帝国"皇帝查理五世（Charles V, 1519—1556 年在位），亦即西班牙国王查理一世（Charles I, 1500—1558 年，1516—1556 年在位），自小就从其父亲腓力一世（Philip I, 1478—1506 年，1504—1506 年在位）那里继承了荷兰；后来又从其母亲胡安娜（Joanna），西班牙国王费迪南德（Ferdinand of Aragon）与王后伊莎贝拉（Isabella of Castile）之女，那里继承了西班牙。1556 年，查理一世将西班牙与荷兰的王位传给儿子腓力二世（Philip II, 1527—1598 年，1556—1598 年在位）。就这样，荷兰与西班牙这两个地理上相互分隔的国家，在政治上紧密联系在了一起，由此也使荷兰人处在西班牙统治下长达半个多世纪。不仅如此，荷兰人在政治与经济上遭受的束缚与桎梏，更由于与西班牙在宗教信仰上的不同立场而变得雪上加霜了。路德在维腾贝格（Wittenberg）抗议罗马天主教的呼声与著述，虽然能够穿越欧洲许多国家的边界，但却止步于查理一世统治下的西班牙。更有甚者，当新教改革运动在德意志北部及其周边国家逐步得到扩张和巩固之时，西班牙也日益明确和强化了它维护罗马"正统信仰"并反对"新教异端"的使命与职责。身兼西班牙国王与神圣罗马帝国皇帝于一身的查理一世，以强力政治与军事手腕，将治下的荷兰十七省组织并凝聚成一个政治统一体，并在其中坚定不移地推行他自己信奉的罗马天主教信仰。

当马丁·路德点燃的宗教改革运动在欧洲各地星火燎原般迅猛扩展时，身兼西班牙国王和神圣罗马帝国皇帝于一身的查理一世，自然与罗马教廷站在同一条战线上。查理一世更是在 1521 年沃尔姆斯会议（Diet of Worms）后，针对路德及其发起的宗教改革运动采取了极其强硬的立场和措施。得到查理和教皇支持的宗教裁判所或宗教法庭（Inquisition），对任何胆敢脱离罗马天主教立场的"宗教异端"都采取了最为严厉的处罚：没收财产和处以死刑。然而，严酷的刑罚和骇人的高压，并不能阻止荷兰这块曾经诞生过人文主义之父德西德里斯·伊拉斯谟（Desiderius Erasmus，约 1469—1536 年）的自由与英勇国度，去积极接纳宗教改革思想和拥抱良心自由的新观念。事实上，早在路德于 1517 年10 月发出公开抗议之前，在荷兰各地就已经流传有一些反对滥用赎罪券的小册子；更早在 1477 年在德尔夫特（Delft）就已经出版了荷兰语《圣经》版本。所以当路德吹响"宗教改革"的号角时，在荷兰就迅速激起了热烈反响。

同时，荷兰独特的地理位置与政治文化形势，也使得它无法完全摆脱逐渐高涨的宗教改革运动的影响。套用一句人们常常描述当时情形的话来说，就是宗教裁判所焚烧路德著述的速度赶不上路德著述传播的速度。来自德国、瑞士和法国等地的新教著述和传教士，将"宗教改革思想"和"福音信仰"传播到荷兰，尤其是荷兰北方诸省。于是，开始出现为数众多的改革派宗教集会和崇拜团体。由于历史记录和文献资料的匮乏，如今人们要想准确描述处在查理一世统治下的荷兰早期新教的发生与发展状况，已经不太可能。但根据可资利用的资料可以依稀看到，大致存在着三个不同的阶段。在 16 世纪 20 年代，在荷兰北部比较活跃的宗教改革派，是所谓"圣餐派"或者"圣餐形式论者"（Sacramentarians），他们因强调圣餐礼的象征性并否定耶稣基督在圣餐礼中的真实临在而得名。这些人有些可能是受到路德的影响，有些则可能只是出于对教会现状的不满；他们全都对罗马教会权力的腐败与滥用感到不平和愤慨，对宗教改革的提议和呼吁感到鼓舞和振奋。在 16 世纪 20 年代末以及整个 30 年代，再洗礼派信仰及团体活跃于荷兰及其周边地区。他们因不承认婴儿洗礼等极端主张而得名。这些人因其宗教激进主义，在瑞士被宗教改革家茨温利（Ulrich Zwingli，1484—1531 年）拒斥后，逐步在荷兰等地区寻找到生长土壤。原先属于"圣餐派"的一部分信徒转向再洗礼派，另外一些主张宗教改革的信徒又加入进来。弗里斯兰省（Friesland）一位神父门诺·西蒙斯（Menno Simons，1492—1559 年）还成了他们的领袖之一。再洗礼派信徒因其极端宗教主张，既受到罗马天主教的谴责，又受到其他新教徒的拒绝。以西班牙国王查理一世为代表的罗马天主教势力，更是对再洗礼派进行了残酷而又血腥的镇压和清剿。[1]后世有学者估计，在查理一世统治时期，仅在荷兰一地就处死了近四万名新教徒（这个数字同当时当地总人口数相比是十分令人吃惊的），其中绝大部分都是再洗礼派信徒，只有一小部分属于所谓路德派信徒、加尔文派信徒或其他福音派信徒。[2] 外部严酷的生存处境，再加上内部层出不穷的纷争，导致再洗礼派在荷兰的发展日趋式微。正是在这种背景下，改革宗新教徒开始出现并活跃在荷兰境内。这些既接受了加尔文宗教改革思想，又继承了荷兰由来已久的圣经式虔敬的改革宗信徒，从此逐渐占据荷兰宗教生活的核心舞台。

当腓力二世接替查理一世继任西班牙王位后，这位新国王依然沿袭了他父亲仇视新教的立场和针对荷兰施行的高压政策。到 16 世纪 60 年代后期，腓力二世先是决定在荷兰强力推行特伦托会议（Council of Trent，1545—1563 年）的各项法令与精神，以期根除在荷兰大多数人当中已经扎下根来的新教信仰。接着又决定对荷兰人征收不堪承受的重税。[3] 在反西班牙与反罗马天主教情绪走向高涨之时，1566 年 4 月，大约有四百名荷兰本地权贵前往布鲁塞尔（Brussels）请愿，呼吁在"低地国家"废除宗教裁判制，施行宗教宽容。但他们被傲慢的西班牙统治者蔑称为"乞丐"（Beggars）而不予理睬。于是，欣然接受这一称号的荷兰贵族，只得与对西班牙同样深感不满的基层人民一道，开始聚集在奥伦治亲王（Prince of Orange）"沉默者威廉"（William the Silent，

1　Cf. P. Geyl, *The Revolt of the Netherlands 1555 – 1609*, London, 1932, pp. 55 – 57.

2　Cf. T. M. Lindsay, *A History of the Reformation*, Edinburgh, 1908, Vol. 2, p. 239; A. W. Harrison, *The Beginnings of Arminianism*, London: University of London Press, LTD., 1926, p. 14.

3　Cf. A. W. Harrison, *The Beginnings of Arminianism*, London: University of London Press, LTD., 1926, p. 17.

1533—1584 年）的旗帜下，公开反抗西班牙的统治。"沉默者威廉"原本是西班牙方面任命的、代替西班牙人统治和管辖荷兰各地的"执政官"，但他后来却成为带领荷兰人争取国家独立与宗教自由的领袖。面对荷兰人的反叛，腓力二世开始诉诸武力加以弹压。西班牙先是派遣以残忍和冷酷著称的阿尔瓦公爵（Duke of Alva，1508—1582 年），统率一万名训练有素的大军入侵并驻扎在荷兰各地，接着是同样冷酷无情的唐·路易斯·德·勒奎森斯（Don Luis de Requesens），后来则是华而不实的"奥地利的唐·璜"（Don Juan of Austria）执掌荷兰，他们都试图以暴政和武力迫使荷兰人就范。在那个充满动荡、不安与冲突的岁月里，荷兰人在宗教信仰上的皈依、在民族身份上的自我认同，再加上国家争取独立与自由的渴求，使得荷兰人反抗西班牙统治的斗争虽然历尽磨难与挫折，但却始终不屈不挠、前仆后继。著名历史学家菲利普·沙夫（Philip Schaff，1819—1893 年）根据格劳秀斯等人的估计断言，"在 16 世纪，荷兰的殉教人数超过了其他任何新教教会，可能还超过了整个原始教会在罗马帝国统治下的殉教人数"。[1]

　　这是一场旷日持久的互有攻守且两败俱伤性质的战争。以"奥伦治的威廉"为首领的荷兰人追求的是民族与宗教的自由。他们虽然势单力薄、鱼龙混杂，但是他们可以依靠民心所向，借助所谓"海上乞丐"（the Sea Beggars）等民间武装力量，利用"低地国家"特有的地理形势，对西班牙统治者不断发起打击，并取得一些战役的胜利。而西班牙军队则由于战线漫长、给养不足以及由此引发的士兵哗变，也无力将反叛的荷兰完全镇压下去。这种持久拉锯战的胶着状态，不仅消耗掉大量的人力和物力，而且还孕育出一个消极后果。这就是荷兰南北地区的分治与分离。南部地区仍旧忠实于罗马，并同信奉天主教的法国保持着诸多联系；而北部地区则信奉新教，并同主要是新教性质的德国和瑞士保持着诸多联系。相应地，西班牙虽然能够牢牢地控制住南部诸省，但却逐渐丧失了对北部诸省的控制。尽管双方为防止荷兰十七省分裂曾付出种种努力，并于 1576 年签订"根特和约"（Pacification of Ghent），但是由于腓力二世

1　Schaff, Philip (ed.), *The Creeds of Christendom: With a History and Critical Notes*, 3 Vols., 6th ed. Grand Rapids, MI: Baker Books, reprinted 1998 from the 1931 edition, Vol. I, p. 503.

的阻挠，同时还由于荷兰权贵彼此间的猜疑与妒忌、南部天主教徒的固执以及北部新教徒的狂热，最终使得信奉新教的北部地区与忠实于天主教的南部地区的分裂，成为不可避免的现实。1578 年 5 月，"奥伦治的威廉"签署了"乌得勒支条约"（Treaty of Utrecht）。北部的荷兰、泽兰（Zeeland）、乌得勒支、格尔德兰（Gelderland）和聚特芬（Zutphen）等省与南方诸省相分离，并组成一个新的信奉新教信仰的政治实体或国家，亦即历史上所谓的"联省共和国"（the United Provinces）。这种分裂当然不是许多人所乐意看到的结果。这种矛盾迟疑心态，在"奥伦治的威廉"那里就能得到很好的体现。威廉从 1568 年起就成为荷兰反抗西班牙统治的事实上的军事首领，在 1572 年莱顿会议上更被进一步确认为泽兰与荷兰两省的省长或执政官（stadtholder 亦作 stadholder），在"根特和约"中还被认可为整个"尼德兰联省"的省长或执政官。但威廉自己在相当长时期里，一直将自己看作腓力二世在荷兰的代理执政者，他所寻求的目标是停止宗教迫害，恢复荷兰应有特权，以及西班牙驻军撤出荷兰。在宗教问题上，威廉期待的是一种宗教和平与宽容的新秩序；他既坚定地反对西班牙人对新教徒的迫害，又反对狂热的新教徒对天主教的过度报复。他本人亦是迟至1573 年，才为形势所迫由天主教信仰转为新教信仰的。他最终于 1584 年为西班牙刺客暗杀。

　　在那个年代里，不论对于"奥伦治的威廉"还是对于大多数荷兰人来说，争取宗教自由与争取政治自由，是同一枚硬币不可分割的两面；有时，前者比后者还具有更为显著、更为优先的地位。正是在反抗西班牙统治者施加的宗教迫害与民族束缚的过程中，新教信仰在荷兰尤其在荷兰北部开始迅猛增长。进入"低地国家"的宗教改革家的信徒，先有路德的追随者，后有茨温利的追随者，再后来则是属于加尔文派的法国胡格诺派（Huguenots）和瑞士的新教徒。在路德派、加尔文派、茨温利派以及再洗礼派等多种形式的新教信仰中，来自加尔文掌控下的日内瓦的影响逐渐占据上风，并日益构成荷兰新教信仰的主要形态和组织形式。这除了宗教和文化上的原因外，还可能跟荷兰"老乞丐们"的现实处境与"胡格诺分子"在法国的处境颇为相像有关。

　　在教义教理的自我界定上，早期荷兰新教在讲荷兰语教会里大都采纳了《海德堡教理问答》（*Heidelberg Catechism*），在讲法语教会里基本上都以《日内瓦教理问答》（*Geneva Catechism*）为指导，从而保证了荷兰改革派教会具有鲜明的加尔文派特征。荷兰人自己关于宗教改革信仰的宣言和声明，同时也是指导和规范荷兰新教教会最重要的文献，则是《比利时信纲》   （*Belgic Confession*）。[1] 这部由三十七条论纲组成的、表明荷兰新教信仰立场的文献，主要是由蒙斯人（Mons）吉多·德·布雷斯（Guido de Brès，1523—1567 年），在法国新教会奉行的信纲基础上，在另一位荷兰学者阿德里安·萨拉维亚（Adrian Saravia，1531—1613 年）帮助下，于 16 世纪 50 年代末 60 年代初完成的；萨拉维亚曾于 80 年代中期执教于莱顿大学，后因观点不同转往英国剑桥大学任教。其后，这部信纲经过曾师从加尔文本人学习的弗朗西斯·朱尼厄斯（Francis Junius）及其他几位牧师的修订，于 1566 年在安特卫普（Antwerp）公开发表；人称《比利时信纲》。这部最初以法语写就的文献，先后被翻译成荷兰语、拉丁语和德语，并分别在 1568 年韦瑟尔宗教会议（Synod of Wesel）、1671 年埃姆登宗教会议（Synod of Emden）、1674 年多德雷赫特宗教会议（Synod of Dordrecht）以及 1581 年米德尔堡宗教会议（Synod of Middelburg）上得到认可和采纳，被认为是荷兰新教信仰最重要的神学表述和解说。不过，这个阶段荷兰改革宗教会采取的神学还仍然是一种比较质朴和简单的神学，在教义信理上还没有发展到精准细致、锱铢必较的地步。至于后来引起轩然大波和惊涛骇浪的预定论问题，这时还不是人们思考与关注的问题。

人们在这个时期更为关注的，是尚处在形成期的荷兰改革宗教会的组织与构成形式。作为加尔文宗改革教会，荷兰教会的体制与管理在汲取改革宗教会一般特征外，还融合进一些本地特色：长老制（presbyterianism）构成其首要的教会组织特征。荷兰宗教改革者坚持所有教会都是平等的，任何教会都不应凌驾于其他教会之上。在教会内部，牧师（minister）在长老（elder）和执事（deacon）的协助下，负责一切教牧事宜。

值得注意的是，当时荷兰教会体制一个独特之处就是，居住在同一城镇的教会成员，不论是否在同一教堂崇拜，都隶属于同一"信徒会众团体"

---

1 Cf. Schaff，Philip（ed.），*The Creeds of Christendom：With a History and Critical Notes*，3 Vols.，6th ed. Grand Rapids，MI：Baker Books，reprinted 1998 from the 1931 edition，Vol. I，p. 503.

（congregation）；牧师是全城教会的牧师，需要依次到各个聚会点或礼拜堂布道；信徒并不特别固定于某一教堂，也不特别固定于某一牧师的教牧事奉。不过，为了卓有成效地处理教会有关事项，以及更重要的，为了协调各教会间的关系与步调，维护地区以及全国改革宗教会的统一性，荷兰教会还组成了三种具有不同等级并可逐级上诉的教会议会（亦可称教会委员会或教会法庭）。最基层的被称为"地方教会议会"（consistory），负责当地教会或隶属于同一"信徒会众团体"的宗教事宜；由当地牧师和选举出来的长老与执事组成，一般一周或数周召集一次。相互毗邻城镇的教会组成更高一级的教会委员会，被称之为"地区教会议会"（classis）；由所辖教会全体牧师和各个"地方教会议会"分别选举出来的一至两名长老组成，一般一月或数月召集一次。牧师职务由"地方教会议会"聘请和委任，但需要获得"地区教会议会"批准和认可。到 17 世纪初期，在荷兰一省约有十五个这样的"地区教会议会"，并划分成南部和北部两个组织，均可组织自己的"宗教会议"（synod）。最高级别的教会议会则是省级或全国级的"宗教议会或宗教会议"（synod）；由选举或派遣的牧师与长老组成，一般一年或数年召集一次，并无定例。

总之，荷兰新教在教会组织与管理体系上基本采用了一套改革宗长老制的模式，并结合荷兰具体实践作出一些变通与调整。至于教会与政府之间的关系，以及双方各自的权限，则并未作出被普遍接受的明确界定。这个重大问题，在荷兰争取宗教自由努力与争取国家独立斗争合而为一的时候，尚不是一个急迫的问题。但随着社会形势的发展与变化，这个原先潜伏在水面下的问题终将浮出水面，并引发一系列政治与宗教风波。

就这样，到 16 世纪中后期，早期荷兰教会在《比利时信纲》的规范下，在"长老制"体制的组织中逐步成长起来。

第二节 阿米尼乌的出生及早年磨难

阿米尼乌为世人留下了丰富的文字著述，其中绝大多数涉及的都是神学及其相关活动，几乎没有什么有关他自己的内容。这使得他的诸多身世详情成为一个空白和谜团。毫不奇怪，在他确切出生日期上，阿米尼乌本人同样也没有留下什么明确记录与线索。那个时期留下来的其他文献资料，也没有给后人在这个问题上提供什么有价值的发现。事实上，后人对阿米尼乌个人生平特别是有关他早期生活的了解，可资利用的原初文献资料，只有他的同时代人彼得·伯修斯在阿米尼乌葬礼上所致的"悼词"。伯修斯作为阿米尼乌少年时的同伴、大学时的同窗以及在莱顿任教时的同事，的确为后人提供了许多有关阿米尼乌的珍贵资料与信息。但另一方面，这篇简短与总括性的"盖棺论定"也给后人留下了一些"不定论"，甚至还成为后人"以讹传讹"的原初发端者。正是伯修斯1609年所致的"悼词"，将阿米尼乌的出生年份确定为1560年。[1] 从此，一直到20世纪中期，人们都毫无例外地将1560年看作阿米尼乌的诞生年份。其间还有学者曾将阿米尼乌出生时间进一步确定为10月10日；至于这是依据什么资料所得出的结论，并不为旁人所知。事情一直到20世纪后期才发生变化。阿米尼乌的当代著名研究学者和传记作者美国人卡尔·班斯（Carl Bangs），通过查考荷兰相关城市的大量历史档案，通过当时奥德瓦特城的税收记录和夜间值勤记录，并在参考阿米尼乌后人家族史的说法与资料后，令人信服地推定，以1559年（无法进一步推定月份和日期了）作为阿米尼乌的出生年，可能更为接近历史事实原貌。[2] 卡尔·班斯的这一见解，现今已经为当代学术界普遍接受：阿米尼乌大约出生于1559年。

阿米尼乌出生地是荷兰的奥德瓦特（Oudewater）。这是位于艾瑟尔（Ijssel）河边的一个非常典型的荷兰小城镇，[3] 在一般地图上很难找到它的踪影。大致说来，在它以北约35公里是阿姆斯特丹，以南约25公里是多德雷赫特，以东约20公里是乌得勒支，以西约25公里是鹿特丹。奥德瓦特城的历史起源已无从查考，最早的历史记载是公元13世纪前半叶。该城的名称来源也不十分确定，因为该城名称的发音与拼写，既有可能是指"Oude Water"（对应于英语的"Old Water"："旧河道"），也有可能是指"Oude Waerdt"（对应于英语

1　Cf. *The Works of James Arminius*, Vol. 1, p. 17, "note".

2　Cf. Carl Bang, *Arminius: A Study in the Dutch Reformation*, Nashville: Abingdon Press, 1971, pp. 25–26.

3　Cf. William F. Warren, *In the Footsteps of Arminius: A Delightsome Pilgrimage*, New York: Phillips & Hunt, 1888.

的 "Old Ward"："旧城区"）。阿米尼乌出生时，该城正处在迅速发展时期，拥有居民近两千人。如同当时荷兰其他小城镇一样，这座处在西班牙统治下并信奉罗马天主教的小城也具有当时司空见惯的体制与配套建制，拥有教堂、市政府、民兵队伍、拉丁语学校、贸易市场，等等。

在神学史上为人们熟悉的"阿米尼乌"这个名字当然不是他的本名。阿米尼乌原来的本名叫 "Jacob Harmenszoon"。这个荷兰语本名，以及与他同时代许多荷兰人的名字，对荷兰以外的人来说，无疑是一件难以把握的事情。须知，在 16 世纪中期，荷兰人还未完全发展成现今通用的、家族以固定姓氏（surname）来为新生子女命名的惯例。传统应用的"子女以源于同性别父母（祖父母）的名来作为姓氏的"（patronymic）命名体系，正处在消亡但还没有完全消亡的过渡时期。譬如，那时就存在这样的惯例，长子的名字取自祖父，次子的名字取自外祖父；长女的名字取自外祖母，次女的名字取自祖母；其余的子女又分别取自父母家族其余的亲属；而已故的亲属又具有优先权；等等。但这种惯例在那个时代又并不为人严格遵守。而且那些名字的发音与拼写也是一件游移不定的事情，因为荷兰语言与文字也正处在形成与规范化时期。一个人的名字可能有多种发音或拼写方式，以至于并没有一个所谓"正确的"名字，因为可能那几个名字都是正确的。"阿米尼乌"这个名字是他后来入读莱顿大学时经过拉丁化的名字。拉丁化自己的名字的做法，在当时受教育的人当中是一个惯例，但也不是没有例外，阿米尼乌终身挚友尤腾鲍加特（Uitenbogaert）的名字就是个例外。

就读大学时，阿米尼乌先是将自己的名字拉丁化为 "Jacobus Hermannus"，后来又拉丁化为 "Jacobus Arminius"。"Arminius" 是公元 1 世纪曾抗击过罗马人的一位古日耳曼首领的名字。这个少年用这个名字作为自己的姓，看来是有寓意在其中的。[1] 至于他的名 "Jacobus" 在英语语境里通常被翻译为 "James"。[2] 英文版《阿米尼乌文集》的编辑与译者詹姆斯·尼科尔斯就采用了 "James Arminius" 这一英文名称，并在后来成为人们广泛运用和熟知的名称。

1　Cf. *The Works of James Arminius*, Vol. 1, p. 16, "note".

2　Geo. L. Curtiss, *Arminianism in History, or, The Revolt from Predestinationism*, Cincinnati: Cranston & Curts; New York: Hunt & Eaton, 1894, p. 15.

但当代亦有学者指出，这位荷兰神学家更正确的姓名，即便是在英文中，也应当采用他当初拉丁化的姓名，亦即"Jacob Arminius"[1] 或者"Jacobus Arminius"，翻译成中文则是"雅各布斯·阿米尼乌"；[2] 这种见解正在开始为一小部分学者所接受。而本书仍遵循传统主流做法，采用纯英语化的姓名"James Arminius"来指称这位伟大的荷兰神学家。

　　而在这一名称的中文翻译上，也有多种译法。港台地区结合当地中文发音习惯多译为"亚米纽斯""阿米纽斯""亚米纽"，等等。大陆地区，特别是早期，多译为"阿明尼乌"；但这种译法，不仅在对原文音节处理上存在一些问题，而且也容易使不熟悉的人望文生义，误以为这是某个东方特别是中东地区人的名称。故此，本书综合港台地区译法与大陆地区译法，遵循上海外语教育出版社 2007 年版《新牛津英汉双解大词典》的做法，将这个名字统一翻译为"阿米尼乌"。同时，为了使这个神学家的名字与由这个神学家命名的思想与派别保持一致，本书统一将"Arminianism"译为"阿米尼乌主义"，将"Arminianist"译为"阿米尼乌派"，以杜绝以往多种工具书，将该神学家名称与由该神学家命名的思想与派别，加以错位处理或不对等翻译的不合理现象。

　　"Harmenszoon"的缩写形式是"Harmensz"，对应于英语就是"Herman's son"，意思是"哈门之子"。其中表示"儿子"的"zoon"作为词尾通常可以缩写为"sz"，正如表示"女儿"的"dochter"，作为词尾可以缩写为"dr"一样。由阿米尼乌这个姓，可以推知阿米尼乌父亲的名。事实上，他父亲名叫"哈门·雅各布森"（Harmen Jacobszoon）。哈门可能来自荷兰一个具有一定社会地位的家族，但其族谱已无从查考。哈门本人看来是一位兵器制造商。这在当时战火频仍的社会里，肯定是一份十分重要和大有市场的手艺与职业。阿米尼乌的母亲名叫"埃尔博赫·雅各布斯多特"（Elborch Jacobsdochter；其中"Elborch"这个名字后来可能因为宗教缘故更改为"Engeltje"或"Engelin"，有时则被拉丁化为"Angelica"）。埃尔博赫原籍来自荷兰的多德雷赫特，后迁

1　Richard A. Muller, *God, Creation, and Providence in the Thought of Jacob Arminius: Sources and Directions of Scholastic Protestantism in the Era of Early Orthodoxy*, Grand Rapids: Baker, 1991, p. 3.

2　Herbert Boyd McGonigle, *Sufficient Saving Grace: John Wesley's Evangelical Arminianism*, Carlisle, Cumbria, U. K. & Waynesboro, GA, USA: Paternoster Press, 2001, p. 18.

至奥德瓦特，出生于一个颇有名望与富足的家族。在阿米尼乌这个孤儿后来成长的历程中，正是来自他父母亲，特别是来自他母亲这个大家族的亲属关系，在其中发挥了至关重要的作用。

有可能是在阿米尼乌降生不久，更有可能是在阿米尼乌降生以前，他父亲就去世了（事实上，卡尔·班斯正是根据阿米尼乌父亲去世的时间，来估算出阿米尼乌出生年份的）。阿米尼乌上面还至少有一个哥哥和至少有一个姐姐。母亲埃尔博赫一人带着几个年幼的孩子，同时还要料理丈夫留下的作坊，生活的艰辛是可想而知的。正是在这种情形下，来自埃尔博赫大家族的几位亲属，对年幼阿米尼乌的成长发挥了重要影响。阿米尼乌父亲去世后不久，埃尔博赫姑妈的一个儿子就担当起阿米尼乌的法定监护人。埃尔博赫这位表兄弟名叫德克·阿莫尔斯格森（Dirk Amelsgersz），不过人们更熟知的，是在彼得·伯修斯所致"悼词"里出现的他的拉丁文名字：西奥多·埃米留斯（Theodore Aemilius）。后人对埃米留斯的了解仅限于伯修斯对他所作的简短叙述。[1] 按照伯修斯的说法，埃米留斯是一位倾向新教立场的当地教区神父。16 世纪中叶的奥德瓦特城仍然处在西班牙统治下并信奉罗马天主教，但也同样受到宗教改革与民族独立浪潮的波及，并在私底下出现秘密的新教崇拜团体。学识渊博并富有同情心的埃米留斯，可能正是由于倾向新教信仰的缘故，才在早年旅居欧洲多个城市，后来居住于乌得勒支。在埃米留斯的监护下，阿米尼乌自幼就开始学习拉丁语、希腊语和神学知识。后来，埃米留斯还把阿米尼乌接到乌得勒支，使其得到良好的教育。有学者根据阿米尼乌所接受的良好教育推测，他有可能在乌得勒支期间，曾就读于著名的"*Hieronymusschool*"或"圣哲罗姆学校"。果若此，阿米尼乌就有可能在那里结识了亦在这一时期就读于该校的尤腾鲍加特。他们究竟是否相识于此，现今已成了一桩历史公案。不过，天有不测风云，数年后，也就是说在阿米尼乌十四五岁的时候，他的监护人埃米留斯突然去世了。这使得这位少年的个人前景又变得黯淡起来。

正当阿米尼乌在乌得勒支无依无靠、前途未卜之际，他母亲埃尔博赫的另

1　Cf. *The Works of James Arminius*, Vol. 1, pp. 17 – 18, "note".

一位表兄弟（她舅舅的儿子）——当然也算是埃米留斯的表兄弟，成为这位少年的新监护人。这位新监护人有个复杂的荷兰语名字"Roelof van Roijen van Schadenbroek"，但人们更熟悉的是他的拉丁化名字：鲁道夫斯·斯尼留斯（Rudolphus Snellius，1547—1613 年）。同样也出生于奥德瓦特城的斯尼留斯，来自一个富有的上层家庭。他由于宗教原因曾被迫辗转求学和任教于欧洲各地，以擅长数学和彼得·拉姆斯（Peter Ramus 或者 Pierre de la Ramée，1515—1572 年）逻辑学而闻名。自 1578 年起在莱顿大学担任希伯来语和数学教授直至辞世。当埃米留斯去世时，斯尼留斯正执教于马堡大学（University of Marburg）。于是，他将少年阿米尼乌从乌得勒支带到马堡。马堡大学是德国第一所不受罗马影响的新教大学，是"黑森的腓力"（Philip of Hesse）在梅兰希顿指导下于 1527 年创立的。但梅兰希顿的影响是否就通过这种方式并在这个时期传递给阿米尼乌，倒是一件可以存疑的事情。无论如何，看来阿米尼乌先前所受的教育，足以使他进入这所大学学习了。在斯尼留斯帮助下，阿米尼乌用"Jacobus Hermannus"的名字在马堡大学注了册。就在这一切刚刚安排妥当的时候，厄运再次降临到这个命运多舛的少年头上。1575 年 8 月，西班牙军队残暴地洗劫了整个奥德瓦特城，阿米尼乌的母亲和哥哥、姐姐全都死于破城后的战争屠杀当中。

深深包含着阿米尼乌个人悲剧的奥德瓦特城故事，是荷兰人争取宗教自由、反抗西班牙统治一系列战争中的一个片断或插曲，集中反映了那个年代个人悲欢离合与国家命运密切交织在一起的历史风貌。早在 1572 年春，"奥伦治的威廉"借助于桀骜不驯、骁勇善战的"海上乞丐"的力量，以港口布里埃尔（Brielle）为起点，向西班牙统治下的荷兰北部各城镇发起一系列军事进攻。荷兰人猛烈的进攻迫使西班牙军队暂时撤离部分地区。1572 年 6 月，"奥伦治的威廉"旗下一支部队占领并解放了奥德瓦特。于是，新市政府取代旧市政府；教区神父被搁置一旁；天主教徒被禁止发挥公共影响和举行公开崇拜。开始取而代之的则是新教崇拜。在那战火纷飞、群情激昂的时期，奥德瓦特城的新教化进程开始迅猛推进，并在 1574 年成为新教城镇。然而，"奥伦治的威廉"的战事并非一帆风顺。1573 年，阿尔瓦公爵被唐·路易斯·德·勒奎森斯取代，后者集结北部地区所有兵力来镇压反抗的荷兰人，并一举取得一些重要战役的胜利。但是，西班牙人因战线过长、给养不足和士兵哗变等原因，同样亦无法对荷兰人取得更进一步的胜利。双方战事一时处于拉锯和胶着状态；譬如，1574年，勒奎森斯曾围攻莱顿城（Leiden）数月却无功而返。其间，双方旨在媾和的谈判也以破裂告终。到 1575 年夏，勒奎森斯靠高利贷筹得军费后，开始兵分三路进犯荷兰北部那些宣告独立和皈依新教的城镇。其中一支西班牙军队于 7月 19 日出其不意地包围了奥德瓦特城。奥德瓦特军民受近邻莱顿城事迹的鼓舞，面对西班牙军队进行了顽强抵抗。但终因力量悬殊而于 8 月 7 日城池失陷。破城后的西班牙军队如同人类战争史上常见的情景那样，对城内军民不分男女老幼，进行了肆意屠杀和洗劫。该城刚刚履职不久的新教牧师约翰尼斯·格拉修斯（Johannes Gelasius）的悲惨遭遇即是一例。[1] 西班牙人破城后将格拉修斯抓为俘虏，但并不知道他的真实身份，所以同意以 500 盾赎金换人。就在这项交易即将完成的时候，一位"慈善修女"（Beguine Nun）认出了他，并向西班牙人告发了他。于是西班牙人立即要求格拉修斯公开放弃新教信仰。在遭到拒绝后，西班牙军队当着格拉修斯的面，当场杀死了他年幼的儿子，蹂躏了他的妻子，随后将格拉修斯吊死在绞刑架上。战争以及参与战争之人的残酷性与野蛮性由此可见一斑。处在西班牙铁蹄下的奥德瓦特城，一直到 1576 年年底才重新获得自由。

阿米尼乌全家人就死于这次大屠杀中。噩耗传来，悲痛欲绝的少年阿米尼乌几乎完全崩溃。彼得·伯修斯对这件事情描述说，"那可怕消息粉碎了这年轻人敏感的心，使他整整十四天里一直处在哭泣和哀恸之中，几乎不曾间断。最后，出于年轻人的冲动和不耐烦，他离开马堡，匆匆返回了荷兰，决意再看一眼故乡城镇——变成废墟的故乡城镇，抑或是有意前去受死。抵达奥德瓦特后，他看到的只剩残垣断壁，噩耗很快就得到证实，几乎没人能逃脱这场大屠杀，他母亲、姐姐、哥哥以及其他亲属，全都不幸罹难了"。[2] 伯修斯在阿米尼乌葬礼上这段叙述，当然是有事实依据的，但又不宜完全拘泥于字面意义理解。说阿米尼乌"有意前去受死"，是指那时奥德瓦特城仍然处在西班牙驻军占领下，

1　Cf. *The Works of James Arminius*，Vol. 1，pp. 18－19，"note"．

2　*The Works of James Arminius*，Vol. 1，p. 19，"note"．

贸然前往当然是有生命危险的。说"几乎没人能逃脱这场大屠杀",是指那时的悲惨和恐怖情状。实际上,仍有一小部分人侥幸存活下来,阿米尼乌一个姑姑名叫吉尔婕·雅各布斯多特(Geertje Jacobsdr),就是这样一个幸存者。伯修斯对此当然心知肚明,因为吉尔婕后来再婚嫁给莱顿神学家约翰尼斯·库克里奴斯(Johannes Cuchlinus),并由此成为彼得·伯修斯的岳母(伯修斯的妻子是库克里奴斯与一个前妻的女儿)。无论如何,人们可以想见,当经受如此重大打击的少年阿米尼乌站在家乡的灰烬与瓦砾面前时,心里会感到怎样的悲痛与苦楚。最后,失魂落魄的阿米尼乌只得徒步从奥德瓦特返回数百公里外的马堡。有零星迹象表明,在以后岁月里,阿米尼乌同家乡奥德瓦特并未完全中断联系。他与后来回迁的亲属还有一些往来,并在担任牧师和神学教授期间为家乡教会事宜提供过帮助和咨询。不过,这都是后话了。

大致也是在这个时期,在荷兰境内距离奥德瓦特城不远的莱顿城内,正在发生一件具有全国影响的重要事件;这一事件将使阿米尼乌的人生航程进入一个崭新航道。总之,阿米尼乌在返回马堡停留了几个月后,就只身来到鹿特丹。此时的鹿特丹,已成为来自奥德瓦特、阿姆斯特丹以及其他处在西班牙统治下城镇的逃亡难民的聚集地。在鹿特丹,阿米尼乌的性情、素养和天分,得到该城两位新教牧师和其他一些人的大大赏识,他们决定等到新成立的莱顿大学开始招收新生时,就把这位极有天赋的少年送到那里去学习。这两位牧师,一位是老彼得·伯修斯,他是在阿米尼乌葬礼上致"悼词"的小彼得·伯修斯的父亲。他早年即是一位新教领袖,曾被迫逃亡英国伦敦,后在鹿特丹和泽兰等地任牧师,卒于1594年。另一位是让·塔芬(Jean Taffin),他是鹿特丹瓦隆语(Walloon,一种法语方言,为居住在今比利时南部和东部以及附近法国地区的人所使用)新教教会的牧师,同时还是奥伦治亲王的专职法语牧师和议事会成员,后来则成为阿米尼乌在阿姆斯特丹事奉时的同事。少年阿米尼乌受到这两位牧师的热情款待,并暂时寄居在老彼得·伯修斯家里。与此同时,对荷兰新成立的莱顿大学寄予厚望的老彼得·伯修斯,从英国召回了在那里求学的儿子小彼得·伯修斯,以便他也能够入读这所荷兰本国新创立的大学。等到时机成熟时,他们就打发这两个已成为好伙伴的年轻人一同上路了。

第三节　求学莱顿与日内瓦

　　莱顿城位于奥德瓦特以西偏北约 30 公里处，以南是海牙，以北是哈勒姆（Haarlem），以西距离北海只有十余公里之遥。荷兰新创立的这所大学，之所以设在这座刚刚从战火中争得自由的城市，曾流传有一则被广为接受但却不一定就是历史事实的说法：1574 年 10 月 3 日，英勇顽强的莱顿城军民，在"奥伦治的威廉"援助下，终于击退了围城大半年的西班牙军队，获得了解放。次日，奥伦治亲王进城后，为表彰莱顿人民的勇敢，特向莱顿居民提出两种可能的奖赏供其选择：免除税收或者建立一所大学。莱顿居民选择了后者，并由此表明他们怀有的高尚情操和对文化学识的挚爱。这种说法的历史背景是，在"奥伦治的威廉"等人为这座刚刚获得自由的城市规划未来时，创建一所全国性大学的构想进入了他们的视野。建立这样一所大学，不仅可以服务于他们正在竭力争取并渐露端倪的新教信仰和民族独立大业，而且也能成为一种万众瞩目的象征，强化人们的国家意识和民族身份认同感。于是，在"奥伦治的威廉"倡议下，在德尔夫特（Delft）召集的国会，于 1575 年 1 月 3 日批准建立这样一所大学；而莱顿则是一个合适的地点（当时的阿姆斯特丹仍然处在西班牙统治下）。在战火未熄、百业待举的年代，一切事情都以一种近乎仓促的高速度在运转。很快，就任命了三位校监或者校主席（curator），其中包括著名人文主义者道萨（"Dousa"，荷兰名"Johan van der Does"），具体负责筹建这所新大学。这所设想将以神学为首并包括神学、法律、医学和人文四个学院的大学，在一无教师二无学生的情形下，于 1575 年 2 月 8 日举行了隆重的献礼仪式。在献礼仪式上主持宗教仪式和发表献礼演说的，是在莱顿城解围当天才走马上任的新教改革宗牧师贾斯帕·库尔黑斯（Jaspar［Caspar］Coolhaes［Koolhaes］）。在如此匆忙情形下成立的莱顿大学，在最初一年多时间里，实际上只能是空转。

　　阿米尼乌在莱顿大学报名注册的日期是 1576 年 10 月 23 日。他是全校第 12 位正式登记注册的学生。他注册时使用的是他经过拉丁化的名字"Jacobus Arminius"；这也是他第一次正式公开使用"雅各布斯·阿米尼乌"这个名字。根据伯修斯的描述，入学后的阿米尼乌很快就在那些求学若渴的学生中成为佼佼者。"在我们这些同学中，只有一个人遥遥领先于其他同伴之上，这就是阿米尼乌。如果我们有谁要写作一篇文章，或准备一份发言稿，我们采取的第一步行动，就是去征询阿米尼乌。如果在我们中间出现友好的讨论，并需要一个判断力强的帕拉蒙（Palaemon）来作出判断时，我们就去找阿米尼乌，也总是有人去找他。我清楚记得，有一回，我们博学的教授，兰伯特·达纳乌斯（Lambert Danaeus）博士，曾当众称赞他的天资、学识和品德，并勉励我们这些神学生以阿米尼乌为榜样，以愉悦、勤勉的态度去学习圣神学。"[1] 伯修斯的这些溢美之词，仍然为人们管窥蠡测阿米尼乌当年的学习状况提供了一些有价值的信息。在莱顿期间，阿米尼乌修习的科目有神学、数学、逻辑学和哲学。此外他还开始希伯来语的学习；而在莱顿之前，他已经掌握了拉丁语和希腊语。其实，直接关于阿米尼乌在莱顿学习期间的记录和资料并不多，这对于一个正在求学阶段的年轻学生来说，无疑也是意料之中的事情；还未"显山露水"的人一般也就是"名不见经传"的人；况且那时的"经传"能够存留下来的也为数寥寥。尽管如此，人们还是可以通过那个阶段曾经影响过他的教师，以及发生在他身边的重要事件，来大致了解他早期所受的教育以及对后来可能产生的影响。

　　青年阿米尼乌对逻辑学——更准确地说是对彼得·拉姆斯逻辑学——的痴迷是十分引人注目的。为此，他日后在日内瓦求学时还给自己招惹上一些不必要的麻烦。最初，阿米尼乌是在居留马堡期间，受其监护人鲁道夫斯·斯尼留斯影响，对拉姆斯逻辑学产生浓厚兴趣，并掌握了拉姆斯逻辑学的基本原理。后来，当阿米尼乌还在莱顿求学期间，斯尼留斯从马堡转到莱顿大学担任数学教授。可以推想，他们两人之间特殊的亲密友谊，肯定会进一步深化他们对拉姆斯逻辑学的共同喜爱和理解。彼得·拉姆斯，法国逻辑学家，1515 年出生于法国的苏瓦松（Soissons），曾历任巴黎多所学院的教授，1561 年由天主教改奉新教，1572 年"圣巴多罗买日大屠杀"（Massacre of St. Bartholomew's Day）当中被学术对手趁机谋杀，著有《论辩的划分》和《亚里士多德批判》等著作。拉姆斯在对亚里士多德逻辑的僵硬性和玄虚性进行严厉批判和全盘否定的基础

1　*The Works of James Arminius*, Vol. 1, p. 21, "note".

上，提出了一套强调实践性和经验性的二分法逻辑体系。亦即在强调逻辑的实践性前提下，将一个一般性范畴一分为二、区分为两个较为特殊性的范畴，再分别将这两个范畴各自一分为二进行进一步区分，以此类推下去。当这种区分过程完成后，就会得到具体性或特殊性的范畴或概念，而原有的一般性范畴也会因这一逐级分层区分过程得到扩充和丰富。拉姆斯这套有点类似于现代计算机程序采用的二进制的逻辑体系，在后人看来同样也带有机械和强制的意味。不过，在当时欧洲思想界里，这种逻辑学代表了对亚里士多德哲学特别是对经院哲学烦琐性的一种反叛和变革。它的简明性、变革性、人文性和明显的实践性与经验性倾向，使不少人体会到一种解放的新精神，吸引了包括约翰尼斯·皮斯卡特（Johannes Piscator）和威廉·珀金斯（William Perkins）等著名学者在内的一批追随者。年轻的阿米尼乌亦是其中一员。

　　拉姆斯带来的影响，可以在阿米尼乌以后的神学著述中发现诸多印痕与回响。阿米尼乌强调恩典神学而不是荣耀神学以及看重神学的崇拜性而不是思辨性；将神学二分为"律法神学"与"恩典神学"；将人二分为"被怜悯的人"与"被刚硬的人"；等等，都留有拉姆斯体系的身影。阿米尼乌在神学思考与辩论中突出的明晰性与条理性，亦得益于拉姆斯的影响。所以有人对阿米尼乌的表达方式评论道，"他那受到如此熏陶的天赋，最明显体现在他与持不同观点者的口头辩论和对谈中。他那有条不紊的话语，再加上温和宜人的方式，即便在对手心目中，也常常留下深刻和怀有敬意的印象。上帝的真理从未因他口中不谨慎的言谈而受到损害"。[1]　此外，拉姆斯与正统加尔文派在神学观点上的分歧也值得予以关注。拉姆斯在 1561 年脱离天主教加入新教阵营，并于当年出席了著名的"普瓦西会谈"（Colloquy of Poissy）。但他与当时的新教领军人物西奥多·伯撒（Theodore Beza）之间的分歧也是不容抹杀的。首先他们两人对亚里士多德逻辑学本身持有相反观点；拉姆斯主张全面否定亚里士多德逻辑学，而伯撒则坚持遵循亚里士多德逻辑学。相应地，他们对教会体制亦持有不同见解，伯撒主张将政府与非圣职人员在教会里的权限降低到最低限度，而拉姆斯则认为这种唯神职主义或教权主义（clericalism）有违宗教改革运动的初衷，坚持教

1　*The Works of James Arminius*，Vol. 1，p. 56，"note"．

会权限应在圣职人员与非圣职人员之间保持一种二分法则。此外，他们还在圣餐以及在对待完全由人制定的信仰表述与准则的权威问题上持有不同看法。正是由于存在这些分歧，使得拉姆斯曾想在伯撒那里谋求一份教职而未果。而青年阿米尼乌在成为伯撒的学生之前，就已经成为拉姆斯的热切追随者；这一点势必会对阿米尼乌早期的思想发展与倾向产生微妙的影响。

阿米尼乌在形式与方法论上所受的影响固然重要，但更重要的还是在神学上所受的影响与塑造。莱顿大学创立之初，神学课程的讲授暂时由该城牧师贾斯帕·库尔黑斯负责。不过，库尔黑斯并不是莱顿大学的专职教授。当大学聘请的专职教授履职后，库尔黑斯似乎就不再为学生授课了。库尔黑斯虽然为阿米尼乌所熟知，但并没有迹象表明阿米尼乌在莱顿期间曾亲身聆听过他的讲课。与阿米尼乌神学学习直接有关的神学教授有两位。第一位是吉尔赫尔姆斯·弗格利乌斯（Guilhelmus Feuguereus），他执教莱顿的时间是 1575 年 4 月至 1579 年 5 月。弗格利乌斯出生于法国的鲁昂（Rouen），因"圣巴多罗买日大屠杀"而逃亡伦敦。其间，他编辑出版了法国早期新教领袖奥古斯丁·马罗拉特（Augustin Marlorat）的手稿《圣经宝典》（*Scripture Thesaurus*）；由此也使他获邀执教莱顿大学。在更早一些时候，弗格利乌斯还曾经向奥伦治亲王建议过，"在宗教问题上，人们可以被引导，但不能被驱使"。[1] 应该说，弗格利乌斯持有的温和加尔文主义立场，与阿米尼乌秉承的荷兰早期宗教改革者的宽容与自由立场是携手并进的。第二位神学教授就是伯修斯提到的兰伯特·达纳乌斯。他执教莱顿的时间是 1581 年 3 月至 1582 年 5 月。他与阿米尼乌在莱顿的重叠时间不足一年，所以对阿米尼乌思想的影响也可能有限。达纳乌斯出生于法国的"卢瓦河畔博让西"（Beaugency-sur-Loire），曾在日内瓦跟随加尔文学习，后在法国新教会担任牧师多年，"圣巴多罗买日大屠杀"后，被迫逃亡日内瓦任牧师和教授，并成为伯撒的挚友。也正是通过伯撒的举荐，他才转到莱顿担任大学的教授和瓦隆语教会的牧师。达纳乌斯是莱顿大学教授神学的第一个严格加尔文主义者。他到莱顿后，同当地自由宽容的加尔文派陷入不愉快的争执与冲突，看来也是势所难免。

1　*The Works of James Arminius*, Vol. 1, p. 20, "note."

莱顿大学当然不可能是一个封闭世界。莱顿大学神学教育与莱顿教会之间，在人员和观念两个层面上保持着非常密切的动态关联；而莱顿教会里以库尔黑斯为矛盾焦点的一系列争论，更是牵涉和波及教会和大学内外的许多人和事。置身于这一环境里的阿米尼乌，不可能不对此有所洞察，甚至保持密切关注。贾斯帕·库尔黑斯，1534 年出生于德国科隆（Cologne），早年曾受到人文主义影响。在改宗新教后，相比于路德和加尔文，他更为认同梅兰希顿和茨温利。1566 年，他受邀前往德文特（Deventer）任牧师。在德文特的亲身经历，使库尔黑斯接受了一种与严格加尔文主义主张相抵牾的政教关系模式。地处内陆，宗教及政治情势相对平静的德文特，在"乞丐运动"浪潮席卷尼德兰北部的时候，为防止宗教狂热分子打破当地平静，由市政府出面主动完成了新教改制，并牢牢控制了任命牧师的决定权。库尔黑斯就是德文特市政府出面聘请的第一位牧师。但库尔黑斯在德文特愉快而成功的教牧事奉，不久后被再起的战事所中断。1574 年，莱顿市政府在围城间歇期，邀请库尔黑斯到莱顿担任牧师。莱顿市政府这一做法，显然违背了 1571 年"埃姆登宗教会议"作出的由"地方宗教议会"负责任命牧师的规定；这也表明这一时期荷兰的政教关系并没有形成统一的形式和定例。但这对曾经历过德文特模式的库尔黑斯来说并不构成问题。他接受了邀请，并主持了莱顿解围后和莱顿大学创立初期的许多重要宗教活动。

很快地，库尔黑斯所持的政教关系模式与理念，就受到遵循更严格加尔文派立场者的抵制与反对。首先是莱顿教会的牧师彼得·科内利森（Pieter Cornelisz），接着是 1578 年到莱顿就职的牧师约翰尼斯·哈利乌斯（Johannes Hallius），再后来则是 1581 年到职的莱顿大学神学教授兰伯特·达纳乌斯。库尔黑斯与这些更正统、更严格加尔文主义者的分歧，除日常宗教礼仪上的具体事宜外，主要集中在两点上：第一点是如何看待和界定市政当局与教会这两种既相互依托又相互竞争者的职责与权限。库尔黑斯认可市政当局既有的对圣职人员任命的核准权；认为由"地方教会议会"（consistory）提名的长老、执事和其他圣职人员，在获得地方政府权威认可与批准后，才可以在教会履行圣职；而之所以这么做，是因为这在有些时候、有些地方可以防止宗教狂热者引发的动乱与不宽容。而反对库尔黑斯的正统加尔文派则遵循加尔文派的日内瓦体制，奉行严格的教会长老制，认为教会或者"地方教会议会"在教会事宜上拥有独立的权力，不需要世俗政府的参与和干预；而之所以这么做，是因为这在有些时候、有些地方可以防止教会臣服在政府或世俗权威之下。第二点关乎宗教宽容问题。库尔黑斯主张宽容对待其他信仰立场的基督徒，"他们在基本问题上与我们一致，并愿意与我们和平相处，只是不如我们知道得多而已"。[1] 而严厉加尔文派则主张只宽容他们自己的宗派。此外，库尔黑斯还对《比利时信纲》界定的上帝预定与弃绝等问题持有异议，但这个问题在那个时候还尚未完全浮出水面。

随着争执的加深与加剧，矛盾双方很快就形成了对垒。库尔黑斯一方得到市政当局特别是市长们（burgomasters）的支持；科内利森、哈利乌斯和达纳乌斯一方则得到"地方教会议会"的支持。卡尔·班斯认为，这矛盾双方实质上代表着两种不同类型的宗教改革模式："库尔黑斯代表着荷兰北部本土的、旧有的宗教改革，其特征是圣经式的虔敬，平和安静的精神，对神学或教会更新上极端主义的反感，以及对权力的儒雅的、寡头式的行使。而科内利森与哈利乌斯则代表着一种信纲式的、以日内瓦为定向的教条主义，一种极端加尔文主义，其特征是预定论，严格的教会纪律，地方、地区与全国教会议会的权威，以及对异议的不宽容。"[2] 这两种不同类型宗教改革模式之间的矛盾与冲突，在一个相当长时期里，一直都处在对峙与恶化的发展过程中，对斗争双方都造成巨大伤害，构成荷兰改革宗教会内的一道基本裂隙，并成为分裂教会、分裂城镇和分裂国家的潜在威胁。就莱顿这场争执而言，科内利森与哈利乌斯在市行政当局干预下遭受了挫折，而为"地方教会议会"所不容的达纳乌斯更是以辞职而告终。

不过，遭受伤害最深最持久的还是库尔黑斯。来自教会一方的势力，把胸中积累起来的怨气一股脑儿地撒在了既是"祸首"又是"替罪羊"的库尔黑斯身上。1881年米德尔堡（Middelburg）"全国宗教会议"严厉谴责了库尔黑斯。次年在哈勒姆举行的"省宗教会议"更褫夺了库尔黑斯的圣职并将其开除出教

1　*The Works of James Arminius*，Vol. 1，p. 602，"note."

2　Carl Bang，*Arminius：A Study in the Dutch Reformation*，Nashville：Abingdon Press，1971，p. 54.

会。遭受如此严厉打击的库尔黑斯虽然得到莱顿市行政当局的坚定支持，尤其是在薪俸方面，但生性高贵和独立的库尔黑斯不愿白白接受不在其位的俸禄，决定自食其力。在莱顿大学一位教授帮助下，库尔黑斯学会了蒸馏烧酒和其他酒类的工艺，并创办了一家酿酒厂，甚至还为世人留下了一本有关酒类蒸馏技术以及药用价值方面的著作。纵观库尔黑斯的观点，他在许多问题上持有的看法，都接近或吻合后来的阿米尼乌立场。在某种意义上，可以说库尔黑斯是阿米尼乌之前的"阿米尼乌"，是阿米尼乌的重要前驱之一。当莱顿大学内外，围绕库尔黑斯的斗争愈演愈烈之际，近在咫尺修习神学的青年阿米尼乌，不可能不对这些事件耳濡目染、了然于胸，以至于在事隔多年后，阿米尼乌在《观点的声明》里明确认为自己与库尔黑斯隶属于同一传统。

　　经过在莱顿大学五年左右的学习，刚二十出头的阿米尼乌以出色成绩完成了他在莱顿的学业。以他这个年纪，如果立即进入教牧事奉，似乎还太过年轻。而他在莱顿展现出来的卓越学术前景，又使人有理由相信，他理应到国外更好的教育机构去进行更好的深造。在这人生选择关口，又是来自他家乡奥德瓦特的影响左右了他的人生航向。可能是由于他的亲属关系，以及在奥德瓦特与阿姆斯特丹贸易往来中建立起来的人脉联络，使这个无依无靠的年轻人受到来自阿姆斯特丹方面的关注和支持。刚刚在 1578 年才完成从天主教到新教"改制"（the Alteration）的阿姆斯特丹，显然急需受过良好教育的圣职人员来从事至关重要的教牧事奉工作。而与此同时，阿姆斯特丹的"新教改制"，又使该城"商人行会"（Merchant's Guild）沿袭已久的、一笔专为其"佑护圣徒"圣马丁（St. Martin）举办大弥撒（High Mass）的基金，不得不另寻更为合理的用途。于是，在阿姆斯特丹市长们以及当地牧师举荐下，"阿姆斯特丹商人行会"管理者欣然同意，用这笔基金资助阿米尼乌到国外继续接受三四年深造。当然，前提条件是阿米尼乌在学成后，应效力于阿姆斯特丹教会。[1] 阿米尼乌

1　Cf. *The Works of James Arminius*，Vol. 1，p. 22，"note"．

大约是在 1581 年秋，亲自前往阿姆斯特丹签署了一份协议，并办妥了一切事宜。

至于前往深造的地方与学校，对于当时一个来自"低地国家"的青年来说，似乎也没有太多选择的余地。加尔文早在 1559 年就在瑞士日内瓦创办了一所新教学院（the Academy）。经过二十来年的发展，它已经成为西欧新教改革宗培养神学家和牧师的摇篮与基地，成为加尔文新教世界的一面旗帜。当然，这其中也吸引了大批荷兰有志青年。等到阿米尼乌前来就读时，该学院已经有六七十位荷兰学生在读了。阿米尼乌登记注册的时间是 1582 年 1 月 1 日。此时，执掌该日内瓦学院的负责人，就是加尔文的继任者和继承人西奥多·伯撒。在这个时候，年逾六旬的伯撒已然成为新教加尔文宗声名显赫、德高望重的精神领袖之一。素以严谨和严厉著称的伯撒，在对待他手下的师生时，似乎也并不是不能容忍不同的看法与立场，因为在日内瓦学院里既有像查尔斯·佩罗特（Charles Perrot）这样主张神学宽容的教授，也有像尤腾鲍加特这样持自由神学立场的学生。作为刚刚从罗马暴政钳制下获得自由的异议者和反叛者，如果这么快就将自己遭受的束缚加诸对自己权威的异议者和反叛者身上，恐怕对任何人都是一件"不愿为"的事情。况且，"唯有圣经"的宗教改革口号还不绝于耳。

但伯撒在坚持加尔文教导的同时，通过对加尔文某些教义特别是预定论教义的片面强调，以及对这些教义过于具体化和明确化的解读，使他所坚持的那种类型的加尔文主义，成为当时"极端加尔文主义"（high Calvinism）的滥觞。譬如伯撒就认为，使徒保罗在"罗马书"第七章后半部分提到的那个人是重生了的人，而在"罗马书"第九章里提到的"一团泥"是指还尚未创世之前的人。这种看法不仅简单化和片面呈现了加尔文的相关见解，而且也与后来阿米尼乌对这两段关键经文的解说形成鲜明歧异和对立。由此，伯撒明确提出了一种不仅堕落前而且还是创世前的极端预定论。[1] 卡尔·班斯将伯撒对加尔文的这样一种发展，归结为因"继承者"对"被继承者"或者"二世"对"一世"

1　Cf. T. Beza, *A Little Book of Christian Questions and Responses*, translated by K. M. Summers, Alison Park, PA, 1986, p. 84.

过度忠诚与热心而产生的一种常见症结："在伯撒那里，阿米尼乌将要直面的是一种派生性的加尔文主义，不是导师自己的，而是一位追随者的；这个追随者试图通过为原本是一种自由与创造性的神学，强加一种严格的内在一致性，来忠实于他的导师。也许，伯撒说的任何事情都能在加尔文那里找到出处，但重心不一样了。伯撒将预定论提升到一种它在加尔文那里所不具备的突出地位。以其自身为目的的预定，对伯撒来说，变成神圣意志的一种完全不可理喻的奥秘。"[1]

不过，在日内瓦期间，阿米尼乌并没有与伯撒产生过明显的矛盾，这不仅是因为双方在身份地位上的严重不对等，而且还是由于双方各自在这个阶段的任务与目标也迥异。阿米尼乌入读日内瓦后，自然会慕名去听伯撒讲课，同时他也会受益于其他教授的课程，譬如上文提到的查尔斯·佩罗特。日内瓦学院为青年阿米尼乌提供了一个生活与学习的大环境，同时还使他接触到校园里由荷兰籍学生自发组成的小圈子，并很快就以他的卓越学识成为这个小圈子的核心。在这个小圈子里就包括尤腾鲍加特。约翰尼斯·尤腾鲍加特 1557 年 2 月 11日，出生于荷兰中部的乌得勒支，其父母各自家庭背景都是显赫达数百年的名门望族。虽然到尤腾鲍加特父母这一辈已开始没落，但这并没有影响尤腾鲍加特自幼就接受良好教育，并为他后来成为荷兰最重要的教会领袖和社会活动家打下坚实基础。值得一提的是，当尤腾鲍加特毕业行将离开日内瓦学院之际，佩罗特教授送给这位将要在荷兰政治与教会生活中大展宏图的年轻人的临别赠言，成为指导尤腾鲍加特一生教牧事奉工作的座右铭。主张宽容的佩罗特告诫道："切记，当你受到神圣事奉呼召时，你永远都不要支持谴责任何人，只是因为他们不是在信仰每一点上都认同那已被确立的教会，只要他们恪守基督教基本要点，乐意维持教会和平，并容忍其他那些没有拒绝信仰要点但却与自己有所不同的弟兄。因为这是避免教会分裂、获取圣洁联合与基督教会安宁之道。"[2] 随后的历史证明，没有什么比这样的毕业赠言更恰如其分了。当然，阿米尼乌与尤腾鲍加特也许在乌得勒支就已相识，但他们肯定是在日内瓦期间进

1　Carl Bang, *Arminius：A Study in the Dutch Reformation*, Nashville：Abingdon Press, 1971, p. 66.

2　*The Works of James Arminius*, Vol. 1, p. 194, "note".

一步夯实了他们终身友谊的根基。

　　阿米尼乌在日内瓦的学习，起初进展得并不顺利。给他制造了麻烦的，是他对彼得·拉姆斯逻辑学的热衷与偏爱。按照伯修斯的描述，他不仅公开以最热切方式来维护它，而且还在私下里，应包括尤腾鲍加特在内的不少学生的请求，在宿舍里为他们讲授拉姆斯逻辑学。这大大触怒了该学院一位拥护亚里士多德逻辑体系的哲学教授。为此，学院颁令禁止阿米尼乌再讲授拉姆斯逻辑学。[1] 为此感到不快的阿米尼乌，觉得自己有必要离开日内瓦一段时间。于是，大约在 1583 年夏，阿米尼乌，可能还有其他学生，自行前往巴塞尔（Basel）大学去求学。在巴塞尔，阿米尼乌深得神学院院长、新约教授 J. J. 格里纳乌斯（Grynaeus，1540—1617 年）的赏识。有时，在公开辩论或课堂上，当涉及棘手难题时，格里纳乌斯会从座位上点起阿米尼乌，大声说道，"让这荷兰人来替我解答吧！"[2] 巴塞尔有一项惯例，在秋收假期里，会让个别学有所长的优秀学生举行公开讲座。阿米尼乌毫不迟疑接受了这项任务，并以他出色的讲座，赢得了格里纳乌斯等人的称赞。据说阿米尼乌所讲内容是对"罗马书"的解释。联想到"罗马书"解释在阿米尼乌个人神学思想发展过程中的特殊地位，那些获得格里纳乌斯赞许的讲座就更加耐人寻味了。不过，有可能是他在巴塞尔的学习，没有获得资助者阿姆斯特丹一方的批准，阿米尼乌大概在 1583 年年底又返回日内瓦。据说在离开巴塞尔前夕，巴塞尔神学院鉴于他出众的学识，曾主动提出要授予他博士头衔。但谦逊的阿米尼乌以自己过于年轻为由婉拒了这份美意。

　　经过这场小小风波，重新回到日内瓦的阿米尼乌，收敛了自己对拉姆斯的兴趣并安静了许多，一切又回到正常轨道上。看来，阿米尼乌这场拉姆斯风波和巴塞尔插曲，也引起了他资助者的关注。1584 年夏，马蒂奴斯·利迪乌斯（Martinus Lydius）牧师以阿姆斯特丹市政当局和教会的名义，给伯撒写了一封信，询问阿米尼乌的近况。为此，伯撒也以日内瓦神学院的名义写了回信。稍后，因担心阿姆斯特丹方面因时局混乱而收不到回信，伯撒复述了上一封信的内容，并通过另一种渠道送给了阿姆斯特丹。伯撒在这第二封信中谈到阿米尼

1　Cf. *The Works of James Arminius*, Vol. 1, p. 23, "note".

2　*The Works of James Arminius*, Vol. 1, p. 24, "note".

乌时是这样说的："敬请君悉，简短说来，自从阿米尼乌从巴塞尔返回日内瓦以来，他的学习收获和生活方式深令我等满意。如果他能沿着他现今追求的方向不断前进的话，上帝保佑，我们相信他会继续下去的，我们将对他寄予最高的希望。因为除了其他禀赋，上主赋予他一种令人愉悦的天资，使他能够清晰洞察事物的本质并形成正确的判断；如若这种天资今后能够处在虔敬支配下——而这正是他自己孜孜以求的，再加以岁月风霜、世事历练，必将使他那过人的天资产生最丰硕的成果。这就是我们关于阿米尼乌这个年轻人的看法。就我们能够形成的判断而言，他最值得你们付出仁慈与慷慨。"[1] 伯撒这封书信，看来主要还是意图敦促阿姆斯特丹方面继续为阿米尼乌提供经济资助。事实上，在这几年里，阿米尼乌收到的来自阿姆斯特丹方面的资助既不定时也不定额，偶尔还会使阿米尼乌陷入生计窘迫。这封信并不表明伯撒对阿米尼乌具有什么个人或特殊爱护，更不表明阿米尼乌对伯撒怀有什么个人或特殊爱戴。作为一个对学生负有某种责任的师长、作为一个有厚道心肠的长辈，伯撒为自己的学生和晚辈，写出这样一封带有几分公函性质的书信，想来也是情理之中的事情。其中的嘉许褒扬之辞，亦为时人信函礼仪所常见。设若以此为据，来佐证阿米尼乌原先曾追随伯撒的极端加尔文主义而后来发生了戏剧性转变，则是不能令人信服的。

接下来，阿米尼乌在日内瓦度过了两年半平静的学习生活。在日内瓦，伯撒的影响无疑是巨大的，但并不是涵盖一切的。阿米尼乌仍然能够从其他师生那里倾听到不同的声音。更重要的，这时的阿米尼乌在神学教义上已经羽翼渐丰，具备了自己独立判断与甄别的能力。也许这从另一个侧面解释了，为何没有任何直接证据能够表明，阿米尼乌在日内瓦期间曾接受过伯撒的堕落前预定论。事实上，他有可能从未真正接受和认同伯撒的极端加尔文派神学立场。只不过那些问题尚未变得如此迫切，只不过他姑且隐忍不发罢了。在阿米尼乌为后世留下的所有文字材料中，只有一处含混提到自己在观点上的转变，但他并没有表明自己是在哪些观点上发生了转变。那是在他逝世前一年，亦即在1608年4月6日，写给弗兰讷克大学教授德鲁修斯（Drusius）的书信里，他说道：

---

[1]　*The Works of James Arminius*，Vol. 1，pp. 24 – 25，"note"．

"我也不耻于偶尔抛弃导师们传输给我的一些观点，因为在我看来，我能够通过
最强有力证据来证明，那样一种转变是向更好观点的转变。我准备表明这一点，
只要那么做能达到良好效果而不引发混乱的话。"[1]　不管怎样，到 1586 年夏，
阿米尼乌在日内瓦的正规学习基本上就宣告结束了。

　　就在这时，阿米尼乌做了一次意大利之行；这件事情后来成为对手们大做
文章的由头。由于阿米尼乌本人对这件事情的前因后果，就像对他个人生活中
其他事情一样保持着缄默，而其他历史资料又没有相关记载，所以后人对这件
事的了解，还是只能依靠伯修斯的描述。大约是在 1586 年暑期，阿米尼乌许多
同窗好友都回家了，还有一些同学到意大利等地旅行去了。就在阿米尼乌感到
有些落寞之时，他的一位亲密伙伴、来自荷兰多特的法律专业学生阿德里安·
朱尼厄斯（Adrian Junius），一再恳求阿米尼乌与他结伴一同前往意大利旅行。
与此同时，在意大利的帕多瓦（Padua），一位名噪一时的反亚里士多德派逻辑
学家和哲学家贾科莫·扎巴莱拉（Giacomo Zabarella），正在举行闻名遐迩、听
众云集的公开讲座。所有这些因素，再加上年轻人对新鲜事物的好奇心以及一
点书生意气，使得这两个年轻人，怀揣希腊文"新约"和希伯来文"诗篇"，
踏上了他们的意大利之旅。他们首先来到帕多瓦并在那里居住了一段时间。在
聆听扎巴莱拉讲座之余，阿米尼乌还为一些德意志贵族讲授逻辑学课程。最后，
他们匆匆访问了罗马和意大利其他一些地方，就结束了这次为期约七个月的旅
行，返回了日内瓦。在罗马期间，他们只是随人群远远看到了一眼教宗，并没
有见到过著名耶稣会神学家拜拉明枢机（Robert Bellarmine，1542—1621 年）。
至于后来阿米尼乌对手诬蔑说阿米尼乌在罗马曾亲吻过教宗的脚趾并结交了拜
拉明，均属无稽之谈与中伤之词。返回日内瓦后的阿米尼乌，继续在日内瓦居
住了几个月。这时，他接到阿姆斯特丹方面的召回指令。阿米尼乌的学生时代
结束了，即将展开的是他在阿姆斯特丹教会的教牧事奉生涯。

第四节　新教改制、教牧事奉和初期争论

　　詹姆斯·阿米尼乌是在 1587 年秋季抵达阿姆斯特丹的。这时的阿姆斯特丹

1　*The Works of James Arminius*，Vol. 1，p. 168，"note"．

正在从其政治与宗教的风云变幻、起伏跌宕的激流旋涡中，渐渐趋向平静和常规的态势与步调。位于"Y"字河（the river Y）与阿姆斯特尔河（the river Amstel）交汇处的阿姆斯特丹，大致是从 13 世纪，开始进入历史视野当中的。特殊的地理位置再加上人工堤坝的修筑，使得阿姆斯特丹成为一个安全优良的海港。波罗的海与北海周边地区的木材、农产品和渔产品等货物贸易往来，有力促进了阿姆斯特丹的发展：14 世纪成为一个典型的城市，15 世纪修筑了城墙和防御设施，到 16 世纪中叶，在"低地国家"中除安特卫普外已成长为最大的城市。阿姆斯特丹人口数量在 16 世纪中期大约有 3 万人，到该世纪末大约增长了一倍。一时间，阿姆斯特丹成为水道纵横、船舶栉比、熙来攘往的繁荣港口城市。迅猛强劲的经济贸易发展，必然需要卓有成效的社会组织与管理。在阿姆斯特丹，沿袭了若干世纪的老式的、具有明显家族色彩的寡头政体（oligarchy），为其提供了有序和有效的城市管理。

在宗教改革之前，阿姆斯特丹已经发展成罗马天主教的一座重镇。宗教信仰不论在社会公共活动中还是在个人日常生活中，都占据着重要地位。在所谓的"老区"（the Old Side）和"新区"（the New Side）各有大、小教堂两座。其中，在"老区"的大教堂叫"圣尼古拉堂"（St. Nicholas Church），俗称"老教堂"（the Old Church）；小教堂叫"圣奥罗弗斯卡珀堂"（St. Olofskapel Chapel）。在"新区"的大教堂是"圣凯瑟琳堂"（St. Catherine's Church），俗称"新教堂"（the New Church）；小教堂是"海利格·斯提德堂"（Heilige Stede Chapel），意即"圣城堂"（Holy City Chapel）。此外，还有二十来座修道院（cloister）。当马丁·路德发动的宗教改革运动浪潮在欧洲各地蔓延之时，阿姆斯特丹通过遍布欧洲的"商路"，也很快就感受到宗教改革运动的影响。随着来自德国、法国和瑞士等地新教思潮影响的日益增强，阿姆斯特丹人对罗马天主教会内腐败现象的憎恶，对西班牙人推行宗教裁判制度的不满，以及对民族与宗教自由可能带来的商业利益的向往，使得他们对宗教改革表现出越来越明显的拥戴倾向。在频繁的商业贸易往来中，先是路德的小册子及部分圣经和"赞美诗"译本，后是茨温利和海因里希·布林格（Heinrich Bullinger，1504—1575 年）的思想，均在阿姆斯特丹出现。在这种关键时刻，罗马天主教势力把持的市政当局，对倾向于宗教改革的动向和人物采取了高调的压制和严厉的惩处。与此同时，16世纪30年代再洗礼派在宗教与社会问题上的极端立场，不仅使他们自己招致严酷迫害，而且还连带使整个宗教改革运动在一些阿姆斯特丹人心中发生疑虑和动摇。所以，在宗教改革运动开始以后长达40年的时间里，新教信仰一直未能成为阿姆斯特丹公共生活的一个组成部分，而只能在"地下"并主要是在新兴而富有的商人团体中秘密传布和发展。也正是这些新兴而富有的商人及其后代，注定要在阿姆斯特丹新教化以及以后的社会宗教生活中扮演至关重要的角色。

为阿姆斯特丹新教发展开启新局面的动力，源自荷兰时局的剧变。16世纪60年代中后期，荷兰以"奥伦治的威廉"为首领、以"乞丐运动"为标志、争取国家与宗教自由的斗争，同样也获得阿姆斯特丹人民的积极响应。1566年夏，阿姆斯特丹新教运动步入一个崭新发展阶段。在一些具有重要影响的商人，譬如雷尼尔·坎特（Reynier Cant）、阿德里安·克罗霍特（Adriaen Cromhout）以及阿米尼乌未来岳父劳伦斯·雅各布森·里尔（Laurens Jacobsz Reael, 1536—1601年）等人的奔走努力下，两位业余传道人，一位是来自阿尔克马尔（Alkmaar）的编篮匠简·阿伦森（Jan Arendsz），另一位是佛兰芒人（Fleming）彼得·加百列（Pieter Gabriel），在7月的炎夏酷暑里，在阿姆斯特丹城外的芦苇地里，开始对大批人群宣讲新教信仰。这种"露天布道"或者"野外布道"（"hedge preaching"或者"field preaching"），是在极其艰苦条件下进行的，参与者甚至还要冒着被罚没财产和处以死刑的巨大危险。但这并不能阻止成百上千热情高涨的群众，冲破市政当局设置的重重关卡，到城外去聆听往往长达四个小时的布道。随着情势的急转直下，政府的禁令沦为一纸空文，隐秘布道逐渐转为公开聚会。到8月底，布道聚会已从荒野转到郊区，再从郊区转到城里。每次布道都能吸引数千群情激昂、如饥似渴的追随者。在这期间，坎特和里尔还从外地请来尼古拉斯·谢尔修斯（Nicholas Scheltius）以解决布道人手方面的短缺。这样，阿姆斯特丹就拥有了三名布道者；很快地，他们也就成为阿姆斯特丹最初的三位新教牧师。简·阿伦森不懂任何外语，但他谙熟《圣经》、口齿伶俐。彼得·加百列粗通拉丁语和希腊语，但他能够背诵"保罗书信"的全部内容。尼古拉斯·谢尔修斯原本是天主教神甫，具备基督教信仰一切必备的知识。这三位因陋就简、各有所长的牧师，很快就获得阿姆斯特丹人民的拥戴。[1]　在牧师之外，还挑选出一些执事和女执事，来协助牧师组织和管理越来越多的信众。原来为罗马天主教使用的大、小教堂迫于形势压力，更迫于一些狂热新教徒可能实施的抢劫，而被迫关闭，或将部分场所移交给新教徒使用。阿姆斯特丹的新教信仰，或者更准确地说"宗教改革信仰"，就以这样一种急风暴雨般的方式确立起来了。

那么，人们不禁要问，阿姆斯特丹人所谓的"宗教改革"　（"*de gereformeerden*"对应于英文"the Reformed"），在教义神学上究竟意味着什么呢？应该说，阿姆斯特丹人在这一时期推行的"宗教改革信仰"，在总体上属于在整个宗教改革背景与影响下，由荷兰或阿姆斯特丹本地信徒推出的，一种更接近于加尔文和茨温利式的而非路德宗的，并在许多方面自成一类的新教信仰。它在教义神学上并不十分严格恪守于某一信纲、信经或信条，而是在传统的"圣经式信仰"和"圣经式虔敬"基础上，采取了一种较为宽松和具有包容性的教义立场。这种在那个时期、在荷兰北部普遍存在的情形，与荷兰南部流行的较为严格或严厉的加尔文主义形成鲜明对比。为此，阿姆斯特丹新教会还曾受到过安特卫普新教会的规劝和警告。在这个意义上，阿米尼乌神学，与荷兰北部特别是阿姆斯特丹的新教精神是一脉相承的。

当然，在新教教会自身立足未稳、一切都瞬息万变的处境里，人们也没有精力和时间去追求思想教义上的细微与精准之处。事实上，阿姆斯特丹的新教仅仅持续了半年左右的时间，社会与政治风向就发生了逆转。1567 年春，阿尔瓦公爵率领西班牙大军，对荷兰北部争取国家与宗教自由的城镇，发动了大规模军事攻势。转瞬之间，荷兰北部地区的新教事业，就处在风雨飘摇之中。到 4 月下旬，阿姆斯特丹市政当局全面禁止城内的新教聚会与崇拜。一些新教教会骨干分子因担心遭受迫害而纷纷逃离阿姆斯特丹。在 4 月底，雷尼尔·坎特首先踏上逃亡之路。紧接着，劳伦斯·里尔也携带家眷，仓促登上一艘摇摇晃晃的小船，开始了逃亡旅程。包括劳伦斯·里尔一家在内的许多人，如惊弓之鸟度过了一段风声鹤唳、历尽艰险的逃亡期后，大都聚集到埃姆登。阿姆斯特丹三位新教牧师亦先后逃亡到埃姆登，并继续在阿姆斯特丹难民社团中进行过

1　Cf. *The Works of James Arminius*, Vol. 1, pp. 121 – 122, "note".

一段时间的教牧事奉。尼古拉斯·谢尔修斯后来被埃姆登教会聘为牧师，但不久后死于该城暴发的瘟疫。彼得·加百列后来被借调到德尔大特并卒于该城。简·阿伦森后来返回家乡阿尔克马尔，并病殁于该城遭西班牙军队围城期间。[1] 这时的阿姆斯特丹又重新恢复了对新教信仰的禁令。但是许多商业领袖的出逃，导致阿姆斯特丹原本欣欣向荣的商业贸易和经济财政开始不断恶化。在埃姆登则是另一番景象。阿姆斯特丹以及荷兰北部其他一些城镇的大批难民云集埃姆登。艰难困苦，愈显信仰坚贞。聚集在埃姆登的难民在那里组建起"散居或寄居期的教会"，并因势利导先于荷兰国家的存在而召开了全国性的宗教会议。这就是深具影响的 1571 年"埃姆登宗教会议"。"埃姆登会议"正式规定以《比利时信纲》作为荷兰新教会的教义规范，并明确采纳了一套长老制模式的教会体制。"埃姆登会议"标志着加尔文主义在荷兰改革教会里取得了阶段性胜利。不过，它所通过的各种纲领和文件，对荷兰各地新教教会仅具有指导性而非强制性的意义。

埃姆登流亡期，持续了大约 10 年时间。1576 年"根特和约"的签订，默许了改革宗新教信仰在荷兰北部地区的存在。这使得仍为罗马天主教控制的阿姆斯特丹愈发孤立、愈显萧条。终于，在 1578 年，阿姆斯特丹迎来该城历史上著名的新教"改制"。罗马天主教信仰被新教信仰取代，原有市政当局被迫重新改组，经济商贸活动得以恢复，人口数量开始迅速增加。1566 年的"老乞丐"和流亡者，重新回归并主导和控制了阿姆斯特丹的宗教与社会政治生活。新教事奉与崇拜，又重新成为阿姆斯特丹公共生活的一个重要成分。教会的长老和执事也推选出来了，包括阿德里安·克罗霍特、雷尼尔·坎特和劳伦斯·里尔在内的一些早期新教发展的重要推动者，不仅出任阿姆斯特丹的高级市政长官，而且也先后当选新教教会的长老。不过，到 1578 年"改制"时，阿姆斯特丹最早的三位新教牧师全都辞世了。于是，聘请专职牧师，成为阿姆斯特丹新教会的当务之急。

最初，有两位牧师接受了邀请。其中一位于次年离去，另一位则成为阿姆斯特丹的永久牧师。这位永久牧师就是约翰尼斯·库克里奴斯（Johannes

---

1　Cf. *The Works of James Arminius*, Vol. 1, pp. 125 – 126, "note".

Cuchlinus）。库克里奴斯是阿姆斯特丹"改制"后的第一位牧师，也是唯一一位来自德国的牧师。他 1546 年出生于德国的黑森州（Hesse），并在德国接受了教育。1578 年他从埃姆登转到阿姆斯特丹担任牧师。作为阿姆斯特丹教会的奠基牧师，库克里奴斯后来实际上成为教会非正式的资深或高级牧师。他后来通过婚姻关系成为阿米尼乌的姑父，也成为阿米尼乌的对手。库克里奴斯是一位头脑清醒、办事干练的教会领袖，《比利时信纲》和《海德堡教理问答》界定了这位老式加尔文派的信仰立场。

两年后，又有两位牧师加盟阿姆斯特丹教会，其中一位不久后去世，另一位则是从安特卫普转来的马蒂奴斯·利迪乌斯。此后一直到阿米尼乌抵达阿姆斯特丹事奉之前，还有几位牧师陆续前往阿姆斯特丹教会事奉。其中，较为重要的人物有约翰尼斯·安布罗修斯（Johannes Ambrosius）、约翰尼斯·哈利乌斯和彼得勒斯·普兰修斯（Petrus Plancius）。安布罗修斯原先曾是阿姆斯特丹神甫，后来改奉新教。哈利乌斯曾经在莱顿抵制过库尔黑斯。但他们两人所持的加尔文主义均不如普兰修斯的立场极端化。彼得勒斯·普兰修斯是那个时代强有力的巨人之一，是阿姆斯特丹最早的新型极端加尔文主义者和预定论倡导者，日后成为阿米尼乌在阿姆斯特丹最主要的反对者和批评者。普兰修斯 1552 年出生于西佛兰德（West Flanders）的达诺特（Danoutre）。在其早年生涯中，曾经屡屡经受艰难困苦和危险的折磨与考验，并被迫从布鲁塞尔逃亡到荷兰北部。随着荷兰南北部地区分离的日渐加深，普兰修斯重返荷兰南部的梦想化作泡影。1585 年，普兰修斯受邀到阿姆斯特丹出任牧师，并一直在那里事奉长达 40 年之久。除了宗教神学，普兰修斯还在自然科学领域颇有造诣。他发现了天鸽座（the Dove），发明了一种航海测距仪（marine range finder），绘制出了各种各样的地图，并在荷兰远洋探险和贸易中发挥了至关重要的作用。

阿姆斯特丹新教"改制"仅仅 3 年后，就接受和资助了阿米尼乌继续接受神学教育。在阿米尼乌在国外求学这些年里，整个荷兰以及阿姆斯特丹的形势都发生了重大变化。"沉默者威廉"于 1584 年被西班牙刺客暗杀于德尔夫特后，荷兰的民族与宗教自由斗争一时陷入低潮。为了抵抗西班牙的军事进攻，荷兰在求助法国无望后，将目光转向英国。英王伊丽莎白一世派遣莱斯特伯爵（Earl of Leicester，约 1532—1588 年）率领远征队前往荷兰。与"沉默者威廉"

所持宽容立场不同，莱斯特伯爵在荷兰支持极端加尔文派，而反对温和加尔文主义者，并在荷兰沿海省份与内地省份之间挑起不和。在莱斯特伯爵推动下，1586 年在海牙召开的全国宗教会议，全面采纳了日内瓦教会体制和极端加尔文主义。但是，这些政策在阿姆斯特丹等地遭到抵制和反对。莱斯特伯爵这次荷兰远征，最终也是以失败而告终。

就荷兰国内政治形势而言，在"奥伦治的威廉"遇刺后，他的次子"莫里斯亲王"（Prince Maurice），亦被称作"拿骚的莫里斯"（Maurice of Nassau），接替他父亲，成为荷兰和泽兰的"省长"（Stadtholder），并成为北方联省反抗西班牙统治的最高军事统帅。时年不到 20 岁的莫里斯亲王，一方面还很年轻，另一方面他的兴趣和天分此时和以后也主要体现在军事领域。这样，荷兰国内非军事性的政治事务的领导与管理权，就落在另一位杰出的资深政治家肩上，这就是荷兰及西弗里斯兰两省议会的大议长（the Grand Pensionary）简·范·奥尔登巴恩韦尔特（Jan van Oldenbarnevelt，1547—1619 年）。莫里斯亲王主管军事，奥尔登巴恩韦尔特通过"大议会"（the States General）主管行政与民事，两人的合作可谓相得益彰。只是后来随着两人所代表的集团利益的分化，他们之间才开始出现裂隙和分歧。莫里斯希望能拥有一个权力集中化的政府并继续推进对西班牙的战争，奥尔登巴恩韦尔特则主张一个各省相对自治的联邦政体并希望能够尽早结束对西班牙的战争。[1] 再到后来，双方日趋深化的政治矛盾，更纠缠以宗教分歧，最终上演了一场你死我活的政治与宗教斗争。当代学者卡尔·班斯将这一阶段的主要矛盾总结为以下几点，"如今争论转向市政当局在维护教会利益上的作用，地方和地区教会议会的自治，使用'信纲'和'教理问答'的方式，国家政府的共和性质，对西班牙战争的实施，以及政府里民事与军事分支的相对地位"。[2]

在国外经过近 6 年的学习后，阿米尼乌如约返回阿姆斯特丹。他此后将在阿姆斯特丹教会进行为期 15 年的圣职事奉。阿米尼乌到达阿姆斯特丹后，按照程序，先于 1587 年 10 月 5 日到"地区教会议会"，后于 11 月 12 日到"地方教

---

1   Cf. P. Geyl, *The Netherlands in the Seventeenth Century*, London, 1961, pp. 38 – 63.

2   Carl Bang, *Arminius：A Study in the Dutch Reformation*, Nashville：Abingdon Press, 1971, p. 109.

会议会"报到。在向这两级教会议会报到过程中，阿米尼乌出示了伯撒和格里纳乌斯等人为他撰写的推荐函；解释了他那曾引发某些人非议的意大利之行，提交了与他同行的伙伴阿德里安·朱尼厄斯的个人证明；同时，表达了他准备事奉于阿姆斯特丹教会的意愿和心志。阿姆斯特丹教会议会热情接待了阿米尼乌，并批准了他暂回荷兰南部处理一些个人事宜的申请。阿米尼乌于次年初返回阿姆斯特丹，并顺利通过教会议会举行的考核与审查，在获得市政当局批准后，从1588年2月开始，作为试用期布道者，在阿姆斯特丹"老教堂"主持夜间崇拜并布道。经过半年的实践锻炼，1588年8月27日，阿米尼乌在阿姆斯特丹"老教堂"被正式按立为牧师。阿米尼乌是第一位在阿姆斯特丹教会被按立为牧师圣职的人。

随即，阿米尼乌作为正式牧师在教会里开始全面牧职事奉。他挑选了一些圣经篇章开始进行系列布道。在头几个月里，他讲解的圣经文本主要是先知书"玛拉基书"。从11月起，他开始系统讲解使徒书信"罗马书"。[1] 他关于"罗马书"的系列布道持续了13年，一直到1601年秋才告结束。看来，雅各和以扫这对兄弟各自承受的恩典与预定，从一开始就深深吸引了阿米尼乌。"玛拉基书"1：2–3说道，"以扫不是雅各的哥哥吗？我却爱雅各，恶以扫"；使徒保罗在"罗马书"9：11–13中提到上帝这句话时评说道，"双子还没有生下来，善恶还没有作出来，只因要显明神拣选人的旨意，不在乎人的行为，乃在乎召人的主。神就对利百加说：'将来大的要服侍小的'。正如'经'上所记：'雅各是我所爱的，以扫是我所恶的'"。阿米尼乌对这些经文别开生面的讲解，构成了阿米尼乌学说的核心，并不时为他招致争执与麻烦。无论如何，刚刚经历过迫害与磨难后，人们到教堂参加礼拜的热情非常高涨；教堂里常常都是人来人往、门庭若市。阿米尼乌看来是一个大受欢迎的布道者，他的讲道深受阿姆斯特丹信众的尊敬与爱戴，尤其是受到那些市政要人和议员们的欢迎。伯修斯在"悼词"里对此描述说，"这种令人愉悦的接纳并不令人讶异，因为——我可以在那些谙熟他的人面前说——在他那里有一种被愉悦的优雅举止所柔化的不可思议的严肃庄重。他的声音十分微弱，但却亲切、悦耳和打动人心；他的

---

1 Cf. *The Works of James Arminius*, Vol. 1, pp. 57–58, "note".

说服力是最令人钦佩的。如果有什么主题要按照其原初装饰被最好地展现出来的话，阿米尼乌在任何情形下都不会以一种逾越真理的方式来对待它。如果有什么教义要教导的话，他就会以明晰性来推行它。如果必须要以论证方式来讨论什么论题的话，他就会以明确性来对待它"。[1]

年轻阿米尼乌在阿姆斯特丹的生活很快就走上正轨。从外貌上讲，阿米尼乌属于中等身材，神情平静温和，双目明亮有神，四肢灵活有力，看上去是一个令人赏心悦目和可以信赖的年轻人。实际上也的确如此。在与人交往中，阿米尼乌对人总是真诚友好而多有礼貌；在自己休闲独处时也常常能保持愉悦乐观的心情。对待神学或教义等理论问题，阿米尼乌则是个锲而不舍、孜孜以求的探索者。他对于自己认定的事情从不会轻易放弃。连续不断的工作奔波，长时间的伏案阅读写作，以及习惯性的清晨查经灵修和经常性的禁食灵修，使他看起来总是有些清瘦，而清瘦的外表则有利于他保持清醒的思维和敏锐的头脑。这个温和平静而又极具才干的年轻牧师，不仅履行着一切常规全职事奉义务，而且还开始在各级教会议会里担当重任。

他的个人生活很快也发生了重要转折。1590 年 9 月 16 日，在约翰尼斯·安布罗修斯牧师主持下，詹姆斯·阿米尼乌与该城最重要人物之一劳伦斯·雅各布森·里尔的女儿利吉斯贝·里尔（Lijsbet Reael, 1569—1648 年），在"老教堂"正式结婚了。比阿米尼乌大约小 10 岁的利吉斯贝出生在其父亲因信仰逃亡埃姆登期间。利吉斯贝的父亲劳伦斯·雅各布森·里尔是一个在商业、宗教、政治、军事和文学等领域具有多项才能的人物，并曾在阿姆斯特丹担任过多项要职。作为阿姆斯特丹商业、宗教和政治事业的开创者和奠基者，里尔这个人丁兴旺、人才辈出的庞大家族，其影响可以说触及阿姆斯特丹公共生活的各个领域和角落。到这个时候，阿米尼乌这个原本来自奥德瓦特的孤儿，就不再是形影相吊、无依无靠的人了。通过在阿姆斯特丹的圣职事奉，通过与利吉斯贝的联姻，阿米尼乌拥有了一个有权有势但又错综复杂的家族圈子。通过这样的关联，阿米尼乌与 16 世纪 60 年代"老乞丐"、与阿姆斯特丹上层社会以及与新兴商人团体紧密联系在一起。以至于当后来与他人发生神学争论而招致市政当

1　*The Works of James Arminius*, Vol. 1, p. 28, "note".

局和市议会的调停和干预，当阿米尼乌坐在市政厅接受市政当局要员的仲裁与调停时，他实际上是坐在一大帮亲戚和朋友中间。这种情形对阿米尼乌以后屡屡度过危机和困难，发生了深远影响。

到 1591 年，阿米尼乌关于"罗马书"的系列布道，已经进行到敏感的第七章。从第七章第 14 节开始，使徒保罗所说的那个人究竟是"重生者"还是"未重生者"呢？如果是"重生者"，它似乎低估了上帝恩典的能力；如果是"未重生者"，它似乎又高估了罪人朝向善的能力。严格加尔文主义者一般认为它指的是"重生者"，而阿米尼乌在这个问题上可谓另辟蹊径。与此同时，关于预定论的不同看法也开始不断涌现。就在这些神学争论风云初现之际，或者更早一些时候，伯修斯"悼词"里叙述了一件被广为流传的、极具戏剧意味的事件。事情原委是这样的：原先曾在阿姆斯特丹担任牧师、后来转到弗拉讷克（Franeker）新成立学院担任教授的马蒂奴斯·利迪乌斯，特意送给阿米尼乌一本由德尔夫特两位牧师阿伦特·科内利森（Arent Cornelisz 或 Arnold Cornelison）和雷尼尔·唐特克洛克（Reynier Donteklok）于 1589 年撰写的小册子，题名为《对伯撒和加尔文，在一篇关于预定的论文里，根据"罗马书"第九章，所提出的一些论点的抗辩》。在这本小册子里，德尔夫特这两位牧师试图通过将伯撒的堕落前预定论"修正"为堕落后预定论，来维护他们所坚持的预定论教义。两人撰写这本小册子的动因，则肇始于他们十年前与人文主义者德克·沃尔克森·库恩赫特（Dirck Volckertsz. Coornhert，1522—1590 年）的一场教义论战；库恩赫特曾专程到莱顿支持过库尔黑斯关于政教关系的立场。在德尔夫特这两位牧师与库恩赫特当着数百人举行的公开辩论中，雄辩的库恩赫特对加尔文主义的预定、称义和处死异端等主张作出批驳，并将德尔夫特这两位牧师驳斥得张口结舌、哑口无言。遭受如此挫折与羞辱的这两位德尔夫特牧师，对此显然一直耿耿于怀。他们退而思之，感到有必要将伯撒的堕落前预定论修正为堕落后预定论，才能维护他们信奉的预定论教义。于是，就撰写了上述那本小册子。

利迪乌斯把这本小册子送给阿米尼乌，是希望阿米尼乌能够对德尔夫特这两位牧师的谬误作出批判，从而维护伯撒的堕落前预定论学说。利迪乌斯之所以这么做，似乎也有一些顺理成章的理由：阿米尼乌这位新近从日内瓦学院毕业的高才生，有义务也有能力去维护他导师的学说。而且还有证据显示，阿姆斯特丹教会议会也希望博学的阿米尼乌能够进一步对库恩赫特的学说作出批判。[1] 但是据今看来，这种冠冕堂皇理由的下面，也许蓄意布置了一个陷阱，以迫使其神学思想有几分可疑的阿米尼乌就一些关键问题表明自己的立场。

接下来，彼得·伯修斯就叙述了他关于阿米尼乌思想发生一百八十度大转变的有趣故事："当他精心筹划一种恰当的反驳，开始准确权衡双方的论据，并比较《圣经》不同段落的时候，当他因而也使自己身心交瘁、精疲力竭的时候，他被真理的力量所征服，并转变成他原本被要求加以抨击和驳斥的那种观点的追随者。"[2] 没有什么比这样的故事更引人入胜、更令人津津乐道了。伯修斯这段并没有什么事实性依据的叙述，此后为历代绝大多数学者所接受。但这里一个基本事实就是，利迪乌斯希望阿米尼乌予以反驳的对象，是德尔夫特支持预定论的两位牧师而不是反对预定论的库恩赫特，尽管阿米尼乌后来所持的观点更为接近库恩赫特的看法。阿米尼乌既不可能接受伯撒的堕落前预定论，亦不可能接受德尔夫特这两位牧师的堕落后预定论；事实上，阿米尼乌认为堕落后预定论比堕落前预定论在逻辑上存在更多破绽。于是，后来有学者在演绎阿米尼乌思想大转变故事时，就直接移花接木将阿米尼乌说成是在反对库恩赫特时发生了立场大转变。这种习非成是的传统看法，一直到当代才受到严肃质疑。当代学者卡尔·班斯运用确凿的资料和缜密的分析，推翻了伯修斯演绎的"立场大转变说"。班斯的结论是，"第一，没有明确证据表明阿米尼乌曾经接受过伯撒的预定教义及其伴随物。第二，他也不需要经历一种神学转变。他一直都将自己看作在教导一种在教会里自古就有的观点，一种在'低地国家'改革宗牧师中广泛持有的观点。他将他的对手而不是他自己看作创新者。所有这些证据都指向一种结论，亦即当阿米尼乌在阿姆斯特丹开始教牧事奉时，他并不赞同伯撒的预定教义；事实上，他也许从未赞同过它"。[3]

不过，真正为阿米尼乌带来麻烦和物议的，是他在教会里所做的系列布道。到 1591 年他已经进行到"罗马书"第七章。他对这章重要而困难经文所作的与众不同的讲解，引发了一系列问题：哪一种释经理解真正吻合于"上帝之道"

---

1   Cf. *The Works of James Arminius*, Vol. 1, p. 61, "note".

2   *The Works of James Arminius*, Vol. 1, p. 30, "note".

3   Carl Bang, *Arminius: A Study in the Dutch Reformation*, Nashville: Abingdon Press, 1971, p. 141.

呢？对已有"信纲"和"教理问答"该作何种解读与应用呢？各级教会议会对牧师的神学建构具有什么样的规范与影响呢？有什么行之有效的方法来规避神学创新与神学异端呢？如何行使个人的良心自由权利呢？等等。阿米尼乌发现自己逐渐陷入对这些问题争论的旋涡当中。而在一个宗教与政治合一、信仰立场与爱国热情合一的处境里，一些不着边际的流言蜚语，往往能够得到不假思索的坐实和放大。而发动和领导对阿米尼乌布道表示不满和抱怨的，正是他在阿姆斯特丹教会的同事、极端加尔文主义者彼得勒斯·普兰修斯。随着这种不满声音的逐渐增大增强，到 1592 年年初，它终于反映到阿米尼乌所属的地方教会议会这一层面。教会议会决定正面处理这种争论。大约在 1592 年 1 月 7 日，在完全由牧师出席的教会议会上，争论的双方开始直面相对。普兰修斯指控阿米尼乌教导贝拉基主义，过度依赖于早期教父，并偏离了《比利时信纲》和《海德堡教理问答》。阿米尼乌对这些指控逐一加以否认。在争论过程中，普兰修斯还不时提到上帝预定问题，但阿米尼乌都有意回避了。[1]

由吉多·德·布雷斯等人在《法国信纲》或《高卢信纲》（*Gallican Confession*）基础上推出的《比利时信纲》，与前者相比，较少具有论辩性，但也更为全面精致。著名学者菲利普·沙夫（Philip Schaff）认为，它是除《威斯敏斯特信纲》（*Westminster Confession*）之外对加尔文派教义最好的表述。[2] 值得注意的是，这里依据的菲利普·沙夫编辑的信纲文本，与"最初文本"是有一定出入的。当然，所谓"原初文本"本身就是一个含混和相对概念，因为许多信纲，譬如这里涉及的《比利时信纲》，在其最初形成那个时期里，是处在不断修订和调整当中的。吉多·德·布雷斯在 1561 年发表的文本与 1566 年在安特卫普出版的文本是有出入的，1568 年韦瑟尔会议通过的文本与 1571 年埃姆登会议认可的文本也略有不同，诸如此类。总的说来，阿米尼乌与那些极端加尔文派相比，较少拘泥于这些被教会接纳的"信纲"和"教理问答"；并认为这些在较早时期仓促完成的信仰表述缺乏充足的权威性，至少它们的权威性不能与《圣经》的权威性相比拟。但阿米尼乌并未直接拒绝和攻击这些信条式信仰表

1　Cf. *The Works of James Arminius*，Vol. 1，pp. 102 – 103，"note".

2　Cf. Schaff，Philip（ed.），*The Creeds of Christendom：With a History and Critical Notes*，3 Vols.，6th ed. Grand Rapids，MI：Baker Books，reprinted 1998 from the 1931 edition，Vol. I，p. 506.

述，只是对它们所包含的一些模棱两可表述感到不甚满意，并希望能够在合适时候对它们作出适当修订。下面来看看这部信纲中有关的条款。

《比利时信纲》"第十四款"论述的是人的被造与堕落，以及人由此而无力做任何真正良善的事情："我们相信，上帝按照自己的形象与外表，从尘土里创造了人；这人本是良善的、正义的和圣洁的，并能在一切事情上顺从上帝的意愿。但处在这荣光里的人，却不懂得这尊荣，也不知道其优势，而是听从魔鬼的话，故意使自己陷于罪恶里，并因而处在死亡与诅咒之下"。[1] 这条信纲，不但没有断定上帝决定了人的堕落，以便通过从堕落状态中拯救拣选者来彰显自己的荣耀，而且还由于其"（人）故意使自己陷于罪恶里，并因而处在死亡与诅咒之下"的表述，为阿米尼乌留下发挥的空间和展开的余地；阿米尼乌据此可以肯定人的自由意志。[2] 同样是在这条论纲里，还否定了那种认为堕落了的人有能力通过自己意愿转向上帝的观点，"我们拒绝所有那些在人的自由意志问题上与此相矛盾的学说，因为人只不过是罪的奴隶，他自身没有任何（这样的）能力，除非来自天国的恩赐"。[3]

《比利时信纲》关乎预定论争执最主要的条款是"第十六款"。其标题是"论永恒的拣选"，其全文如下："我们相信，亚当所有的后代，由于其初祖的罪，而堕落进永劫与毁灭之中，所以上帝显明了他是其所是，亦即仁慈与公义。仁慈：是因为他从这种永劫中解救和保全了所有那些，他以他永恒不变的旨意，出于他纯粹的良善，而在我主耶稣基督里拣选了的人，而不考虑他们的事工；公义：就在于他任由其他人停留在他们自己所招致的堕落与毁灭之中。"[4] 对此，阿米尼乌的异议在于，这项条款里提到的"所有那些……他……拣选了的人"究竟指的是什么？阿米尼乌认为它所指的是信仰者（believers），而不是以一种专断命令赋予其信仰的人。亦即所指的是信仰者这个群体而不是单个的人。

1　Schaff, Philip (ed.), *The Creeds of Christendom: With a History and Critical Notes*, 3 Vols. , 6th ed. Grand Rapids, MI: Baker Books, reprinted 1998 from the 1931 edition, Vol. Ⅲ, p. 398.

2　Cf. *The Works of James Arminius*, Vol. 1, p. 622.

3　Schaff, Philip (ed.), *The Creeds of Christendom: With a History and Critical Notes*, 3 Vols. , 6th ed. Grand Rapids, MI: Baker Books, reprinted 1998 from the 1931 edition, Vol. Ⅲ, p. 399.

4　Schaff, Philip (ed.), *The Creeds of Christendom: With a History and Critical Notes*, 3 Vols. , 6th ed. Grand Rapids, MI: Baker Books, reprinted 1998 from the 1931 edition, Vol. Ⅲ, p. 401.

事实上，这款简明信纲，在立场上还是比较温和的。对于那些非拣选者，也只是说"任由……停留在"（leave）而没有使用"弃绝"（reprobation）这样强烈的字眼，在某种意义上，这也是一种对温和加尔文派采纳的"忽略"（pass over）教义的另一种表述。但无论如何，《比利时信纲》没有肯定后来为极端加尔文派所发挥的上帝弃绝说。亦即只是含混提到单重预定，而从未提及双重预定问题。

与此同时，密切关注阿姆斯特丹教会事态进展的马蒂奴斯·利迪乌斯再次介入。他从弗拉讷克专程赶到海牙，敦请阿米尼乌的好友、时任莫里斯亲王宫廷专职牧师的约翰尼斯·尤腾鲍加特，能够前往阿姆斯特丹斡旋协调这些教会争端。尤腾鲍加特于是同意前往一试。精于外交之道和长于调停教会争端的尤腾鲍加特到达阿姆斯特丹后，首先来到德高望重并处于争端之外的、曾在鹿特丹关照过幼年阿米尼乌的瓦隆语教会牧师让·塔芬那里。在听取让·塔芬的介绍并获得他的支持后，他们先后会见了教会议会代表和阿米尼乌本人，并安排双方在让·塔芬家里举行了磋商。紧接着，他们向专门为此事召集的教会议会提交了一份谅解协议。其意思大致是：阿米尼乌并未意识到他在教导什么有悖于"信纲"和"教理问答"的内容；但为了教会的安定和消除不必要的疑虑，他将不公开教导任何不同于"信纲"和"教理问答"的内容；如若他个人有什么疑虑，将保留到全国宗教议会上去解决。而那些不满阿米尼乌观点的人也应以教会安定为重，停止有关针对阿米尼乌的任何不实攻击言辞。阿米尼乌愿意接受这份协议，但教会议会大多数人却拒绝了。不仅如此，普兰修斯还因尤腾鲍加特与阿米尼乌的亲密友谊，而对尤腾鲍加特本人提出了质疑。

就在尤腾鲍加特一筹莫展，准备无功而返的时候，受到此事震动的阿姆斯特丹市政当局会晤了尤腾鲍加特和让·塔芬两人。在了解整个事情原委后，市政当局决定举行正式磋商会以解决此事。1592 年 2 月 11 日下午，阿姆斯特丹四位现任市长以及在上周刚卸任的三位前任市长，在市政厅会见了阿姆斯特丹教会六位在任牧师。需要指出的是，市政当局一方的主持人和主要代言人是雷尼尔·坎特；而且，包括坎特在内的这七位现任和前任市长，几乎全都是与劳伦斯·里尔一道，在 16 世纪 60 年代为该市引入新教信仰并一同逃亡的同道和朋友。坎特代表市政当局首先发言，"从以前发表的一些公开言论中以及从一些市民的抱怨中，他痛切地得知，在教会牧师之间彼此不太一致。而这种不和应当在一卅始就受到遏制，以免在以后爆发出来损害教会和国家。依照其职务赋予的职责，市政长官们的希望和要求是，他们今后能够致力于营造和平与和谐，使自己在这方面成为其他教会效仿的榜样，而不再用慷慨激昂的言辞，使人有借口怀疑在他们中间存在着重大怨恨。如果万一在他们中间对某些主题存在着不一致的判断，他们可以自由地在他们中间进行私下而友好的会商；但无论如何，都应当谨防这些不和从教会议会里流传到讲坛上，再因而流传到公众当中去。倘若他们在这些职责上有所缺失，那么市政当局将被迫使用其他的救治办法，以免教会和国家遭受侵害"。[1] 牧师们退出稍事商议后，返回来由约翰尼斯·安布罗修斯代为发言。安布罗修斯表示感谢市政当局对教会事业的关心，亦理解他们对教会保持安定和谐的强烈愿望；同时他还表示，如果有哪位牧师感到自己受到指控，那么他就有义务为自己洗脱罪名。于是，阿米尼乌获准发言。阿米尼乌向与会众人表明，"在他对'罗马书'第七章所作解释中——与改革宗许多人所作解释略有不同，他没有教导也不想教导任何与'信纲'和'帕拉廷教理问答'背道而驰的东西。依据隶属于每位个体基督徒和每位基督教教导者对待神圣主题的自由，他毫不怀疑他有权利按照良心指示去解释任何圣经段落。鉴于这场争论主要集中于一些牧师的下列看法，亦即他关于该章的观点违背了'协同信纲'立场，并且可以明确判定他触犯了该项指控，那么，为了进一步维护自己的名誉，他愿意与那些一同事奉的弟兄展开商讨。不过，他真诚恳求这种商讨能够在市政长官或其代表面前举行；如若那些尊贵的客人，不仅能够见证双方提出的论证，而且还能够应允担当协调者和公正的裁判者，那么他会对这件事情的成功进行抱有更大的希望"。[2] 阿米尼乌发言一结束，约翰尼斯·库克里奴斯就对他一些表述表示了不满；并恳求阿米尼乌所提及的商讨，能够按照各教会采取的做法，只在教会议会里进行而不涉及外人。

最后，与会的现任和前任市长们经过商议后，由坎特代表市政当局向牧师表明，"市政长官们经商议达成决定，要求教会议会使这整个事情平息下来，使

---

1   *The Works of James Arminius*, Vol. 1, p. 109, "note".

2   *The Works of James Arminius*, Vol. 1, p. 110, "note".

先前就它产生的一切纷争被彻底埋没。他们认为，对这个主题举行新的商讨既属无当亦属无益。从今以后，他们每个人都应避免在布道中提出新的教义。如有任何人其观点不同于其他教导者，并有可能对那一主题享有更透彻的了解，那么他就有责任为自己保留那些观点，并以一种友好方式与同道弟兄就那些观点展开商讨。而与此同时，那些持有不同观点的人，只要他们未被证明有误，就应该受到善待，直至那些问题经由某种教会会议权威作出裁决"。[1] 可见，这场争论由于上升到教会会议和市政当局的层面，而构成阿米尼乌经历的第一次真正的大争论。在这场争论中，阿姆斯特丹市政当局基本上采取了息事宁人的宽容态度；市政当局与阿米尼乌一道维护了地方权威对教会事务的监护权和管辖权；阿米尼乌被含蓄告诫谨防在布道中提出新教义；普兰修斯则被不点名地告诫谨防以"慷慨激昂的言辞"贻外人以口实。这场争论至此以市政当局的强势介入而暂告一段落。教会里又恢复了平静。阿米尼乌继续就"罗马书"进行他的系列布道。

第五节　处在即将重生"门槛"上的人

当詹姆斯·阿米尼乌在阿姆斯特丹对其教堂会众宣讲"罗马书"第七章期间，或者在稍后一些时候，他按照逻辑推理方式而不是布道方式，对"罗马书"第七章的关键内容，用拉丁文撰写了一部长篇学术论著。这篇具有高度逻辑性、明晰性、学术性和说服力的论著，一直到1613年才首次公开出版，但此前曾以手稿摘录等形式在私下里进行过小范围传阅。这就是阿米尼乌的代表作之一：《论"罗马书"第七章的真实含义》。在这篇文献开篇之前的扉页上，雨果·格劳秀斯（Hugo Grotius）还专门为阿米尼乌这篇论著撰写了一份简短的介绍文字，以表明自己对阿米尼乌观点的支持与认同。[2] 格劳秀斯首先指出，在基督教会内对使徒"罗马书"第七章，一直都存在着两种不同的解读模式，而他以及阿米尼乌所采纳的解读模式不仅为大多数教会权威所持有，而且对人类

1　*The Works of James Arminius*, Vol. 1, p. 111, "note".

2　Cf. *The Works of James Arminius*, Vol. 2, p. 470, "note".

也更为有益或有利。接着，格劳秀斯逐一列举出与自己看法接近的教会著名人物的名字：希腊教父包括伊里奈乌（Irenaeus）、德尔图良（Tertullian）、奥利金（Origen）、克里索斯托（Chrysostom）、巴西勒（Basil）、马克西姆（Maximus）、狄奥多莱（Theodoret）、亚历山大的西里尔（Cyril of Alexandria）、马卡留斯（Macarius）、狄奥费拉特（Theophylact）；拉丁教父包括西普里安（Cyprian）、安布罗斯（Ambrose）、保罗乌斯（Paulinus）、哲罗姆（Jerome）以及早期的奥古斯丁；新教人物包括布塞尔（Bucer）和沃尔夫冈·马斯库鲁斯（Wolfgang Musculus）。最后，格劳秀斯指出了自己所反对的那种解读模式，对基督徒现实生活与伦理实践所可能产生的不良后果。

格劳秀斯指出的这最后一点，在署名为《阿米尼乌的九个遗孤》的长篇"献辞"中得到进一步发挥。这篇"献辞"奋力抨击了时人在宗教信仰上的自以为是和在实际生活中的不虔敬行为，大声疾呼人们"除去不敬虔的心和世俗的情欲，在今世自守、公义、敬虔度日"。[1] 同时，还批评一些人在皈依基督之后，其生活状态与方式与先前毫无二致，仍然停留在以前的不纯洁与不道德状态中，但却自以为是地设想自己已经得到上帝恩惠并拥有了天国与永生。也就是说，这些人完全抹杀了"重生者"（the regenerate）与"未重生者"（the irregenerate）之间的区别。而对"罗马书"第七章的不同解读就有可能导致这种错误看法。如果认为使徒在本章尤其第 14 节至第 25 节所说的是一个已经重生了的人，而这个重生过的人还仍然是被罪恶所主宰，还仍然只是慕善而不行善，那么，所有对虔敬的关注、整个新成就的顺从以及整个新的创造，都将仅仅局限为一种主观的"情感"，而不会导致实际的"结果"。这将会极大地贬低重生恩典的价值，并降低对虔敬的热忱与关注。这从反面说明使徒在此所说的这个人，事实上并不是一个已经重生过了的人，而是一个站在"重生"边缘或门槛上的人，亦即即将重生但还尚未重生的人。

这一论点，正是詹姆斯·阿米尼乌在这部经典文献中要详加阐明的核心论题。阿米尼乌在这个问题上的认识当然不是突如其来的，而是经过一个逐步发

1　《圣经·新约·提多书》2：12。

展的过程。[1]　在对其教堂会众就这封使徒书信所作的逐章逐节讲解中，在对《圣经》相关内容所做的锲而不舍、如饥似渴的研读与领悟中——伴随着长久的沉思、热切的祈祷和反复的斋戒，在与他人尤其与弗朗西斯·朱尼厄斯博士的切磋探讨中，阿米尼乌越来越明确地意识到，当时一些极端加尔文派在这章经文解释上所持立场的不当与危险性。简单地讲，围绕"罗马书"第七章尤其是该章后半部分的真实含义，所引发的问题主要集中于这一点上："使徒保罗在这里所说的是当时当下的他自己吗？"换言之，"他是以他自己的名义在谈论一个已经领有基督恩典的人呢，还是以第一人称形式在'扮演或假装'（personate）一个处在律法之下的人呢？"或者，更为明白地，"使徒保罗在这里谈论的是一个仍未重生的人呢，还是在谈论一个已经经由基督圣灵而重生了的人呢？"不过，对于这最后一种表述形式可能引发的歧义，阿米尼乌表达了审慎的保留态度，因为他意识到"未重生的"（unregenerate）一词，具有更加宽泛和多重的指涉，它不仅意味着"重生"的单纯阙如，而且也有可能意味着在"重生"之前的所有一切东西。正是这样一个由《圣经》释义所引发的神学问题，在 16 世纪后期与 17 世纪早期的西欧新教世界尤其在阿米尼乌时期的荷兰，演变成一个争论的焦点。而在此前基督教历史中，教会对在这一问题上所持的不同观点，采取了一种比较自由和宽容的态度：只要不明显违背信仰的核心信条与教义，对这段经文采取这种或那种解释都处在允许范围之内。但在"宗教改革"之后，随着新教正统教义的确立以及新教"经院哲学"的发展，一些极端加尔文派分子在这一问题上逐渐形成了一种非此即彼的态度，并将对立的看法斥之为异端：那些主张这段经文所说的是一个处在律法之下的人，被指控为采取了一种亲近于贝拉基主义（Pelagianism）的神学教义。由此在新教阵营中尤其在改革宗内部引发了激烈的神学争论。

在这部长篇论著中，詹姆斯·阿米尼乌从以下五个方面对这一论题作出自己的阐述与论证。在第一部分中，根据使徒书信这整章内容，以及这章内容前后各章的上下文，提出自己对这章《圣经》经文的理解与解说。指出使徒在此既不是在说他自己，也不是在说某个处在恩典之下的人，而是在第一人称形式

1　Cf. *The Works of James Arminius*, Vol. 2, p. 474, "note".

下指称某个尚处在律法之下的人。这一部分内容构成了本文的主体。第二部分，从教会史和历史神学角度，指出自己所采纳的这种解释在教会内从未被谴责为神学异端；相反，它获得大多数教会领袖与神学家的支持。第三部分，进一步阐明自己这种解释，不但根本不会导致贝拉基主义或者其他异端学说，而且还是与这些异端思想正相对立的。第四部分，指出在极端加尔文主义者中间流行的对这段经文的那种解释，实际上是一种相当新近的"发明和创见"，从未获得过任何古代教会教父包括奥古斯丁本人的赞同和支持。第五部分，从教会实践层面指出，极端加尔文主义者所持的解说，不论是对基督恩典还是对人的道德伦理都是极其不利和有害的。显而易见，阿米尼乌这部由五部分构成的论述，带有那个时代特有的风格与色彩，学术论证与逻辑推理显得缜密严谨与周到，甚至不惮烦琐与重复。从内容性质上看，前三部分内容主要是阐明自己的见解和为自己见解所作的辩护；后两部分内容主要是攻击对方立场的失误与不当。为了便于把握和理解阿米尼乌这部重要文献，亦可以将整篇内容划分为三大类：第一类由原文第一部分组成，属于阿米尼乌的释经学解说；第二类由原文第二、第三和第四部分组成，属于阿米尼乌的神学辩护；第三类由原文第五部分组成，属于阿米尼乌的教牧学关怀。

　　阿米尼乌首先指出，对于"罗马书"第七章的理解，应当从使徒这封书信的主旨出发；它与这整封书信尤其与它前后两章的相关内容是一脉相承的。譬如说，在它前一章亦即第6章第14节的充满鼓舞与希望的经文："罪必不能作你们的主，因你们不在律法之下，乃在恩典之下"，就属于一种点题或统领性的经文段落。"从第14节开始，使徒在第6章其后部分中，一直都在坚持这同样的告诫或劝勉；这种论证也有一点点儿中断，不过在拒斥了有可能从中引发的反对意见后，在整个第7章以及在第8章前一部分中，又重新开始了这同一论证，并作出了更为详尽的考察。"[1] 而使徒这封书信的主旨就是想要表明，不是律法而是福音，才是拯救每个信仰者的上帝权能。凭借律法以及律法事工，没有人能够从罪中被上帝看称为公义，也没有人能够使自己对抗罪的权能并摆脱其枷锁。"但是在耶稣基督里，正如经由福音所提供给我们的并通过信仰所领悟

1　*The Works of James Arminius*，Vol. 2，p. 502.

的，我们就能够获得这样的祝福——通过信仰他的宝血而对罪的宽恕，以及基督圣灵的权能——通过基督的圣灵，我们就可以从罪的主宰中获得救赎；通过基督的圣灵，我们就能够抵制罪，战胜罪，在生命新式样里服侍上帝。"[1]

这就是说，在詹姆斯·阿米尼乌思想里，在"重生者"与"未重生者"之间存在一道泾渭分明的界限，在重生之前与重生之后的状态之间存在实质性的不同。由此，阿米尼乌根据《圣经》相关内容，提出了自己对于"重生"与"未重生"的理解。在他看来，"未重生者"不仅包括那些完全无知或无视上帝意志、故意沉湎于罪恶之中、毫无悔改与认罪之心的人，而且还包括那些所谓"处于律法支配之下"的人，亦即"那些知道上帝意愿却不执行上帝意愿的人，或了解公义之道却背离公义之道的人；那些内心虽写有上帝律法却充满矛盾念头与想法的人；那些只是一时半刻喜悦于福音之道的人；那些参加了洗礼，却不是心悦诚服接受上帝之道或至少没有产生什么结果的人；那些怀有痛苦的罪恶感并不堪重负的人，或那些面对圣洁之事徒呼奈何的人；那些洞晓那种公义却无法通过律法获得它的人；那些因而被迫逃向基督的人"。[2] 所有这些情形，都不隶属于基督教忏悔或悔改的实质性部分和内容。准确地讲，它们只是某些位于悔改与认信之前的东西，甚至可以被看作悔改与重生的某种预备或准备，但并不属于重生的构成部分。而真正的"重生者"则具有自身的特有内涵，他们是"那些心灵脱离了这世界的黑暗与虚荣，并被基督的正确与救赎性知识、被信仰所启明了的人；那些其旧有情感得到克制并从罪的主宰与奴役中拯救出来，同时又激发起新的愿望以适应神圣本质并为全新生活做好预备的人；那些其意愿符合秩序并认同上帝意志的人；那些拥有足够权能与官能，在圣灵支持下，与罪、尘世以及撒旦进行斗争，战胜它们，并为上帝带来战果譬如与悔改相适宜之事物的人；那些亦在实际中与罪进行斗争并战胜了罪的人，他们不再从事什么取悦于肉体和不法愿望的事情，而是转向了那些感恩上帝的事情"。[3] 当然，一个"重生者"在实际抵制罪恶和从事良善

1　*The Works of James Arminius*, Vol. 2, p. 501.

2　*The Works of James Arminius*, Vol. 2, p. 498.

3　*The Works of James Arminius*, Vol. 2, p. 497.

过程中，并不是说就在现实中达到了理想境界，譬如说他还可能不是那么完善，但按照信仰与基督恩赐的标尺而开始的新生活，已经肇始于当下生活之中，并逐步得到增加和提升，以最终在现世生命终结之后达致完善。换言之，这些不完善之处并不涉及重生的实质部分，而只是牵涉程度与数量问题。这一切都使得"重生者"与"非重生者"形成判然分明的对照与分野。

这里，所谓"未重生者"就是指"处在律法之下"的人，而所谓"重生者"就是指"处在恩典之下"的人。正是在这个意义上，阿米尼乌通过对"罗马书"第七章逐节逐句的分析阐释，得出了在这一章以第一人称言说的这个人，其实际情形应当是"处在律法之下"而不是"处在恩典之下"。在此不妨试举一例，譬如说第 14 节经文，"我们原晓得律法是属乎灵的，但我是属乎肉体的，是已经卖给罪了"。阿米尼乌指出，这一节经文就像其他各节乃至全章经文一样，所描述对象都是一个处在律法之下的人。其一，这节内容与前面各节内容在叙述与逻辑上是一脉相承的。它与前文内容的密切相关表明，这里人称代词"我"所指称的对象与前文所指涉的是同一个人。而对本章前半部分的考察已经证明，本章所指涉的这个人仍然处在律法之下。因此，这个"处在律法之下的人"还依然是论述的主语或主体。其二，这节经文明确表明这个以第一人称言说的对象是"属乎肉体的"，而一个已经重生和处在恩典之下的人则不是"属乎肉体的"，而是"属乎灵的"。因此，可以断定使徒这节经文里所言说的主体，仍是一个"处在律法之下的"人。同时，人们还可以断言，此时的使徒本人，并不能被看作仍是"属乎肉体的"人。其三，这节经文还明确表明，本文所言说的对象通过买卖关系，"已经卖给罪了"，已经成为罪的奴隶；而这样的称谓与表述，绝对不能应用于那处在恩典之下的人；所以，这个言说对象必定是隶属于律法之下的人。

不过，阿米尼乌的《圣经》解释并非总是这么简明清晰。随着"罗马书"第七章最后几节内容逐步变得深奥难懂，阿米尼乌的经文解释也变得复杂烦琐起来，并就一些传统难题提出自己独树一帜的见解与剖析。譬如，对于第 22 节提到的"我里面的意思"或者"我里面的人"（the inward man），阿米尼乌就无法认同当下流行的观点，亦即将所谓"里面的人"等同于"新人"或者"重生者"。因为这样一来，就势必要为"里面的人"这个概念，附加上额外的意义，譬如由更新性圣灵注入其中的某种特质，才能自圆其说。事实上，阿米尼乌认为这三个概念是各有侧重和互不相同的。"'里面的人'表示的是'主体'；'重生的人'表示的是更新性圣灵的'行为'；'新人'表示的则是经由'重生'行为而在'里面的人'之内存在的某种'特质'。"[1] 可见，所谓"里面的人"，并非为重生者专有。它亦属于"未重生者"。而经文中所提到的按照"里面的意思"或者"里面的人"，喜欢上帝的律或者在"上帝的律"里发现了某种愉悦（condelectation），这并不为重生者、为处在恩典之下的人所特有；它也同样有可能隶属于那些处在律法之下的人。

与此同时，第 23 节经文也说明，这样一个"按照我里面的意思"而"喜欢上帝的律"的人，是具有其深刻局限性的。这种局限使得他"里面的意思"无法获得支配地位，从而在与"肢体中的律"交战中处于下风或者落败。为了进一步佐证自己这些见解，阿米尼乌还提出这样两个三段论推理。第一个用于否定对手的观点："与肢体中的律交战的内心中的律，被肢体中的律所征服，以至于这个人'被掳去''附从那肢体中犯罪的律'。而在耶稣基督里的生命之圣灵的律，在与肢体中的律交战时，能够战胜后者，以至于它解救了这个人，使他'脱离罪和死的律了'。所以，'圣灵（the Spirit）的律'不是'内心（the mind）的律'；'内心的律'亦不是'圣灵的律'。"[2] 反之，亦可证明，这段经文中使用的"心灵"（the mind）一词，也不可代之以"圣灵"（the Spirit）一词。在否定了相反立场后，阿米尼乌还用另一个三段论式推理肯定了自己的立场："那按照他'里面的意思'实际上是'喜欢上帝的律'的人，当他'内心中的律'与'肢体中的律'交战时，不仅不能战胜后者，而且还被后者征服并被'掳去''附从那犯罪的律'，亦即'心中的律'对'肢体中的律'的斗争是徒劳无益的，那么，这个人就是一个未重生的人，并处在律法而不是恩典的主宰之下。而这个人尽管喜欢'上帝的律'；尽管在以'心中的律'与'肢体中的律'进行斗争；但他不仅不能战胜'肢体中的律'，而且还有可能被'肢

1　*The Works of James Arminius*, Vol. 2, p. 548.

2　*The Works of James Arminius*, Vol. 2, p. 565.

体中的律''掳去''附从那犯罪的律',亦即他'心中的律'只是进行了一种
激烈但却徒劳无益的抗争。所以,本段经文所描述的这个人,就是一个未重生
的人,是处在律法而不是恩典的主宰之下。"[1]

综合"罗马书"第七章全章尤其后半章的论述,阿米尼乌发现,使徒保罗
一共提到四种不同的作用于人的"律法"(law)。它们分别是神的律、罪的律、
内心的律以及肢体的律。更受到第 23 节经文提到的"交战"这一说法的启发,
阿米尼乌按照两军对垒的战争模式,就上述"四律"之间的关系提出一种既有
对立又有依附的复杂关联图式,由此也为理解这章经文内容提供了一种新颖的
视域。在这一组关系中(参见下文图表),上帝的律与罪的律、内心的律与肢
体的律是直接对立的关系;而上帝的律与内心的律、罪的律与肢体的律是一致
与从属的关系;由此也就可以推断,上帝的律与肢体的律、罪的律与内心的律
属于间接对立的关系。此外,在这个关系图式中,上帝的律与罪的律,相对于
内心的律与肢体的律,具有较高的地位和等级。事实上,在这里存在着两个主
要的、相互完全对立的"领主"或"首领":上帝与罪。前者属于合法主人;
后者属于僭主,由于人自己的过错和上帝公义的审判,通过暴力手段篡夺了对
于人的主导地位。这两个"领主"都为人施加了某种要求服从于己的律法。上
帝所施加的就是"上帝的律",罪所施加的就是"罪的律"。上帝的律规定的是
那些圣洁、正义与良善的东西;罪的律规定的则是那些迎合人的肉体与贪欲的
东西。因而,上帝将心灵或心的律划入自己一方;而罪则将肉体或肢体的律纳
入自己阵营。在这相互对立、彼此交战的两大对立阵营中,各有其主帅,也各
有其扈从。它们都力图击败对方,使自己所属一方取得胜利。这场"战争"可
能的结局或目的,就是使人或者服从于上帝的律,或者服从于罪的律;换言之,
这个人或者按照心灵行事,或者按照肉体行事。当然,在这场"战争"中,如
果能有更强大力量譬如说基督圣灵的介入,那么其结局无疑将属于上帝的律以
及心灵的律这一方,因为"罗马书"第八章第 2 节说得明白:"赐生命圣灵的
律在基督耶稣里释放了我,使我脱离罪和死的律了。"

---

1   *The Works of James Arminius*, Vol. 2, pp. 565 – 566.

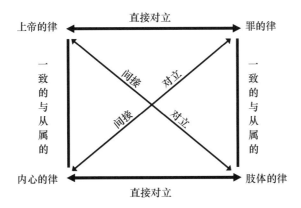

由对这四种律之间关系的分析可以推断，所谓处在律法之下的人，当然迥乎不同于所谓处在恩典之下的人，同时也与完全处在贪欲与堕落中而不知上帝律法为何物的人有所不同。阿米尼乌明确指出，他"在此所论述的并非统称泛指的未重生者，而只是那些律法对其发挥着全部功效的人"。[1] "所谓一个处在律法之下的人，就是一个处在律法全部功效与全部运作之下的人。"[2] 正是因为处在律法之下，才使得这个未重生者处于一种类似于心有余而力有未逮、心向善而身为恶的矛盾状态，才使得使徒在本章描述的这个人发出这样的哀叹："我所愿意的，我并不作；我所恨恶的，我倒去作"；[3] "我所愿意的善，我反不作；我所不愿意的恶，我倒去作"；[4] "我觉得有个律，就是我愿意为善的时候，便有恶与我同在"。[5] 阿米尼乌将这种人所处的状态称为"不一致的"或者"前后矛盾的"状态（the inconsistent state）。[6] 处在这种状态的人，由于贪欲与罪还在发挥着支配与主导作用，而仍然属于贪欲之人；但由于同时又处在律法之下，所以又必然会受到律法在影响罪人归向基督恩典过程中所发挥的一切影响与作用。在阿米尼乌看来，使徒描述的这个人事实上正处在一种关键性的微妙

1　*The Works of James Arminius*，Vol. 2，p. 498.

2　*The Works of James Arminius*，Vol. 2，p. 493.

3　《圣经·新约·罗马书》7：15。

4　《圣经·新约·罗马书》7：19。

5　《圣经·新约·罗马书》7：21。

6　*The Works of James Arminius*，Vol. 2，p. 587.

时刻：这个人很快或随时随地将被带出贪欲之人行列，而被置于恩典状态当中；到那时，他将不是依靠律法对贪欲与罪进行无益的斗争了，而是依靠恩典对贪欲与罪取得完全的胜利。由此可知，这个处在律法之下的人，这个经历着"不一致的"矛盾状态的人，亦即使徒保罗在本章所描述的这个人，正处在重生之前的"门槛"上，正处在"重生"或者"更新"的"前夕"。阿米尼乌因而能够声称，"如果有谁要按照《圣经》内容对我描述，由宣告律法，而在上帝选定要将其皈依到更美好生活的那些人内心所产生的正当后果，那么我将立即给他提供这样一个人，亦即使徒在'罗马书'第七章中以他自己名义所描述的那个人"。[1]

这样，阿米尼乌就根据这章经文，结合自己在阿姆斯特丹多年的教牧经验，就上帝如何皈依一个罪人，如何使一个罪人悔改和认信圣子耶稣基督的步骤与过程，提出了一套具有传教实践可操作性的"微观动态学"。"我们知道上帝利用他的'神圣之道'（Holy Word）产生了这种结果。我们知道'神圣之道'包括两个实质性和不可或缺的部分：律法与福音。我们还知道必须首先将律法告知给一个罪人，他才有可能理解和赞同它；也只有在他理解和赞同律法之后，才有可能按照它来探究和省察他的生活；只有在这种省察完成之后，他才有可能承认自己是一个罪人，就他所犯过失而言是应该受到谴责的；才有可能因罪而感到忧伤和悲痛，才有可能憎恶罪；才有可能明白自己迫切需要一位解救者（Deliverer）；才有可能被激励和驱使着去寻求一位解救者。"[2] 不过，尽管律法的宣告及其在人内心所引发的后果不是没有受到圣灵的祝福、保佑与合作，但那被驱使着逃向基督恩典的人，却并非立即就处在恩典之下，并非立即就受到圣灵的指引与看顾，因为"律法是我们训蒙的师傅，引我们到基督那里，使我们因信称义。但这因信得救的理既然来到，我们从此就不在师傅的手下了"。[3]于是，阿米尼乌接着写道，"对于一个被律法如此这般预备好了的人，必须要给他宣告福音的恩典。这通过圣灵启明给人心并通过圣灵封存在人心中的福音之恩典，将在我们内心产生信仰，而我们也正是凭借着信仰才与基督结合在一起。

---

1   *The Works of James Arminius*, Vol. 2, p. 588.

2   *The Works of James Arminius*, Vol. 2, pp. 587 –588.

3   《圣经·新约·加拉太书》3：24，25。

在与基督的共融中，我们才有可能以他的名义获得对罪的赦免，才有可能从他那里获得圣灵的复活权能。通过这种复活的权能，肉体才有可能克掉（is mortified）它的性情（affections）与贪欲，我们才有可能得到重生、获得新的生命。在这新生命里，凭借着圣灵，我们不仅'想要'或者'决心要'使对上帝的感恩产生结果，不仅'能够'产生那些结果，而且也就'实际那样做了'"。[1]

　　在建构自己的圣经神学过程中，阿米尼乌不是没有意识到，自己有可能会面临某种形式的贝拉基主义指责，所以，他在所谓处在律法之下与所谓处在恩典之下这两种状态之间，作出了明确区分与界说；此外，他还明确指出，那些处在律法之下的人所作出的，一切有可能导向另一状态亦即所谓处在恩典之下的预备性事情，自始至终都伴随有上帝圣灵的保佑、支持与许可，从而杜绝了世人仅仅凭借自身努力与事工就朝向基督恩典迈进的可能性。也许，有人会对阿米尼乌这一点感到不安，即在他的解说中是否将某种良善的东西（something of good）归给了尚未重生但处在恩典之下的人。为此，阿米尼乌从三个方面作出回答：首先，要明白他的解说是将哪种良善归给了未重生者。使徒"罗马书"里，"第 1 章第 18 和 19 节"提到的显明在人心里的真理；"第 2 章第 15 节"提到的铭刻在人们心里的律法的功用，以至于"他们是非之心同作见证"，"他们的思念互相较量"；"第 2 章第 18 节"提到的"既从律法中受了教训"，所以"能分别是非"；"第 7 章第 7、9、13、24 节"提到的对罪的认识，对罪的焦虑，良心的不安，解救的愿望；等等。这些都是良善的东西，并被归给了未重生的人。其次，这些所谓良善的东西并非出自人的本性本身，而是来自那利用和保佑着律法之宣告（preaching of the law）的圣灵的功用或运作（operation of the Spirit）。最后，教会与贝拉基主义者之间的争论，不在于"是否可以将良善之物归给一个未重生者"，而在于"如果没有恩典及其功用，是否能将良善之物归给一个人"。而"那接受了恩典某种功用的人并非立即就处在恩典之下或者得到重生；恩典为自己预备了人的意志，从而使恩典有可能居住在它之中。恩典叩响人的心灵之门；但那有机会叩门的还尚未居住在人心里，亦未成为人

　　1　*The Works of James Arminius*, Vol. 2, p. 588.

心的主宰——尽管它会叩门以便使人心之门因其说服力而开启"。[1] 阿米尼乌由此声称，"从他的观点里不能推导出或者佐证任何异端——不论贝拉基主义还是其他什么异端。相反，他的观点与贝拉基主义是截然对立的"。[2]

不过，一些对阿米尼乌学说感到不悦的人，又发现了另一种指责借口。他们质疑道，阿米尼乌在此是否确定出人的三种状态，而《圣经》只是提出重生前与重生后、信仰者与非信仰者、重生者与未重生者这二重性的划分。对此，阿米尼乌从以下两个方面做了自我辩护：一方面，他将自己的见解同贝拉基主义异端划清了界限。指出在自己解说中，既没有确定出人的三种"连续一致性的"状态，亦没有提出过三种完全对立与相反的人。也就是说本章经文所描述的人之状态间的关系，并不是"连续性"或"一贯性的"，而是存在着"等级性"或者"台阶性的"差异。从不虔敬与不信仰到重生与恩典之间、从亚当里的"旧人"到基督里的"新人"之间，存在着实质性的不同，存在着如果不借助于中介桥梁就无法跨越的天壤之别。阿米尼乌认为自己的解说只是表明，"律法在一个人内心所具有的影响力是何其巨大，以及这同一个人是如何被律法驱使着逃向基督恩典的"。[3] 另一方面，他又认为按照不同时间或时期区分出人的三种状态，亦即在律法之前或没有律法的状态、处在律法之下的状态以及处在恩典之下的状态，从《圣经》角度讲应该是没有什么问题的。这不仅因为使徒在描述所谓处在律法之下的状态时，始终有意识地使用了"心灵"（mind）一词而回避了"圣灵"（Spirit）这样一个他经常使用的词语，而且也是因为使徒在"罗马书"第六、第七章以及在"加拉太书"第四、第五章中，的确就提到这三种状态。此外，在《圣经》其他段落中也曾经提到过类似的"人之三种状态"或者"三种人"。例如，在"启示录"第三章第15、16节，曾提到过"冷""热"以及"不冷不热"这三种状态的人；在"路加福音"第十八章"法利赛人和税吏"比喻中，亦表明有三种不同的人：法利赛人、称义前的税吏以及称义后的税吏。尽管如此，阿米尼乌并不主张将这三种状态的划分，置于一种突出地位，而是宜于对其采取一种笼统与低调的处理。

---

1   *The Works of James Arminius*, Vol. 2, p. 632.

2   *The Works of James Arminius*, Vol. 2, p. 629.

3   *The Works of James Arminius*, Vol. 2, p. 591.

面对一些人的质疑与指责，阿米尼乌坚信，这样一种观点，亦即将"罗马书"第七章解释为，不是指涉一个处在恩典之下的人，而是指涉一个处在律法之下、尚未得到基督之灵重生的人，这在教会历史上不仅从未被指责为异端，而且还一直得到人们广泛的支持。他说道，"我所维护的这种观点不是新近的产物，不是大脑的虚构，亦不是对什么异端的仿效。它是非常古老悠久的，并得到初始教会多数神学家的认可。况且，它也从未受到过拒斥"。[1] 为了进一步佐证自己的见解，阿米尼乌逐一罗列出教会史上从古至今与自己看法相一致的著名教会领袖与神学家的相关论述。他们包括古代教父伊里奈乌（Irenaeus）、德尔图良（Tertullian）、奥利金（Origen）、西普里安（Cyprian）、克里索斯托（Chrysostom）、巴西勒（Basil）、狄奥多莱（Theodoret）、亚历山大的西里尔（Cyril of Alexandria）、马卡留斯（Macarius）、达马斯奴斯（Damascenus）、狄奥费拉特（Theophylact）、安布罗斯（Ambrose）、哲罗姆（Jerome）；中世纪神学家比德（The Venerable Bede）、圣保罗乌斯（St. Paulinus of Aquileia）、尼古拉斯·德·利尔（Nicholas de Lyre）、"普通注解"（Ordinary Gloss）、"行间注解"（Interlineary Gloss）、 "枢机"休（Hugh the Cardinal）、托马斯·阿奎那（Thomas Aquinas）；当代神学家海默（Haimo）、布鲁诺（Bruno）、法伯·斯塔普伦西斯（Faber Stapulensis）、伊拉斯谟（Erasmus）、惠特克（Whitaker）、布塞尔（Bucer）、沃尔夫冈·马斯库鲁斯（Wolfgang Musculus）。

在所有这些教会领袖与神学家之外，阿米尼乌还特别详尽地提到圣奥古斯丁对这章经文的见解，这不仅因为奥古斯丁是基督教会史上最伟大和最具影响力的神学家，而且还因为奥古斯丁经常被一些极端加尔文主义者引用，来佐证和支持他们自己反对阿米尼乌的那些立场与论断。阿米尼乌首先分析了主要体现在《对来自"罗马书"第七章某些命题的解说》以及《致"米兰教会主教"辛普里西安》等著述中的"早期奥古斯丁"有关这一问题的看法。指出"早期奥古斯丁"在这一问题上的见解与自己所持的看法完全一致。接下来，阿米尼乌分析了主要体现在《更正篇》"第1卷第23章""第2卷第1章"、《忏悔录》"第11卷：论时间"以及《关于使徒的话语》"第5篇布道"等著述里的，"后

1　*The Works of James Arminius*，Vol. 2，p. 601.

期奥古斯丁"的所谓发生一百八十度大转折的相关见解。阿米尼乌指出，即便如人们所说，"后期奥古斯丁"在这一问题上的立场，与前期相比发生了完全相反的变化，那也表明了以下两个值得推敲之处。第一，早期基督教会至少到奥古斯丁时期，在这个问题上并没有形成一种普世性或被普遍接受的教义，将"罗马书"第七章指称对象理解为处在律法之下或处在恩典之下都是可以接受的。第二，奥古斯丁早期就这个问题所形成的见解与他后期的看法相比，有可能更为正确。因为他早期的见解，来自他自己对《圣经》经文的独立研究与独立判断，而后期的看法则受到当时一些释经者的影响。此外，按照奥古斯丁在其生命晚期转变了的观点，固然有利于他更好地反对贝拉基主义，但却会迫使他重新建构和重新解释使徒使用的一些措辞与用语，有时，还必须要作出与字面意义相反的解释才能自圆其说。[1]

那么，后期奥古斯丁是否果真否定了他早期的看法呢？阿米尼乌认为并非如此："他既没有拒绝他先前的观点，也没有断定它隶属于虚假、谬误与异端之列。他只是说道，'使徒著述中这些段落亦可以被理解为指称一个重生的、属灵的和处在恩典之下的人；而这与理解为指称一个处在律法之下的人相比要更适当、更具可能性'。而且他还断言他原先的观点是与贝拉基异端相对立的。"[2]的确，奥古斯丁在《更正篇》"第1卷第23章"谈到他先前相关观点时曾经说得明白，"我在那本书里曾说道，'当使徒断言"我们原晓得律法是属乎灵的，但我是属乎肉体的，是已经卖给罪了"之时，他以一种明白无误的方式表明，除了那些属灵的人、那些凭借上帝恩典达到这一点的人，任何人都不可能实现律法'。这一点，我不希望指称的是那个时候已经属灵的使徒本人，而是某个尚未处在恩典之下的、仍为律法所主宰的人。我起初就是这样理解这些话语的。后来，在经过更加刻苦认真的考虑后，在经过仔细审阅某些'神启'评注者的作品后，我被打动了。我发觉，当使徒说'我们原晓得律法是属乎灵的，但我是属乎肉体的，是已经卖给罪了'之时，这些话语亦可以被理解为是指称使徒本人。"从中可以看出，早期奥古斯丁事实上作出了两个断言：一个断言是，这

---

1   Cf. *The Works of James Arminius*, Vol. 2, pp. 672–677.

2   *The Works of James Arminius*, Vol. 2, p. 617.

章经文应当被理解为是与一个处在律法之下的人相关联的；另一个断言是，它不应当被理解为是关乎一个处在恩典之下的人，也不是指称在那时已经属灵的使徒保罗本人。阿米尼乌指出，奥古斯丁从未撤销过头一个断言，他只是撤销了后一个断言。也就是说，奥古斯丁从未收回或谴责过这样一种观点，亦即可以将这章经文看作指称一个处在律法之下的人；他只是收回了他早期的部分观点，亦即可以将这章经文看作指称在那时已经属灵了的使徒本人。

况且，在一些概念理解上，包括奥古斯丁在内的古代神学家与今人的理解也不尽相同。譬如，对于使徒所说的"我所不愿意的恶，我倒去作"中的"恶"，奥古斯丁及其他古代神学家基本上理解为"贪心"或"私欲"，而阿米尼乌时代的极端预定论神学家基本上将其理解为"实际恶行"。[1] 不管怎样，不论奥古斯丁本人还是早期教会，在这个问题上都表现出一种谦逊与宽容的态度。这与阿米尼乌那个时代极端加尔文主义者所采纳的绝对且不宽容的态度是不可同日而语的。阿米尼乌在总结奥古斯丁在这个问题上的立场时，亦突出强调了这一点："他的判断是这样的，如果这章经文被理解为指称实际的罪，那么它就不能被解释为关乎一个重生了的人；而如果它被解释为关乎一个重生了的人，那么它就必定要被理解为仅仅关乎淫欲或贪欲的内在动机（the inward motions of concupiscence or lust）。因此，奥古斯丁在早期的观点与我完全一致，在后期的观点也与我相去不远。"[2]

奥古斯丁之所以将"罗马书"第七章解释为关涉的是"贪欲或私欲"而不是"实际的罪"，是因为他意识到倘不如此，就可能有损于上帝的恩典与人的道德。这一论点得到阿米尼乌的进一步发挥。在阿米尼乌看来，那种认为这章经文论及的是一个重生的和处在恩典下的人的所谓当代观点，对上，有害于神圣的恩典；对下，有害于人的德行。说它不利于恩典，是因为它归给恩典的特性，要远远低于《圣经》归给恩典的特性。按照《圣经》对神圣恩典的描述，"在重生者中，它不仅使其'立志'，而且还使其'行事'（'腓立比书'2：13）；凭借它的权能，旧人被钉十字架，罪的肉体被毁灭或衰竭，人们由此不

1　Cf. *The Works of James Arminius*, Vol. 2, p. 643.

2　*The Works of James Arminius*, Vol. 2, p. 618.

再因贪欲而听命于罪的肉体；通过恩典，重生者实际上对于罪已死亡，但被重新赋予生命并按照生命的新式样而行事，由此，他们所服侍的不是罪而是上帝，他们也不再屈从于肢体而做罪之不义的工具，相反，他们成了面向上帝之公义的工具（'罗马书'6：2 - 13）；通过圣灵的功效，他们克制了肉体的行径（'罗马书'8：13）；恩典为重生者不仅提供了力量来抵制尘世、撒旦和肉欲，同样，还提供了权能来对它们取得胜利（'以弗所书'6：11 - 18；'雅各书'4：4 - 8；'约翰一书'4：4；5：4)"。[1] 然而，按照极端加尔文主义者对这章经文的解释，恩典所具有的功效，似乎只是赋予重生者"去做的意愿"而不是"去做的行动"。在圣灵居于其中的"内心之律"与"肢体之律"的"竞争"或者"交战"中，将胜利归给"肢体之律"。这就降低或减弱了恩典的效果，使得它不足以"钉死"旧人，摧毁罪的肉体，征服贪欲、尘世和撒旦。所以，这就贬低和损害了基督的恩典与圣灵。

说它不利于人的德行，是因为没有什么比这对人的道德更为有害了，亦即认定"我所愿意的善，我反不作；我所不愿意的恶，我倒去作"，属于重生者而不是未重生者的一种特性。这样一来，就可能使人错误地设想，未重生者在不行善反行恶的作为中，是心甘情愿的和没有任何抵制心态的；而重生者在不行善反行恶的作为中，则经历了良心的不安和抵触心态。而上述后一种情形，则为一些自认的"重生者"所做的不行善反行恶的行为，不仅找到洋洋自得的理由，而且还为他们继续从事那些恶行预备下借口。阿米尼乌在多年教牧实践中，曾经亲身见识过这样的事例：当他警告某些人在明知故犯一些恶行时，那些人往往会自己狡辩道，他们就像使徒保罗所经历的一样："我所愿意的，我并不作；我所憎恶的，我倒去作"；"我所愿意的善，我反不作；我所不愿意的恶，我倒去作"。为此，阿米尼乌深有感触地说道，"我知道有一些人，他们有男有女、有老有少，当我按照我在本文捍卫的观点为他们解释了使徒'罗马书'第七章以后，他们公开对我承认：'他们先前曾怀有这样一种观点，亦即如果他们是不情愿地犯下恶行，或者是心有不甘地未能行善，他们就没有必要太过在意或深怀歉疚，因为他们认为自己在这一点上是与圣保罗相仿的'。这些人向我表

1　*The Works of James Arminius*, Vol. 2, p. 657.

达了衷心感谢，因为他们认为，通过我的解释，使他们摆脱了虚妄观点"。[1]

第六节　在"被怜悯者"与"被刚硬者"背后

阿米尼乌就"罗马书"所做的系列布道，看来进展并不是很迅速。有时他会反复就同一段经文进行讲解，有时他还会根据实际需要讲解"罗马书"以外的圣经经文。在距离第一次公开争论大约一年以后，阿米尼乌的布道进行到同样十分敏感的"罗马书"第九章。阿米尼乌当然清楚这章经文对极端预定论的重要意义，所以他小心翼翼地不去触及那些极端加尔文主义者的观点，而只是按照自己的理解进行讲解。尽管如此，在教会里还是出现议论和流言：他对保罗这段著名经文提出了与众不同的解释；他没有提供其他改革宗神学家从这段经文中得出的看法；他的观点深受路德宗和门诺会信徒的拥戴；等等。不满和抱怨再次反映到阿姆斯特丹教会议会层面。1593 年 3 月 25 日，在每周一次的教会议会例会上，当时的轮值协调人和主持人约翰尼斯·哈利乌斯代表教会议会，郑重向阿米尼乌表达了部分信众对他关于"罗马书"第九章所作解释的不满，以及有关教会牧师彼此之间意见不一致的议论。阿米尼乌回答说他也听到一些风言风语，以及种种对他的中伤之词，但他坚称自己没有教导过任何有违改革宗"信纲"和"教理问答"的东西；并希望那些诽谤者能够公开指出自己的过错，以便自己能够倾听他们的理由并作出回应；至于牧师之间出现分歧，责任不能单纯归于一方。此外，教会议会还与阿米尼乌就长老职责与教会纪律等问题进行了争论。

事态还在进一步发展着。4 月 22 日举行的教会议会，在阿米尼乌不在场情况下，通过了一项决议，旨在迫使阿米尼乌能够清楚明白地就信仰的诸信纲信条表明自己的立场与看法。阿米尼乌事后得知这项决议时，没有立即发表自己的看法，而是默默沉思和反省着自己的各种观点。在 5 月 20 日召集的教会议会上，一些人再次提起这些事情。阿米尼乌决定不再沉默退缩。他在会场上站起来，动情地大声要求那些人站出来，指出他布道中到底有什么地方值得受到批

1　*The Works of James Arminius*，Vol. 2，p. 660.

评和谴责。但没有人站出来。在一周以后的教会议会上，阿米尼乌再次发出他的挑战，要求那些背后批评他的人站出来公开指出他的神学究竟有什么过错。在阿米尼乌一再坚持下，约翰尼斯·库克里奴斯只得尴尬地说道："普兰修斯在哪儿？"当大家把目光转向普兰修斯时，库克里奴斯提醒他，既然他曾在阿米尼乌不在场的时候就阿米尼乌教义表示过怀疑，那么他现在就应该当着阿米尼乌的面说出他的看法。在这种出乎意料的激将氛围下，普兰修斯似乎并不愿意充当这种令人反感的角色。不过，他承认，他注意到阿米尼乌的布道与改革宗教会所持立场不尽一致。他将这些指控归结为三点："第一，阿米尼乌在解释'罗马书'第九章时，曾教导说，'除了因为罪，没人受到谴责'；因此所有婴儿都被排除在谴责之外。第二，他还说道，'推重好事工（good works）几乎是不可能过分的；只要我们不归之于任何［获救的］功德（merit），无论怎样举荐它们都不为过'。第三，他曾公开宣称，'天使不是不朽的（immortal）'。"[1]

对于普兰修斯这三项指控，阿米尼乌当场逐一作出回应。对于第一项指控，阿米尼乌只是指出普兰修斯忽略了"原罪"。"罪"包括"原罪"，是基督教一则常识；阿米尼乌暗指普兰修斯犯了常识错误，必定令普兰修斯深感窘迫和不悦。其实，在普兰修斯第一项指控里还包含另一层含义：既然婴儿因"无罪"被排除在"谴责"之外，那么就说明伯撒所谓的那种"预定说"并不成立。由于这并非是必须要回答的问题，所以阿米尼乌小心翼翼地避开了。对于第二项指控，阿米尼乌认为自己的观点正确无误。于是，普兰修斯追问，"称义因此被归于好事工了吗？只要不将功德归于它们"。阿米尼乌回答，"称义未被归于事工而是归于信仰"，并引用了"罗马书"第四章第4、5节为证。对于第三项指控，阿米尼乌首先指出，他从未在公开场合说过这样的话，只有一次是在私下里，并且还是在普兰修斯家里，他曾提出过这样的论断，因为他认为"不朽性"（immortality）只属于上帝；天使的"不朽"不是出于他们自身的本质，而是出于上帝外在的维系。总的说来，就这场辩论而言，也许是缺乏准备，也许是缺乏对阿米尼乌思想的准确了解，普兰修斯提出的这三项指控显得有些不着边际，未能切中关键或要害。相比之下，阿米尼乌的回应就显得有理有节、柔

---

1   *The Works of James Arminius*, Vol. 1, p. 117, "note".

中带刚，最终占据上风。不仅如此，阿米尼乌还进一步向整个教会议会表明，他不但从未蓄意教导任何违背《比利时信纲》和《海德堡教理问答》的内容，而且他还可以接受那些"信纲"和"教理问答"对信仰的界定和表述，唯一有所保留的是对《比利时信纲》第十六款所作的不同理解。至此，教会议会基本上认可了阿米尼乌所作的辩解与剖白，决定将围绕阿米尼乌的争论暂告一段落。至于其间的分歧看法，亦可以保留到全国性教会会议召开时再加以处理。阿米尼乌此后在阿姆斯特丹的事奉和生活，进入了相对平静与安定时期。

后来收录在《阿米尼乌文集》里的《对"罗马书"第九章的分析》这篇文章，其实是阿米尼乌写给格利乌斯·斯内卡纽斯（Gellius Snecanus）的一封信函。格利乌斯·斯内卡纽斯是弗里斯兰（Friesland）省一位学识渊博的牧师，在 16 世纪 80—90 年代弗里斯兰宗教生活中表现得十分活跃。在 1590 年，斯内卡纽斯曾公开出版了一部著作。在书里，他按照梅兰希顿的观点解释了预定学说，认为"有条件的预定"不仅吻合于上帝之道，而且也不能被指责为一种"创新或发明"。在该书"序言"里，他还希望，"一切正统信仰的神学教授，能够公开地和毫不犹豫地评判加尔文或其他伟人，并敦促学生与学者们切勿赋予任何人著述以超出信仰原则所允许的权威"。[1] 伯撒在阅读到这部著作后，心中当然十分不快。为此，伯撒曾致函包括尤腾鲍加特和让·塔芬在内的一些荷兰圣职人员，希望能够审查和压制斯内卡纽斯的神学观点与声音。但是荷兰教会由于种种原因并没有按照伯撒的建议行事。1596 年，斯内卡纽斯又出版了一部题名为《"'罗马书'第九章"导论》的著作。阿米尼乌看到这部著作后，甚感欣慰，因为他发现斯内卡纽斯在书中表达的观点，与自己的看法十分接近。于是，阿米尼乌给斯内卡纽斯撰写了这封信函，在表达对斯内卡纽斯观点欣赏与赞同的同时，还一并附上自己对于"罗马书"第九章的解释。阿米尼乌的《圣经》解释，基本上沿用了他不久前面对阿姆斯特丹教堂会众所作的解读，不过在形式上可能有所变化。阿米尼乌这篇文献首次公开面世，是 1612 年，作为他在后来撰写的更大篇幅神学论著亦即《对珀金斯博士所著小册子的审慎考察》一文的附录加以出版的。

1　*The Works of James Arminius*，Vol. 1，p. 127，"note"．

　　阿米尼乌首先承认，"罗马书"第九章这段《圣经》经文，"似乎像是包裹在最浓重的荫翳之中，属于最难解释的经文段落"。[1] 为此，阿米尼乌认为首先要明确所探讨的范围，并认为这一章经文所论述的范围，与这整篇使徒书信所论述的范围是同一的。不过使徒保罗以"一种特殊方式"阐明了这样一个命题，亦即"是福音，而不是律法，才是上帝救赎的权能；上帝所要的不是事工，而是信仰。因为上帝的公义（righteousness）在福音里已经彰明，正是凭借上帝的公义，通过对基督的信仰，才能获得救赎（salvation）"。[2] 使徒在这里所坚持的信条是，正义与救赎只有通过对基督的信仰而不是通过律法的事工才能获得。阿米尼乌认为，使徒在"罗马书"第九章前一部分经文中，针对一些可能的质疑作出了回答。主张极端预定论的伯撒等人误解了这一章经文的意思，因为他们在其中想要寻找一个使徒并未涉及问题的答案。他们为本章强加的问题是，"如果大多数犹太人都被上帝所拒斥，那么上帝的话语是否就不会落空？"而正确的提问应该是，"如果那些不是通过信仰而是通过律法寻求公义的犹太人被上帝所拒斥，那么上帝的话语是否就不会落空？"

　　由此，阿米尼乌将包括犹太人在内的一切人都区分为两类不同的人。一类是所谓"肉体的子民"，另一类则是所谓"应许的子民"。那些不隶属于圣约之内的人被称为"肉体的子民"，他们试图通过律法事工来寻求公义与救赎；而那些隶属于圣约之下的人则被称为"应许的子民"，他们则是通过对基督的信仰来寻求公义与救赎。阿米尼乌为此还引证了"罗马书"第四章第9、10节，以及"加拉太书"第三、四章来佐证自己的解释与看法。所以按照这种二重分类法，阿米尼乌认为，使徒保罗在这几节经文中所提到的人物，并不仅仅局限于这些具体的个体，而是代表了两类不同的人。这里的经文所表示的内容，并不是字面直解性的，而是一种比喻或比方。这两类人，一类出自亚伯拉罕的后裔，另一类出自以撒的后裔。而以实玛利与以撒或者以扫与雅各，并不只是指他们自己，而应被看作两类不同的人。也就是说，一类是"肉体的子民"，是"以实玛利的后裔"；另一类是"应许的子民"，是"以撒的后裔"。这两种类型

1　*The Works of James Arminius*, Vol. 3, p. 485.

2　*The Works of James Arminius*, Vol. 3, p. 486.

（types & antitypes）之间的关系是相互对立与相互排斥的关系。阿米尼乌认为，这两种不同类型人的划分，构成保罗在后文论证的理论预设。

接着，阿米尼乌对一些经常被用作预定论证据的经文段落作出自己的释义。阿米尼乌认为，在这段经文中，最关键的一段是第 11 节，"神拣选人的旨意，不在乎人的行为，乃在乎召人的主"。也就是说，上帝的拣选依赖于神对人的呼召，而不依赖于人的事工。而"肉体的子民"试图通过事工寻求公义与救赎，因而不在上帝的拣选范围之内；而"应许的子民"，顺从于上帝的呼召通过对基督的信仰而寻求救赎，因而也就属于上帝的拣选范围之内。所以，第 13 节经文说道，"雅各是我所爱的，以扫是我所恶的"。对此，阿米尼乌解释道，"以扫与雅各这两种类型预示着，首先，上帝的旨意是按照拣选行事的；其次，上帝的旨意有赖于上帝对人的呼召，而非人的事工。的确，就第一种情形而言，因为一种是上帝所爱的并置于另一种之上；而这就是上帝的旨意，是按照拣选行事的一种迹象。就后一种情形而言，因为年长的以扫是上帝所恶的并成为附属者，而年幼的雅各是上帝所爱的并高于年长的；而这就是上帝的旨意不依赖于事工而依赖于上帝呼召的一种迹象，亦即上帝爱那种通过对基督的信仰而寻求公义与救赎的人，但憎恶那种通过律法事工而寻求公义与救赎的人"。[1]

可见，在被接纳和被拒斥的这两类人之间，涉及某种特性或特质的差异。在这个问题上，阿米尼乌无法认同伯撒等极端预定论者的看法，亦即使徒保罗在这里所论及的是神圣命令（decree）或旨意（purpose），凭借这种神圣命令或旨意，在只是考虑他们自己本性——不论纯洁的还是堕落的——的情形下，一种人就被拣选了（elected），而另一种人就被弃绝了（reprobated）。相反，在阿米尼乌看来，使徒保罗在这里所论及的是这样一种"旨意"，这种旨意已经包括了对被拣选者的那种描述；在这样一种救赎旨意中，就包含着一些人借以获救和另一些人借以受谴的那些特性或特质。倘若坚持伯撒等极端预定论者的立场，那么就势必要上升得更高、走得更远，进而探询为什么这个人是"肉体的子民"，而另一个人是"应许的子民"；为什么这个人信仰基督，而另一个人没有信仰基督而是通过律法事工来寻求救赎。阿米尼乌认为，这一段经文其实并

1　*The Works of James Arminius*, Vol. 3, p.495.

没有涉及这个问题。譬如说，这段经文只是描述了以实玛利和以扫属于"肉体的子民"，但这段经文并没有表明他们具有这样的类属是出于任何神圣的旨意。因为按照这种"旨意"，就"肉体的子民"与"应许的子民"而言，某种事情已经被决定了。但根据伯撒等人的理解，按照这种"旨意"，所决定的就是"这些人"将成为"肉体的子民"，而"那些人"将成为"应许的子民"。上述这两种理解并不是同一回事，因为在前一种理解中的"主位或主辞"（subject），在后一种理解中被改变成"宾位或宾辞"（attribute）。类似地，在为什么一些人信仰而另一些人不信仰的问题中，"主辞"与"宾辞"也经历了同样的转变。所以，阿米尼乌的结论是，使徒在这里实际上并未论及伯撒等预定论者所关注的那个问题。

所以，从这段经文能够推论出的是，只有那些顺从上帝呼召并信仰基督的人，才能在上帝眼里看称为义并获得救赎，而一个人是信仰者或信仰基督，所以，这个人也就获得救赎或就是上帝的拣选者。阿米尼乌明白无误地表明了自己的立场："如果有人追问，为什么上帝使得以实玛利和以扫归属于'肉体的子民'这一类型，而使得以撒和雅各成为'应许的子民'这一类型。我的回答是，它是适合的，适合于类型与反类型之间的意指与协同。就前一种类型而言，那出生于女奴并凭借肉欲权能的人将成为肉体子民的类型，出生于自由妇女和凭借应许之力的人，当肉体已然衰竭式微的时候，就应当成为应许子民的类型。就后一种类型而言，那先出生的就应当代表肉体的子民，而后出生的则代表应许的子民。"[1] 更有甚者，"如果有人进一步追问，为什么上帝想要以实玛利出生于女奴并凭借肉欲的权能，并且让以扫成为年长者；而以撒出生于自由妇女并凭借应许之力，并且让雅各成为年幼者。我的回答是，如果让以撒和雅各来代替以实玛利和以扫的位置，那么也会有人追问相同的问题。但上帝的完全自由就在于此"。[2]

那么，"难道神有什么不公平吗?"[3] 对于这样的疑惑，阿米尼乌认为，假如使徒保罗在此考虑的只是那些具体的人本身，而不是作为具有某种特性的类

1　*The Works of James Arminius*，Vol. 3，pp. 497–498.

2　*The Works of James Arminius*，Vol. 3，p. 498.

3　《圣经·新约·罗马书》9：14。

属对象的话，亦即上帝在没有涉及事工的情形下，就憎恶以实玛利和以扫，并将他们排除在自己的子民之外；在没有涉及信仰的情形下，就喜爱以撒和雅各，并把他们视作自己的子民，那么，上述那种疑惑就不是没有理由的。然而，阿米尼乌认为，使徒在此所说的是类属性的对象。换言之，"上帝，在依据拣选而行的盟约与旨意的'道'里，只是接纳了那些将成为应许子民的人，他们将信仰基督；而那些被拒斥的人将成为肉体子民，他们将寻求律法的公义。进而言之，那些不信仰基督而企求律法公义的犹太人，就被拒斥了；而那些通过信仰基督来寻求公义与救赎的外邦人，就被接纳到盟约之中"。[1] 也正是基于这样的考虑，使徒保罗才断然拒绝了上述那种疑惑。事实上，以上帝对于罪人之神圣怜悯的自由，以及以上帝神圣权能与荣耀的公正展现，"神要怜悯谁，就怜悯谁；要叫谁刚硬，就叫谁刚硬"。[2]

这样一来，使徒又要面临"犹太人"提出的这样一种疑惑，"你必对我说：'他为什么还指责人呢？有谁抗拒他的旨意呢？'"[3] 而这种疑惑对于坚持上帝就是拯救一些人而谴责另一些人这样一种"绝对命令"观的人，还真就构成了一种诘问。对此，有人试图通过将上帝意愿区分为"隐匿的意愿"与"启明的意愿"这一方式，来回应这一诘难。但阿米尼乌指出，这一段《圣经》经文并没有涉及所谓"隐匿的意愿"这一问题；相反，经文已经明白无误地表明，那些继续沉湎于罪恶之中并背离要求他们悔改的上帝之忍耐的罪人，就是上帝将要"刚硬"的人。而且，阿米尼乌还指出，在上述疑惑中，所谓"上帝的意愿"被附加上"上帝的全能性"（omnipotence）。然而，这种"全能性"并不是在任何情形下都伴随着"上帝的意愿"。譬如，上帝想要他的律法被一切人都恪守，但这一点并没有实现。就这段经文讨论的情形来说，那种"全能的"意愿将会取消上帝公正的指责或愤怒。如果人是被上帝无法抗拒的力量或者某种必然性驱使着犯了罪，那么这个人就不应该成为公义上帝愤怒的对象；更有甚者，这种观点的逻辑推论必然会推导出上帝就是罪的作者这样一种亵神结论。但如果是人以"自由意志"作出了那值得被"刚硬"的事情，那么他就犯下了罪，并

1　*The Works of James Arminius*, Vol. 3, pp. 498 – 499.

2　《圣经·新约·罗马书》9：18。

3　《圣经·新约·罗马书》9：19。

值得受到上帝愤怒的对待，即便他被那无法抗拒的意志所"刚硬"。

接着，使徒保罗在这段经文中又提出了著名的"窑匠与器皿"比喻。[1] 对于这个经常被预定论者引证的比喻，阿米尼乌提出自己的解说。在阿米尼乌看来，这个类比旨在表明，就像窑匠可以那样对待自己的作品一样，上帝也同样可以那样对待自己的造物。在前一种情形里，如果窑匠拥有权能"从一团泥里拿一块作成贵重的器皿，又拿一块作成卑贱的器皿"，那么，被做成的器皿就不能够对那制作了它的窑匠说，"你为什么这样造我呢?"而在后一种情形里，如果窑匠对一团泥拥有那样的权能，那么上帝对人或将要创造为人的东西也拥有同样的权能。正因为如此，人也就不能够对上帝追问"你为什么这样造我呢"。使徒保罗也正因为如此才斥责这种不应有的追问。由这个类比可知，上帝拥有这样的"权能"，他可以从人类群体中创造出"贵重的器皿"或者"卑贱的器皿"；而对一个人可以施之于怜悯或者以不可抗拒的意愿使其"刚硬"起来。

在具体经文解释上，阿米尼乌指出，使徒在这段经文里使用的"权能"（power）一词，所指涉的并不是"能力"（ability），而是"权利与权威"（right and authority）。也就是说，这种"权能"并不涉及上帝"能够"（can）做任何事情的那种"绝对能力"，而是涉及上帝"可以"（may）做任何事情的那种"权利"。至于在这个类比中提到的"一团泥"（mass or lump）的意思，奥古斯丁曾将其理解为"遭毁灭的东西"；伯撒则将其理解成"尚未创造出来的——更非已经堕落了的——人类"。在这一点上，阿米尼乌比较倾向于伯撒的理解，将其解释为"尚未成型的物质"。不过，阿米尼乌对使用这个词语的上下文的解释却不同于伯撒。阿米尼乌认为，"当说到上帝创造了一件愤怒或者怜悯的器皿之时，当说到上帝刚硬或者怜悯了一个人之时，就必然涉及以下三个关键点：其中，有两点是明确的，有一点是含蓄的，而这含蓄的一点作为一种媒介居间调解着前两点。第一，人必然被创造为，事实上也必然要成为，一个'器皿'。第二，在人成为一个愤怒或者怜悯的'器皿'之前，他必然是一个罪的'器皿'，亦即是一个罪人。所以，第三，人必然要成为一个愤怒或者怜悯

1　Cf. *The Works of James Arminius*, Vol. 3, p. 540.

的'器皿'"。[1]

按照阿米尼乌的观点，第一，上帝使人存在的做工并不仅仅是使人得以存在，而是使人为了某一目的而存在，这种目的性就体现在"器皿"（vessel）这一"工具"的名称之下。某种"工具"当然是具有某种目的的。在基督教看来，人存在的目的就是要荣耀上帝。所以，上帝造人是为了他自己的荣耀。上帝的荣耀当然体现在诸如简明性、无限性、永恒性和不变性等这些更为内在的第一级别的神圣属性之中，同时亦更为明显地表现在诸如良善、正义、智慧和权能等这些第二级别的神圣属性之中。而人之被创造就是要成为那良善、公义、智慧和权能的"器皿"。也正是以这种方式，人成了那被彰明之荣耀的"器皿"。事实上，人成为一种"进一步"彰明上帝荣耀的"器皿"。上帝创造人，不在于人只是成为他所被造的东西，而是在于人有可能趋向更大程度的完善。换言之，上帝不仅赋予人以自然性恩赐，而且也赋予人以超自然性恩赐。在这种意义上，人也就成为彰明上帝公正的良善与愤怒的"器皿"：如果人公义地生活，上帝就会表明自己的良善并祝福于人；如果人违背了上帝的诫命，上帝就会表明自己的愤怒并惩罚于人。第二，虽然说上帝创造了人并使人成为彰明上帝那公正的良善与愤怒的"器皿"，但人却以其所赋予的自由或自由意志违背了上帝的诫命，因而也就使得人自己成为一个"坏的"而不是"好的""器皿"，亦即一个罪人。第三，神圣的智慧与正义的要求，使得耶稣基督成为居间调解的中介者，人因而有可能借以以最高级和最卓越方式，成为彰明那种良善与公义的"器皿"。当然，要达到这一点也需要实现某种条件：那些达到这种条件的人就成为怜悯的"器皿"；那些没有达到这种条件的人就成为愤怒的"器皿"。总之，"上帝使人成为一个'器皿'；而人使自己成为一个'坏器皿'或罪人；上帝，按照使自己感到满意的条件，决定使人成为一个愤怒或者怜悯的'器皿'；当那种条件得以实现或者被有意忽略时，上帝实际上就是这么做的"。[2]

可见，上帝有权能从无形的物质中创造出人，有权能按照自己的评判与意

1　*The Works of James Arminius*，Vol. 3，pp. 510－511.

2　*The Works of James Arminius*，Vol. 3，p. 513.

愿，在某些条件许可下，为人颁布一种旨意或命令，并借以使某些人成为"贵重的器皿"，使另一些人成为"卑贱的器皿"。那么，这样的看法是否会导致极端预定论所面临着的难题呢？既然上帝"要叫谁刚硬，就叫谁刚硬"，所以上帝就不能正当地恼怒于那些被刚硬的人，因为上帝的旨意是不可抗拒的。显而易见，这个诘难牵涉到四个因素：神圣的愤怒、那些被刚硬的人、不可抗拒的旨意以及应当或不应当；并在上帝不可抗拒旨意与被刚硬者之间建立起一种因果关系。阿米尼乌从以下三个方面回答了这个荒唐的诘难：首先，根据使徒保罗的观点，那种所谓的"情感"（affection）亦即"神圣的愤怒"，不是存在于上帝愤怒与被刚硬者之间的，而是普遍性的。"因为被刚硬的人不是神圣愤怒的对象或目标，'刚硬'（the hardening）亦非'愤怒'（the wrath）的原因；相反，'神圣的愤怒'却是'刚硬'的原因；上帝在'刚硬'行为中所涉及的是那些上帝已经对其愤怒的人，亦即那些因其行为已经成为愤怒器皿的人。"[1] 由此可见，上述所谓诘难，不仅犯了原因非原因、主体非主体的谬误，而且还进一步颠倒了原因与结果的关系，颠倒了主体与附属体的关系。依据阿米尼乌对这段经文的理解，上帝所"刚硬"的那些人已经值得被"刚硬"了，上帝可以随意以自己喜欢的模式，将其加诸那些已经值得这种"刚硬"者的身上。那种所谓的诘难错误地以为"刚硬"本身就是上帝愤怒的原因，其实在那些人被"刚硬"之前，他们就已经成为愤怒的器皿。上帝没有"刚硬"任何人，除非那些人因为自己的过错，已经成为最为公正的神圣愤怒的器皿。也就是说，"愤怒"才是"刚硬"的原因，而"刚硬"则是"愤怒"的结果与标记。[2] 所以说，追问上帝是否能够愤怒于被刚硬者是荒唐愚蠢的；而应当追问的是，上帝是否能够刚硬那些上帝已经对其愤怒的人。

其次，上帝使人"刚硬"的模式是忍耐宽容，而不是通过那不可抗拒旨意的无所不能的行为。使徒在本章第22节经文说得十分明白："倘若神要显明他的愤怒，彰显他的权能，就多多忍耐宽容那可怒、预备遭毁灭的器皿。"可见，上帝使用一种全能旨意来达致"刚硬"是一回事，而上帝使用"刚硬""可怒

1　*The Works of James Arminius*, Vol. 3, p. 516.

2　Cf. *The Works of James Arminius*, Vol. 3, pp. 576 – 577.

器皿"的那种旨意来加以决定则是另一回事。事实上，上帝能够利用他不可抗拒的旨意，通过"多多忍耐宽容"，而就"刚硬"那"可怒的器皿"发布一种"命令"。既然是人自己该当"刚硬"，那么上帝可以利用任何在他自己看来适宜的方式来决定施加他的惩罚。

最后，还涉及神圣行为就其目的而言的公平或公正性问题。上帝当然可以在某些时候展示他的愤怒与权能，但这种愤怒与权能所针对的对象，倘若不是"那可怒、预备遭毁灭的器皿"又会是谁呢？上帝"多多忍耐宽容"的对象，倘若不是"那可怒、预备遭毁灭的器皿"又会是谁呢？换言之，只有在那些人已经成为愤怒的器皿之时，上帝才会对他们展示他的愤怒与权能；也只有针对这一类人，上帝才会公正地宣告他的愤怒与权能；不过，即便针对这类因其自己过错而"预备遭毁灭的"人，上帝也没有立即将毁灭加诸其身，而是"多多忍耐宽容"，并邀请和等待他们的悔改。当然，对于那些怀有冷酷刚硬之心和毫不悔改之人，对于最终蔑视和拒绝上帝忍耐宽容的人，至善至仁至公的上帝对其展示自己的愤怒与权能，也就不足为怪了。

总之，阿米尼乌通过对另一种"刚硬"模式的理解，有效解决了"罗马书"第九章理解中的一些难点，从而也就回避了一些人对这一章相关内容所作的预定论解释。在本文结尾处，阿米尼乌以饱蘸情感的韵文写道，"如果有人能向我表明，我与保罗互不相同。那么我将乐意放弃我的理解，而使他的理解得以存留。更有甚者，倘若有人能够表明，我已对信仰作了致命一击，那么我将最悲切地承受我的过失，并审判我的错误以作赎罪"。[1]

第七节　静态的神学反思与动态的处境变迁

当普兰修斯在教会事奉之外专注和热衷于远洋探险与贸易时，阿米尼乌无疑将业余闲暇时间花费在神学思考上。阿米尼乌在阿姆斯特丹 15 年教牧事奉中，从未公开出版过什么，但他撰写了很多作品。这些大都在阿米尼乌逝世以后才得以公开出版的著述，占据了现存《阿米尼乌文集》近一半的分量。阿米

1　*The Works of James Arminius*, Vol. 3, p. 519.

尼乌还写下大量布道讲稿，可惜均未流传下来。他的布道与他的著述之间存在着密切的互动关联：他对神学教义的探究，刺激和丰富了他的布道内容；而他的许多布道，经过逻辑化和系统化后又变成了他的神学著述。在这个意义上，阿米尼乌绝非书斋式神学家；他的神学思想是建立在他长期教牧实践基础上的。可以说，阿米尼乌的主要神学见解与思想形成于阿姆斯特丹时期；阿米尼乌的主要神学著述亦写作于阿姆斯特丹时期。他以后在莱顿执教时期的观点与著述，在某种意义上就是对他在阿姆斯特丹时期观点与著述的重新归纳与表述。阿姆斯特丹时期成为阿米尼乌神学建构与创作的高峰期。

这期间，詹姆斯·阿米尼乌与弗朗西斯·朱尼厄斯（Francis Junius，1545—1602 年），通过书信形式并承诺不对外人公开，就预定论问题进行的这一系列磋商，是一场发生在一位阿姆斯特丹名不见经传的牧师与一位莱顿大学声名赫赫的神学教授之间的深入学术磋商。弗朗西斯·朱尼厄斯于 1545 年出生于法国的布尔日（Bourges），受教于法国各地，并曾在日内瓦师从过加尔文。朱尼厄斯早年在安特卫普等地曾冒着生命危险，秘密传播新教信仰，后在担任奥伦治亲王随军牧师期间曾多次出生入死，历尽艰难困苦，1584 年在海德堡成为神学教授和博士。1592 年受邀出任莱顿大学神学教授。朱尼厄斯在当时“低地国家”中是一位非常博学和虔敬的杰出人物；在众多来自南部地区的极端加尔文主义者中，朱尼厄斯算得上是一种比较温和与平静的声音。阿米尼乌与朱尼厄斯相识并交往的经历，始自一次家庭聚会。阿姆斯特丹的资深牧师、阿米尼乌原来的教会同事约翰尼斯·库克里奴斯，后来转到莱顿大学担任学监（Regent），并于 1596 年年底，在莱顿与阿米尼乌孀居的姑姑吉尔婕·雅各布斯多特（Geertje Jacobsdr）结婚。在婚礼期间，阿米尼乌结识了莱顿神学家朱尼厄斯，并就“人类初祖堕落的原因：模态、偶然性与必然性”进行了深入交谈。当阿米尼乌得知后者拟对伯撒预定论进行一些修正时，甚为高兴。于是，他们同意随后就这一问题展开秘密通信探讨。这就是后来收集在《阿米尼乌文集》里的《与弗朗西斯·朱尼厄斯博士进行的友好磋商》。

纵观发生在这两人之间的这场学术探讨，可以发现这两人在许多方面存在一些饶有意味的特征。在相互磋商的气氛与心态上，双方始终保持一种友好平和的态度。阿米尼乌更多地呈现出请教与谦虚的态度，朱尼厄斯则更多地表现出大度与宽容的姿态。在行文与表述风格上，可以说两人都带有明显荷兰韵味，只是这种韵味在土生土长的阿米尼乌身上，比在出生并受教于法国的朱尼厄斯身上更为明显。朱尼厄斯的措辞比阿米尼乌更为典雅，但同时也更为含混模糊，而阿米尼乌则笃定要清晰地表达自己，甚至不惮有单调和重复之嫌。在就该问题磋商进程上，有着明晰判断、坚定目标和满腔热忱的阿米尼乌步步为营、稳扎稳打，直至最后将自己的立场与见解和盘托出，使其大白于天下；而朱尼厄斯似乎由于对这个论题不是那么热切，同时也可能由于对阿米尼乌最初真实意图和最终目标不是十分清楚，所以在有些问题上显得有些推诿、回避和支吾其词，在阐述自己立场时也有些散漫而不集中，以至于在辩论中朱尼厄斯常常想要游离于既有的话题，而阿米尼乌则不得不时时将辩论拉回到原有航道上。在磋商与辩论结局上，这场采用通信方式的系列辩论，也算得上是一波三折了。在他们开始通信前不久，朱尼厄斯曾就神佑论问题发表过演讲，这促使阿米尼乌决定与朱尼厄斯展开通信来深入探讨上帝预定的问题。在进行了一段时期磋商后，阿米尼乌鉴于朱尼厄斯的回答未能达到自己预期目标，而决定中止这场辩论。但随后阿米尼乌却发现这场私下磋商的部分内容，由于对方缘故而被泄露了出去。一位寄住在朱尼厄斯家里的学生，将这些通信抄写了一份并流传出去，故而阿米尼乌又针对朱尼厄斯的答辩提供了反驳性和延展性的答辩。对此，朱尼厄斯没有再作出任何回答。在此之后一直到他逝世前的 6 年间，朱尼厄斯始终没有对阿米尼乌的答辩作出过任何反应，甚至连只言片语也未曾提及。对于这种耐人寻味的结局，后人似乎有理由根据辩论的内容推测，朱尼厄斯之所以没有对阿米尼乌穷追不舍的诘难作出答辩，是因为他不能作出回答，否则他只能改变自己的观点或者固执己见。不管怎样，阿米尼乌似乎一直对朱尼厄斯保持着高度的尊敬；而朱尼厄斯在临终之前似乎也并不反对阿米尼乌成为莱顿的神学教授。

　　实际上，朱尼厄斯博士关于上帝预定的观点，与那些极端加尔文主义者譬如威廉·珀金斯和弗朗西斯·戈马鲁斯相比，已经从"堕落前预定论"转向"有限制的堕落前预定论"，已经采取某种修补和弱化措施。只不过从逻辑上讲，朱尼厄斯博士这种弱化了的预定论，比极端预定论更难以自圆其说，其内含的不足与缺憾，在阿米尼乌绵密逻辑的剖析下暴露殆尽。他们争论的一个关键问题就是，"拣选与非拣选的对象是否是隶属于纯自然状态下的人？"阿米尼乌给予否定的回答；而朱尼厄斯则肯定上帝在此所考虑的人是指一般情形下而言的，并没有将罪看作一个原因。

其实，阿米尼乌在与朱尼厄斯展开通信之前，已经就预定论问题形成自己较为系统和成熟的看法。在他看来，在预定论问题上，可以区分出三类不同观点。第一种观点认为，"上帝从永恒中决定通过其仁慈与正义来显明其荣耀；而因为这只有对罪人才能付诸实施，所以上帝在其自身之内决定创造出圣洁与无罪的人——亦即按照他自己的形象，但其良善却是可以改变的，以便人能够堕落和犯罪。而且，上帝还决定这人应当堕落和走向邪恶，以便以这种方式为其永恒旨意开辟道路；亦即他能够按照其永恒旨意，仁慈地拯救一些人，正义地谴责其他人；前者宣告了他的仁慈，后者则彰显了他的正义"。[1] 这种极端观点以加尔文和伯撒为代表。第二种观点认为，"上帝从永恒中决定，从那些处在纯自然状态的人当中，拣选一些人以获得超自然福祉，并为他们提供了获得那种福祉必要的、充足的和有效的超自然手段，以赞美其荣耀性的恩典；但上帝决定忽略其他的人，任其停留在自然状态中，而不赋予他们什么真正有效的超自然手段，以宣告其良善的自由；上帝还弃绝了他由此忽略掉的那些人，并且上帝预见了，那些人不会保持其原初状态，而将因其自身过错走向堕落——亦即上帝为他们预备了惩罚，以彰显其正义"。[2] 这种观点以中世纪的托马斯·阿奎那为代表。第三种观点认为，"上帝，从堕落了的、处在毁灭和腐败状态的人类当中，决定以其恩典解救一些人，以彰显其仁慈；但却任由其他人停留在那种状态中，抑或因其最终不悔改而谴责他们，从而彰显上帝对于其荣耀与仁慈之器皿的赏赐性恩典的自由，以及对于其非恩典与愤怒之器皿的正义"。[3] 这种观点以奥古斯丁为代表。

阿米尼乌指出，关于预定论这三种观点之间，只是在形式上存在着一定相似之处，譬如它们全都认为，"上帝通过一种永恒不变的命令决定，赋予某些人——忽略掉其余人——以永恒而超自然的生命，并为那些人提供了获得那种

---

1   *The Works of James Arminius*，Vol. 3，pp. 26 – 27.

2   *The Works of James Arminius*，Vol. 3，p. 37.

3   *The Works of James Arminius*，Vol. 3，p. 41.

生命所必需而有效的手段"。[1] 但它们在实质上则有着迥乎不同的意趣。首先，它们赋予了命令对象即人以不同的模态和类型：第一种观点里的人，是尚未被创造但将要被创造的人；第二种观点里的人，是已经被创造但处在"纯自然状态"下的人；第三种观点里的人，则是堕落了的人。其次，它们以不同种类或形式的神圣属性调节了神圣命令：在第一种观点里，引入了仁慈与正义来作为将要确立的目标；在第三种观点里则以仁慈与正义来作为已经确立了的目标；而在第二种观点里则将作为仁慈之类属的恩典置于预定之前，而将恩典的自由置于非拣选之前，或者将忽略之预备与正义置于惩罚之前。最后，它们在某些行为上亦不相同：第一种观点，将创世行为归之于那种命令；第二与第三观点则将创世置于那种命令之前；但第三种观点还将人的堕落亦置于那种命令之前。

总之，第一种观点基本上属于极端的堕落前预定论；第二种观点则属于有限制的堕落前预定论。阿米尼乌认为朱尼厄斯博士本人采取的基本上属于这第二种观点，并进一步阐明了这第二种观点在逻辑上还不如第一种观点周密和严谨。而第三种观点则是阿米尼乌基本上可以认可的预定论观点。然而，朱尼厄斯认为在上述三种预定论观点之间并不存在什么实质性差别。总之，阿米尼乌与朱尼厄斯这一系列磋商，大体上就是遵循这一框架展开的。其中关键的一点就是，阿米尼乌坚信，罪是上帝预定之对象的一个必需条件。"预定的恩典，抑或由预定所为人准备的恩典，是福音性的，而不是律法性的；它不是为一般的人而只是为罪人所预备的。"[2]

同样也是创作于阿姆斯特丹时期并被收录在《阿米尼乌文集》的重要作品，还有《对珀金斯博士所著小册子的审慎考察》一文。这部作品缘起于剑桥大学著名神学家威廉·珀金斯（William Perkins，1558—1602 年）所著一本名为《论预定的模式与秩序，兼论神圣恩典的充足性》的小册子；珀金斯之所以撰写这本小册子，是因为他想要对丹麦神学家尼古拉斯·赫明鸠斯（Nicholas Hemmingius，1513—1600 年）倡导的非预定论神学作出批判。阿米尼乌出于对

---

1 *The Works of James Arminius*，Vol. 3，p. 18.

2 *The Works of James Arminius*，Vol. 3，p. 165.

预定论问题的关注和对这位神学家盛名的仰慕，购买了这本新近出版的小册子，以期解决长期困扰自己的疑惑与疑难。不过在阅读两遍以后，他决定与这位极端加尔文主义者进行一次认真商榷与探讨。威廉·珀金斯在预定论问题上，采取了一种高调与僵硬的立场。[1]　阿米尼乌对于这样一种预定论在更正宗教会内的流行甚感忧虑，因为他认为这种神学教义与宗教传布是背道而驰的，是与《圣经》真实含义大相径庭的，是会在信徒中间引发盲目安全感或彻底绝望心态的。阿米尼乌在本文中对珀金斯所持预定论进行了坦率的质疑与批评，并希望能够将此文送交珀金斯本人。不过就在他完成此文正要与后者进行最后联系之际，威廉·珀金斯博士不幸逝世了，享年仅44岁（在这一点上，詹姆斯·阿米尼乌、弗朗西斯·朱尼厄斯与威廉·珀金斯这三位神学家有着相似的命运）。阿米尼乌这篇著述在他生前也就一直没有公开出版，只有一些亲朋挚友才有幸得以拜读。

在阿米尼乌看来，珀金斯没有对上帝预定作出适当的界定与解说。由此他按照珀金斯小册子论述的内容，条分缕析地进行了评估与批判。阿米尼乌观点的核心，是将上帝的预定与人的堕落及其在基督里的救赎紧密结合在一起；认为离开人的犯罪及其在基督里的救赎，来谈论上帝预定是与基督教信仰相抵牾的。可以说，将罪人而不是一般意义上的人或自然人看作上帝预定的对象，这构成阿米尼乌理解上帝预定的基调和出发点。由此必然推出，"创世与堕落要先于预定的一切外在行为，正如在神圣思维里，关于创造人的命令以及对于人之堕落的允许，在次序上要先于预定命令本身一样"。[2]　同理，如果说上帝的预定也包括人获救与遭弃绝的手段的话，那么这种手段就是对人之罪的宽恕以及在基督圣灵里的更新，因为"上帝不会将救赎赋予任何一个罪人——除非这罪人在基督里与上帝自己相和解，所以说预定只能是在基督里的预定"。[3]　而珀金斯极端预定论主张上帝预定先于创世与堕落的观点，则是站不住脚的。

就这样，身居阿姆斯特丹的默默无闻的阿米尼乌，密切关注着当时新教世

1　Cf. Nicholas Tyacke, *Anti-Calvinists: The Rise of English Arminianism c. 1590 – 1640*, New York: Oxford University Press, 1987, p. 29.

2　*The Works of James Arminius*, Vol. 3, p. 282.

3　*The Works of James Arminius*, Vol. 3, pp. 278 – 279.

界的神学动向，并静静进行着自己的神学思索与探究。阿米尼乌在著述中几乎从未提到他的个人和家庭生活，甚至在他与亲朋好友通信中，也几乎全是关于神学与教会事宜的内容。但这并不意味着他就是一个严肃刻板、了无生气的神学机器和教会工作狂。充其量，人们只能说关于他个人与家庭生活的信息，大都沉淀在历史与时间的沉默与寂静里了。但透过一些零零星星的资料，人们还是能够得知，阿米尼乌在与利吉斯贝结婚后，他们在头几年里很可能与利吉斯贝的家人生活在一起；这在当时也是一种比较普遍的现象。当阿米尼乌与利吉斯贝自己开始生儿育女并需要建立自己的小家庭时，他们在教会的安排下，从利吉斯贝父亲家里搬了出来。大约在 1593 年年中，他们搬迁到圣乌尔苏拉修道院（the St. Ursula cloister），与瓦隆语教会牧师让·塔芬为邻。此后，阿米尼乌全家一直居住在那里，直到他们于 1603 年离开阿姆斯特丹为止。在那个时代，一对夫妇生育十来个孩子是司空见惯的事情。在阿姆斯特丹期间，阿米尼乌与利吉斯贝生育了八个子女，其中有三个孩子不幸夭折，存活下来的有五个。他们搬到莱顿后又生育了四个孩子，全都存活下来。这就是阿米尼乌逝世后出版其著作时，采用"阿米尼乌的九个遗孤"作为署名的来由。

　　有资料表明，阿米尼乌并不是一个怯懦孱弱之人；相反，他是一个富有勇气、精力充沛和恪尽职守的人。在他就"罗马书"释义问题与同事发生的争论暂告结束以后，他在仍然深受市政长官爱戴的同时，与教会同事之间相处得也还算融洽。事实上，在阿米尼乌开始全面履行牧师职责和教会事奉以后，他与包括普兰修斯在内的牧师，在许多教会事宜方面都能保持密切的合作。阿米尼乌不仅在阿姆斯特丹教会内担负着重任，而且还开始相继在地方、地区和省教会议会上，担任从秘书、协调员到主席等相关职务。他平和的性格、渊博的学识、精准的判断以及干练的手腕，很快就使他闻名遐迩。所以，他还不时被邀请到其他城市和地区去帮助处理教会事务和争端。在那个大众宗教热忱高涨的年代，在那个几乎人人都是神学家的环境里，阿米尼乌还需要经常参与处理持不同意见甚或属于异端范畴的个人、团体和宗派。在所有这些事端中，阿米尼乌都能够做到，在坚持自己改革宗信仰立场的同时，以平和和宽容的态度和方式来对待与己有别的人物或派别。譬如，在 16 世纪 90 年代后期，阿米尼乌与瓦隆语教会牧师让·塔芬和莱顿神学教授弗朗西斯·朱尼厄斯等人一道，较好地处理了与寄居荷兰的英国宗教异议者亨利·安斯沃思（Henry Ainsworth，1570—1622/3 年）及其领导的布朗派（Brownist）团体之间的神学争论。

　　从 1599 年起，"北部荷兰教会议会"与"南部荷兰教会议会"共同为阿米尼乌指派了一项任务，要求阿米尼乌撰写一份全面批驳再洗礼派观点的小册子。阿米尼乌一开始接受了这项任务，但他很快就发觉这件事情的背后动机有些可疑。同时，他虽然认为基督教再洗礼派包含许多错误，但他并不愿意对再洗礼派信仰特别是其恩典与自由意志观点作出全面否定。于是，在阿米尼乌与荷兰教会议会之间就发生了一个有趣的现象。教会议会连续不断地施压要求阿米尼乌完成他答应完成的任务，而阿米尼乌又一再以种种理由和借口加以拖延或推托。[1] 这件事情一直僵持到 1606 年方才作罢。此外，值得一提的是，从 1601 年开始，腺鼠疫（the bubonic plague）肆虐阿姆斯特丹，夺去大约两万人的生命（在发病高峰期，一天甚至有上千人死于非命）。在最危险、最无助的困难时期，人们所能做的就是一齐聚集在教堂里，进行最热切的祈祷和最彻底的神学反思。即便在这样的危险时期，阿米尼乌也同样恪尽职责，竭力照料教堂内外最需要帮助的人们。总而言之，阿米尼乌在阿姆斯特丹的事奉是常规和繁重的，有时还显得有点机械与重复。

　　阿米尼乌在阿姆斯特丹事奉这些年，不仅他个人生活发生深刻变化，他处身于其间的大环境也同样正经历着具有深远影响的变迁。那个时代的荷兰尤其阿姆斯特丹，正处在由新教"改制"后向 17 世纪"黄金时代"快速转变的过渡时期。此时寡头政体的权力，已经被牢牢控制在日益壮大的商人手里；航海贸易逐步走向成熟；各种新技术不断涌现并被加以应用。南部包括安特卫普在内的大批城镇居民由于宗教原因，纷纷逃往北部地区，而阿姆斯特丹就是其最主要目的地。数以万计的北迁居民，为阿姆斯特丹等地带来技术、资金、人力和商业，阿姆斯特丹正在取代安特卫普成为"低地国家"最重要的港口城市，人类历史上的资本主义也最早在这一地区开始萌芽和成长。

　　在宗教信仰形态上，大批从南部地区迁来的居民，也随身带来了他们信奉的严格加尔文主义。随着这些新移民人数的迅速增加，他们高涨的宗教热忱、

1　Cf. *The Works of James Arminius*, Vol. 1, pp. 134–135, "note".

坚定的宗教信念、严格的神学教义等，正迅速取代北部地区原有的温和与宽容的改革宗信仰。与此同时，各个层面上的社会与阶层分化开始浮现并不断加剧：在原有居民与新移民之间，在以"老乞丐"为代表的寡头政权与新近崛起的新兴力量之间，在温和宽容加尔文主义者与严格加尔文主义者之间，在严格意义上的改革宗与宽泛意义上的新教信仰者之间，等等。由此产生的分野与不满，在 16 世纪 90 年代末甚至还曾引起阿姆斯特丹前市长科内利斯·胡夫特（Cornelis Hooft）等人的公开抱怨和抗议。

然而，历史潮流势所难挡。此时，以阿姆斯特丹为首的荷兰，在"汉萨同盟"（the Hanseatic League）走向衰落的同时，其贸易范围已能遍及欧洲各地。但他们似乎并不甘心囿于欧洲的束缚，况且"葡萄牙人的秘密"也在极大地刺激着他们的野心。对新世界、新财富的强烈向往，驱使着荷兰人 16 世纪 90 年代中后期开始了荷兰人的地理大发现、远洋探险和远东贸易。而所有这些活动最重要的策划者、发起者和指导者之一，不是别人，正是阿米尼乌在教会的同事兼对手彼得勒斯·普兰修斯。普兰修斯在 90 年代初，有可能借助于他的荷兰同乡著名地理学家和地图学家杰勒德斯·墨卡托（Gerardus Mercator, 1512—1594 年），同时还有可能借助于其他不为人知的渠道，绘制出一系列有关世界各地地理状况的地图，一时之间在荷兰内外引起巨大轰动。

普兰修斯本人对这些地理新发现的潜在巨大商业价值当然心知肚明。在他极力鼓动下，他与三位邻居商人开始秘密筹划前往"东印度"（the Indies）的远洋航行，其中有一位就是与里尔等人一同逃亡埃姆登的阿德里安·鲍乌（Adriaen Pauw）的儿子雷尼尔·鲍乌（Reynier Pauw, 1564—1636 年）。雷尼尔·鲍乌是新一代商人的代表人物，以政治严谨和宗教不宽容为特征；他后来将在阿姆斯特丹政治与公共生活中扮演十分重要的角色。普兰修斯与这三位邻居商人的雄心大略，不久就由秘密筹划转为公开运作，并陆续有其他商人和探险家加入进来。在 1595 年至 1596 年间，阿姆斯特丹陆续派出三支远洋探险船队，分别试图向南经过好望角或向北绕过俄罗斯以抵达东印度和中国。普兰修斯不仅充当了这三支探险队的主要发起人和幕后指挥者，而且还为这些探险活动投入了大量资金。普兰修斯在 90 年代中后期没有给阿米尼乌制造什么麻烦，想来也同他忙于这些探险活动具有一定关联。普兰修斯等人发起的这三支探险队有成功亦有失败，但它们带回来的探险成果和地理发现则进一步激发了人们对于新世界的热情与梦想。从 1599 年开始，阿姆斯特丹以及荷兰其他城市从不断发起的远洋航行与贸易中，陆续获得令人艳羡的巨额回报与利润。为了协调各地的竞争和谋取更大的商业利益，在荷兰大议长奥尔登巴恩韦尔特协调下，荷兰"联省"于 1602 年成立了荷兰的"东印度公司"，全名被称作"尼德兰联合特许东印度公司"（"*De Vereenighde Netherlands Geoctroyeerde Oost-Indische Compagnie*"，荷兰语首字母缩写标志为"VOC"）。这个巨大的商业联合体，为通过股份投资于其中的荷兰人，带来源源不断的物资与财富。总之，进入 17 世纪的荷兰，即将迎来它发展史上的"黄金时代"。"老乞丐"那一代奠基人物已相继谢世，新一代积极追求权力、财富与宗教一致性的新兴力量正在崛起。阿米尼乌的神学建构与争论，也开始转换到一个新的历史场景当中。

第 二 章

演　进

莱顿任教时期的阿米尼乌

第一节　莱顿大学教授之邀

17 世纪初，肆虐荷兰北部的可怕瘟疫，在阿姆斯特丹似乎有意放过了教会和市政当局的社会显要人物——据说这可能与他们不同于普罗大众的生活方式特别是居住条件有关，但在莱顿却是不加甄别地掳掠了许多人的生命——尽管莱顿的一切与近在咫尺的阿姆斯特丹并无什么实质性差别。但无论如何，流行瘟疫还是于 1602 年 8 月 28 日夺去了莱顿三位当任神学教授之一卢卡斯·特雷尔卡修斯（Lucas Trelcatius, 1542—1602 年）的生命。特雷尔卡修斯 1542 年出生于法国北部的埃林（Erin），早年在巴黎求学期间，在彼得·拉姆斯等人影响下，由罗马天主教改奉新教，曾先后事奉于法国莱尔（Lisle）和荷兰等地的新教教会。大约在 1586 年，受教会议会指派，特雷尔卡修斯到莱顿担任当地瓦隆语教会牧师，旋即出任莱顿大学神学教授。他的虔敬、热忱、勤勉和学识，在弗朗西斯·朱尼厄斯为他所致"悼词"中得到高度评价。[1]

特雷尔卡修斯逝世后，寻找一个合格能干接班人的问题就开始浮出水面。一些了解并欣赏阿米尼乌的人，开始希望他能够出任莱顿大学神学教授。首先是在莱顿大学师从约瑟夫·贾斯特斯·斯卡利杰（Joseph Justus Scaliger, 1540—1609 年）学习法律的、当时年仅 19 岁的天才青年雨果·格劳秀斯

1　Cf. *The Works of James Arminius*, Vol. 1, p. 166, "note".

（Hugo Grotius，拉丁语名 Huig de Groot，1583—1645 年），向远在布拉班特（Brabant）战场上为莫里斯亲王军队担任随军牧师的尤腾鲍加特写信，大力举荐阿米尼乌，并敦请尤腾鲍加特劝说阿米尼乌接受这一教授职位——如若受到邀请的话。接着是阿米尼乌在日内瓦的同学、同时也是戈马鲁斯在海德堡的同学、哈尔德韦克（Harderwik）的神学教授安东尼厄斯·提修斯（Anthonius Thysius），极力称赞阿米尼乌为"尼德兰的明灯，天生的学院料"（*Lumen Belgarum，et ad Scholas natum*）。[1]

尤腾鲍加特在 9 月 22 日写给阿米尼乌的书信里郑重提及这一建议。然而对莱顿教授职位并无野心的阿米尼乌却作出消极回答。他于 1602 年 10 月 1 日给在战场上的挚友尤腾鲍加特写去一封长长的回信。[2] 这封长信的前半部分涉及的并不是莱顿教职问题，而是他与这位挚友近期关注的一些其他问题。首先，阿米尼乌谈到这场可怕瘟疫在阿姆斯特丹肆虐的惨状。它夺去了许多人的生命，可以说是哀鸿遍野、死尸堆积如山。每个人、每一天都生活在死亡与坟墓边缘。在这种凄凉悲惨氛围里，阿米尼乌仍然能够以平静、安定和处变不惊的心态来行使自己的教牧事奉。唯一令他感到焦虑的是妻子与孩子们的安危；由此人们可以对阿米尼乌的家庭温情管窥一斑。不过，他坚信上帝将会看顾一切人，尤其是鳏寡孤独或无依无靠的人。同时，还有另外一件事情也令身处危殆情形中的阿米尼乌深为不安。这就是该当如何处置自己的那些手稿。阿米尼乌迄今并未公开发表过什么文字，但是他却撰写了大量神学论稿。而且他还担心那些手稿如果公之于世，将有可能引发纷争。所以他在这封书信里写道："考虑我曾间或完成的那些论文这样一些琐事亦令我深为不安，如今还成为我忧虑的一种根源。当站立在坟墓边缘之际，我并不敢冒昧地将它们付之一炬。因为，有可能，它们对我还是有用的，倘若，在人的可能性之外，我能在这场大灾难中幸存下来的话。我还觉得要作出下列决定就更为困难，即任由它们成为在我去世后才出版的论著。因为我知道它们是不值得受到审阅的，是不值得受到甚至像你这样如此友好之人的评判的。"[3] 紧接着，阿米尼乌还作出这样一种"遗嘱"，亦

1　*The Works of James Arminius*，Vol. 1，p. 173，"note"．

2　*The Works of James Arminius*，Vol. 1，pp. 174 – 183，"note"．

3　*The Works of James Arminius*，Vol. 1，p. 175，"note"．

即希望自己那些论著手稿，能够由尤腾鲍加特和自己一位连襟詹姆斯·布鲁诺（James Bruno 或 Jacob de Bruyn）牧师来全权负责处理。

在这封长信里，阿米尼乌接着谈到他与尤腾鲍加特近来一直关注的上帝神佑论问题。阿米尼乌告诉这位挚友，自己这段时间以来，一直在关注和思考这个问题。他考察了他那个时代包括戈马鲁斯在内的一些人对于上帝神佑论的理解，发觉那些观点都有不太令人满意之处。所以，他正在撰写自己的见解。由这个教义问题，阿米尼乌向尤腾鲍加特报告了发生在自己教会里两个相关的教牧个案。在他教会里，有两个信徒感染瘟疫，生命垂危。在这关键时刻，他们因为在自己内心里没有体会到赦罪的确据（assurance）和圣灵的慰藉性确证（attestation），而大为忧虑与沮丧。经过当面交谈和询问，阿米尼乌向他们两人指出，他们将赦罪感等同于信仰本身；将称义性的信仰、罪的赦免以及赦罪感这三样虽然相近但却不尽相同的东西混为一谈。同时，还向他们两人解释了为什么在不同信仰者那里，对于圣灵的确据和确证会有不同程度的体会。经过这些教牧辅导，阿米尼乌成功地使这两人摆脱了心中的迷惑和沮丧。

这封长信的后半部分涉及最主要问题，亦即由特雷尔卡修斯的意外去世所空缺出来的莱顿神学教授职位。阿米尼乌开诚布公地表示自己能够认同尤腾鲍加特等人的下列看法："我并非完全不适合于促进神学研究，倘若我能勤勤恳恳、孜孜不倦，并全力以赴的话。"[1] 但是存在许多理由导致他既不能放弃现有的工作，也不愿意转而从事其他的工作。阿米尼乌罗列出以下五点理由。第一，他所事奉教会与他本人彼此之间深厚的感情和诚挚的爱，使他不愿意离开阿姆斯特丹教会。事实也是如此，阿米尼乌在阿姆斯特丹是深受喜爱和敬重的牧师。第二，是他个人良心的陶冶问题。他认为他现在所从事的教牧事奉工作，使得他更有时间、空间和心境，去探索和陶冶自己的良知，去致力于自己的成圣追求，去从事自己所喜爱做的事情。第三，是他与阿姆斯特丹市政当局之间保持的良好关系，这使他感到非常自在、安全和舒心。第四，是出于家庭方面的考虑。阿米尼乌表示自己虽然没有聚集什么财富，但他却不必为此过于操心。只要他留在阿姆斯特丹，他就领有一份体面薪俸；如果有额外或更多需要，他相

---

1 *The Works of James Arminius*，Vol. 1，p. 180，"note".

信也可以很容易得到满足；万一有一天他不在人世了，他相信教会也会照看他的家人。第五，是合同方面的权利与义务问题。根据他前往日内瓦求学前与阿姆斯特丹签订的协议，阿姆斯特丹拥有全权要求阿米尼乌事奉于自己的教会。假如莱顿大学要聘请阿米尼乌，那么它首先应获得阿姆斯特丹市政当局和阿姆斯特丹"地方教会议会"的许可。所有这些原因结合在一起，似乎使得阿米尼乌无法考虑前往莱顿执教的可能性——倘若受到邀请的话。

其实，假如要阿米尼乌推荐一个候选人的话，那么他似乎更乐意看到安东尼厄斯·提修斯本人来接替莱顿的教职。另外一些与阿米尼乌立场有别的人，则提议特雷尔卡修斯的儿子小卢卡斯·特雷尔卡修斯接替他父亲的职位。但后一种提议，遭到当任资深教授弗朗西斯·朱尼厄斯的反对。或许，朱尼厄斯是怀疑小卢卡斯·特雷尔卡修斯的水平与能力；或许，朱尼厄斯本人也希望曾和自己进行过"友好磋商"的阿米尼乌来接替这一职位。总之，其中原因并不为外人所知。正当莱顿大学为寻找接替特雷尔卡修斯的神学教授一筹莫展之际，弗朗西斯·朱尼厄斯亦因罹患瘟疫而于 1602 年 10 月 23 日遽然辞世，享年 57 岁。莱顿大学神学院在不到两个月内，丧失了三位当任教授中的两位，可以说蒙受了沉重打击。挑选合格而适当的人来填补这两个空缺的教授职位，顿时成了大学校方的当务之急，引起了全国性的关注，也成了不同立场、不同阵营的人们之间的角力场。

以当时情况而言，莱顿大学面对的选择似乎寥寥无几。一种可能，这也是以往惯常做法，就是从"低地国家"以外的"外国"聘请合适者。不过，此时的前景却不容乐观。正如阿米尼乌在 11 月初写给尤腾鲍加特的信里所观察到的，在法国，没有可能；新教在法国的发展面临重重困难，况且一时之间也没有十分杰出的神学人物。在德国，亦没有太多选择。不来梅的佩泽留斯（Pezelius）和巴塞尔的格里纳乌斯都已年过六旬，海德堡的戴维·帕拉厄斯（David Paraeus，1548—1622 年）无法离开帕拉廷，唯有黑博恩（Herborn）的约翰尼斯·皮斯卡特最为理想，但他是否愿意应邀前来执教则不得而知。既然从"国外"聘请教授看来前景渺茫，那么还存在另一种更具现实性的可能，这就是从"国内"挑选适当的人选。事实上，这也正是莱顿大学校方当局的意思。作为荷兰这个正在谋求自由与自治的新兴国家标志之一，并积极致力于为这个新兴国家塑造急需人才的莱顿大学，与这个国家正在被激发出来的国家自觉与自主意识相一致，从本国选聘能干者来出任教授，正是校方和各界的希望和本意所在。况且，受过系统而良好的神学教育、在阿姆斯特丹教会长期从事教牧事奉的阿米尼乌，已经受到包括莱顿大学校方在内的一些重要人物的关注和赏识。他们一些人已开始把阿米尼乌看作最佳人选了。而不赏识阿米尼乌的人，则推出小卢卡斯·特雷尔卡修斯来作为他们的举荐人。

11月初，尤腾鲍加特从前方战场上返回海牙，并出席了在荷兰高等法院法官（荷兰语 raadsheren）尼古拉斯·克罗霍特（Nicholas Cromhout）家里举行的一场特殊晚宴。出席晚宴的有豪达法官弗朗索瓦·弗兰肯（François Francken）和莱顿法官罗姆鲍兹·胡格比兹（Rombouts Hoogerbeets 或 Hogerbeets）。这三位法官都是阿米尼乌早年读书时期的同学。出席晚宴的另外两位，一位是阿纳姆（Arnhem）市长，另一位则是时任莱顿大学两校监或校主席之一的科内利斯·范·德·纽斯塔德（Cornelis van de Nieuwstadt 亦作 Newstead 或 Neostadius）。这些在荷兰公共社会生活中具有重要影响力的人，赞许性地向尤腾鲍加特提起阿米尼乌，认为后者正是填补莱顿教职空缺的合适人选。谨慎的尤腾鲍加特在了解这些人的想法后，也为阿米尼乌投上一票。于是，谋求阿米尼乌到莱顿执掌神学教鞭的程序正式启动了。数日后，莱顿城的地方行政长官（the Syndic）尼古拉斯·齐斯特（Nicholas Zeyst 或 Zeystius），致函莱顿大学校监纽斯塔德说，大学里几乎所有学生都将目光投向阿米尼乌，并企盼着阿米尼乌能够应聘神学教授职位。纽斯塔德依次将此报告给尤腾鲍加特等人。

与此同时，对阿米尼乌心存狐疑与妒忌的人也在集结力量。在莱顿大学神学院里，副学监彼得·伯修斯支持阿米尼乌，而彼得·伯修斯的岳父、神学院学监约翰尼斯·库克里奴斯则反对聘请阿米尼乌。当然，活跃在前台的最主要反对者仍然是戈马鲁斯。而阿米尼乌在阿姆斯特丹的老对手普兰修斯则成为幕后的主要推手。事实上，戈马鲁斯起初对于阿米尼乌思想的了解主要来自普兰修斯。在莱顿当地改革宗教会里，费斯特斯·霍缪斯（Festus Hommius）则成为反对阿米尼乌的主要代表。在上述这些反对阿米尼乌的代表人物中，库克里奴斯的态度是饶有意味的。库克里奴斯在阿姆斯特丹时曾是阿米尼乌的教会同事，后来通过联姻而成了阿米尼乌的姑父，此时则为神学院的学监。当他听到打算聘请阿米尼乌的消息后，不禁勃然大怒，并公开断言，不仅阿米尼乌，而且还有阿米尼乌的岳父劳伦斯·里尔，全都感染了库恩赫特的异端邪说。他情绪有些失控地说道："我能做什么呢，一个年迈之人？我能忍受我的学生，每天到这个大学里去倾听新鲜教义并把它们带回家吗？我不会允许，我无法忍受！我宁愿关闭这个学院！"[1] 不过，库克里奴斯的愠怒与失态，很快就被学校秘书安抚平息了。从此库克里奴斯在这件事情上采取了一种低调或不直接卷入的姿态。

与阿米尼乌形成直接矛盾和正面抗衡的是神学教授戈马鲁斯。弗朗西斯·戈马鲁斯（Francis Gomarus，亦称 Franciscus Gomarus 或 François Gomaer，1563—1641 年），大约比阿米尼乌小 4 岁。这位阿米尼乌执教莱顿大学期间的最主要对手，于 1563 年 1 月 30 日出生在比利时西北部的布鲁日（Bruges，佛兰芒语名为 Brugge）。阿姆斯特丹"改制"前最早的牧师之一佛兰芒人彼得·加百列，曾经在此地宣扬过新教信仰。戈马鲁斯尚在幼年时，他父母就接受了新教信仰。为躲避宗教迫害，他们一家于 70 年代中后期迁居到可以自由信奉新教的帕拉廷。青少年时期的戈马鲁斯为求学，先是前往斯特拉斯堡，后被送往今属德国境内的诺伊施塔特（Neustadt）。当时的诺伊施塔特聚集着许多来自海德堡的加尔文派教授（其中包括后来执教莱顿的弗朗西斯·朱尼厄斯），因为当时执政者选帝侯路德维希（the Elector Ludwig）在自己辖区内只允许信奉路德宗信仰。戈马鲁斯向朱尼厄斯以及其他教授学习了希伯来语、希腊语、拉丁语、哲学以及神学等学科。那些信奉加尔文主义学说的海德堡教授们毫无疑问影响了戈马鲁斯；但是戈马鲁斯所持的是更为极端的加尔文主义。

1582 年，戈马鲁斯漂洋过海前往英国牛津，以便聆听约翰·雷诺兹（John Rainolds）博士的神学讲座。翌年，转至剑桥，受教于"堕落前预定论者"威廉·惠特克（William Whitaker），并于 1584 年从剑桥获得硕士学位。在剑桥期间，他是否结识另一位著名极端预定论者神学家威廉·珀金斯则无从查证。可以肯定的是，在剑桥期间，戈马鲁斯有机会认真研习了彼得·拉姆斯的逻辑学，并像詹姆斯·阿米尼乌和威廉·珀金斯那样，成为一名忠实的"拉姆斯或拉米

1　*The Works of James Arminius*, Vol. 1, p. 184, "note".

主义者"（Ramist）。但无论如何，戈马鲁斯在英国的生活并不愉快。当他得知帕拉廷新任选帝侯卡齐米尔（Casimir）允许加尔文派教授返回海德堡任教时，遂于 1585 年回到海德堡就读。从 1587 年到 1593 年，戈马鲁斯应邀到法兰克福一个瓦隆语教会行使牧师职责。其间，曾因一些个人事宜与当地人发生纠葛。而他所事奉的教会亦因占据主导地位的路德派的不宽容与迫害而被迫解散。1594 年年初，他收到去莱顿大学担任神学教授的邀请。在从海德堡接受了一个博士学位后，他从该年年中起正式执教莱顿大学。

　　曾经师从朱尼厄斯的戈马鲁斯精通希伯来语，但他对自己的才赋显然过于自负。他曾宣布自己发现了希伯来语"诗篇"的真正节奏与韵律，但事实并非如此。从脾气性情上讲，各种证据均表明，戈马鲁斯是一个性情乖戾和易于发怒的人。他为人处世就像他所持神学一样，往往走向偏执和极端。伟大的约瑟夫·贾斯特斯·斯卡利杰并不欣赏戈马鲁斯，并曾这样尖刻地评价后者："如若有人要问戈马鲁斯和斯尼留斯，现今时代是否会比以往时代产生更伟大的人物，他们毫无疑问会回答是，因为他们认为自己就是世界上最伟大的学者。戈马鲁斯来自布鲁日。他因为下面这一点而博学，亦即他拥有良好的藏书；他拥有许多拉姆斯学派的著作，因而他擅长分析法，而那正是一个拉姆斯派的特征所在。他设想自己在所有神学家中学识最为渊博。他之懂得编年史，就像我懂得如何制造赝币一样。"[1]　一向对人对事采取平和立场的朱尼厄斯，先曾作为戈马鲁斯的老师，随后成为戈马鲁斯的同事，并在后来通过联姻成为戈马鲁斯的亲戚。甚至连朱尼厄斯也曾这样说起过戈马鲁斯："这个人因自己对自己的评价而甚是自得。他所有的知识储备均来自他人，但他却从不拿出他自己的东西。抑或，在什么时候有不循常规之举的话，他也会对那些偶然的变化大为恼怒。"[2]

　　1602 年 11 月 9 日，有关人员聚集在莱顿市政厅，开始正式商讨邀请阿米尼乌担任神学教授这一事宜。参加商讨的人包括莱顿大学两位校监或校主席道萨与纽斯塔德，雨果·格劳秀斯的父亲乔安尼斯·格劳秀斯（Joannes Grotius），当任"首席院长"（rector）保卢斯·默鲁拉（Paulus Merula）等人。其间，戈

1　*The Works of James Arminius*, Vol. 1, p. 171, "note".

2　*The Works of James Arminius*, Vol. 1, p. 171, "note".

马鲁斯请求到会发言。这一请求获得许可。戈马鲁斯首先向校监呈上一篇自己在朱尼厄斯墓前所致的"悼词"，声称自己是受朱尼厄斯生前所托前来履行关心学校事宜这一义务的；并暗示自己的观点也就是朱尼厄斯生前的看法。他认为，如果邀请阿米尼乌前来任教将会给莱顿大学招致最严重的伤害，因为他在"罗马书"第七章的教会布道中，以及在与朱尼厄斯就预定问题发生的"激烈争执"中，公开坚持并宣扬异端学说。他还进而指出，如果阿米尼乌留在阿姆斯特丹，他只能感染一个教会；如果阿米尼乌前来莱顿执教，他将会感染许多教会——全国的以及其他地区的；引进阿米尼乌以及他标新立异的教义将会给学校带来极大危害。戈马鲁斯将这些攻击言辞，不加遮拦地加之于阿米尼乌这位一直深受人们爱戴和尊敬的牧师身上，在与会者看来显得过于恶毒和无所节制。特别是在当时的荷兰乃至整个基督教世界，指控一个人为异端，本是一件十分严肃和严重的事情，往往会为被指控者带来最严厉的处罚。对戈马鲁斯观点不以为然甚至有些反感的与会者，于是向戈马鲁斯提出两个问题：他自己是否熟知阿米尼乌，他是否阅读过阿米尼乌与朱尼厄斯的商谈书信。戈马鲁斯只得回答道，他只有一次并且还是远远地看见过阿米尼乌；至于阿米尼乌与朱尼厄斯的磋商，他并没有仔细阅读过，但却听其他牧师说起过阿米尼乌在其中表现出的谬误。与会者进一步追问究竟是听谁说起过那些指控。戈马鲁斯最终答曰"普兰修斯"。

听到这番言论后，大学校方尽管不太相信那些议论和证词，但他们仍然决定在获得更准确信息和在征求荷兰最高执政者意见之前，暂缓推进此事。不过，荷兰大议长奥尔登巴恩韦尔特并没有给出具体意见，而是建议大学校方前去征求在宗教事宜上深具权威的宫廷牧师尤腾鲍加特的看法。对这些事情已经经过深思熟虑的尤腾鲍加特，在抱怨戈马鲁斯和库克里奴斯对阿米尼乌已经造成伤害的同时，向莱顿大学校方如实叙述了若干年前在阿姆斯特丹发生的神学争论，指出对"罗马书"第七章某些经文的解释在基督教传统中并无定论，从来都存在着不同的解释，而且在莱顿大学其他教授中间也有人持有与阿米尼乌相似的观点；这些不同的解释是可以被容忍的。至于阿米尼乌与朱尼厄斯之间的磋商，尤腾鲍加特给校方出示了一份手稿。那些手稿的前言与结语都清楚地表明，戈马鲁斯所谓的"激烈争执"不过是朋友间的"友好磋商"；而朱尼厄斯在两人

"磋商"结束后，也一直对阿米尼乌保持着适当的友谊和尊重，并怀有嘉许之意。在澄清这关键性的两点后，尤腾鲍加特向造访者坦率提出了自己的看法。尽管他在良心上乐意推荐阿米尼乌，并确信阿米尼乌不会做任何配不上大学的事情，但是鉴于这件事情已在戈马鲁斯等人那里激起许多怨恨，他宁愿大学邀请其他人而不是阿米尼乌。但无论如何，这整个事情应当由校方特别是校监们自己权衡利弊并作出最终决定。倘若校方最终决定征召这位神学家，那么校方应当告知阿米尼乌本人所发生的一切，并征询阿米尼乌本人的意见。

于是阿米尼乌被约到阿姆斯特丹以外的哈勒姆去与校方代表晤谈。校方客气地向阿米尼乌表示，既然这件事情已经超出个人层面，而上升为全国教会关注的问题，所以希望阿米尼乌能开诚布公地表明自己在这些问题和教义上的看法。在听取阿米尼乌叙述后，校方感到基本满意。于是，通过尤腾鲍加特询问他对担任莱顿教授的意见。阿米尼乌表示，似乎有许多理由使他继续留在阿姆斯特丹，尽管他更倾向于学术性的言说模式。不过，在阿姆斯特丹市政当局和教会赋予他完全的选择自由以前，他不会在这件事情上作出自己的决定。而且，假使要前往莱顿执教的话，他也希望能够有机会先行通过友好磋商以消除戈马鲁斯等人的疑虑，因为维护教会和平是他最为看重的事情。在了解这些情况后，莱顿大学领导通盘审度了这整个事情的来龙去脉，特别是注意到以下四点：一是改革宗教会神学家们在预定等问题上并不总是持有相同的观点；二是 5 世纪以前的原初教会对这个问题并未形成什么决议；三是莱顿大学以前的教授，譬如 80 年代执教莱顿的著名神学家约翰尼斯·霍尔曼厄斯（Johannes Holmannus）就采取了相似的立场；四是在新教世界享有盛誉的丹麦神学家尼古拉斯·赫明鸠斯也持有相同的观点。于是，莱顿大学当局决定立即邀请阿米尼乌。

11 月 19 日，莱顿大学校监纽斯塔德和莱顿行政长官齐斯特，奉命前往阿姆斯特丹去执行这一使命，却无功而返。阿姆斯特丹四位值任市长基本上都是阿米尼乌的亲属好友，他们或许不愿意失去这样一位朋友和能干的牧师，所以向前来洽谈此事的莱顿代表宣布，他们既不会解除阿米尼乌事奉阿姆斯特丹的义务，也不允许这两位代表前往地方教会议会商讨此事。地方教会议会里，一些与阿米尼乌素有嫌隙的人譬如阿伦特·科内利森等人，开始利用这一点，以各种借口，通过诸多背后或暗中活动，进行百般阻挠。一些人对阿米尼乌的责难已经不限于教义争论，而是上升到人身攻击：或是指责他经验不足，或是指责他能力不够，或是指责他喜好争吵。更有甚者，如曾经受到过阿米尼乌举荐和帮助的同事沃纳·赫尔米丘斯（Werner Helmichius），反戈一击，指责阿米尼乌与罗马界限不清；这在那个战事频仍的特殊处境里可是有叛国投敌意味的。处在旋涡中心的阿米尼乌还不到开口时候，他只能默默承受着这一切。但是私下里，他也向一些人抱怨有些针对他的言行在他看来并不是十足基督徒式的，是与基督徒的兄弟情谊南辕北辙的。同时，阿米尼乌也在等待着合适时机以直抒胸臆、一洗前冤。阿米尼乌有些书生气地坚信，大部分疑虑和指责都起源于误解，只要通过面对面的交谈和辩论，真理将会以其自身力量显现出来。

这期间，科内利森等人还一而再地寻找机会，在荷兰最高执政官奥尔登巴恩韦尔特那里诋毁阿米尼乌。但奥尔登巴恩韦尔特显然不愿直接插手宗教事宜和大学事务，并将此事决定权留给大学校方决策者。所幸莱顿大学校方特别是两位校监，始终不为那些猜忌指责和流言蜚语所动，因为他们不仅了解阿米尼乌的信仰与教义，而且还察觉出那些煽动者背后潜藏着的嫉妒与敌意。而且，校方还深知，倘若此时阿米尼乌由于异端猜疑而无法执教莱顿，那么他在阿姆斯特丹教会的事奉也将归于无用；这将会彻底摧毁阿米尼乌这个人。所以大学决策者愈发坚定了邀请阿米尼乌前来莱顿的决心。当然，在此关键时刻，校方也希望能够私下获得阿米尼乌本人愿来执教的保证。但1603年1月21日因公干前来海牙的阿米尼乌，在与校方代表见面时仍不肯作出任何保证，并重申了上一次的答复，亦即他只有在阿姆斯特丹同意解除他事奉义务后，才能回答是否愿意接受莱顿教职的问题。即便如此，大学校方还是坚定了以更加主动姿态邀请阿米尼乌加盟的决心。

坚持邀请和反对邀请的双方就这样僵持着，事情有被长期拖延下去的危险。与此同时，戈马鲁斯也开始抱怨自己教学任务太过繁重。到1603年2月底，阿姆斯特丹"地方教会议会"一些人连同戈马鲁斯，再次到荷兰大议长奥尔登巴恩韦尔特那里，抱怨莱顿大学邀请阿米尼乌的决定。在场的尤腾鲍加特向奥尔登巴恩韦尔特呈上朱尼厄斯儿子前几天交给自己的一些朱尼厄斯留下的著述，以供大议长审阅。接着，善辩的尤腾鲍加特舌战赫尔米丘斯和戈马鲁斯。经过长时间艰苦辩论，终于使赫尔米丘斯沉默，使戈马鲁斯态度有所松动。戈马鲁斯表示只要阿米尼乌能向自己澄清一些教义立场和观点，他不是不能容忍阿米尼乌前来莱顿任教。这样，整个事情就开始有了转机。此时的阿米尼乌在获悉那些诽谤与中伤言辞后，曾想寻找机会加以反击。但朋友们劝他暂且忍耐。更无奈的是一场重病阻止了他。他因严寒天气而罹患"重伤风"，并咳痰不止。[1]引发后人猜测的是，这莫非就是后来夺去阿米尼乌生命的肺结核病症的早期发作？

　　莱顿大学也在想尽一切办法实现他们的目标。校方会见了在"低地国家"声名卓著的莫里斯亲王，汇报了他们的决议，并请求莫里斯亲王派人以他至高无上的名义协助校方完成邀请阿米尼乌的任务。莫里斯对此慨然应允。1603年3月13日，莫里斯亲王请求尤腾鲍加特以他的名义前往阿姆斯特丹，帮助莱顿大学完成此任。4月1日，尤腾鲍加特从莫里斯亲王那里获得正式委任书或证明函后，立即着手前往阿姆斯特丹。这一回，莱顿大学校方志在必得。尤腾鲍加特、校监道萨和莱顿行政官齐斯特先行抵达阿姆斯特丹，另一位校监纽斯塔德和高等法院法官尼古拉斯·克罗霍特紧随其后——克罗霍特一位兄弟正是阿姆斯特丹当任市长之一。4月5日，尤腾鲍加特代表莫里斯亲王，克罗霍特代表莱顿大学校方，与阿姆斯特丹当任市长们进行公开会面，并陈明他们此行的目的。阿姆斯特丹市长们首先极力称赞阿米尼乌的功绩，并宣称阿米尼乌的事奉对于阿姆斯特丹是极有助益和必不可少的。经过若干回交涉，阿姆斯特丹市长们同意将进一步考虑此事，并同意他们前往"地方教会议会"与教会人员商讨这件事情。

　　如果说在市政府里，是不愿意看到阿米尼乌这位深受阿姆斯特丹人民喜爱和拥戴的人离开，那么在"地方教会议会"里，则是不愿意看到阿米尼乌这位与他们素有嫌隙的人接任莱顿教授的职位。4月8日，所有代表莱顿的人前往"地方教会议会"与一干牧师会谈，他们叙说了自己的目的与理由；并主动提议，如果阿姆斯特丹教会希望获得另一位牧师——哪怕是先前属意但未能如愿的著名牧师贝斯留斯（Jacobus Baselius）——来代替阿米尼乌，他们将借助最高执政官和莫里斯亲王的影响，帮助其实现那一目标。但经过商议，"地方教会

1　Cf. *The Works of James Arminius*, Vol. 1, p. 237, "note".

议会"于 4 月 11 日拒绝了莱顿大学提出的请求。至此一直保持沉默和低调的阿米尼乌，此时态度突然明确起来，立场突然强硬起来。他宣称，他自己原本并不是特别想要接受教授职位，但是鉴于目前的情形，他感到只能是被驱使着去接受那一职位；所以恳求能够解除自己现有的事奉义务。而且阿米尼乌还孤注一掷地强调，即便不解除他的事奉义务，他也无法再为阿姆斯特丹教会提供任何实质性服务。他还有些伤感情地主动提出，自己愿意赔偿阿姆斯特丹为自己求学期间所提供的学费。

阿米尼乌这种态度，使闻听此言的阿姆斯特丹执政官们大感忧虑。他们担心在这件事情上过度纠缠和阻挠，将会为阿米尼乌本人带来严重的身心伤害。于是，阿姆斯特丹当任市长们极力敦促"教会议会"重新考虑他们的决定。在这样的压力面前，阿姆斯特丹"地方教会议会"内部也发生了一些分化。4 月13 日，当晚间例行的"教会议会"临近结束之时，莱顿代表们再次与"教会议会"成员会面。这次，还是尤腾鲍加特担任自己这一方的发言人。他指出，"地方教会议会"之所以提出种种借口，不愿意解除阿米尼乌的事奉，并阻挠他前往莱顿任教，归根结底是因为有人怀疑阿米尼乌持有"不好的"教义。所以，尤腾鲍加特摊牌道，只要"教会议会"有人具体指出阿米尼乌究竟持有哪条错误教义，莱顿将立即终止邀请阿米尼乌的行动，因为莱顿大学也不愿意接受一个持有错误教义的教授。如果有人只是心存疑虑，那么他应当明了，阿米尼乌只有在对戈马鲁斯作出满意解释后才会出任教授之职。

这样，阿姆斯特丹"教会议会"终于开始退让了。他们同意解除阿米尼乌的事奉义务，并提出三个先决条件：第一，阿米尼乌在离开阿姆斯特丹之前，应安排好另一位能干的牧师最好是贝斯留斯来接替他。第二，阿米尼乌应当着教会代表的面，向戈马鲁斯解释清楚他的一些教义观点，并消除一切异端嫌疑。第三，如果阿米尼乌将来放弃教授职位，或者阿姆斯特丹教会急需他的事奉，他可以自由地重新恢复他的教牧事奉。[1] 基于这样一些基本思路，在莱顿代表、"地方教会议会"、当任市长、前任市长以及市三十六人议会等各方势力彼此之间多轮谈判和磋商后，终于在 1603 年 4 月 15 日，阿姆斯特丹方面正式批准阿米

---

1   Cf. *The Works of James Arminius*, Vol. 1, p. 241, "note".

尼乌应邀前往莱顿大学担任教授。对于莱顿代表来说，事情终于获得圆满结局。他们向阿姆斯特丹方面表达了喜悦和感激之情，随后又获得了阿米尼乌本人同意前来任教的保证，就离开了阿姆斯特丹。

第二节　执教资质与生活氛围

阿米尼乌与莱顿唯一当任神学教授戈马鲁斯的会谈，是阿米尼乌执教莱顿的先决条件。对于这场计划中的会谈，尽管有阿米尼乌朋友曾试图将其改变为私下会晤，尽管莱顿大学校方认为教会代表出席是对大学自主与自治权的侵犯，[1] 但根据在阿姆斯特丹达成的协议，也只能照章办理。至于阿米尼乌本人则在平静等待着将要发生的一切的同时，更希望有教会代表参加，因为在他看来，那将是他一洗前冤的机会。在征询了荷兰大议长奥尔登巴恩韦尔特意见后，这场会谈定于 1603 年 5 月 6 日，在校监道萨的位于海牙的家中举行。出席会谈的除了阿米尼乌和戈马鲁斯这两位主角以外，还有大议长奥尔登巴恩韦尔特、"北部荷兰宗教会议"（the Synod of North Holland）代表赫尔米丘斯、"南部荷兰宗教会议"（the Synod of South Holland）代表科内利森、莱顿大学的两位校监、尤腾鲍加特、胡格比兹、克罗霍特以及其他一些人。阿姆斯特丹"地方教会议会"受到邀请但没有选派代表参加。

戈马鲁斯首先对没有发现阿姆斯特丹"教会议会"代表莅临此会表示惊讶和遗憾。本来普兰修斯才是最主要的鼓动者，此时任由他孤身奋战，这让他感到局促与不安。同时，他还承认自己不太熟悉阿米尼乌的教义和言行著述，那些针对阿米尼乌的怀疑主要是由阿姆斯特丹牧师传递给他的。最后，他还表示，自己并不太情愿扮演这样的角色，但为了真理缘故也只好权且如此了。阿米尼乌则首先感谢能有这样一个机会来解释和捍卫自己的立场。紧接着，他希望能够在会谈开始前确立这样一个具有优先性的准则——正如圣奥古斯丁所主张的，亦即"并非所有有关宗教的分歧都涉及信仰的基本要素，只要它们能保全那个

1　Cf. A. W. Harrison，*The Beginnings of Arminianism*，University of London Press，1926，p. 48.

基础就应当被容忍"。[1] 戈马鲁斯立即打断道：他们探究的目标不在于那些争议观点是否是实质性的，因为它们就是实质性的要点。双方在开场白上并没有达成一致。

但这不影响他们很快就进入关键性的问题。戈马鲁斯单刀直入地攻击阿米尼乌关于"罗马书"第七章的解释，是有悖于《海德堡教理问答》的。他拿出一本小册子并引述了记在上面的一些笔记。看来他并非是无备而来的。阿米尼乌也同样引用了一些圣经段落和《海德堡教理问答》里的段落，来证明自己的解释与《海德堡教理问答》并不矛盾。更重要的，他宣布自己完全反对贝拉基主义在这个论题上的立场，完全同意奥古斯丁对贝拉基所作的批判。他还宣布自己完全反对福斯图斯·苏西尼（Faustus Socinus 或 Prosper Desidaeus，1539—1604 年）在这个问题上的论点。由意大利神学家苏西尼叔侄命名的苏西尼主义，在当时新教世界里是一种现实的威胁。苏西尼主义大致成型于 16 世纪后期，并在波兰等地形成自己独立的教团。它因反对三位一体并采用理性主义与哲学思想来解读传统基督教教义与信仰，而被新教和天主教普遍视作神学异端，并在某些方面被看作改头换面、重新复活的阿里乌主义异端。与阿米尼乌主义同期或稍早一些的苏西尼主义，在教义与信仰上同阿米尼乌主义立场有着本质的区别，所以阿米尼乌急于同这些异端划清界限也就是情理之中的事情。总之，阿米尼乌并不认为圣保罗这段经文适用于一个完全未重生的人，而是指一个处在重生开始之际的人。他能完全同意《海德堡教理问答》。阿米尼乌这些解释和回答，使本就无心恋战的戈马鲁斯大为错愕，因为他一直认为阿米尼乌持有苏西尼或贝拉基式的立场，但阿米尼乌的回答看来与他们二人的立场相去甚远。显而易见，戈马鲁斯没有全面而准确地了解阿米尼乌的思想。为此有些窘迫的戈马鲁斯开始转而恳求阿米尼乌是否能更具体地透露一些自己的思想。对此诧异不已的校监纽斯塔德当即抗议道，那应当是指控者而非被指控者的义务。阿米尼乌亦附和说，自己在被戈马鲁斯和教会代表免除那些指控以前将什么也不说。戈马鲁斯至此只得宣布，"既然阿米尼乌否认了贝拉基主义，他本人对此感到满意；至于他的（对'罗马书'第七章的）解释就其本身而言，也是可能被

---

[1]   *The Works of James Arminius*, Vol. 1, p. 245, "note".

容忍的"。[1] 两位教会议会代表也发布了类似声明。这样，阿米尼乌先是诵读了"罗马书"第七章全章经文，接着对这章经文作出了自己的解释。之后，并没有人提出什么实质性异议。事情的进展完全超出人们的意料。纽斯塔德不禁感叹道，这难道就是那引起旷日持久、沸反盈天的神学争论问题吗？这个最主要问题一解决，余下的次要问题譬如如何看待罗马教会等问题，解决起来就易如反掌了。末了，阿米尼乌还拿出一份事先预备好的《论"罗马书"第七章的真实含义》，放在桌上供大家检阅审查。由于没有人接受这一挑战，这次会谈于是宣告结束，莱顿大学随后设宴款待了所有与会者。

再接下来就是一些例行程序了。5月8日，莱顿市与莱顿大学正式任命阿米尼乌为神学教授（*professor ordinarius*）。为了维持各方利益的均衡，尤其为了维持在整个荷兰教会内逐渐分化成型的两大阵营之间的均衡，三天后，大学委任小卢卡斯·特雷尔卡修斯为较阿米尼乌次一级的神学教授（*professor extraordinarius*）。概括地讲，小卢卡斯·特雷尔卡修斯在担任莱顿神学教授几年里，属于比较中规中矩那一类，没有什么值得大书特书的地方；他因病卒于1607年。而唯一的现任神学教授戈马鲁斯则被大学擢升为神学首席教授（*professor primarius*）。后来，莱顿大学为了表示感激之情，特地由老校监道萨为法官克罗霍特和宫廷牧师尤腾鲍加特分别谱写了一首拉丁语诗歌，并以全校名义献给他们，以感谢他们在邀请阿米尼乌过程中付出的艰辛努力。此外，莱顿大学还以校管理委员会名义向尤腾鲍加特颁发一座奖杯，以示感谢和纪念。而在阿姆斯特丹方面，为了感谢阿米尼乌15年来所作的杰出贡献，市政当局宣布免除阿米尼乌偿还当年所付学费的义务；不仅如此，还赠送给阿米尼乌一笔钱款以示感谢；同时，还承诺，将来阿米尼乌去世后，阿姆斯特丹市将给他妻子提供一份与其他牧师遗孀同等数额的养老抚恤金。阿姆斯特丹的慷慨之举，在很大程度上解除了从不热心积累财富的阿米尼乌的后顾之忧。

从5月一直到9月末正式在莱顿授课之前这段时间里，阿米尼乌在阿姆斯特丹和莱顿两地有许多事情需要安顿处理。其中就包括按规定需要在开课之前取得神学博士学位。遵照当时授予博士头衔的程序步骤，阿米尼乌先是在6月

1　*The Works of James Arminius*，Vol. 1，p. 247，"note"．

19 日，接受了由戈马鲁斯、乔安尼斯·格劳秀斯以及保卢斯·默鲁拉三人委员会的"不公开"考察。内容主要涉及神学的实质等问题。通过"不公开"考察后，接下来就是 7 月 10 日举行的"公开"辩论。辩论对手是彼得·伯修斯和三位来自各地的牧师。为这次公开辩论，阿米尼乌提交的博士论文是《论上帝的本质》。这篇精彩论著，全方位展现了阿米尼乌高超娴熟的神学及哲学思考与分析能力，属于典型的学院派作品。这篇论述很快就公开发表了，它属于阿米尼乌生前公开发表的为数寥寥的重要作品之一。后来阿米尼乌著述结集出版时，它作为第四篇被收录在"二十五次公开的辩论"标题下。但它绵密的文思、缜密的分析、周密的逻辑，使它在那"二十五次公开的辩论"里成为熠熠生辉、卓尔不凡的一篇。就内容而言，《论上帝的本质》有个别论点也不是不可能引起争议，譬如阿米尼乌认为上帝预知某些事情是必然的，预知某些事情为偶然的，所以上帝的预先知识并不预先决定那所知的东西。但在那一天漫长的公开辩论中，这一点并未引起主辩者和旁听者的额外关注。

概括起来，在这篇显然被高度浓缩了的精彩演讲中，阿米尼乌首先从事物的本质和上帝的圣经出发，认为可以正确地认为上帝具有一种本质（nature），而这种本质在一定程度上是可以为人所认识的。而在事物整个本质和在圣经中，只有两种实体（substance）在其中包含着事物的完善或完备性（perfection），这就是"实质"（essence）和"生命"（life），前者为所有的受造物所具有，后者只属于最高级别的受造物；在这两者之外，人的心灵不可能领悟任何实体，因为它们作为一个部分而被限制在其受造的本质中。不仅如此，阿米尼乌还认为在一种具体的实质和有感觉的生命与上帝的实质和生命之间，存在某种类比性或相似性。因而，"就上帝本身的本质而言，也只有其实质和生命这两个动因（momentum）能够成为人们考虑的对象"。[1] 当然，在上帝里这两个动因是卓尔不群的，其模态远远超越于一切受造物具有的模态。阿米尼乌通过肯定上帝与其受造物在本质上的可类比性，为作为受造物的人通过启示来认识上帝的本质提供了可能。

由此出发，阿米尼乌展开一系列繁复的概念的逻辑推演。上帝的"实质"

---

[1]　*The Works of James Arminius*，Vol. 2, p. 113.

是神圣本质的第一动因，由此上帝才被理解为是存在的，所以上帝的实质自身是免除一切原因的。由此就产生了属于上帝实质里的存在（Being）之"单纯性"（simplicity）和"无限性"（infinity）。并且，上帝实质里的单纯性模态与无限性模态之间是同一的和相互可推导性的。而无限性在涉及时间时，就被称为"永恒性"（eternity）；在涉及空间时，就被称为"不可测度性或无限大"（immensity）；由此也就有了所谓的"无感触性"（impassibility）、"永恒不变性"（immutability）以及"不可毁坏性"（incorruptibility）；等等。在这些概念基础上还可以进一步推演，譬如由上帝实质的"不可测度性或无限大"就可以推导出上帝实质的"全在性"（omnipresence）或"遍在性"（ubiquity），等等。此外，阿米尼乌还根据上帝实质的单纯性与无限性，探讨了上帝实质的"统一性"（unity）和"良善性"（goodness）。由前者可以看到上帝的"大全性"或"圣洁性"（holiness）；由后者则推导出上帝的"至善性"。对于所有这些概念的内涵以及这些概念之间的关联，阿米尼乌均从逻辑上和圣经上作出详尽的推导与论述。

　　而作为神圣本质之第二动因的"上帝之生命"，则是一种源自"上帝之实质"的行动，上帝之实质由此被表示为在其自身之内处在行动之中。这是因为"人的理解是以不同形式形成了那上帝本质中的实质与生命的概念，而关于实质的概念要先于关于生命的概念"。[1] 所以"正是在涉及其生命时，作为圣父的上帝才从其自身实质中产生出他的'道'和'灵'；正是在涉及其生命时，上帝才理解、意愿、能够做并做了所有那些他理解、意愿、能够做并实际做了的事情"。[2] 尽管可以说关于实质的概念先于关于生命的概念，但在上帝的本质中，上帝的生命就是上帝的实质，就是其存在本身。所以，关于上帝实质的一切概念譬如说不朽性（immortality）以及上述那些概念均适用于上帝的生命。具体地，就上帝的生命而言，可以说它表现为三种不同的机能或官能（faculty）。按照其本性和先后次序来说，它们是理解（understanding）、意愿（will）以及权能或能力（power or capability）。阿米尼乌进而将上帝实质的单纯性和无限性与

1　*The Works of James Arminius*，Vol. 2，p. 119.

2　*The Works of James Arminius*，Vol. 2，p. 119.

上帝生命的这三种机能结合在一起。从上帝的"理解"中推导出上帝的"全知"（omniscience）和"全智"（all-wisdom）属性；从上帝的"意愿"机能中推导出上帝的"爱"（love）、"良善"（goodness）、"恩典"（grace）、"宽厚"（benignity）、"仁慈"（mercy）、"公义"（righteousness）以及"忍耐"（patience）等属性；从上帝的"能力"机能中推出上帝的"全能性"（omnipotence）；等等。阿米尼乌在对上述这些概念的界定、含义、表现形式以及彼此之间的相互关系进行全面分析以后，更进一步指出，当上帝的所有那些事情结合在一起时，就会看到上帝的"完美或完满性"（perfection）。由上帝的完满性，通过某种内在或外在的行动，就能分别进发到上帝的"祝福"（blessedness）和上帝的"荣耀"（glory）。至此，阿米尼乌结束了他有关上帝本质的论述。

通过了"不公开"和"公开"考察与辩论后，7月11日，莱顿大学举行隆重大会，授予阿米尼乌博士学位。据伯修斯和詹姆斯·尼科尔斯讲，这是这所大学也是荷兰公开授予的第一个博士学位。[1] 当代学者卡尔·班斯则指出，这种说法，只有在假定老卢卡斯·特雷尔卡修斯不是被"公开"授予博士学位的前提下，才是正确的。[2] 授予阿米尼乌的这份博士证书，回顾和概括了自古以来的学术传统以及其他各国奉行的学术惯例，提及了荷兰的发展和对大学的授权，褒扬了阿米尼乌的成就，并允许阿米尼乌"公开和私下里解释'神圣经典'，教授宗教奥秘，辩论和撰写基督教信仰教义，主持这类辩论，解决神学问题，行使与神学博士之真正职责相关的所有公共与礼仪行为，并享受根据法律或惯例隶属于神学博士之地位与尊严的所有优惠、豁免和特权"。[3] 阿米尼乌在这次典礼上发表了题为《基督的祭司职责》的演说。这篇演说属于没有引发什么争议的作品，阿米尼乌阐释了基督的牺牲以及祭司身份对信徒的救赎意义。在演说临近结束时，阿米尼乌做了长长的祈祷，并逐一感谢了每一位莅临者。

随着时间的推移，在阿米尼乌本人即将离开阿姆斯特丹之际，曾与阿米尼乌发生争执的阿姆斯特丹"地方教会议会"亦大大减轻了针对阿米尼乌存在的

---

1   Cf. *The Works of James Arminius*, Vol. 1, pp. 33; 402, "note".

2   Carl Bang, *Arminius: A Study in the Dutch Reformation*, Nashville: Abingdon Press, 1971, p. 254.

3   *The Works of James Arminius*, Vol. 1, p. 249, "note".

敌意，取而代之的是离别的温情与祝福。到 9 月初，阿姆斯特丹"地方教会议会"和"地区教会议会"还分别为阿米尼乌开具了证明函，[1] 对阿米尼乌在过去 15 年里对教会的杰出贡献作出了积极而中肯的评价。至此，阿米尼乌在莱顿大学的教学生涯就要开始了。

从阿姆斯特丹经陆路到莱顿有四五十公里的路程。此时的莱顿城[2] 不仅是全国闻名的大学城，而且还是一个蒸蒸日上的新兴纺织业中心，前后吸引了数万人在此寻找工作和机会。一直到英国纺织业崛起后，莱顿作为工业城市才开始走向衰落，并从此一蹶不振。设想一下这个 17 世纪初叶位于旧莱茵河左岸的滨海小城的情景，总是能勾起人许多怀旧的浪漫情怀：在城里城外有许多纵横交错的天然或人工水道，发挥着灌溉、运输和防护的功能。在谈不上是郊区的城外，是连绵的草地和果园，间或有小村庄点缀其中。将莱顿与原野分割开来的是高高的城墙，上面修筑了许多军用的碉堡和民用的风车。在城内有青石铺就的街道以及街道两旁经过规划设计的密集建筑。那些以青灰色为主的四处蔓延开来的建筑当然显得有些刻板和沉闷，幸好有亮色的中世纪风格的教堂建筑，从一片人间苍茫中高耸出去，让人的身体和心灵能舒畅地呼吸。莱顿城最古老、最宏伟和最重要的教堂是位于老城中心的"圣彼得堂"；它正好处在市政厅和莱顿大学中间。其次是位于地势较高处的所谓"高地堂"。更靠北部则是更小一些的"圣玛丽堂"。

返回阔别 20 多年的母校执教，阿米尼乌内心想必是百感交集。当年，他作为一个孤儿孑然一身前来求学；如今则是携家带口——带着妻子利吉斯贝和五个年幼的孩子——回来执教。不过，阿米尼乌并没有给后人留下这一类涉及个人情感的文字记载。在莱顿期间，阿米尼乌和利吉斯贝又添了四个孩子。因而在阿米尼乌逝世后有"阿米尼乌的九个遗孤"这一说法。阿米尼乌一家搬迁到莱顿后，头几年里一直租住在一套为校监道萨拥有的、邻近一个大市场的房子里。距离学校步行大约十分钟。大概是从 1607 年起，阿米尼乌一家搬到一个距离大学更近也更适于居住的房子里。这座房子属于莱顿大学接管的老教堂供神

1　Cf. *The Works of James Arminius*，Vol. 1，pp. 34 – 36，"note".

2　Cf. William F. Warren，*In the Footsteps of Arminius：A Delightsome Pilgrimage*，New York：Phillips & Hunt，1888.

父居住的寓所，正对着彼得堂的西门。阿米尼乌一直到去世都居住在那里。阿米尼乌在莱顿大学任教时间大约为 6 年。这六载时光对他来说应该不能算是愉快的岁月。家庭琐事已经湮没无闻；但总的说来，这个家一直都是常常感到身心疲惫的阿米尼乌的宁静港湾。他的肺结核病一直都在恶化并最终夺去了他的生命。除了疾病，围绕着他发生的此起彼伏的神学争论，时而趋缓，时而激化，卷入的人越来越多，波及的层面越来越大，牵涉的后果也越来越严重。

那些争论当然首先就来自他身边，来自他执教的莱顿大学。"奥伦治的威廉"在 1575 年下令创办的这所大学，在不到 30 年的短短时间里，凭借其较高的发展起点和准确的前瞻性，已经成长为全国理智生活的中心，"塑造着这个国家的灵魂"，[1] 并在学术上已跻身欧洲一流高等学府行列，其师生水准堪与英国、法国、德国和意大利的名校一较高下。可以说，莱顿大学成为荷兰这个新兴国家最引人注目的标志和骄傲。

莱顿大学最初由神学、人文、法律和医学四个学院组成；通行拉丁语；这为他们直接与西欧学术传统并轨和从各国延揽人才铺平了道路。1600 年莫里斯亲王又为大学增设了第五所学院：工程学院，以荷兰语授课；这为形成荷兰自身文化和民族凝聚力提供了助推剂。不过，神学仍然是所有学科或科学的"王后"。阿米尼乌返回莱顿时，大学拥有在校生的规模在八九百人上下，吸纳了全国的青年精英。[2] 校址和校舍也得到明显扩张，特别是在接管附近一些废旧或废弃的修道院、老教堂和其他公共设施以后。当然，一所大学其声誉和吸引力，最主要还是建立在教职人员这一基础之上的。令莱顿大学引以为豪的是学校拥有当时新教世界里一些最优秀的学者。起初，有大名鼎鼎的历史学家贾斯特斯·利普修斯（Justus Lipsius），据说他能够记诵塔西陀的全部作品。但在 16 世纪 90 年代初，在与库恩赫特及其追随者卷入激烈争论后，利普修斯愤然离开莱顿和荷兰，到比利时的勒芬（Louvain）重新返回罗马天主教阵营，一时还成为一桩轰动性的丑闻。失去利普修斯后，莱顿大学将目光转向伟大的法国古典学者约瑟夫·贾斯特斯·斯卡利杰。斯卡利杰被誉为"近现代最伟大的学者"和

1　A. W. Harrison, *The Beginnings of Arminianism*, University of London Press, 1926, p. 54.

2　Cf. A. W. Harrison, *The Beginnings of Arminianism*, University of London Press, 1926, p. 54.

"知识最渊博的头脑"。[1] 他精通十三门语言。在其具有传奇彩色的知识生涯中，据说，他用 21 天时间就熟记了全部荷马诗篇，用三个月时间记住了其他希腊诗人的所有作品，用两年时间记住了整个希腊文学作品。在知识与学术万神殿里，他仿佛就是高高在上的奥林匹亚神。斯卡利杰起初总是用种种借口来搪塞莱顿的邀请，无奈在莱顿大学盛情礼遇下，以及在荷兰最高执政官和"奥伦治亲王"双重压力下，只得从 1593 年起居住在莱顿大学直至 1609 年逝世。学校还为讨厌上课的斯卡利杰免除了教学任务。所以他的身份实际上超越了单纯意义上的教授身份，而更像是驻校的杰出学者。斯卡利杰从未直接卷入发生在莱顿教授之间的神学争论，他对身边的神学争论基本上是漠然处之。喜于挖苦而吝于表扬他人的斯卡利杰，对朱尼厄斯和戈马鲁斯的评价近于轻蔑，而对阿米尼乌的评价在神学教授中尚算是最好的。

在斯卡利杰以下，莱顿大学在许多学科和领域都拥有欧洲出类拔萃的佼佼者，学校最早创办人校监道萨本人就是一位著名人文主义者，其他校监中也不乏兼精治校与治学者。在其他著名教授中，乔安尼斯·格劳秀斯的兄弟科尼利斯·格劳秀斯（Cornelis Grotius）任法学教授。利吉斯贝在阿姆斯特丹时的邻居彼得勒斯·鲍乌（Petrus Pauw）为医学教授。全才杰拉杜斯·邦修斯（Gerardus Bontius）精通解剖学、植物学、天文学和数学。卡罗勒斯·克卢修斯（Carolus Clusius）擅长医药学。鲁道夫斯·斯尼留斯任数学教授。保卢斯·默鲁拉为历史学教授。波纳文图拉·瓦尔卡纽斯（Bonaventura Vulcanius）教授希腊文。吉赫尔默斯·科达厄斯（Guihelmus Coddaeus）教授希伯来文。在斯卡利杰弟子中，最突出的有两位，一位是丹尼尔·海因修斯（Daniel Heinsius），他在莱顿任拉丁语教授，并成为那个时代最重要的古典学者之一；另一位就是人类历史上屈指可数的早慧天才雨果·格劳秀斯，他将会在荷兰和欧洲的政治文化和学术生活中发挥重要作用；此外，他也是第一个明确建议邀请阿米尼乌到莱顿执教的重要人物。作为众学科"王后"的神学，也同样拥有一流的师资。戈马鲁斯和小特雷尔卡修斯教授神学，库克里奴斯和伯修斯分任正副学监。阿米尼乌的加盟更是如虎添翼。对于阿米尼乌前往莱顿大学执教，后世研究者

1　A. W. Harrison, *The Beginnings of Arminianism*, University of London Press, 1926, p. 51.

A. W. 哈里森（Harrison）这样总结道，"阿米尼乌现在加入了在那个时代在欧洲所能发现的最具学识的学者小圈子；而他也证明自己足以胜任这样一种考验"。[1]

在莱顿城里，大学教授们生活在一个相对独立或者半封闭性的圈子里，他们同城市公共生活只有一些松散而零星的联系。这是他们彼此不同的身份、背景、兴趣和教育所使然。所以，当代学者卡尔·班斯从"后见之明"角度感叹道，时任莱顿教授的阿米尼乌，很可能对紧靠学校北边一个磨坊主家里于1606年出生的名叫伦勃朗（Rembrandt）的孩子一无所知；也很可能对1609年春约翰·鲁宾逊（John Robinson）牧师带领一百多位英国分离派分子从阿姆斯特丹迁居莱顿无暇多顾，而那些英国分离派分子后来则成为乘坐"五月花"号前往北美的"清教徒移民先驱"。[2] 确实，那时莱顿教授的教学任务是相当繁重的。从周一到周六，几乎每个上午和下午都要授课和指导学生，此外还要负责许多学校或教会里的辩论、会议和书信往来。

阿米尼乌大约是在1603年9月末到莱顿大学正式开始教学工作的。此时的阿米尼乌大约44岁，正值生命的鼎盛期；已经成长为一个精明干练的牧师，一个技艺娴熟的逻辑学家，和一个孜孜不倦、锲而不舍的神学家，并俨然成为一个源自荷兰新教初始基础上的新神学学派的领袖。而且，阿米尼乌清楚自己所涉及神学问题的敏感性。所以，不论在此前还是在今后的教学生涯中，他都格外小心谨慎，并力争在不妥协自己立场前提下，尽量避免冒犯他人。难能可贵的是，在与普兰修斯、戈马鲁斯以及任何人的对谈与辩论中，阿米尼乌有时可能显得谨慎有余，但他始终未曾说过与自己所持立场相反的观点；当被直接问及相关敏感问题时，阿米尼乌始终未曾否认、歪曲或刻意隐瞒自己的观点，也始终未曾在神学方面表达过言不由衷的想法，展示了一个正直学者与人应有的品质。不过，在执教之初，他可以暂时把那些高深莫测的敏感问题搁置一旁，从而先专注于神学教学的一些基本问题，譬如"何为神学以及神学为何"那一类问题。

1　A. W. Harrison, *The Beginnings of Arminianism*, University of London Press, 1926, p. 52.

2　Cf. Carl Bang, *Arminius: A Study in the Dutch Reformation*, Nashville: Abingdon Press, 1971, p. 249.

第三节 神学的对象、作者、目的与确定性

詹姆斯·阿米尼乌于 1603 年秋季开始就任莱顿大学神学教授一职。在经过多年教会教牧工作之后，转而开始在大学校园里教授神学，这对于阿米尼乌来说毫无疑问又属于一次重要的人生转折。不过，他也正好可以把过去 15 年教牧实践中的反思和心得，应用于神学教育中。就任之初，阿米尼乌就"何为神学及其基本问题"，公开发表了三篇面向神学生所作的演讲，它们表明了阿米尼乌对于神学这门学科的基本看法与理解，同时也表明了阿米尼乌希望学生们热爱神学学习并以此为荣的真切希望。这三篇演讲的题目分别是《神学的对象》《神学的作者与目的》以及《圣神学的确定性》。阿米尼乌对所有这三个论题所提供的答案，用最简单的话来说，那就是上帝。

第一篇演讲是《神学的对象》。阿米尼乌在开场白里，简要描述了自己是如何承蒙厚爱被委任此项要职，以及自己又是如何以惶恐之心和谦卑之情接受此项重要使命的。在阿米尼乌看来，以圣洁、谦逊和良心来从事这项使命，正是自己教授神学时必须要恪守的准则。[1] 同时，阿米尼乌还表明自己讲授或阐述神学时将要采用的风格："我选择了平实性和简明性，因为神学不需要装饰。"[2] 纵观阿米尼乌以后的神学发展历程，可以说，凭借圣洁、谦卑和良心来行事正是阿米尼乌神学的基本准则，而平实性和简明性则构成阿米尼乌神学的一贯风格和特征。

阿米尼乌指出，"上帝自己就是神学的对象。这个术语就表明了这一点：神学所指的就是关于上帝的言说或思考"。[3] 所有其他学科，譬如哲学、文学、医学、法学、经济学等，都拥有自己值得人们付出勤奋和智力的相关研究对象，但所有这些学科的对象又都隶属于上帝之下，并从上帝那里获得了它们最初的起源和发端。唯有神学所涉及的是存在的存在、原因的原因、自然的原则以及存在于自然之中并为自然所支撑和围绕着的恩典。神学是科学殿堂里的"君

---

1 Cf. *The Works of James Arminius*, Vol. 1, p. 323.

2 *The Works of James Arminius*, Vol. 1, p. 324.

3 *The Works of James Arminius*, Vol. 1, p. 324.

王", 其他各种学科全隶属于它的宝座之下。这一切就是由于神学的对象亦即上帝的特性所决定的, 因为唯有上帝本身才是最完善、最伟大和永恒不变的; 唯有上帝对人的心智和思维的展现才是最清晰、最明确和最充分的; 唯有上帝才能最全面地满足精神和心灵那无限的愿望与渴求。神学对象的至高无上性, 决定了神学这门学科具有比其他任何学科更为崇高的地位和价值。

既然上帝是我们在此生得以对上帝形成某种认识之神学的对象, 那么就不仅需要断定上帝是神学的对象, 而且还需要进一步确定上帝由此成为"我们神学"(our Theology) 之主题的那种形式关系 (the formal relation), 亦即以一种逻辑和理性的关联和模式, 来表明上帝是如何成为"我们神学"之主题的。"我们神学"的这种内在有限性与"我们神学"之对象的无限性之间的不对等性, 使得在建构"我们神学"时, 应当考虑到以下三个因素: "第一, 我们不能够按照其无限性本质来接受这个对象, 我们的必然性需要以一种适应于我们能力的方式来接受它。第二, 在启示的最初时刻, 是不应当以如此之大的程度, 通过恩典之光来揭示和彰明它的; 只有当人的心灵被荣耀之光启明, 并 (通过那个过程) 被扩大至更强大的能力时, 它才有可能被人的心灵接受进来, 因为通过对恩典知识的正当运用, 我们必定会上升 (根据神圣公义的规则) 至对荣耀具有更崇高的认识⋯⋯第三, 这个对象并不仅仅只是摆在'我们神学'面前被加以认识的, 而是要在认识之后, 再加以崇拜。所以属于此世的'神学'是实践性的, 并且要经由信仰。"[1] 也正是"我们神学"要使我们能够崇拜上帝这一点, 在根本上决定了上帝成为"我们神学"之主题的形式关系, 决定了我们应当建构什么样的神学。具体地, 神学涉及其对象的三个方面: 上帝的本质譬如良善、智慧与公义, 上帝的行动譬如创世与神佑, 以及上帝的意志譬如接受崇拜并作出应许, 从而使得我们能够认识和崇拜那唯一的真神。

不过, 更准确地讲, 上述情形似乎更适合于所谓的"律法神学"(legal theology)。阿米尼乌认为, 这种律法神学只适合于人的原初状态。人在其原初的诚实正直 (original integrity) 中, 在上帝保护性的恩惠与仁慈下, 是能够按

1　*The Works of James Arminius*, Vol. 1, p. 328.

照上帝所规定的律法公义法则对神表示崇拜的。但是当人由于违背了那种律法而从其原初诚实正直中堕落之后，人就成为愤怒与谴责的对象。人如若要获得救赎，仅靠律法本身是不够的，因而也就必须要有另一种启示，并引入另一种不同类型的神学：这就是耶稣基督的启示。这样的神学不仅以上帝为对象，而且还以耶稣基督为对象。相应地，这种神学也就可以被称为"基督神学"（Christian theology）——它不通过律法而是通过耶稣基督的福音加以表明的。在"基督神学"里，有两个对象亦即上帝和基督成为罪人获得救赎的基础。这两个对象之间的关系既是融合性又是从属性的。一方面，由于这两个对象是相互融合性的，所以就使得"基督神学"无限地高于或优于"律法神学"。在"基督神学"里，上帝在最大程度或最高级别上实现了其良善、伟大和永恒不变性；"基督神学"以在基督里的上帝为洞见与认识的对象，达到了最大的直接性和明晰性；同时，"基督神学"还最充分地满足了人的心灵与愿望。另一方面，这两个对象之间又是隶属性的，即基督从属于上帝：上帝对人的一切救赎性传递以及人对上帝的一切崇拜性沟通，都是借助于基督的干预或中介而实施和实现的。换言之，在人的堕落性与上帝的神圣不容亵渎性及正义性之间，横亘着一条单靠人的力量无法逾越的鸿沟，唯有通过基督宝血的赎罪，才为人神之间的和好提供了可能；以至于人们只有信仰基督才能够信仰上帝。在获得上帝的救赎并将其传递给人的方面，基督的中介调停是不可或缺的。而另一方面，对基督的信仰，对于人能够接受这种救赎也同样是必需的。换言之，阿米尼乌不仅强调基督的十字架对人之拯救的重要性，而且还特别看重对基督十字架的信仰在获得那种拯救中的重要意义。对信仰的强调，体现了阿米尼乌所秉承的宗教改革者"唯有信仰"的一贯立场。

在这篇演讲末尾，阿米尼乌作为神学教授热切勉励那些神学生，要以勤勉、圣洁和热情来学习这种神圣的知识。他深情地说道："可见，神学，尤其我们的基督神学，由于其上帝和基督的双重对象，是何其尊贵、庄严、辉煌和充裕！所有那些禀有下列荣耀者——按照上帝形象塑造成的人、更庄严地被称之为'基督徒'的人以及'按照上帝与基督形象而重生的人'——都应当最认真、最热切地投身于这种神学的知识之中，都应当认为，与对其他任何对象相比，对这个对象付出他们艰辛的眷注或激发起他们的潜能，会更有价值、令人愉悦或使人获益。"[1]

第二篇演讲是《神学的作者与目的》。这篇演讲不仅在论述内容与主题上与前一篇演讲紧密衔接，而且在论证与分析问题时，所采用的方法与逻辑也与前一篇演讲一脉相承。从标题上就可以看到，这篇演讲其实论述的是两个问题：神学的作者以及神学的目的。首先阿米尼乌从"律法神学"与"福音神学"（evangelical theology）两个方面，表明上帝以及在基督里的上帝就是神学的作者："上帝是律法神学的作者；上帝及其基督，抑或在基督里并经由基督的上帝，是福音神学的作者。因为圣经见证了这一点，神学对象的本质也决定了这一点。"[2]

就律法神学的作者而言，阿米尼乌驾轻就熟地运用大量圣经经文阐明了其作者就是上帝。譬如在人堕落之前，上帝曾吩咐人说，"园中各样树上的果子，你可以随意吃，只是分别善恶树上的果子，你不可吃"（《圣经·创世记》2：16，17）。在这段经文里，既包含一种威胁——以防人做出欺骗行为，又包含一种应许——以生命树的形式，只要人听从那诫命。阿米尼乌指出，在这项立法行为之前，人已经预先知道两件事情：上帝那智慧、良善、正义和权能的本质；上帝那基于创世行为之上的发布诫命的权威。上帝的明确诫命以及在这些诫命之前有关上帝的相关认识，全都来自上帝；上帝是这一切的作者。所以使徒保罗能够断言，"神的事情，人所能知道的，原显明在人心里，因为神已经给他们显明"（《圣经·罗马书》1：19）。在数不胜数的圣经经文证据之外，神学对象的本质也决定了律法神学的内容，因为上帝是世界的创造者，上帝的卓越与尊严也必定远超世界以及人的能力。有关律法神学的一切内容，只有在上帝将它们启示出来以后，它们才能为人所认知与理解。这就充分证明了上帝就是其作者。

类似地，就福音神学的作者而言，阿米尼乌同样从圣经经文和神学对象两个方面予以解说。事实上，在圣经中存在着大量有关段落，但阿米尼乌认为最能够说明问题的段落莫过于下列经文："除了父，没有人知道子；除了子和子所

1　*The Works of James Arminius*, Vol. 1, p. 345.

2　*The Works of James Arminius*, Vol. 1, p. 349.

愿意指示的，没有人知道父"（《圣经·马太福音》11：27）。就福音神学的对象性质来看，那包含在福音里的"好消息"，以及它所揭示的上帝及基督的旨意与行动，绝无可能来自人的单纯认知，亦无可能从创世时起就刻印在人的观念和头脑里。它们只能来自上帝与基督的启示和显明。任何人只要认真沉思一下福音里揭示出的上帝之行动与意志，深思一下"道"与"肉身"的结合，等等，都会不得不承认所有这些知识只能来自上帝与基督的启示。总之，阿米尼乌不但认为福音神学要远远高于律法神学，而且还进一步将律法神学展现的上帝之智慧、良善与权能称为"自然性的"，将福音神学展现的那种智慧、良善与权能称之为"超自然性的"。[1] 就这样，阿米尼乌在这篇演讲里表明了上帝是神学的作者，上帝及其基督是福音神学的作者；表明了上帝及其基督在哪些方面被看作作出了这种启示；表明了上帝及其基督在神学启示里运用了哪些特性；还表明了上帝及其基督是以何种方式来显明这种神学的。

在阐明神学的作者这个问题之后，阿米尼乌遵循相同的理路，论述了神学的目的这一相关问题。事实上，那构成了神学之作者与对象的位格，同样也就是神学的目的之所在。这在逻辑上亦是顺理成章的推演。既然其作者是首要的存在，那么他也必然是首要的善；既然是首要的存在和首要的善，那么他也就必然是万物的终极目的。换言之，既然这首要的"存在"与"善"，屈尊俯就并使自己延展出去，以成为某一理性受造物之官能或能力的对象，那么这个理性受造物，在某种意义上就有可能与他结合在一起。而这受造物在对这个对象完成某种行为之后，也就绝无可能再超越他或使自己进一步延展出去以寻求更大的善；这受造物必然而然地会将自己限制在他之内。他就是万物的终极目的。同时，由于这首要的"善"对于受造物来说，既非只是处在应许之中，亦非只是处在愿望之中，而是要实际地加以接受，所以神学的目的可以说就是上帝，或者更可以被恰如其分地说成是"上帝与人的结合"[2]——从而使人获得救赎、上帝获得荣耀。同理，当具体涉及福音神学时，其目的则是上帝与基督，则是人与他们两者的结合。

1　Cf. *The Works of James Arminius*, Vol. 1, p. 360.

2　Cf. *The Works of James Arminius*, Vol. 1, p. 362.

假如人们只是确信神学是源自上帝、导向上帝以及关于上帝的神圣性东西，但却无法与此同时也确信，他们必定能够获得他们所渴望对象的知识和那被祝福的目的，他们也还是无从真切地献身于这种探究和寻求之中。人们需要有确切的证据和一种坚定的信念来保证他们能够领悟和信仰那神启之"道"。这就是阿米尼乌初到莱顿执教时发表的第三篇演讲《圣神学的确定性》所要论述的内容。在第三篇演讲中，阿米尼乌没有沿袭前两篇演讲采用的"律法神学"与"福音神学"的二分法。这主要是由论述内容的性质决定的，因为上述两种神学拥有同等程度的真理，并且达致上述两种神学之知识的方式也相同——这就是确定性，所以阿米尼乌采用一般性形式来论述"神学之确定性"这个主题。

阿米尼乌认为，所谓一般意义上的"确定性"或"确信"或"确据"（certainty），"就是思想或理解的一种特性、是知识的一种模态，据此心灵或思想能知道一个对象是其所是，并确定它能如其所是地知道那个对象"。[1] 与其知识伴随有对立面之疑虑的所谓"观念"（opinion）不同，"确信"或"确定性"包括事物本身的真理，以及在思想中对它如所描述那般的一种领悟或理解——这种领悟或理解亦被称为真理。事实上，确信与真理在这里是密切结合在一起的，以至于它们彼此是可以互相置换的。根据"确定性"的成因，可以区分出三种不同种类的"确定性"；它们分别是来自感觉或意识的确定性、来自推理或辩论的确定性以及来自信仰的确定性。

神学的确定性则是属于这后一种确定性，因为神学对象的特性决定了这一点。阿米尼乌说道，"上帝是真实的存在，是唯一必然的存在——因为其本质的必然性。基督是真实的存在，是由上帝的意志而得以存在；基督亦是必然的存在，因为他将持久到永远。在我们的神学里，被归于上帝的那些事物，部分属于其本质，部分因其自由意志而与其本质相吻合。凭借其本质，生命、智慧、良善、正义、仁慈、意志与权能属于他——这是一种自然而绝对的必然性。凭借其自由意志，他所有关乎受造物的意志与行为都与其本质相吻合，并且是永恒不变的"。[2] 所有其他的事物全都不具有上帝及其基督所具有的那种必然性。

---

1   *The Works of James Arminius*, Vol. 1, p. 375.

2   *The Works of James Arminius*, Vol. 1, p. 377.

所以，神学的真理与必然性，远远超越其他学科拥有的必然性。换言之，既然神学的对象在确定性上远远超越其他学科的对象，那么关于这种对象的知识也就获得了最大限度的确定性。况且，不论人的感觉经验还是人的理智理解，都无法自主地对这个对象获得认识和了解；这个对象只能为他自己所认识。故而，如果上帝及其基督应当被认识、被崇拜的话，启示就是必不可少的。凭借启示，上帝就将自己及其基督展现为人之理解的对象。同时，上帝的这种展现，对人的救赎与神的荣耀而言，就是对其特性、情感与行动的全部而充足的展现。

　　按照我们当代人的看法，阿米尼乌在这里采用的论证方式，在某种程度上带有循环论证的意味，因为他坚持，上帝及其基督"应当被认识和崇拜，所以他们两者的启示就是必然的；而因为这种启示是必然的，所以它是由上帝完成的"。[1] 不过，阿米尼乌从他那个时代不证自明的公理乃至从一些信条出发，因而在他本人以及听众那里都没有引起什么问题。事实上，阿米尼乌强调启示的确定性问题是其他一切教义的基础："除非能够确凿无疑和明白无误地表明已经作出了启示，否则探究和探讨启示由其作出并包含在其中的'道'（the word）就是枉然。"[2] 阿米尼乌列出四点理由。第一，上帝的本质最清楚地表明，已经作出了有关上帝自己及其基督的启示。否则，上帝的良善、仁慈以及传递的祝福，就不可能成为认识的对象。第二，从人的本质与状况那里可以逆向推知这种启示的必然性。第三，当考虑到上帝与人的关系时，立即就能明白上帝已经作出了这种启示。宗教不是人的发明，它源自上帝要按照自己的意愿与规则来接受崇拜的意志和行为。第四，耶稣基督最清楚地表明了上帝的启示，最丰盛地揭示和展现了上帝的智慧、仁慈与权能。总之，正是经由那被宣告的"上帝之道"，人们才拥有了神学的启示，甚或，"这种'道'本身就构成了我们的神学"。[3] 既然上帝的启示已经由那业已公布的"上帝之道"作出了，并且就包含在那种"上帝之道"里，既然我们可以断定那种"上帝之道"只能见之于由《旧约》与《新约》组成的《圣经》里，那么圣经的相关话语就最好地表明了我们神学的确定性。

1　*The Works of James Arminius*，Vol. 1，p. 379.

2　*The Works of James Arminius*，Vol. 1，p. 379.

3　*The Works of James Arminius*，Vol. 1，p. 381.

对此，阿米尼乌从三个方面加以考察：首先，是上帝对人所要求的确定性或者那种类型的确定性，由此上帝乐意使得这种"道"被人看作首要的确定性或确信。上帝希望这种"道"被接受为信仰的确定性，通过这种确定性，这种"道"不仅被看作真实的，而且还是神圣的。"上帝要求应将那种信仰赋予他的'道'，由此那表达在他的'道'里的那些意义能够被理解——就其对人的救赎与神的荣耀是必不可少的而言；能够被确凿无疑地认作神圣的——被深信并被接纳为首要的真理和人之首要的善。"[1] 而这种真实无误和活生生的信仰，就是信仰上帝和基督，信仰上帝是我们的天父、基督是我们的救主。这就是上帝要求的那种确定性和信仰。其次，那种"道"的真理或其神圣性是能够加以证实的。由此阿米尼乌不惮其烦地从预言、奇迹、教会等八个方面，详尽论证了这种"道"的确定性与神圣性。最后，则是那种神圣性与确定性的信念是如何进入人心或精神之中的，亦即所谓的圣灵之内在见证的问题。圣灵通过神感默示（inspiration），不仅为人提供了可资利用的"上帝之道"，而且还使人能够认识和理解"上帝之道"的神圣意义。

最后，阿米尼乌以一段充满激情的话语，总结了这三篇有关神学基本问题的系列演讲："如若要探究其对象，那向我们所指出的就是经由圣灵的上帝与基督；如若要探询其作者，上帝与基督经由圣灵的运作就会自然而然地呈现出来；如若要考察那设定的目的，就有我们与上帝及基督的结合——这个目的唯有经由圣灵的传递才能获得；如若要探究那教义的真理性与确定性，在基督里的上帝，凭借圣灵的功效，最清楚明白地向我们的心灵表明了其真理性，并用最有力的方式将其确定性封存在了我们的心灵深处。"[2] 这样，阿米尼乌就结束了他的演讲。这些演讲无论是在他的支持者那里还是在反对者那里都没有产生什么异议；它们获得了高度的认同和赞扬。

初到莱顿的阿米尼乌的这三篇开场演讲简洁、清楚、明白，一反神学演讲惯有的繁复、晦涩与玄虚，给人耳目一新的感觉。看来他长期在教会里宣教布道的经历，已经磨砺锻造了他言说与表述神学的特殊风格。不仅如此，长期的

1　*The Works of James Arminius*, Vol. 1, p. 382.

2　*The Works of James Arminius*, Vol. 1, p. 401.

教会实践，也使得阿米尼乌"唯有圣经"的神学风格愈发明显。他授课采用的语言基本上是圣经式的，而非"经院哲学"式的。事实上，他反对过度运用经院哲学方法和概念来诠释基督教教义和神学，而这一点在以后也为那些对他疑心重重的人留下攻击的把柄。阿米尼乌认为神学不应耽于无所节制的形而上学的沉思与推理，而应面向基督救赎与福音宣教的实践。这三篇演说赢得慕名前来聆听的广大师生的心悦诚服，获得了一致好评。就这样，阿米尼乌为自己在莱顿大学的教学生涯开启了一个良好开端。

第四节　宗教分歧的议论、辩论与争论

阿米尼乌在莱顿大学刚开始的教学任务是"预讲"（prelection）"旧约""先知书"中的"约拿书"，主要内容是连同各种注释或注解来阅读学习相关的圣经经文。"约拿书"是阿米尼乌本人比较喜爱的圣经内容。他在阿姆斯特丹时期就在教会里系统宣讲过它。现在"预讲"这部分经文，对阿米尼乌来说应该是驾轻就熟的事情。不过在教会里使用的是荷兰语，在教室里使用的是拉丁语。阿米尼乌清晰、明确和精辟的授课方式在学校里取得良好反响，逐渐成为深受学生们喜爱和敬佩的神学教授。

而阿米尼乌的敌手，特别是处在前台的戈马鲁斯、隐身后台的普兰修斯以及地方教会的赫尔米丘斯等人，虽然在表面上与阿米尼乌维持着和平相处的关系，但在暗地里却对阿米尼乌始终保持着猜忌和怀疑态度。他们总是怀疑阿米尼乌在用微妙的论证，悄悄蚕食和破坏着加尔文主义信仰的基础，在潜移默化地影响并引诱着年青一代教牧人员的思想与心灵。他们过去有好几次想要"抓住"他，但总是被他巧妙地"逃脱"了。所以，他们现在只能满怀警觉地静静等待着时机。怀有这般忌恨心态，势必就会寻隙生事、小题大做。譬如，阿米尼乌不赞成学生过多纠缠于烦琐的推理问题，就招来异样眼光。再譬如，阿米尼乌在讲解"约拿书"时，附带性地讲到相关联的"新约"部分内容，就被戈马鲁斯指责为侵犯了他作为"首席教授"的地盘；好在阿米尼乌据理力争，指出按约定只要不是直接属于戈马鲁斯授课内容的部分，他都可以自由讲解；这一立场得到校方的支持。

　　"公开辩论"是莱顿大学神学院一项常规教学活动。通常由师生轮流就某些神学议题提出见解，并指定专人作为回应者，在校内进行公开或不公开探讨与辩论。1604 年 2 月 7 日，阿米尼乌"公开辩论"的论题正好是"预定"。这是他执教莱顿大学后第一次直接面对这一敏感问题。对此，阿米尼乌的处理方式是既不胆怯畏缩也不刻意冒犯挑衅。他采用适度温和的措辞，既没有对那些极端预定论者指名道姓，也没有将极端预定论作为自己批判的对象。他只是态度平和地依照圣经见解说出自己的看法。在他看来，预定是被置于基督论下的预定；预定是信仰者的预定。阿米尼乌指出，"预定"（predestination）一词在希腊文里是"Προορισμου"，它源自动词"Προοριζειν"，意思是在某事开始或实施之前就决定了某事。所谓上帝的"预定"，在广义上是指上帝监管万物的命令，其含义与"神佑"（providence）相同；在狭义上主要是指对人的预定："有时它包括拣选者（the elect）和弃绝者（the reprobate），有时则只指拣选者，而以弃绝者为其对立面。"[1] "由圣经所提出的这一教义，其作用是极其重大的。它有助于确立上帝恩典的荣耀，抚慰痛楚的良心，恐吓邪恶者并驱散他们的麻痹意识"。[2] 后来在"不公开辩论》第四十"中，阿米尼乌还进一步明确界定了他所理解的"预定"："预定是那在基督里的上帝出于美意（good pleasure）所作的命令，由此上帝从永恒中在他自身内决定了要使信仰者称义、接纳信仰者并赋予信仰者以永生，以赞美其恩典的荣耀，并宣告其正义。"[3] 在这里，基督实际上是这种预定的基础，是那种命令决定要赋予信仰者那些祝福的"获致因"（meritorious cause）。所以这种预定是福音性的，因而也是命令性和不可改变性的。总之，阿米尼乌有关这一教义的看法，早在阿姆斯特丹时期就已经形成成熟而稳定的观点。在这种所谓"公开辩论"中，他只需要提炼和浓缩自己阿姆斯特丹时期的所思所想就足够了。

　　接下来，阿米尼乌在 5 月 29 日的"公开辩论"中讨论了"教会"问题，在 7 月的"公开辩论"中又讨论了"人类初祖的罪"。在后一次辩论中，阿米尼乌当着戈马鲁斯和小特雷尔卡修斯的面，进一步强化了自己的观点，即最初

1　*The Works of James Arminius*, Vol. 2, p. 226.

2　*The Works of James Arminius*, Vol. 2, p. 229.

3　*The Works of James Arminius*, Vol. 2, p. 392.

的罪是偶然的而非必然的。这愈加激起戈马鲁斯等人的不满。不过，这回在大学教职人员之间并没有发生直接争论，倒是碰巧前来莱顿的赫尔米丘斯，就偶然性与必然性关系，同阿米尼乌进行了"友好的"讨论。而戈马鲁斯则在酝酿更宏大的计划。他承诺要详细解释"罗马书"第九章，同时将仔细考察一切有关预定论的观点，并提出自己的看法及证据。经过一段时间准备，戈马鲁斯似乎已经按捺不住自己激动的情绪，在没有等到合适机会出现的情况下，就打破神学院的先期计划和日程安排，不合常规并挑衅性地宣布，他将就那些原本指派给阿米尼乌的选题亦即预定论问题，发表自己的看法。对于这一不太友好和不甚礼貌的举动，阿米尼乌表示自己愿意洗耳恭听并接受一切更为合理的观点。这样，在1604年10月31日早晨，戈马鲁斯在学院公开发表了自己与伯撒如出一辙但却更加极端的预定论观点。在"序言"里，戈马鲁斯以激烈无情的语言，谴责了时下流行的一些在他看来错误的观点。虽然没有直接提及阿米尼乌的名字，但在场与会者都明白戈马鲁斯是在批评阿米尼乌。自此伊始，在莱顿城街头巷尾、贩夫走卒中开始出现一种谣传：莱顿大学神学教授之间存在着严重分歧。之后，这种不胫而走的传言就迅速传遍荷兰"联省"。

阿米尼乌自始至终都出席了戈马鲁斯的公开演说，他在现场并没有作出什么表示。但在次日写给挚友尤腾鲍加特的信函里，他诉说了自己遭受的打击和伤害。大约在这件事情之后不久，阿米尼乌的身体再次甚感不适。据猜测，这可能是他肺结核病进一步发展过程中的临时发作。待病情好转后，阿米尼乌针对戈马鲁斯关于预定论的立场，撰写了长篇回应性答复。这就是收录在英文版《阿米尼乌文集》第三卷中的《对弗朗西斯·戈马鲁斯博士关于预定命题的考察》。总的说来，这篇作品是对弗朗西斯·戈马鲁斯于1604年10月31日在莱顿大学所作"公开辩论"的回应与批评。虽然那场公开辩论的当场回应者并不是阿米尼乌本人，但由于那场辩论所涉及的预定论主题，以及戈马鲁斯就此主题所提出的一些极端化神学论纲，阿米尼乌在事后专门就戈马鲁斯论纲作出自己的评估与批判。本文的具体创作日期，可以推定大致是在1604年至1605年间。不过，阿米尼乌当时没有发表这篇论著。只是到阿米尼乌去世后，它才得以问世。但由于种种原因，这篇文献也一直没有收录在《阿米尼乌文集》里，甚至也没有收录在1635年版的拉丁文《阿米尼乌文集》里，尽管文集编辑意识到这篇文献的存在，[1] 但可能是因为无法获得阿米尼乌手稿而未能收录这篇作品。威廉·尼科尔斯的英译本，译自极其珍稀的 1645 年拉丁语本。后者是由当时担任阿姆斯特丹"抗辩派"神学院神学教职的斯蒂法奴斯·库尔塞勒斯编辑出版的。库尔塞勒斯在"序言"里声称他所获得的原本，是阿米尼乌本人亲笔书写的手稿。[2]

弗朗西斯·戈马鲁斯在其关于预定论的三十余条神学"论纲"里，将上帝神佑内容在很大程度上等同于上帝预定内容，从而将预定论推到极端化地步。戈马鲁斯立论的基点有二：一是坚持上帝在既没有预见某一理智受造物所具有的某种特性，亦没有预见由其所完成的某种行为的情形下，就预先决定了赋予这一理智受造物以永生或者永罚。二是坚持在原初正义状态里的创世与造人，是上帝决定的实施其预定命令的一种手段或途径。对于这两点，阿米尼乌均给予断然的否定。因为上述第一点排除了人的犯罪和基督的救赎；第二点则为堕落前乃至创世前的机械预定开启了可能。事实上，"创世先于实际的顺从与不顺从；而救赎与永罚则后于实际的顺从与不顺从。永罚以不顺从为致获因（meritorious cause）。致获因即是驱动因（impulsive cause）；但由于它既不是总体因，亦不是直接因，所以上帝基于这种离弃而想要谴责的意愿，就是谴责甚至就是弃绝的首要和直接的原因；这就是要谴责的意志力。而且，由于上帝已经通过其永恒命令决定要在基督里称义信仰者、谴责不信仰者，所以上帝没有指定任何具体的人以永罚和永死，除非上帝将其看作不信仰者。而这并不意味着上帝的命令有赖于一种条件，因为正是上帝自己设置了那种条件，并以这样一种次序，将信仰与正义和生命相关联，将不信仰与永罚和永死相关联；而这种次序则使得前者在先、后者在后。而由于上帝使他自己做了如此安排，由于上帝是永恒不变和绝不对立于他自己的，所以上帝不能决定要谴责任何人除非是不信仰者，不能称义任何人除非是信仰者；亦即上帝不能指定要将正义或谴责赋予任何人，除非上帝在永恒中将其看作信仰者或者不信仰者；而信仰者之成为信仰者是出于上帝的恩典，不信仰者之成为不信仰者则是出于他自己的过

1　Cf. *The Works of James Arminius*, Vol. 3, pp. 10 – 11.

2　*The Works of James Arminius*, Vol. 3, p. 523, "note".

错和犯罪"。[1]

1605 年年初，阿米尼乌被任命为大学"首席院长"（*Rector Magnificus*）。这一职位是莱顿大学每年一度推选出来的轮值学校首席行政官。这种任命反映了大多数教职人员对阿米尼乌的信任与尊重。但是阿米尼乌的敌人却不这么认为，他们在密切监视阿米尼乌的一言一行。阿米尼乌的几乎每一举动，在他们那些充满狐疑猜忌的眼光里，都能显得那么蹊跷怪异；他们总是能够借助自己夸张离奇的想象，编派出许许多多的"故事或说辞"。在那个宗教热忱极其高涨的环境里，在国家存亡与个人安危仍属岌岌可危的社会氛围里，这一类谣传更是获得最佳生长的土壤和空间。而莱顿大学毕业或者休假的部分学生的不慎言辞，似乎又为那些谣传添加了一些口实。如此，微妙精细的神学争论，一旦越过大学围墙，流布到街市坊间成为粗鄙谈资，事情的起因和真相常常就会迅速被最大限度地扭曲和篡改，标签化、简单化和粗鄙化往往在所难免，催生和滋长的大都是宗派情绪、盲目狂热和愚昧偏执。

这些针对阿米尼乌教学的荒唐事可谓层出不穷。只要阿米尼乌在讲解改革宗"信纲"时稍有出入，就会说阿米尼乌企图否定或修改加尔文主义"信纲"。只要阿米尼乌在讲课中引用到路德宗或其他宗派的著述家，就会指责阿米尼乌改宗叛国。如果能在阿米尼乌言论中发现任何可疑的东西，他们就会大做文章。如果不能在阿米尼乌言论中发现可疑的东西，他们就会怀疑阿米尼乌在私下里秘密传授异端邪说。在阿米尼乌敌人那里，阿米尼乌简直成了新教改革宗信仰的否定者、新颖教义学说的发明者和古老异端的复活者。对此忍无可忍的阿米尼乌，曾找到谣言的主要制造者莱顿牧师费斯特斯·霍缪斯进行当面公开对质，并迫使后者暂时停止了对自己的造谣中伤。而阿米尼乌的其他敌人仍在利用一切可能的手段打击阿米尼乌。在神学院里，库克里奴斯修改课程安排以阻止学生聆听阿米尼乌授课。在课堂上，戈马鲁斯借故严厉斥责了追随阿米尼乌的学生。在阿姆斯特丹，普兰修斯等人开始重新审查和刁难与阿米尼乌过从甚密的学生乔安尼斯·纳修斯（Joannes Narsius），并最终导致纳修斯无法按照原定协议在阿姆斯特丹教会履职。

1　*The Works of James Arminius*, Vol. 3, p. 567.

　　阿米尼乌则按照自己的方式和步调，面对极端预定论者进行了迂回反击。
1605 年 5 月 4 日，阿米尼乌利用学院"公开辩论"机会，专门就"神圣佑护"
（divine providence）问题发表了观点，题目是《论神圣佑护对于恶的正义性与
效用性》。神佑是与预定紧密相连并且相互交叉的观念。阿米尼乌在关于"预
定"的"公开辩论"中指出，广义的预定就是神圣佑护。在以后的"《不公开
的辩论》第二十八"中，阿米尼乌认为可以将神佑界定为"上帝之关切性的、
全面有力的、持续性的看护与监察；它是上帝为了整个世界以及受造物尤其虔
敬者的利益，为了宣告其神圣的完满性，以一种适合于他自己也与其受造物相
称的方式，借以对整个世界以及对其受造物的行动与情感，所行使的一种一般
性关怀"。[1]　上帝所实施的神佑行为包括保护和管理；其原则是依照上帝的智
慧；其作用方式既有直接又有间接的。在 5 月 4 日的"公开辩论"中，阿米尼
乌专门针对"恶"阐释了"神佑"。他虽然没有直接攻击极端预定论，但迂回
性地提出一种有别于堕落前预定论的解决方案，从侧面对堕落前预定论的狭隘
解释予以理论上的打击。

　　阿米尼乌指出，世界上恶（evil）或者罪的存在，使得有些人无法接受上
帝的神佑（providence）论，即上帝对禀有理性和自由意志的受造物及其行为或
行动的佑护。这些人所持理由如下：上帝当然是良善、全知和全能的，如果上
帝实际佑护看顾着他的理性受造物以及行动，那么他就会完全阻止恶或罪的发
生；既然恶或罪是现实的存在，如果坚持神佑论，就只能使上帝本身陷于责备
而使其受造物免却了罪责。有鉴于此，阿米尼乌详细分析了神圣佑护关于恶的
功效或效能（efficiency）问题。恶或罪不仅可以被看作一种"行为"，而且还
可以被看作"对律法的违犯"。其中，前者构成罪的质料因，后者构成罪的形
式因。"上帝对罪恶的功效既关乎行为本身又关乎其邪恶性。"[2]　就罪恶的开始
而言，上帝之功效包括有特定模态的阻碍和允许，同时还包括对激发罪恶的理
由和机会的监管，以及上帝之同时发生的行为；就罪恶的进展而言，上帝之功
效包括有指导和规定；就罪恶的终结而言，上帝之功效包括有惩罚和宽恕。在

1　*The Works of James Arminius*, Vol. 2, p. 367.

2　*The Works of James Arminius*, Vol. 2, p. 164.

涉及罪恶之时，上帝佑护的功效正是通过上述这些模式加以运作的。

概括地说，"（1）就对罪的'阻碍'而言，上帝所使用的东西就其自身本性来说是足以加以阻碍的，而受造物由此也有责任被阻碍去犯罪，而且受造物由此也可以被实际地加以阻止，除非受造物作出抵制或者有负于所供给的恩典。当然，上帝并不一定使用所有有可能阻碍罪恶的手段。（2）罪恶的原因更不能归之于神圣的'允许'：它既不是有效因（efficient cause），因为它是神圣功效的一种中止；也不是缺失因（deficient cause），因为它预设了人有能力不去犯罪……（3）所提供的'理由'与'机会'也不会引发罪恶，除非是偶然性的；因为它是以这样一种方式实施的，它使受造物不仅自发地而且还是自由地运用其自身的行为或行动。而上帝也正是以这样一种方式完全自由地试验着其受造物的顺从性。（4）亦不能正当地将不义归之于神圣的'同时发生'，因为没有理由使得上帝拒绝将其同时发生赋予这样的行为：由于已经有了诫命，故而受造物不可能不犯罪地去实施这一行为……（5）'指导'和'规定'也没有什么困难。（6）'惩罚'和'宽恕'自身就具有显而易见的公正性，即便在那种惩罚里包含有蒙蔽和刚硬；因为上帝只是将其施之于其理智受造物的重大过失和冥顽不化。"[1] 基于这样一些考虑，就不会因为邪恶进入这个世界，就否定上帝的神佑本身，就否定上帝神佑对于罪恶的监管，就否定上帝神佑监管的公义性。事实上，上帝是按照万物的最佳目的经营管理万物的，尽管单靠目的并不能使一种行为正义化。但这惩戒、试炼却显示了圣洁者并惩处和揭露了邪恶者，阐明了上帝自身的荣耀。"更重要的是，上帝使用的是这样一种监管形式，它使得理智受造物，不仅能够根据自己选择或者自发性地而且还能够自由地实施和完成他们自己的行动和行为。"[2] 这样，阿米尼乌就在莱顿大学里从正面表明了自己关于上帝预定与上帝神佑的理解。

莱顿神学教授之间的明争暗斗，以各种版本和口径流向社会。这很快就引起各地或各级教会议会的关注，因为它们格外关注信仰的纯正性、教会的和平以及年轻圣职人员的培养和成长。1605 年 6 月 30 日，来自"北部荷兰宗教会

1　*The Works of James Arminius*，Vol. 2，pp. 188–189.

2　*The Works of James Arminius*，Vol. 2，p. 177.

议"和"南部荷兰宗教会议"的五位牧师代表，以鹿特丹的弗朗西斯科斯·兰斯伯鸠斯（Franciscus Lansbergius）为首，造访了阿米尼乌。他们声称希望就一些流行的传言，同阿米尼乌进行一次"友好的"会谈。对此，阿米尼乌以教会议会代表与自己分属不同权威为由拒绝了，因为他担心一旦接受这样的造访，以后将会有无休无止的此类麻烦。不过阿米尼乌表示，如果那些教会代表同意暂时搁置他们的官方身份，他愿意以私人身份同他们就感兴趣的问题展开探讨。对此，教会议会的代表又拒绝了。

这次教会议会代表的造访就这样无果而终了。在此后数年里，阿米尼乌还多次遭遇类似请求，但他都加以拒绝了。对于自己的做法，阿米尼乌在 1608 年年底的《观点的声明》里作出了详细解释。概而言之，阿米尼乌之所以一直拒绝接受这样一些带有怀疑和审查性质的会谈或磋商，不仅因为这些请求本身涉及他信仰的宣告与表白，而这在他看来是毫无理由和根据的；而且还在于他们提出会谈的方式，那些人是以某些地方教会组织代表团身份来请求进行这些会谈的。而在当时，只有在这些教会组织拥有可信理由之后，才会通过一个代表团与某个人进行这种会谈。那些地方教会组织在这个问题上的预先判定，使得阿米尼乌感到自己受到不应有的伤害。为此，阿米尼乌提议那些人放弃他们的代表或代理人身份，而以私人身份就一切存疑的宗教与信仰问题进行会谈；但这个提议又无法获得那些代表团的认同。与此同时，阿米尼乌还为自己无法同意进行那些会谈提出以下四点理由：[1] 第一，他并不属于那些地方教会议会的管辖权范围之内，而是另有其他上级管辖者。他只有在获得自己上级组织的允许或命令之后，才有可能从事这样一种并不属于自己本职工作的会谈或会议。第二，他意识到在这种所谓的双方会谈中，存在着重大的不公平之处：对方赋有某种公共权威，而自己只是出于个人的一己之见；对方是来自某种教会组织的代表，而自己只有一个人，并且还缺乏必要的见证人；对方是赋有某种特殊使命的代表，所以他们将最大限度地为他们上级组织的立场进行辩护，甚至都不会凭借他们自己的理解与立场作出什么判断。第三，那些参与会谈的代表在向他们上级组织汇报会谈内容时，不论自己是否在场，都很容易形成某种对自

---

1 Cf. *The Works of James Arminius*, Vol. 1, pp. 601–607.

己不利的伤害。第四，由此将赋予那些地方教会组织某种针对他阿米尼乌所构成的特权——而那些组织事实上并不拥有对于他的那种特权，而他也将对那些组织产生某种义务；这对于他目前事实上所隶属的上级组织就构成某种不公和伤害。

这次会见虽然未能举行，然而，来自教会会议一方的压力还在继续增强。在那个时期的荷兰，正如政教关系界限不明一样，在大学权限与教会议会权限之间亦未形成明确的界定，彼此之间的关系与影响正处在探讨与成型之中。在某种意义上，所有这些棘手问题，都有待于一次真正全国性宗教会议来加以解决，而这样一种全国宗教会议由于种种原因似乎永远都遥遥无期。不过，在这种特殊情形下，外部的压力有时也会增加内部的凝聚力。事实上，在1605年年中一段时期内，也许是觉察到来自大学外部的影响，阿米尼乌和戈马鲁斯彼此之间均表现出尽量和平相处和不予外人以口实的意向。在阿米尼乌一方，是在7月23日的"公开辩论"中，提交了《论人的自由意志及其能力》[1] 的论纲。在论述中，阿米尼乌遵循加尔文主义思路，肯定了处在罪中的人完全没有获救的自由意志。这篇有几分另类的论著，在后世"阿米尼乌分子"看来似乎一点儿也不"阿米尼乌"，倒像是十足的"加尔文分子"。不过阿米尼乌在这篇有所保留的论著里，并没有提及福音的普遍呼召及其对被束缚意志的影响等问题。阿米尼乌事后在致友人信中，也表示他那么做是有助于学院里的和平的；况且，不说出一件真理是一回事，而说出一件谬误则是另一回事。[2] 而在戈马鲁斯一方，似乎也意识到自己太易于受到唆使，太易于受到煽动，太易于被普兰修斯等人当"枪"利用。所以，也表露出与阿米尼乌暂时"修好"的意愿。

但是教会议会方面似乎并没有察觉出这种细微的变化，而是进一步采取了一些主动动议。其中，引起莱顿大学校方高度关注的是，多特"地区教会议会"向即将召开的"南部荷兰宗教会议"提交了一份动议，要求就现下流行的莱顿传言作出调查，以维护改革宗信仰，消除可能出现的教会分裂与丑闻。一向反对外部势力插手干预大学内部事务的莱顿校方，甚感事态严重，校监们担

1　Cf. *The Works of James Arminius*, Vol. 2, pp. 189–196.

2　Cf. *The Works of James Arminius*, Vol. 2, p. 190.

心教会议会可能会以此为由控制大学并攻击阿米尼乌。于是立即会同莱顿市政长官，召集了神学院教授，在通报多特"地区教会议会"的动议后，要求教授们就事情真相作出解释。戈马鲁斯、阿米尼乌以及小特雷尔卡修斯退下来经过私下会商后达成一致协议。于是回复道："他们希望多特教会议会在这件事情上能够以更谨慎、更适当的方式行事；在他们看来，学生们似乎参与了比教授所期望的更多的争论；但是在他们自己中间，亦即在神学院教授中间，并不存在任何有可能影响教义基础的分歧。"[1] 莱顿神学院三位教授全都在这份标注日期为1605年8月15日的书面文件上签署了自己的姓名。当日，他们还找到神学院学监库克里奴斯并获得他的签署。在内部取得一致和安定后，莱顿大学校方就有充足信心面对外部的挑战了。

到8月底，"南部荷兰宗教会议"如期在鹿特丹召开。而多特"地区教会议会"果然在会上提出了那项动议。在霍缪斯等人主导下，经过长时间讨论，决定派出代表前去调查莱顿大学学生们激烈争论的究竟是些什么问题，并请求大学校监命令神学教授们就那些问题公开而诚恳地作出自己的判断。这是在全国宗教会议召开之前，作为一个大型地区教会议会的"南部荷兰教会会议"，对莱顿大学行使某种控制权的一次贸然尝试。经过精心准备后，兰斯伯鸠斯和霍缪斯作为"南部荷兰宗教会议"代表，于同年11月9日秘密会见了莱顿大学校监。他们向校监呈交了用拉丁文写就的九个神学教义问题，希望校监能够要求神学教授们逐一作出回答。校监当即向这些教会代表出示了神学教授们在8月签署的声明，并拒绝了他们的请求。经过双方激烈磋商，莱顿校监以如果有什么问题可以留到全国宗教会议上去解决为由，结束了这次会谈。当然这一切都是秘密进行的。阿米尼乌等人只是在教会会议代表离开以后才获悉此事。其后，阿米尼乌还是获得了那九个问题的副本。也许是出于好奇，阿米尼乌自己尝试着逐一回答了那九个问题。这就是后来收录在《阿米尼乌文集》第二卷里的《宗教会议代表向教授们提出的九个问题及阿米尼乌所做的回答》[2]：

问题一："孰为先：拣选（election）抑或被正确预见了的信仰（faith truly

1　*The Works of James Arminius*, Vol. 1, p. 39, "note".

2　Cf. *The Works of James Arminius*, Vol. 2, pp. 64 – 68.

foreseen)，以致上帝按照预见了的信仰拣选了他的子民?"

阿米尼乌回答："'拣选'这个词语的歧义性，使得只有在作出区分情形下才能回答这个问题。如果说'拣选'意味着'按照拣选而来的关于信仰者称义与救赎的命令'，那么我认为拣选先于信仰，这样一来，信仰就被当作获得救赎的手段。但如果说'拣选'意味着'上帝借以决定向某人授予救赎的命令'，那么被预见了的信仰就先于拣选。既然唯有信仰者被救赎，故而也唯有信仰者被预定了要获得救赎。圣经没有提到这样的拣选：上帝由此确切并绝对地决定了要救赎某人而不事先将其看作一个信仰者；这样一种拣选是与上帝决定只救赎信仰者的命令相违背的。"[1]　这是有关预定与信仰的问题。

问题二："如果说，'上帝，为了那指定的善的目的，通过其永恒不变的命令，已经决定了并管理着万事万物，甚至人之堕落了的意志'，那么由此可以得出，上帝是罪的作者吗?"

阿米尼乌回答："罪是对律法的违背；如果说上帝导致任何人违背了律法——拒绝或剥夺了人遵守律法所必需的东西抑或驱使着人去犯罪，那么上帝就是罪的作者。但如果说这种'决定'（determination）是那已经堕落了的人之意志所做的，亦即，既没有恩典的拒绝或剥夺亦没有导致人犯罪的堕落性的驱使，那么，其推论就不能导出上帝是罪的作者。而如果说这种'决定'所指的是上帝的命令，上帝由此决定了意志应当堕落，人应当犯罪，那么就可以据此说上帝是罪的作者。"[2]　这是有关预定与罪的问题。

问题三："原罪（original sin），就其本身而言，就使得人罪该永死（eternal death）——即使不附加任何实际的罪过? 或者，中介者基督的恩惠，消除了所有人或每个人之原罪的罪过（guilt）吗?"

阿米尼乌回答："在这个问题中被置于相互对立状态的事情，可以很容易协调在一起。因为原罪能够使人罪该永死，而其罪过也能够通过基督为所有人消除。事实上，为了消除那种罪过，人必定在先前已经犯了罪。若要单独回答每一部分则是：若说'原罪使一个人罪该死亡'则是不妥当的，因为那种罪是

1　*The Works of James Arminius*，Vol. 2，p. 64.

2　*The Works of James Arminius*，Vol. 2，pp. 64–65.

对亚当实际罪过的惩罚——而罪过要先于惩罚，亦即是对于由律法所宣告之惩罚的一种义务。就这个问题的第二部分而言，通过区分对基督恩惠的渴求（soliciting）、获得（obtaining）与应用（application），就可以很容易作出回答。既然对基督恩惠的分享就只在于信仰，由此可知，如若'从罪过中的解救'属于这些恩惠之一的话，那么就唯有信仰者从罪过中获得了解救，因为他们是那些上帝之愤怒不再加诸其身的人。"[1]　这是有关原罪与赎罪的问题。

　　问题四："未重生者那源自自然之力的事工，是如此令上帝愉悦（so pleasing to God），以至于上帝因此之故而将超自然和救赎性的恩典，赋予了实施这种事工的那些人？"

　　阿米尼乌回答："基督说过，'凡有的，还要加给他，叫他有余；凡没有的，连他所有的也要夺去'（《圣经·马太福音》13：12）。可见，不是因为运用上帝所赋予的什么恩赐——不论是自然的还是恩典的——所具有的价值和卓越性，使得上帝因其功德而赋予更大的恩惠；而是由于上帝的仁慈与慷慨——尽管那些事工毫无价值，才赋予人以更大的祝福。既然'取悦'（pleasing）一词可能有两种不同含义，所以我们也可以对这个问题作出两种不同的回答：肯定的，如果这个词语是指'使其愉悦'（to please）、'获得其欢心'（to find favour in his eyes）以及'对它本身感到满意'（to obtain complacency for itself）；否定的，如果这个词语被认为是指'因其自身的卓越性而感到愉悦'（to please by its own excellence）。不过按照道德的观点，也许可以这样说，良善事工之所以得到奖赏，与其说经由自然之力，不如说是凭借圣灵在它们当中的运作。"[2]这是有关事工与称义的问题。

　　问题五："上帝现在能够，依据其自身的权利，要求堕落的人信仰基督吗——而这是他自己所不能拥有的？上帝赋予了所有人或每个人——对其宣告了福音的人，使他们借以可以信仰的充足恩典吗，如果他们愿意的话？"

　　阿米尼乌回答："这个问题的各个部分并不是相互对立的；相反，它们是完全一致的。后一部分可以被看作提出了这样一种理由，即上帝为何可以要求

1　*The Works of James Arminius*, Vol. 2, p. 65.

2　*The Works of James Arminius*, Vol. 2, pp. 65–66.

堕落的人信仰基督——而这是他自己所不能拥有的。上帝之所以可以要求这一点，是因为上帝已经决定赋予人以充足的恩典——而人借此就可以信仰了。如此说来，这个问题也许应该这样提出：'现在，上帝能够，依据其自身的权利，要求堕落的人信仰基督——而这是他自己所不能拥有的，尽管上帝既没有赋予也不准备赋予人以充足的恩典——使其借以能够信仰？'对这个问题可以作出直接的否定：上帝不能依据其自身的权利要求堕落的人信仰基督——而这是他自己所不能拥有的，除非上帝已经赋予或者准备赋予人以充足的恩典，使其借以可以信仰，如果他愿意的话。在这样的回答里，我看不出有什么不对之处，亦看不出有什么异端意味。它与贝拉基异端更无牵连，因为贝拉基主张，除了福音的宣扬，不需要内在的恩典，就能在人心中产生信仰。更为重要的是，上述这个回答并不对立于圣奥古斯丁的预定说；'然而他的这个学说，我们并不认为有必要加以确立'，罗马教宗英诺森（Innocent the Roman Pontiff）如此评论道。"[1]　这是有关恩典与信仰的问题。

　　问题六："称义性的信仰，只是那呼召、启明、改变人的意志的上帝，所形成的结果以及纯粹的赠礼（gift）吗？它是永恒地只为选民（the elect）所专有吗？"

　　阿米尼乌回答："双重的问题需要有双重的回答。对第一个问题，我的回答是，信仰是上帝启明精神与封存心灵的结果，并且这是上帝纯粹的赠礼。对第二个问题，我的回答是，需要对'拣选'一词作出区分：如果它被认为是指'获得救赎的拣选'；而按照圣经，既然这就是指对信仰者的拣选，那么就不能够说'信仰被赋予了拣选者，或者赋予了那些将要被救赎的人'，而应该说'信仰者被拣选和救赎了'。但如果认为这个词是指'上帝借以决定有差别地分配那为救赎所必需的手段或途径的命令'，那么我要说，信仰是上帝的赠礼，而这种赠礼只被赋予给那些上帝选择了的人——他们聆听到上帝之道并成为圣灵的分享者。"[2]　这是有关信仰与拣选的问题。

　　问题七："每个真正的信仰者都能够在此生中确信其个体的救赎吗？他有

1　*The Works of James Arminius*，Vol. 2，p. 66.

2　*The Works of James Arminius*，Vol. 2，p. 67.

义务获得这种确信（assurance）吗？"

阿米尼乌回答："既然上帝对所有信仰基督的人都应许了永生，所以信仰的人以及知道自己信仰的人，不可能怀疑自己的救赎，除非他怀疑上帝（实施其应许）的意愿性（willingness）。而上帝也并没有要求人更好地确信自己的救赎，以至于将其作为一种必须对上帝自己或基督履行的义务。它是那种应许的一种结果；上帝通过那种应许答应将永生赋予信仰者。"[1] 这是有关救赎确据的问题。

问题八："真正的信仰者和拣选者能够在一段时期内完全丧失信仰吗？"

阿米尼乌回答："由于'为着救赎的拣选'在其范围内不仅包括信仰，而且还同样包括在信仰里的坚忍持守；由于圣奥古斯丁曾说，'上帝为着救赎已经拣选了那些他看顾的人，他们将在其引领（preventing）或在先（preceding）性恩典的帮助下认信（believe），他们也将在其随后或后继性恩典的帮助下坚忍持守（persevere）'，所以信仰者和拣选者没有被正确地看作相同的人。因而，忽略掉'拣选'这个词语，我的回答是，信仰者有时，在某种情形下，在一段时间里，没有产生真正信仰的结果，没有实际领受恩典和上帝的应许，亦没有相信或信赖上帝与基督；然而这亦是为获得救赎所必需的事情。关于信仰，就其作为一种性质和一种相信的能力而言，使徒曾经说过，'有人丢弃良心，就在真道上如同船破坏了一般'（《圣经·提摩太前书》1：19）。"[2] 这是有关圣徒持守的问题。

问题九："处在'新约'恩典下的信仰者，能够在此生中完好地遵守上帝的律法吗？"

阿米尼乌回答："对律法的履行是按照那要求遵守它的上帝意志加以评判的。答案是双重的，因为上帝或者要求在最高限度上严格加以遵守，或者只是以仁慈或宽厚之心待之，亦即如果上帝只是按照仁慈之心来要求它，并且如果上帝赋予了与这一要求相称的力量或能力的话。（1） 如果要求按照严格程度来加以履行，那么人不能完好地履行上帝的律法。（2） 如果按照仁慈宽厚之心来

---

1   *The Works of James Arminius*, Vol. 2, p. 67.

2   *The Works of James Arminius*, Vol. 2, pp. 67–68.

加以要求，并且如果赋予了相称的能力（必须要承认这一点，因为上帝是按照福音盟约来要求它的），那么答案就是，它能够得到完好地遵守。总之，正如圣奥古斯丁指出的，'只要一个人承认，凭借基督的恩典有可能做到这一点'，那么这个有关〔潜在〕能力的问题就不是那么重要了。"[1]　这是有关圣洁与成圣的问题。

　　总体而言，在 1605 年下半年以后的一年多时间里，阿米尼乌在大学里的生活相对比较平静。对他的攻击和谩骂主要来自校外。阿姆斯特丹的普兰修斯和莱顿的霍缪斯，将阿米尼乌看作库恩赫特的追随者，是比贝拉基本人更危险的新贝拉基主义者。由于这两人都是深具影响和深受欢迎的牧师和教会领袖，所以他们在布道坛上散扬的对阿米尼乌的攻击很快就传遍全国各地。阿米尼乌曾向朋友抱怨道，在"联省"内流传的有关自己的传言，绝大多数都能够追溯到阿姆斯特丹和普兰修斯那里；从前的积怨和当下的嫉妒，使得普兰修斯等人仍在不遗余力地编造种种不实的传言。当那些传言从大学围墙里传播到校外，从教堂布道坛上流传到街道市井，从拉丁语转变成荷兰语，从理论探讨转变成人身攻击时，理性最终将被彻底窒息，偏见狂热和宗派主义将成为左右一切并吞噬一切的盲目力量。

　　但在莱顿大学内，阿米尼乌的生活倒是相对平静。他博大精深的学识、条理分明的讲解、平和中肯的点评，吸引了越来越多的听众。当然其中亦有伺机寻隙的怀疑者。阿米尼乌的"公开讲座"常常人满为患，而他的"不公开班级"也是名额爆满。阿米尼乌的深受拥戴和声名鹊起，甚至还招致戈马鲁斯等人的妒忌。据说有一天阿米尼乌在经过学校大厅时，容易冲动的戈马鲁斯悻悻然地向他搭讪道："他们说，你比朱尼厄斯更博学！"[2]　到该年年底，阿米尼乌终于结束了持续两年多的关于"约拿书"的授课。如此短小篇幅的一部"先知书"，阿米尼乌居然用那么长时间来加以讲授，这不能不说是一件令人感到惊奇的事情。从 1606 年起，阿米尼乌开始给学生"预讲"另一部篇幅同样短小的"先知书"："玛拉基书"。而且，这部"先知书"也同样是他在阿姆斯特丹事奉

1　*The Works of James Arminius*, Vol. 2, p. 68.

2　Cf. *The Works of James Arminius*, Vol. 1, p. 289, "note".

期间长期布道的内容。更重要的，"玛拉基书"一开始就会涉及以扫和雅各的故事；这段论述作为预定论争论中经常被引用的圣经段落，势必会使阿米尼乌在讲课中直接触及预定论问题。

随着时间的推移和社会形势的变化，举行一次全国性宗教会议的期望逐渐进入各方势力的视域当中。在军事政治和社会形势指向之外，卷入阿米尼乌之争的各方也同样期望着全国宗教会议的召开。莱顿大学校方由于相关教会组织机构的权限隶属关系不明，希望能够利用一次全国宗教会议得到确认和澄清。阿米尼乌及其同道希望能够举行一次这样的全国宗教会议，来廓清一些重要神学和教义问题，并对既有改革宗"信纲"和"教理问答"中存有疑问的地方作出调整或修订。而反对阿米尼乌的一方，在发现所有批评攻击和公开磋商的企图均告失败后，也同样把目光转向全国性宗教会议，他们希望通过这样的集会进一步明确和巩固他们所谓的加尔文派信仰。早在 1605 年 11 月 30 日，南部荷兰和北部荷兰两个"教会会议"已联合向荷兰"大议会"提交了一份请求，要求召开一次全国宗教会议。至于这个大家都有所期待的"全国宗教会议"究竟应该是什么样子的，它的主题、形式、目的、过程和一切具体程序究竟是什么样子的，几乎没有人能够说出确切的门道和所以然来。就在这种要求和随之而来的困惑日渐显露之际，阿米尼乌担任大学"首席院长"的一年任期行将届满。1606 年 2 月 8 日，阿米尼乌正式卸任，并把"首席院长"一职移交给新当选者医学教授彼得勒斯·鲍乌。正是利用这个隆重盛大的公共场合，阿米尼乌发表了他那极具时宜性的著名演说：《论基督徒之间宗教分歧的和解》。

阿米尼乌指出，近年来这个国家在见证上帝祝福的同时也经受了无数灾难与罪恶。其中一项重大罪恶行径，就是在基督徒中间制造分歧与分裂。这是与他们共同信奉的基督教之本质背道而驰的，因为它的作者被称为"和平之君"，它的教义被称为"和平之福音"，而它的信奉者被称为"和平之子"。阿米尼乌坦陈他对这种发生在基督教世界里的宗教不和与纷争深表忧虑。这就是他在这个重大场合选择这样一个论题的原因，因为正如当地一句谚语所说，"哪里疼痛就会禁不住抚摸哪里"。[1] 阿米尼乌分三个部分，分别就这种不和与纷争本身、

1　*The Works of James Arminius*, Vol. 1, p. 436.

其起因以及其矫正与医治方法表达了自己的见解。

阿米尼乌对这个问题展开论述的出发点有两个，一是认为融合或合一（union）是首要的善，而不和或分歧则是首要的恶；阿米尼乌认为这对任何事物都是不证自明的原则。另一个出发点是认为宗教信仰对个人生活与公共生活既是价值核心又是首要之举；这不论对于阿米尼乌还是对于阿米尼乌生活于其中的那个社会也都是客观事实。将这两点结合在一起，就会必然得出下面的推论，"包含有越伟大的事物、隶属于越多的群体、越是持久、越是紧密地与神结合在一起的那种结合或合一，也就越是卓越。因而，真正宗教的结合就是最为卓越的结合。"[1] 反之，"没有任何不和或分歧比宗教不和或分歧更为糟糕和有害。"[2] 阿米尼乌指出，宗教不和或纷争的对象就是对基督教本身的损害和毁灭，其在性质上是最严重的，在范围上是最广泛的，在影响上是最为持久的。这种发生在基督教世界里的宗教不和或纷争，将分别对人的心灵与情感两个方面产生极其严重的后果。前者将导致对宗教信仰的怀疑、冷淡、失望和拒斥；后者将导致仇恨、分裂、迫害和战争。阿米尼乌对这些后果逐一作出详述并引证了大量宗教史证据。他甚至痛心地总结道，"正如我们所见，由于人的腐败堕落，宗教本身成为纷争的起源，并成为人们施展残酷与血腥竞赛的场地"。[3]

在探讨导致这种宗教不和或纷争的成因时，阿米尼乌区分了三类不同的诱因。首先是偶然和间接性的原因，譬如说基督教因其超越性而与人心灵与情感的对立，以及《圣经》某些经文段落的多义性或含混性等。其次是直接性的诱因，这主要是魔鬼撒旦的出现以及人被撒旦支配与利用。阿米尼乌在此仍然从人的心灵与情感两个方面进行了剖析，前者表现为人心的盲目与虚荣；后者表现为不适当的爱与恨：不适当的爱则具体体现为骄傲、贪婪与物欲，不适当的恨则具体体现为憎恨真理、憎恨和平与憎恨真理的持守者。最后则是一些不确定的额外诱因，譬如说偏见、固执与不当的行为方式等。阿米尼乌同样对这些成因逐一作出了论述和分析。

在洞悉了宗教不和或纷争的性质、后果与成因后，阿米尼乌又进一步提出

1　*The Works of James Arminius*，Vol. 1，p. 438.

2　*The Works of James Arminius*，Vol. 1，p. 438.

3　*The Works of James Arminius*，Vol. 1，p. 451.

自己的矫正或医治之道。阿米尼乌认为真正切实可行的治疗包括两大步骤：第一个步骤被称为"预备手段"。这首先是向上帝严肃真切地祈祷和代祷，祈求能够获得关于真理的认识，能够保持教会的和平；其次是对生命作出真正的改善或改进，并恪守认真负责的行为方式。第二个步骤被称为"消除手段"，是要消除上述导致这种不和的因素。阿米尼乌认为要消除这种宗教不和，必要的承让是非常重要的，尤其是在考虑到以下五点因素时就更是如此。其一，在所有那些主题上要发现真理和避免谬误是极其困难的；其二，那些持有错误观念的人更有可能是出于无知而不是出于恶意；其三，那些持有错误观点的人也有可能属于上帝拣选者之列；其四，可以进行一下换位思考，因为任何一方都有可能持有错误的立场；其五，可以全面衡量一下双方立场的相同与不同之处，也许与共同处相比，不同处为数甚少且意义不大。在具备这样的考虑后，阿米尼乌呼吁，"让谦卑战胜骄傲；让满足之心战胜贪婪；让对天国福祉之爱驱散肉欲之乐；让好意与慈善取代妒忌；让宽厚忍耐平抑愤怒；让寻求智慧的清醒冷静限定追求知识的欲望；让持之以恒的探求取代有学识的无知。抛弃所有的憎恶与怨恨，反其道而行之，以发自肺腑的仁慈来善待那些不同于自己的人，那些看来是偏离了正道的人，抑或那些看来在他人中间散播有害种子的人"。[1]

随后，阿米尼乌指出解决宗教不和或纷争的主要途径或办法应当是召开"宗教会议"（希腊语称"synod"；拉丁语称"council"；在此处英语翻译中亦称"convention"或者"assembly"）。那么这种"宗教会议"应当是什么样的会议呢？针对当时各种社会势力与思潮的揣测和提议，阿米尼乌表明了自己的见解。"其医治方法就是由彼此不同的各方参加的、有序而自由的会议。"阿米尼乌怀抱的希望是，"在这样一次会议上，怀着对主的敬畏，本着平静而准确的原则，在比较各种不同的观点，权衡每一方的理由之后，让大会成员来审核、磋商和裁决，'上帝之道'对所争议问题的立场到底是什么，随后在一致同意的基础上，向各个教会公布和宣告其结果"。[2] 阿米尼乌还就这种"宗教会议"的具体细节表明了自己的构想。

1　*The Works of James Arminius*, Vol. 1, p. 470.

2　*The Works of James Arminius*, Vol. 1, p. 473.

关于会议召集者的问题，"那公开宣信基督教的首要行政长官将召集这种宗教会议，因为他们神圣性地赋有最高的行政权威；因为这种做法或惯例，早前曾在犹太教会里奉行过，后来被基督教会所采用，并一直沿用到基督诞生后九百年，直至罗马大主教通过专制僭取了这种权威为止。这样一种安排也是为公共利益所需，因为它只有处在那种其自有特权与争议问题完全无关联之人的监护下，才是更为安全的"。[1] 这种观点比较接近以拉斯图主义（Erastianism）立场，但在基本概念和理论预设上与以拉斯图主义仍有分野。以拉斯图主义得名于帕拉廷海德堡大学的医学教授托马斯·以拉斯图（Thomas Erastus，1524—1583 年）。后者主张教会没有权力开除其成员，因为那种权力被上帝赋予行政当局。教会只能警告或审查冒犯者，但对冒犯者的惩罚则只限于民事行政当局。以拉斯图当初论述的只是教会行使纪律处分的权力问题，但后来被用以指称一切主张行政权力高于教会权力的人及观点。以拉斯图主义特征在阿米尼乌本人那里只有一些含蓄和间接表述，并且是在严格限定的前提下。明确而系统的以拉斯图主义观点，是后来由尤腾鲍加特提出的，并被看作"抗辩派"的"第六条抗辩"。

关于参会者的问题，"那些禀有智慧的人应被召集到会议上并参与进来；那些拥有圣洁生活和全面经验的人应该获得一席之地；那些对上帝及对人类同胞之救赎充满激情并挚爱真理与和平的人应当与会。如此这般精挑细选的集会应当包括，所有那些因某种理由而被承认拥有基督之灵、识辨真假善恶之灵的人，以及那些承诺恪守圣经的人——而那圣经也是由同一圣灵默示而来的。不仅应接纳神职人员，而且还应接纳普通平信徒……不仅应接纳某一派或几派的代表，而且还应接纳所有表示不同意见之派别的代表……"[2]

关于会议地点及安全的问题，"它应当被安排得使那些与会者感到方便和适宜，抵达会议地的难易或者路途的远近，都不应成为所派代表参加会议的障碍。它应当免除一切危险和暴力，排除一切惊吓和伏击，以便那些被召集者能够抵达那里，留在那里，并从那里安全返回。为了确保这些利益，应当对所有

1　*The Works of James Arminius*，Vol. 1，pp. 473 –477.

2　*The Works of James Arminius*，Vol. 1，pp. 478 –486.

成员作出公开承诺并严格遵守"。[1]

关于会议讨论主题的问题，"在这种会议上，讨论的主题不是诸侯的管辖权、荣誉与优先权，不是主教的财产、能力与特权，不是对土耳其人的开战，抑或任何其他的政治问题。会议的讨论应当只是关乎那些与宗教相关的事情；在此方面是指关于信仰礼仪及教会秩序的教义。（1）在这些教义中，有两个对象值得加以考虑——其实它们也是最为重要的问题：它们的真理性；认识、信仰和实践它们的确定性。（2）关于教会秩序：鉴于这在很大程度上是确定的，并只需根据人物、地点与时机作出相应的安排，所以它很容易解决"。[2]

关于会议目的的问题，"这样一种神圣会议的目的应当是对真理的解说、维护和宣扬；是对现存谬误及教会不和的消除。所有这一切的最终结果，应当是上帝的荣耀及人的永恒救赎"。[3]

关于会议主持人的问题，"这种会议的主持或主宰者只能属于教会的'首领'和'丈夫'，亦即经由其圣灵的基督。既然基督曾许诺说只要有两三个人以他的名聚集在一起，他就会临现于他们中间，所以在每次会议开始和结束时都应真诚地恳求基督的帮助。不过，为了秩序、调节和管理的缘故，为了避免混乱，也有必要在基督耶稣之下设立一些主持人。我真诚希望地方行政长官在会议中能够承担这项职责；而他们也有可能会施以援手。但如若他们不情愿，要么由他们派遣一些成员，要么由大会选择一些人，来履行这项职责。这些主持者的任务就是召集会议，提议审核主题，提出供表决的问题，在获得认可的秘书的帮助下从每位成员那里收集表决票，以及引导整个会议进程"。[4]

关于会议流程的问题，"在宗教会议上应当采取这样的行为流程：（1）对所争议问题进行规范而准确的辩论；（2）对它们进行全面审慎的磋商；（3）每个人都能完全自由地宣布自己的观点。在所有这些事项中应当遵循的规则就是'上帝之道'——记录在《旧约》和《新约》中的。最古老的宗教会议赋予这一神圣规则的权能和重要性，则体现为将一部福音书安放在会议最尊贵的首席

1　*The Works of James Arminius*，Vol. 1，pp. 487 – 492.

2　*The Works of James Arminius*，Vol. 1，pp. 493 – 501.

3　*The Works of James Arminius*，Vol. 1，p. 501.

4　*The Works of James Arminius*，Vol. 1，pp. 502 – 504.

宝座上。存在不同见解的各方在这一点上应当是相互认同的。(1) 辩论不应当按照雄辩术 (Rhetoric) 而应当按照辩证法 (Dialectics) 的规则进行。但亦应采纳一套逻辑的、简明的推理思考模式；并避免仓促草率的言谈和即席即兴之作。对每一方都应当提供同等而充足的时间，以便他们能够进行必要而适当的沉思。为了避免诸多的麻烦和荒谬，所有拟提交的发言都应采取书面形式，并按照原稿进行宣读。不允许任何人打断或中止一场辩论，除非全体与会者认为已经对所讨论主题作出了充分讨论。(2) 当一场辩论结束后，应当就争论本身及双方提供的论据作出一种严肃而审慎的评议或决议；在评议中，所争论问题的局限性应被严格准确地加以标明，所争论的范围应被压缩到最小界限内，大会不得不加以决定和宣布的问题应让人一目了然、清清楚楚。(3) 按照正当的进程，接下来应当是对观点的自由宣告——这是一种权利。而这种权利之利益同等地属于与会的每一方；而这种权利也应不排除任何虽然未获邀请但却自愿来到会议召开地的人，以及有可能经与会者同意而被接纳到会议中来的人"。[1]

关于与会者参会心态的问题，阿米尼乌指出这种会议面临的最大障碍，莫过于一些人怀揣着既定的看法、敌对的情绪和一成不变的封闭心态来参加这样的会议；这样是不会取得任何预期效果的。"所以有必要使所有与会者在大会进程开始之前立下庄重誓言。发誓绝不含糊其辞或诬蔑诽谤；发誓要以敬畏救主之心和凭借良心来处理一切事宜；而凭借良心就在于，绝不维护他们认为是虚假的东西，绝不隐瞒他们认为是真理的东西（无论这种真理是如何对立于他们和他们的派别），绝不强迫他人绝对肯定那些即便是他们自己也有所怀疑的东西。发誓全部所作所为都应遵循'上帝之道'的规则，不偏好或喜爱，不偏袒或倚重；他们在会议上所有的关注，就只是促进对真理的探求和巩固基督教的和谐一致；他们将默从大会在所有那些他们因'上帝之道'而确信不疑的事情上所做的判决"。[2]

在对预期的"宗教会议"作出上述具体构想后，阿米尼乌总结道，"以这种方式组成的宗教会议，将会是一次自由的集会，它最适宜于探究真理和建构

1　*The Works of James Arminius*, Vol. 1, pp. 504–514.

2　*The Works of James Arminius*, Vol. 1, pp. 518–522.

和谐。这也是圣奥古斯丁在与摩尼教徒争论时所坚持的立场"。[1] 在这种基础上，阿米尼乌乐观地认为那些信赖上帝应许的人，亦可以期待最丰盛的收获和最重大的裨益。人们通过这样的宗教会议所作的决议，就有可能在所有教义上，抑或至少在主要教义上——尤其是那些获得圣经明确支持的教义上，获得一致性的认同。

当然，阿米尼乌也不会完全无视那些现存的实际困难与症结。"倘若无法在某些条款上取得相互认同与协定，那么在我看来，就必须要继续执行以下两种进程中的一种。第一，必须要深入考虑以下的问题：在基督里兄弟般的一致或和谐，是否就不能存在于这两个派别之间，一方是否就不能承认另一方为同一信仰的领受者和同一救赎的共同继承者——尽管他们双方有可能对信仰的本质及救赎方式持有不同的见解。如若有一方拒绝向另一方伸出团契情谊之手（the right hand of fellowship），那么挑起事端的一方，在全体会议成员的一致声明下，应该以清楚明白的圣经经文证明，那所争议条款的重要性是如此重大，以至于不允许他们与那些持有异议的人在基督耶稣里合而为一。第二，在付出一切努力以达致基督徒的、兄弟般的合一之后，如果发现还仍旧无法奏效，在这种情形下，就应当采取第二种方案——它是任何人的良心在任何借口下都无法拒绝的：双方都应向对方伸出友谊之手（the right hand of friendship），都应立下郑重的约定或保证。按照这种约定或保证，就像按照誓言和处在最神圣义务下一样，在将来绝不使用任何怨恨、诽谤和谩骂的手段；在向那些托付给他们照料的人宣道时，温和而适中地宣扬他们认为是必要的那种真理；在驳斥那些他们认为有害于救赎和有害于上帝荣耀的歪理邪说时——并且是从事这种对谬误的驳斥之时，（不论他们何其真诚），都应当使他们的热忱处在知识的指引之下，并施之以仁爱宽厚之心"。[2]

无论如何，即便对于那些全体与会者一致赞同的决议，这种宗教会议也不拥有什么权威来强迫他人接受。不仅如此，阿米尼乌还提醒人们应当牢记这一点："尽管这种宗教会议看来在一切事情上都是凭良心而为的，但它仍有可能在

---

1   *The Works of James Arminius*, Vol. 1, p. 523.

2   *The Works of James Arminius*, Vol. 1, pp. 524–526.

判断上出现错误。"[1]　所以，在这种事情上常怀谦虚与宽厚之心是十分必要的。"我们的救主基督那温和而慈爱的劝诫应常驻我们心田：他对他的门徒这样说，'你们也要去吗？'（《圣经·约翰福音》6：67）。我们也应使用这同样的询问并止步于此，而摒弃一切不可告人的手段。"[2]　这就是阿米尼乌关于消除基督徒之间宗教分歧的整个构想和立场。

简而言之，阿米尼乌关于宗教不和的看法，以及作为解决宗教纷争途径的"宗教会议"的设想，只能是局限于纯学理式的探讨。很难想象复杂诡异的现实会听从和执行这种充满学究气味的构想，它终归只可能是纸上谈兵。阿米尼乌构想的"学究性"还表现在，他似乎对人的理性或理性说服力抱有太过乐观和太过信任的估计，似乎通过理性手段就能够克服种种矛盾而统一于真理面前。然而，人的理性及认识过程是禀有个体特征的，事物本身是处在关系和变化之中的，而理性对于行为的控制亦并非是单一性的。

另外，阿米尼乌对"政府"在"宗教会议"中角色的看法，似乎是十足的"政权"高于"教权"的以拉斯图主义，其实亦不尽然。在16世纪末和17世纪初的荷兰"联省"，人们大都持有一种与现当代理解的世俗"国家"或"政府"概念大不相同的、更为古老的"政府"或"政体"概念。他们所谓的"行政权力"或"行政团体"，首先是公开宣信基督教信仰的团体，其行政权威是神圣性赋予的并赋有一种神圣的使命。在那样一种更为古老的"基督教社会"里，"地方当局"或"行政长官"不论在私人生活中还是在公共生活中，都是作为基督教信仰者而行使其职能与权力的。也就是说，那个时候的"行政当局"具有一种"灵性的"属性，它对其照看的对象负有"自然性的"与"灵性的"双重的职责。这也是阿米尼乌看重"行政当局"在"宗教会议"中作用的主要原因。至于说荷兰最高行政当局是否就一定会做出对阿米尼乌一方有利的姿态，在阿米尼乌发表这篇演说之时还尚未明朗。当时不论最高行政长官大议长奥尔登巴恩韦尔特，还是最高军事指挥莫里斯亲王，都不愿意直接插手教会事务，他们对阿米尼乌之争还尚未表明自己的立场。

1　*The Works of James Arminius*，Vol. 1，pp. 527–528.

2　*The Works of James Arminius*，Vol. 1，pp. 532–533.

第五节   政治分野与信仰分歧的交织与合流

此时政治势力在宗教信仰方面的立场向背虽然尚未明朗，但其中也有一些走向和端倪正在逐渐显露。17 世纪初期的"低地国家"，与处在风口浪尖上的宗教信仰相仿，在宗教生活之外的军事、政治和社会生活也同样处在风云际会、跌宕起伏之中。"联省"内的各省、市、镇以及作为一个国家的"联省"，与"联省"内各级教会一样，在运作与管理模式上均采取一种接近于"共和制"的模式，意即由选举或推举出来的代表组成类似于"议会"一类的机构来运作和管理世俗或神圣事务。而当时荷兰"联省"的所谓世俗领域与神圣领域也不是泾渭分明的，而是相互交叉、重叠和互融的。荷兰"联省"尽管有时被后世史学家看作一个"共和国"，但它在历史上却是一个难以理喻的政治组合实体。它的组成、机制与运作，没有前者可以效仿，没有同辈可以借鉴，甚至也没有完全相同的后继者。在许多方面，它都是试验性和暂时性的。作为一个松散政治实体，"联省"内部的各省之间、每省内的各城镇之间，都被赋予了较大的自主和自治空间，可以在自己原有宪章下保留原有的特权、惯例和习俗。只是共同的作战、外交、税收、货币和信仰，才将它们凝聚为一个统一的政治实体或者"国家"。

作为一个新兴的和仍然在为自由与独立奋斗的国家，此时在政体上基本由北方七省组成的松散"联邦"，是一个具有"共和"性质的信奉新教信仰的政治共同体。作为一个独立政治实体的荷兰"联省"，在 17 世纪前几十年间是由北方七省联合组成的。这七省分别是荷兰及西弗里斯兰省、泽兰省、乌得勒支省、格尔德兰省、奥佛赖塞尔省、弗里斯兰省和格罗宁根省。由各省选派并代表本省利益的代表在首都海牙组成所谓的荷兰"联省"议会，亦即荷兰历史上的"大议会"（the States General）。"大议会"作为全国最高"行政机构"，掌管和协调着全国性民事事务。在"大议会"里，每省都拥有行使其权力的一票。但荷兰及西弗里斯兰省由于其雄厚的经济实力和独特的政治影响，而承担了"联省"主要经济财政负担和军事开支，在"联省"里具有举足轻重的地位。荷兰和西弗里斯兰的大议长简·范·奥尔登巴恩韦尔特，正是通过"联省共和国"的"大议会",代表和行使着最高民事行政权力。在"大议会"以下,各省也都有具有类似机制和组织形式的省议会,来管理和协调各省内的事务。其中,荷兰及西弗里斯兰省由于地理和历史等特殊原因,而共享一个议会,大议长依然是奥尔登巴恩韦尔特。

民事生活只是当时包括荷兰在内的"联省共和国"的一个方面,军事生活是其重要的另一面。正在谋求民族与宗教自由的荷兰"联省",与其维护罗马天主教的宗主国西班牙处在连绵不绝的战争状态。这场旷日持久的战争已经持续了40年,对交战双方尤其对作为交战战场的荷兰"联省"造成了沉重灾难。作为全国最高军事统帅,极具军事才干的莫里斯亲王已经成为那个时代最伟大的军事战略家和指挥者。他的目标是领导荷兰北方和南方所有省份摆脱西班牙统治而组成一个完整独立的国家。不过,西班牙在南方各省的强大军事存在,以及南方各省普遍匮乏的爱国热情和为数不多的新教追随者,使得任何头脑清醒的现实主义者都会承认,单独谋求北方各省的独立似乎是一种更为现实的可能,而南方各省与北方的分裂似乎成为一种长久现实。在战场上,莫里斯亲王率领的日益壮大的"联省"军队,已经完成对远离本土作战的西班牙军队的战略攻防转换,亦即由战略防御转向战略进攻,但若要一举彻底击败西班牙军队亦无可能。而西班牙人由于在陆地上同荷兰、在海洋上同英格兰等国的多年争战,亦有不胜重负和疲惫之感。况且连年的多边战争,严重影响了正常的贸易往来。所以,到17世纪初,西班牙开始流露出与荷兰"联省"媾和的意向。

正是西班牙人的休战意向,使得荷兰"联省"既有政治格局开始发生微妙的变化。原本,在莫里斯亲王和大议长奥尔登巴恩韦尔特之间的相互关系,并没有明确的界限,亦缺乏法定的规范。在父亲"沉默者威廉"遭暗杀时,莫里斯亲王还只有17岁。但他在随后的军事磨炼中已经迅速成长起来。莫里斯亲王不仅是"联省"所有军队的最高统帅,而且在个人及家族身份上还是除弗里斯兰和格罗宁根两省之外其余各省的"省长或最高执政者"(stadholder)。不过战事频仍使得莫里斯只是专注于军事作战,"联省"实际的最高行政长官则是大议长奥尔登巴恩韦尔特。而且奥尔登巴恩韦尔特坚持认为,荷兰议会及"联省大议会"是最高行政权威,而"省长"莫里斯亲王只是效力于这种权威之下的"仆人";在军事上是最高统帅,在民事行政上则不宜插手干预。多年来,他们只是为国家共同目标和利益而同心协力、各司其职。莫里斯负责指挥作战，奥尔登巴恩韦尔特负责筹措军饷和后备物资。就莫里斯亲王而言，一方面繁重紧张的战事使他无暇他顾，另一方面擅长军事的他似乎并不谙熟民事行政之道，所以莫里斯亲王并不特别觊觎最高行政权力，甚至还像他父亲那样宣布，他宁愿从海牙高塔上头朝下跳下来也不愿接受荷兰"联省"的统治权。[1] 莫里斯亲王不急于攫取政治权威，奥尔登巴恩韦尔特也不急于放弃政治权威，他们就这样在相当长一段时期里就此达成某种默契。经年的主政经验，炉火纯青的马基雅弗利式政治手腕和深得三昧的欧洲宫廷外交之道，使得奥尔登巴恩韦尔特成为那个时代最杰出和最具影响的资深政治家。17 世纪初期的荷兰"联省"，就是在这种"两极性"的权力格局下、在内外交困的风雨激荡中运作并发展着。现在，这种"两极性"权力架构模式就受到"休战"这一新的不确定因素的冲击。

在 1607 年以前的数年间，不堪战争重负的西班牙方面曾经主动表示过一些休战意向，但均因西班牙人开列的苛刻条件而不具有任何现实可行性。但是如何对待休战提议，却在"联省"各地引起高度关注和热议，因为这是同每个人都休戚相关的重大问题。争取实现包括北方和南方各省在内的全国统一，当然是绝大多数人的理想，但却不是现实。莫里斯和奥尔登巴恩韦尔特也都是清醒的现实主义者。不过，莫里斯从未放弃通过军事手段实现南北统一并独立的梦想，而奥尔登巴恩韦尔特则更平静地接受了南北分治的现实。连年的战火纷飞，已经给"联省"人民造成重大人员伤亡和物资损耗；庞大的军备开支更使承担筹钱筹物任务的民事地方政府特别是荷兰省入不敷出、债台高筑。所以，面对遥遥无所终局的战事，奥尔登巴恩韦尔特更愿意与西班牙人达成休战乃至议和的协议。而作为军事统帅的莫里斯则担心，休战会逐步降低或削弱自己正在逐渐加强的权力基础。此外，还有一个潜在因素。当时"联省"在政体上采取的是"联省""共和制"，历史上被称作"联省共和国"。这在那个封建君主制盛行的时代，算得上一种创新式的"另类"。奥尔登巴恩韦尔特当然是坚定的"议会共和制"分子。而作为传统王室传承人的莫里斯亲王，随着自身力量羽翼渐丰和战事渐息，在私下里隐隐有成为北

---

1   Cf. A. W. Harrison, *The Beginnings of Arminianism*, University of London Press, 1926, p. 77.

方联省君主式最高统治者的渴望。所以，莫里斯亲王似乎有理由忌恨阻碍自己实现这一目标的大议长奥尔登巴恩韦尔特。而时局剧变，又为"联省"这两极权力之间的背向发展提供了动力和空间。

物以类聚，人以群分。就在最高军事统帅和最高行政长官之间，开始悄悄相互掣肘和上下其手之际，整个荷兰"联省"社会也开始在喧嚣中出现分野。在究竟该当如何对待西班牙人这个首要问题上，"联省"各个阶层和团体开始分化出所谓"主战派"与"主和派"这两个意趣不同并相互争竞的派系；他们在究竟如何对待持久的战争、宗教信仰、权力分配、个人权利斗争以及使用的策略手段等方面，出现不同的看法和主张。"主战派"以莫里斯为代表，吸引了大量军人、新兴工人阶层、新移民以及从南部逃避宗教迫害而来的底层民众；在政治上，倾向于传统的君主集权制；在信仰上，以严厉而极端的加尔文主义为特征，极端预定论是他们信仰的集中表达和标志，长老制是他们唯一能接受的教会组织形式。而"主和派"则以奥尔登巴恩韦尔特为代表，对属于中产阶级的商人阶层以及贵族阶层具有特殊的吸引力；在政治上，认同于现行的共和议会制；在信仰上，以更具宽容精神的温和加尔文主义为特征，他们乐意接受具有以拉斯图主义色彩的政教关系形式。当然，这些特征都属于笼统的大致描述，在个体与具体层面上则存在着千差万别的特殊性。此后，随着与西班牙人媾和议程的推进，激进而好斗的"主战派"，由怨恨和不满开始转而攻击以奥尔登巴恩韦尔特为首的寡头政府为教会和国家的双重敌人，确切地说是里通外国的"内奸"。而奥尔登巴恩韦尔特等人则对极端加尔文派表现出的盲目狂热和狭隘偏执颇为不屑。

随着战事与时局的演进，强大的西班牙人同地处帝国最北部的小小荷兰"联省"的议和进程，终于取得实质性进展。1607 年 2 月，西班牙大公爵特派议和使者秘密抵达海牙。旋即，在"大议会"秘书科尼利斯·埃森斯（Cornelis Aerssens）家里，秘密会见了埃森斯、奥尔登巴恩韦尔特和莫里斯三人；其中莫里斯是作为证人出席这次重要谈判的。在默许北方"联省"为一个独立或寻求独立的实体存在的前提下，西班牙人希望与他们达成一项为期 12 年的停战协议。但西班牙人开具的两个条件是，"联省"放弃他们正在发起的东印度贸易，宽容北方各省存留的天主教信仰。对此，奥尔登巴恩韦尔特着眼于长远利益，认为休战利大于弊；莫里斯则着眼于近期目标，认为弊大于利。这一切尽管都是秘密进行的，但议和谈判的消息还是泄露了。这条爆炸性消息，混杂着许多不明就里但却耸人听闻的谣传，立即在全国掀起轩然大波。荷兰"联省"的独立战争已经持续数十载，西班牙人在荷兰"联省"实施的宗教迫害、强力统治和军事侵略，使得广大荷兰人民对西班牙人产生了不共戴天的深仇大恨。空前高涨的爱国热情使得他们无法接受同敌人议和的提议。如此一来，在普通大众中间开始对主和的大议长奥尔登巴恩韦尔特滋生出不满和愤恨之情。尽管如此，到5月4日，"大议会"还是与西班牙人签署了一份为期8个月的临时休战协议，以便为更长期的休战谈判赢得时间和空间。

西班牙人休战提议中最主要的内容是针对"联省"发起的"东印度公司"（"VOC"）而来的。这在各地特别是阿姆斯特丹立即引发特殊的焦虑和不安。1602年成立的荷兰"联省""东印度公司"的运作，是由所谓"十七人主管委员会"（the Lords Seventeen）具体负责筹划的。而在这个委员会里就有8人来自阿姆斯特丹；他们在权力新星雷尼尔·鲍乌领导下，在实行一人一票表决制的"十七人主管委员会"里发挥着举足轻重的作用。信奉极端加尔文主义的雷尼尔·鲍乌等人，担心与西班牙人的媾和会阻碍刚刚起步的"东印度公司"的发展，就像此前英格兰与西班牙的休战协议阻碍了英格兰的东印度贸易一样。所以，他们坚定地反对同西班牙议和，甚至还通过阿姆斯特丹市政当局起草了一份决议，谴责拟议中的停战协议。不仅如此，在极力推动"东印度公司"拓展的同时，雄心勃勃的雷尼尔·鲍乌等人还在积极谋划成立"西印度公司"，以在巴西沿岸通过发展种植园和传布改革宗信仰来打击西班牙势力。但是"联省大议会"一直拒绝为他们颁发特许状。这在阿姆斯特丹上层社会中愈发激起对于大议长奥尔登巴恩韦尔特的仇视心态。

而政治与外交上的不满有时就会通过宗教信仰的形式表现出来。普罗大众在仇视奥尔登巴恩韦尔特在与信奉罗马天主教的西班牙人打交道的同时，也通过传布的流言，攻击着阿米尼乌在教导天主教尤其耶稣会士的学说。以至于阿米尼乌不得不反复声明，自己在解释《圣经》时，最推重的就是加尔文的《圣经集注》和《基督教原理》。乍看之下，那些发生在海牙的国家与外交大事，与生活在莱顿的阿米尼乌的生活相去甚远，似乎是两个不甚相干的世界。其实不然。这两个并行的事件线索很快就交织在一起，并逐渐呈现出合流的趋势。大学教室里的声音，教堂讲坛上的声音以及市井坊间的声音，被生拉硬扯地糅合进同一篇乐章里。更出乎意料的是，原本并不太引人关注的预定教义，突然被置于神学争论的最前沿，并被极端加尔文主义者看作整个新教改革宗信仰的基础和试金石。这当然是出自荷兰"联省"特有的信仰演进与社会历史发展。此外还有一个外部刺激因素，这也可能与耶稣会神学家拜拉明以三卷本《基督教信仰对抗当代异端的辩论》为代表，对加尔文学说这一软肋的集中攻击具有一定的关联。换言之，在加尔文分子穷于应付来自外部敌人的攻击之时，来自改革宗阵营内部的神学教授对极端预定论的批判就格外令人无法容忍。事实上，阿米尼乌的敌人就曾造谣指责阿米尼乌结交拜拉明，推荐学生阅读另一位耶稣会士弗朗西斯科·苏亚雷斯（Francisco Suarez, 1548—1617 年）的著作。由此，在一个时期内，在荷兰"联省"的宗教信仰与政治社会生活中，所谓的预定论教义或学说，就成为无限上纲上线和党派斗争的标尺、标志和标语。对此，卡尔·班斯总结道："如果说这些派系界限到 1606 年年初还未完全一目了然的话，那么在它们背后的现实，业已发展到足以使预定成为一个斗争性问题了。至迟，到 1608 年，它成为一种语言常规，许多人用它来谈论他们国家、经济、社会与宗教生活之未来这整个错综复杂的问题。"[1]

　　大致在与西班牙人议和前后，围绕阿米尼乌的宗教争论又展开了另一个双方角力的领域。针对阿米尼乌的种种指控，通过公开或不公开、校内或校外、教会内或教会外的多次会谈、磋商或辩论，均无法获得圆满解决。于是，双方都把目光寄托在"全国宗教会议"上，希望通过这样一种类似原始教会时期的全体宗教会议，来仲裁孰是孰非和一切存有争议的宗教问题。早在 1605 年 11 月 30 日，南部和北部两个宗教议会的代表就已经向"联省""大议会"请求召开这样一次"全国宗教会议"。1606 年 2 月 8 日，阿米尼乌通过《论基督徒之间宗教分歧的和解》的公开演说，也呼吁召开一次"全国宗教会议"。既然这样，"大议会"很快就在 3 月 15 日批准这一请求。不料，这个旨在解决分歧的会议似乎永远可望而不可即，因为各方势力又陷入究竟该当如何召开这样一次

1　Carl Bang, *Arminius：A Study in the Dutch Reformation*, Nashville：Abingdon Press, 1971, p. 275.

会议的争执泥沼中。

　　在"行政议会"与"教会议会"的权限较量中，"联省大议会"一方本意只是想要维持现行的权限分配与行使模式，并不真心希望召开所谓的"全国宗教会议"。因为"大议会"担心，那些极端加尔文派分子会通过这样一次"全国宗教会议"，利用他们作为大多数的优势地位，在荷兰"联省"引进一种类似于日内瓦体制的处理行政与教会的新模式：在施行教会完全自治前提下又要求行政当局为教会提供保护和维持；而那种新模式又势必会推行一种有可能分裂教会与国家的宗教与信仰不宽容准则和"宗教审查"制度。这看似是一种不可能的事情：在反抗西班牙与罗马天主教推行"宗教审查制"的同时，自己又想推行一种新教或"宗教改革"式的"宗教审查制"。然而这是一种实实在在的威胁，不论在个体还是在群体历史中，都是一种屡见不鲜和反复发作的顽症。"己所不欲而又施之于人"乃是人性堕落的一种典型表现。现在，既然争执双方都在呼吁召开这样的"全国宗教会议"，"大议会"看到继续拖延和阻碍这样的会议变得越来越困难，于是便改弦易辙、另出奇招，在准许召开"全国宗教会议"的同时，要求会议修订现有的"信纲"和"教理问答"。作为重要幕后推手的奥尔登巴恩韦尔特和小格劳秀斯，在使"大议会"批准召开全国宗教会议的同时，还要求这次会议按照"联省"以往全国宗教会议惯例，对现行"信纲"和"教理问答"作出修订。这在教会一方看来是对教会权威和事务的严重冒犯，是绝对不可接受的。这样，现有的争执就转移到一个新的平台上：将要召开的"全国宗教会议"是应强化现有"信纲"和"教理问答"呢，还是应当对它们作出修订呢？于是，这件事情又在这些大费时日的斡旋与争执中被拖延下去。

　　在延宕近一年后，南部和北部荷兰宗教会议的代表向"大议会"请求先召开一个预备会议，以讨论期待中的"全国宗教会议"的具体程序与细节。"联省大议会"准许了这一提议，并通知各省议会选派牧师前来开会。于是，这个预备会议于1607年5月26日在海牙召开了。参加会议的共有17位代表，包括3位神学教授和14位牧师。阿米尼乌与戈马鲁斯作为神学教授与荷兰省其他代表一道参加了该会。其中弗里斯兰省选派了两位极端加尔文派分子：一位是弗拉讷克（Franeker）大学的西布兰杜斯·卢伯图斯（Sibrandus Lubbertus）教授，另一位是将在十余年后主持多特会议的吕伐登（Leeuwarden）牧师约翰尼斯·博格曼（Johannes Bogerman）。正在忙于同西班牙人议和的大议长奥尔登巴恩韦尔特亲致欢迎词。他希望这次预备会议讨论"大议会"提出的八个有关"全国宗教会议"的具体问题；如果这些与会者对某些问题有分歧，那么就将分歧双方的意见以书面形式向他汇报。讨论结果不出所料，与会代表在大部分问题上观点一致，但在一两个关键问题上存在着无法弥合的分歧。由此，阿米尼乌、尤腾鲍加特和2位来自乌得勒支省的代表形成"少数派"，而其他13位代表形成"多数派"。两派争论的焦点是，现有的"信纲"和"教理问答"相对于圣经的权威与地位，以及是否能够被修订的问题。"少数派"强调"宗教改革"倡导的"唯有圣经"原则，坚持唯有神启的圣经具有最高信仰权威，而属于人之作品的"信纲"和"教理问答"，可以根据圣经这一最高权威作出修订。而"多数派"则强调现有"信纲"和"教理问答"是经过无数人认可和用生命为之作出见证的，是"先验地"与圣经具有同等或类似权威性的。戈马鲁斯教授还能够委婉地宣称，圣经是信仰的首要原则，而信条、信纲则是信仰的次级原则。博格曼牧师则更甚一步，径直宣称应当按照"信纲"和"教理问答"来解释圣经。一个与之相关的问题是，"少数派"希望能够在某种程度上接受其他"信纲"和"教理问答"；而"多数派"只认可在荷兰"联省"通行的《比利时信纲》和《海德堡教理问答》。

　　这次预备会议形成的少数派报告和多数派报告，在6月1日呈交"大议会"审阅但没有就此作出讨论和决议。这个预备会议透露出几个明显信号：众人期待的"全国宗教会议"恐怕遥遥无期了；"少数派"面临的前景极不乐观，"全国宗教会议"即便召开也很可能不是争议各方公平讨论的会议，而更可能是自封的正统派对被指控的"少数派"的审判；另外就是，阿米尼乌在《论基督徒之间宗教分歧的和解》中建议的"全国宗教会议"召开模式，很难付诸实践了。

　　阿米尼乌在莱顿大学的教学，依然保持着惯有的繁重和机械性。尽管流言的传播，已经使得法国、德国和苏格兰一些不明真相的牧师和教会，对本国青年前往莱顿求学发出了警告，但阿米尼乌开设的"公开课"和"不公开课"依旧听众踊跃并深受欢迎。大约从1607年以后，阿米尼乌还开始讲授"马太福音"。他每天从清晨开始阅读一直到上午 9 点半。从上午 10 点开始授课一直到下午 1 点半。吃过午餐和短暂休息后，从下午 4 点开始一直授课至 7 点半。晚餐过后，则是写信和写作时间。这样繁重的常规教学日程，对于阿米尼乌来说想必是十分劳累的。他的病情还在持续发展。到 1607 年以后，疲惫、咳嗽和发冷发热更是成为一种常态。有时他甚至都预感自己的生命可能不会持续多少年了。当病情特别严重和当感到压力过于巨大的时候，他和家人偶尔会离开莱顿，到阿姆斯特丹或其他地方亲属那里，去休养一段时间。这可能是他远离是非、获得一时清静的唯一方式了。

　　与身体上遭受病魔侵袭相比，阿米尼乌在精神和人格上承受的诽谤和攻击更加令人不堪。在 6 月的"北部荷兰宗教会议"和 8 月的"南部荷兰宗教会议"举行之后，阿米尼乌和尤腾鲍加特等在"预备会议"上的"少数派"观点，经过夸大和扭曲后被流传出去，从而招致新一轮诬蔑和攻击。一些暗地里对"大议会"插手教会宗教事宜不满的人，也把怨气撒向所谓的"少数派"。一时之间，谩骂和诬蔑之词从四面八方纷至沓来，让人很难分辨出它们的出处和走向，也无从作出回应和辩解。没有人出面提出辩论和指控，所有的都是恶意的谣言和中伤。有一则最恶毒和最无稽的谣言甚至称，阿米尼乌和尤腾鲍加特收到罗马教宗的重金聘礼，要他们协助维护罗马天主教的利益。还有一则最荒诞和最无聊的谣言，是由莱顿牧师霍缪斯首先传布出来的，大致内容是说在阿米尼乌书房里发现了可怕的鬼魂，其潜在的逻辑是要表明，与鬼魂精灵打交道的人必定就是宗教异端无疑了。难怪伯修斯后来在"悼词"里回忆道，[1] 曾时常听到阿米尼乌在叹息里诵读"先知书"这样的章节："我的母亲哪，我有祸了！因你生我作为遍地相争相竞的人。我素来没有借贷与人，人也没有借贷与我，人人却都咒骂我。"[2] 不过，阿米尼乌并没有就此消沉下去，而是在忍耐和沉默中等待着合适的时机。他始终相信自己能够洗濯冤屈，恢复清白。

　　令阿米尼乌和尤腾鲍加特尤为懊恼的是，弗拉讷克的西布兰杜斯·卢伯图斯，伙同阿米尼乌在莱顿的同事小特雷尔卡修斯，还竭尽所能地悄悄向苏格兰、

1　*The Works of James Arminius*, Vol. 1, p. 40, "note".

2　《圣经·旧约·耶利米书》15：10。

法国和德国等外国教会写信，诽谤阿米尼乌等人，企图将荷兰国内的神学争论扩大化和国际化。事情披露后，尤腾鲍加特在严厉谴责卢伯图斯的同时，还逐一向外国教会澄清了事实和真相。尤腾鲍加特给法国查伦顿（Charenton）胡格诺派牧师皮埃尔·杜莫林（Pierre du Moulin, 1568—1658 年）撰写了一封长信，仔细阐明了自己及阿米尼乌对那些有争议问题的看法。阿米尼乌则与年轻神学家沃斯修斯进行了长篇通信。康拉德·沃斯修斯（Conrad Vorstius 或者 Konrad von der Vorst, 1569—1622 年）是属于本特海姆伯爵阿诺德（Count Arnold of Bentheim）庇护下的小小的施泰因福特大学（University of Steinfurt）的神学教授。才华横溢的沃斯修斯是当时新教世界里出类拔萃的年青一代加尔文派神学家。他婉拒了来自日内瓦、马堡和索米尔（Saumur）的执教邀请，暂时蜗居在施泰因福特。阿米尼乌似乎是希望能够获得沃斯修斯的理解，与后者探讨了必然性与偶然性等哲学与神学问题，并详细解释了自己在"预备会议"上的立场与看法。而善于学习和思考的沃斯修斯居然由此就接受了阿米尼乌的观点，并在以后成为阿米尼乌分子的代表人物。这也算是阿米尼乌的一点属于意料之外的"桑榆之收"吧。

极端加尔文派对阿米尼乌的攻击，逐渐有将阿米尼乌标签化的扩大趋势，亦即将在"联省"内一切接近和类似于阿米尼乌的立场，统统视为所谓"阿米尼乌阴谋"的一部分而大加挞伐。有时，这种受情绪和派系心理左右的攻击还会陷入捕风捉影的地步。一个典型案例就是对所谓《豪达教理问答》的围攻。1607 年，豪达（Gouda）一对姓赫伯茨（Herberts）的牧师父子，有感于现行《海德堡教理问答》作为儿童启蒙读物过于模糊和专业，而用更简单和更通俗语言，出版了一本题名为《儿童基督教简明指南》的小册子。赫伯茨父子事先曾征求过阿米尼乌的意见，阿米尼乌在表示欣赏赞许之余，并没有对该小册子内容和结构提供任何帮助。但该小册子甫经问世，即遭到极端加尔文派的围攻。他们在深恐《海德堡教理问答》遭到修订的同时，将这本小册子讥讽为《豪达教理问答》；而阿米尼乌则被老对手雷尼尔·唐特克洛克指控为"幕后黑手"。所有这一切只是为原本就已经炽烈的神学争论增添了新的燃料而已。

当然，导致神学争论白热化的主要动因，还是左右国家前途命运的社会政治形势的剧变。"大议会"与西班牙人签署的为期八个月的临时休战协议，在

1608 年又获得延期，以便为双方议和谈判提供更多的时间。从这时开始，双方的媾和谈判已经从秘密转向公开。昔日仇敌西班牙人全副排场莅临海牙进行外交谈判，更加激发了荷兰民众的愤慨。街头巷尾充斥的是对西班牙强权的愤怒声讨；教堂内外回响的是对罗马天主教的大声抨击。合而为一的反对议和的声音与反对天主教的声音成为普通民众的最强音。一时间，极具煽动性的檄文式小册子铺天盖地，各种充满蛊惑元素的流言蜚语不胫而走。人们的激动、焦虑与愤怒上升到一个新的层面。而"联省"内部"主战派"与"主和派"之间的分歧也愈演愈烈。主和的大议长奥尔登巴恩韦尔特的民意支持度在急剧下降，而主战的莫里斯亲王利用民心向背开始为自己聚集政治资本。后者在议和间隙，甚至还在边境上与西班牙军队重燃战火，但遭受沉重失败，最终只能极不情愿地重返谈判桌。而奥尔登巴恩韦尔特则抓住这个机遇，开始逐个争取并获得"联省"大多数城市的支持，甚至连一贯主战的阿姆斯特丹和德尔夫特这两个重要城市，也开始转而支持奥尔登巴恩韦尔特的议和方案。顺应大势所趋，莫里斯亲王也只得说服坚决支持自己的泽兰省同意议和。但是在这两个领袖人物之间存在的抵牾却在继续加深。经过在安特卫普等地约两个月的谈判，终于在 1609 年 4 月 9 日，"联省大议会"与西班牙人签订了一份为期 12 年的基本上有利于荷兰"联省"利益的正式停战协议。

　　在这期间，由于休战谈判和战事反复，在全国民众中引发的极度焦虑不安，进一步助长了在教会内外搜寻和指控神学异端的歇斯底里心态。阿米尼乌的处境也变得更加困难了。他的每一言、每一行都受到许多充满怀疑目光的仔细审查。那些人只要发现一丁点儿疏忽或疏漏，就会大做文章。更令人不堪的是，围绕阿米尼乌的恶意诽谤和中伤虽多，但它们都是谣传或背后议论，并没有一个人对阿米尼乌作出一项明确的指控。这使得阿米尼乌想要抗议、对质或辩白，都没有具体的对象。面对如影随形、层出不穷的谣言，阿米尼乌只得抱怨道，假如莫里斯亲王明天喝了毒药，那么一定就会有人说是阿米尼乌干的。[1] 当然，阿米尼乌也会利用合适的机会、以合适的方式为自己作出辩护或反击。

　　卢伯图斯教授向国外教会和神学家写去许多诽谤阿米尼乌的信函，这其中

1　Cf. A. W. Harrison, *The Beginnings of Arminianism*, University of London Press, 1926, p. 112.

就包括他写给海德堡神学家戴维·帕拉厄斯的书信。十分关注荷兰教会动向的帕拉厄斯，于是向帕拉丁选帝侯（the Elector Palatine）腓特烈四世（Frederick IV）派驻荷兰海牙的大使希波吕托斯·阿·科利布斯（Hippolytus a Collibus，1561—1612 年）报告了此事，并希望他能获得更多的情况。这位谨慎的大使希望能够全面了解这一切。为此，他专门邀请阿米尼乌前来海牙会晤。通过晤谈，这位大使不仅没有发现阿米尼乌持有什么异端观点，而且还发觉自己完全可以接受阿米尼乌的见解。于是，这位大使请求阿米尼乌再次以书面形式就相关教义阐明自己的观点，以便自己能够认真领悟它们，同时还可以此来反驳那些正在流传着的有关阿米尼乌异端的谣言与不实之词。1608 年 4 月 5 日，阿米尼乌撰写了《致希波吕托斯·阿·科利布斯》，就那些受到争议的问题，简明扼要地阐明了自己的立场。

阿米尼乌在信中声明自己不论在教会里还是在大学里，都从没有教授过任何有违于《圣经》的事情，也没有教授过任何有悖于《比利时信纲》和《海德堡教理问答》的内容。然后，分别就大使阁下关注的五条教义或信纲表明了自己的看法。[1] 第一，是圣子之神圣性的问题。为了回击在德国等地流传的有关自己同情苏西尼主义（Socinianism）的诽谤，阿米尼乌表明，说"圣子的实质不是来自他人，而是来自他自己"与说"圣子来自他自己，而不是任何他人"，这两者并非同一回事。因为严格说来，圣子并不是一种实质，而是通过某种存在模态具有了其实质。当说圣子为上帝时，他具有神圣的实质；而当说圣子为圣子时，他是从圣父那里具有了其实质。亦即"上帝"这个词一般是指不具次级存在模态的神圣实质，而"圣子"则是指神圣实质的某种模态，它是经由圣父传递或产生而来的。否认这一点，就会在上帝的位格之间制造出并列性（collaterality）而不是三一体式的统一。缘起以及由缘起而形成的次序是理解三位一体的关键。为此阿米尼乌还援引了古代教父的看法，以证明自己在这一教义上所遵循的完全是正统基督教信仰。第二，是上帝神佑的问题。阿米尼乌对于有人居然在这个教义上诽谤自己感到十分讶异，因为他已经就此问题进行了

1　Cf. *The Works of James Arminius*, Vol. 2, pp. 690 –705.

两场公开的辩论。[1] 由此他推测，那些诬蔑之词可能源于他否定了这样一种观点："就上帝的命令而言，亚当必然而然地犯罪。"对于这样的见解，阿米尼乌还是一如既往地予以拒斥。第三，是神圣预定的问题。阿米尼乌对此坦陈自己并没有否定上帝的预定，只是围绕着对"罗马书"第八、第九章和"以弗所书"第一章的不同解释，而与某些人所持的预定论观点不同。不过，这样一种分歧是一直存在于基督教会当中的，而且他有理由面对质疑者维护自己的立场。第四，是恩典与自由意志的问题。阿米尼乌同样对有人在这个他曾进行过公开辩论的问题上提出怀疑感到莫名其妙。不过他再次重申，如果没有恩典，没有基督的和属于重生的恩典，自由意志绝对不会趋向和完成任何属灵的善。况且，人们只要不损害上帝的正义和抹杀邪恶的自由意志，无论怎样强调人之自由意志的堕落腐败和神之恩典的奇妙都不为过。第五，是称义的问题。阿米尼乌表明，信仰，唯有信仰，才被归给了正义（righteousness），唯有凭借信仰，人才在上帝恩典的宝座面前被看称为正义的。而"归给"（to impute）一词，意味着信仰并不是正义本身，而是被恩典性地看称为正义的。阿米尼乌自信地表示，只要有人能够指出他观点的错误之处，他将乐意接受。最后，阿米尼乌还向这位大使表明，自己愿意通过一种合理合法的宗教会议，就这些信仰和神学问题与任何人进行友好的讨论。而那些无端怀疑者的层出不穷的诬陷和无休无止的谩骂，已经给自己造成侵扰和伤害。

　　《致希波吕托斯·阿·科利布斯》是一篇冷静客观的全面辩护与陈述。阿米尼乌在晚些时候，还就一些流传的被归于自己名下的神学论纲，撰写了一篇带有一定感情色彩的辩护，这就是《针对三十一条诬蔑性神学论纲所作的辩护》。在阿米尼乌敌对者那里悄悄传布的这三十一条有关基督教信仰的神学论纲，有的被归于阿米尼乌本人，有的被归于莱顿一位牧师阿德里安·博利乌斯（Adrian Borrius 或 van der Borren），还有的被归于他们两人共同所为。那些杜撰和传布这些论纲的人旨在使人相信，阿米尼乌及其同道正在将新颖之见或异端之说引入荷兰教会和大学里。对于这种地地道道的诽谤与诬蔑，阿米尼乌也不是没有任何觉察。早在两年前，阿米尼乌就曾看到过其中的十七条论纲。"但我

1　Cf. *The Works of James Arminius*, Vol. 2, pp. 162–189.

选择了沉默并掩藏了我的遗憾。因为我觉得那些论纲不会形成什么大气候并将销声匿迹：其中一些缺乏历史叙述的真实性……其中一些毫无神学意义。"[1]　然而事与愿违，那些攻击者反而变本加厉地展开诽谤与诬蔑。因此，阿米尼乌决定作出自己的回答，以免被人认为自己默认了那些论纲并因而被怀疑为异端。在这篇坦诚而简明的辩护词中，正如作者本人所说，"凡我认为正确的，我就承认和维护它们；凡我感到犹豫不决的，我也不掩饰我的无知；凡我认定错误的，我就否定和反驳它们"。[2]　阿米尼乌表明被对手强加在自己身上的那些浅薄、粗鄙和可笑的论纲，基本上都是经杜撰、捏造和篡改而来的。他自己不仅从未表述过它们，而且也从未设想过它们，倒是他的敌人凭空杜撰了那些不敬或亵神的言论。

第六节　《观点的声明》

就在阿米尼乌会晤过帕拉丁大使希波吕托斯·阿·科利布斯不久，尤腾鲍加特和阿米尼乌鉴于自己在上一年"全国宗教会议""预备会议"上作为"少数派"招致了许多诽谤中伤，联合请求荷兰与西弗里斯兰省议会，能够从出席"预备会议"的本省六位代表那里听取事情的真相，并敦促"大议会"能够尽早召开一再被拖延的"全国宗教会议"。那时，荷兰省议会和"联省大议会"因为正在忙于同西班牙人议和，无暇处理此事。随后，阿米尼乌以个人名义请求荷兰议会对自己的情形作出法律性调查。接替已故的库克里奴斯出任神学院学监的彼得·伯修斯，亦因自己学生在教会事奉前程上受到影响为由，支持阿米尼乌提出的申请。故而，荷兰省议会作出如下安排：由最高法院召集阿米尼乌和戈马鲁斯这两位神学教授，并在出席上次"预备会议"的另外四位教会代表见证下，进行当面会谈，弄清事情的原委，并查明是否能通过友好磋商解决已有争端；然后，由最高法院向荷兰议会作出调查报告。

教会代表自然反对在最高法院举行这样的会谈，他们希望的是专门处理宗

1　*The Works of James Arminius*，Vol. 1，p. 734.

2　*The Works of James Arminius*，Vol. 1，p. 738.

教事宜的省宗教会议。但是荷兰议会坚持，这次最高法院会谈只限于了解事情的始末，而不是要作出评判。1608 年 5 月 30 日，所有当事人齐集最高法院。主持人宣布，如果戈马鲁斯与他同事存有分歧，那么就请说明那些分歧究竟是什么。戈马鲁斯首先提出异议说，最高法院作为民事权威无权处理灵性事宜。最高法院亦认可这一点，但指出最高法院只是要了解那些分歧，而不是要对那些分歧作出仲裁或决定。接着，戈马鲁斯又对自己被当作阿米尼乌的指控人感到不满，声称自己与阿米尼乌是和平相处的，并对阿米尼乌的观点一无所知。这些闪烁其词的推托当然无法令人信服。在最高法院和阿米尼乌本人的坚持与敦促下，戈马鲁斯终于承认他与阿米尼乌之间存在一些潜在的分歧，并具体指出他与阿米尼乌对人在上帝面前的称义问题存在不同看法。于是两人当场就称义问题进行了辩论。辩论的结果使最高法院认定，他们两人都认为人因信称义的原因是上帝的恩典而非人的事工；戈马鲁斯对阿米尼乌的指责不过是在措辞文字上吹毛求疵。接着，最高法院要求两人分别就存有争论的问题写下自己的看法，然后再分别就对方的观点写下自己的评判。最高法院在审阅他们两人书面意见后，特向荷兰议会作出如下汇报："就我们从这场会谈中所能够看到的而言，我们判定在这两位教授之间出现的争论无关宏旨。它们主要是与有关预定的一些争论联系在一起的，它们相当琐细微妙，它们能够通过相互宽容而被不加指责地忽略掉或者一笔带过。"[1]

　　接到这样的报告后，荷兰议会将他们两人及其他四位代表召集到议会大厅。大议长奥尔登巴恩韦尔特代表议会表态道，很高兴得知他们两人在基督教信仰上并没有基本性的重大分歧，并应允由全国或省宗教会议来具体解决那些神学争端。这时，戈马鲁斯请求发言，获得允许后，戈马鲁斯当着全体议会成员的面，突然有些情绪失控地说道，如果他持有他同事的那些观点，那么他将不愿意出现在上帝审判面前。[1] 如若不压制那些观点，必将出现"省对抗省、教会对抗教会、城镇对抗城镇、公民对抗公民"的内部纷争。戈马鲁斯展现的那种极端不宽容态度，不由得令当时一位见证人在私下里感叹道，他宁愿以阿米尼

1　*The Works of James Arminius*, Vol. 1, p. 585.

1　Cf. *The Works of James Arminius*, Vol. 1, pp. 74 – 75, "note".

乌的"信"也不愿意以戈马鲁斯的"爱"出现在上帝审判面前。[1] 这次由荷兰议会出面的调解最终不欢而散。一向有些刚愎自用的大议长奥尔登巴恩韦尔特，使双方都怀有"全国宗教会议"很快就要召开的期盼，但又迟迟不付诸行动。"联省"内政外交事务繁重是一方面的原因，但更主要原因还在于，奥尔登巴恩韦尔特似乎认定，宗教事务就像内政外交事务一样，通过策略和手腕可以解决一切问题；教会内的激烈争执只要假以时日、运用拖延等冷处理办法，就能够逐渐恢复平静或被人抛在脑后。随后若干年的形势发展证明，奥尔登巴恩韦尔特这个想法是个严重错误，而他本人则为此付出了惨痛代价。

　　既然袒护阿米尼乌的荷兰议会都无法平息那些争端和议论，阿米尼乌的前景就愈发黯淡了。站在阿米尼乌一方的年轻政治家雨果·格劳秀斯和宫廷牧师尤腾鲍加特，都为阿米尼乌的未来深感忧虑。而阿米尼乌本就无以复加的痛苦与磨难，又平添一丝代人受过的"替罪羊"意味，因为教会一方将对时局和议和的不满，将对议会和对奥尔登巴恩韦尔特的积怨，一股脑儿地发泄到他们"内部的""异类"阿米尼乌身上。眼见这次调解无果，心有不甘的阿米尼乌受到最高法院要当事人提交书面意见的启发，遂向荷兰议会提出申请，希望能够有机会不仅以书面形式，而且还由他本人亲自向议会提交自己的观点。但是荷兰议会并未立即答复。

　　在省议会与教会议会，或者说在地方行政权威与教会权威，就彼此之间的角色、地位、作用与权限的相互较量和持续胶着中，在边境战事再起并因蒙受失败而不得不重新转向媾和的紧张压抑氛围中，以及在由那种氛围所引发的极端仇视罗马天主教和内部神学异端的癫狂中，教会一方率先变招以对。1608 年10 月中，在多特雷赫特召开"南部荷兰宗教会议"决定，在教会内通过审查方式，来强行推进由现有"信纲"与"教理问答"所体现的一切正统信仰。这在反对者看来当然是一种变相的"异端审查制"（inquisition），并且是与荷兰议会政令相违背的。于是荷兰议会在 20 日迅速作出决定，邀请阿米尼乌于 30 日前往荷兰议会公开陈述自己的观点。

　　留给阿米尼乌准备陈述的时间不到十天，但这对他来说已经足够了，因为

　　1　Cf. *The Works of James Arminius*, Vol. 1, p. 75, "note".

他等待这一天已经很久了。以往惯有的迟疑踌躇不见了，胆怯顾虑也消失了。阿米尼乌很清楚，说出自己全盘见解的时机终于到来了。从前他太习惯于用"盾牌"来维护自己了，总是不厌其烦地面对种种指控或指责作出辩白和分解，现在则是他拿起"长矛"来维护自己的时候了，他将针对所有在他看来不合理的学说或教义提出剖析和批判，将指出极端正统派的破绽和过犹不及之处。敌对者总是怀疑他在躲藏和伪装，同情者时时担忧他在折中和妥协，议论者常常在风传和谣言里为他编排和杜撰。现在这一切都过去了。他将开口直言。他将在首都海牙"内廷"（Binnenhof）、将在议会大厅，面对荷兰及西弗里斯兰议会的全体代表，以荷兰语陈述自己的观点与见解。全荷兰都瞩目这里并在聆听，因为此时此刻在这里展示上演的就是那几欲撕裂整个国家的象征或标记。阿米尼乌的陈述是他在逝世前一年对自己整个思想的全面总结和归纳，展示和体现着成熟而系统的阿米尼乌思想。而这一点在他逝世前不久一封落款日期为 1609 年 9 月 12 日的致荷兰议会信函中又再次得到确认。[1]

在这篇全面阐述自己立场的所谓《观点的声明》里，阿米尼乌首先要论及的当然是最为重要和最具争议性的上帝预定（the predestination of God）问题，亦即上帝拣选（election）某些人救赎（salvation）、弃绝（reprobation）某些人毁灭（destruction）的问题。那些极端预定论者认为这种神学教义构成基督教信仰的基础。在他们看来，"在这些观点之上，确立了一切信仰者确凿无疑的慰藉，这能使他们的良心保持平静和安宁；在这些观点之上，还确立了对上帝恩典的赞美，以至于对这一教义提出任何反驳，都必定会褫夺上帝恩典的荣耀，并将救赎功绩归功于人的自由意志以及人自身的能力——而这样的归功就带有了贝拉基主义的味道"。[2] 有鉴于此，阿米尼乌根据当时荷兰教会以及莱顿大学里一些人的著述与言说，将矛头主要瞄准在预定论问题上持高调或极端看法的所谓"堕落前预定论"（supralapsarianism）。按照那些人的见解，上帝在丝毫不考虑人的正义或罪恶、顺从或不顺从情形下，完全是出于自己的喜好，以一种永恒和不变的命令，预先决定了某些人会获得永生，而其余的人则会走向永恒

---

1   Cf. *The Works of James Arminius*, Vol. 1, pp. 41–42, "note".

2   *The Works of James Arminius*, Vol. 1, p. 617.

毁灭，以证明自己的公义与仁慈的荣耀。这里，作为预定对象的人并不被看作已经被创造了的，更不是已经堕落了的。换言之，上帝的预定命令要先于人的堕落，因而被称为"堕落前预定论"。

为了简明起见，阿米尼乌将这种典型或极端预定论归纳为以下四个要点："第一，上帝已经确定无疑地决定（decree）以其仁慈或恩典来拯救某些人，以其正义来谴责其余的人；而在这么做的时候，丝毫不考虑在这一类或那一类人那里可能存在的正义或罪恶、顺从或不顺从。第二，为了实施这在先的命令，上帝决定以原初公义的正直状态创造亚当，并在他之中创造所有的人；此外，他还决定了人要犯罪，人们因而招致永恒的谴责并被剥夺了原初的公义。第三，对于上帝确实想要拯救的那些人，上帝不仅决定要加以拯救，而且还决定了与之相应的手段或途径（亦即引导并使得他们信仰耶稣基督，并使得他们忍耐持守于那种信仰）；上帝实际上还以一种不可抗拒的恩典和权能，引导他们达致这些结果，以至于他们没有其他可能而只能认信、持守信仰，并被拯救。第四，对于那些上帝以其绝对意志已经预先决定要毁灭的人，上帝亦决定对其拒绝了那种对拯救而言属于充分必要条件的恩典，并且也确实没有将它赋予他们；以至于他们既没有可能也没有能力去信仰或被拯救"。[1] 在这样描述对手观点时，阿米尼乌时刻提醒自己不扭曲和夸大对方的见解，也不捏造或杜撰什么原本不属于对手的看法，而是尽可能充分地理解对方的观点，并尽可能利用对方的表述和用语。[2] 客观地讲，阿米尼乌对对方观点的概括还是比较准确的。

这种极端形式的预定论，就像任何极端的事物一样，也必定面临着自身内在逻辑推演所可能形成的矛盾或辩难。事实上，按照这种极端形式的预定论，就有可能推导出"上帝是罪的作者"（God is the author of sin）这样一种危及基督教核心信仰的荒唐结论。为了绕开这个横亘在前方的理论陷阱，一些人提出一些不那么极端的预定论见解。詹姆斯·阿米尼乌在这篇《观点的声明》里提到的第二和第三种预定论，就是这样一些经过某种限定或者修订的预定论。

其中，第二种预定论被学术界泛泛地称为"有限制的堕落前预定论"；其

1　*The Works of James Arminius*，Vol. 1，p. 618.

2　Cf. *The Works of James Arminius*，Vol. 1，p. 645.

实，更准确和更具体的指称应当是"堕落前单重预定论"——相对于第一种预定论所持的"堕落前双重预定论"而言。也就是说上帝以其永恒和不变的命令，在不考虑任何其他因素的前提下，完全是出于自己的喜好，就预先"决定"了一些人来分享他的恩典与荣耀——以彰明他的恩典，而"任凭"另一些人无缘于他那救赎性与超自然性的恩典——以彰明他的公义。这种预定论仍然坚持认为上帝的预定要先于人的堕落，但只是将"预定"一词应用于上帝的"拣选"，而反对将其应用于上帝的"弃绝"。也就是说，上帝只是"预定"了某些人的拣选获救，而没有"预定"其余人的弃绝或永罚。就具体程式而言，上帝的拣选或救赎，首先是上帝的"预知"（prescience），借此他预先知道那些他已经预定了的人；然后才是上帝的"预定"（prefinition 或 predetermination），借此他预先决定了那些他已经预先知道了的人的救赎。而就上帝的弃绝而言，它又包括两种行为：一种是所谓的"忽略"或者"遗漏"（preterition），这或者是将人"遗弃"或"抛弃"（dereliction）在人的自然本性状态中，或者是"拒绝"（negation）将超自然的恩典传递给人；另一种则是所谓的"预先谴责"（predamnation），这或者是"正当的遗弃"（just desertion），或者是《圣经》里常常提到的"刚硬"（hardening）。但两种弃绝在理论与实践上的成立，都间接需要有上帝的无条件拣选加以支撑，亦即单重预定论本身并不能单独成立，它实质上仍然是和必定是隐秘的双重预定论。

　　鉴于上述所谓"单重预定论"存在的这种问题，一些较为温和的预定论者另辟蹊径，试图将上帝的"预定"置于人的"犯罪"之后，以此来避免重蹈"上帝是罪的作者"的逻辑覆辙。这就是阿米尼乌在这篇声明里提到的"第三种预定论"，亦即所谓的"堕落后预定论"（sublapsarianism）。按照这种理论，上帝在其永恒中在其自身内制定了一种命令，借此他可以拣选某些人并弃绝其余的人。在此，上帝不仅将人看作已经被创造了的，而且还是已经堕落了或腐败了的，并因而是应当受到诅咒和惩罚的。正是从这种犯下罪过和受到诅咒的状态中，上帝决定解救某些人并以其恩典来白白地拯救他们——以彰显他的仁慈；并依照自己公正的评判任凭其余的人处在那种诅咒之下——以彰明他的公义。在这两种情形中，上帝并不考虑下列因素，即在他拣选的那些人里的悔改和认信，或者在他弃绝的那些人里的不悔改（impenitence）和不认信

(unbelief)。可见，在这种预定论里，人的堕落不再被看作实施那在先的预定命令的被预先决定了的手段或途径，而被看作辅助完成某个固定目标的东西或者是作出这种预定命令的理由或借口。

阿米尼乌指出，这第二种和第三种预定论实质上不过是第一种预定论的变种，它们虽然在一些环节上作出某种程度的调整和修正，但终究无力摆脱"上帝是罪的作者"的窠臼，"按照它们的观点，亚当的堕落不可能被理解成其他的东西，而只能是实施那在先的预定命令的一种必然手段或途径"。[1] 具体地，就第二种预定论而言，首先，它主张上帝通过弃绝命令决定不赋予那些人那种恩典，而那种恩典又是人避免犯罪的必要条件，由此必定会推导出那些人要犯罪。所以，人的堕落就成为实施"弃绝"命令的一种预定的手段或途径。其次，包含在"弃绝"之中的两种行为亦即"忽略"和"预先谴责"，从逻辑外延上讲其实是同一的。所有那些被上帝"忽略"而不被赋予神圣恩典的人，同样也都是被谴责的人；事实上，也只有那些"忽略"行为的对象，才是被谴责或诅咒的人。亦即，一个被上帝"忽略"的人不可能不犯罪，并因而受到谴责。可见，这第二种预定论不仅包含第一种预定论固有的危险，同时还面临自身内在的逻辑矛盾。

同样地，就第三种预定论而言，尽管其情形比第二种观点略好一些，但也在某种程度上面临着类似难题。如果他们要将自己的观点解释得首尾一致，一方面，他们需要引入所谓的"神圣允许"（Divine Permission），亦即上帝撤回其神圣恩典借以使罪的发生成为可能这样一种概念。但这种概念也许可以较好地解释亚当原罪的情形，但却使其他的罪成为必然。另一方面，他们又提出，上帝荣耀的宣告就在于彰显上帝的仁慈与公义。而这种彰显，唯有当罪以及经由罪而来的苦难进入这个世界之时才有可能。所以说，彰显神圣荣耀的必然，使得罪的引入也成了一种必然。既然亚当的堕落被当作一种必然，那么这也就意味着亚当的堕落成了实施那在先的预定命令的一种手段。更有甚者，连创造本身也成为实施那在先的预定命令的一种辅助性手段。然而，"堕落"并不必然是由"创造"引发的，而只能是经由预定的命令；而这种预定命令又不能处于

1　*The Works of James Arminius*, Vol. 1, p. 648.

"创造"与"堕落"之间，而只能是位于这两者之前。既然具有了这种在先性，并为"堕落"预定了"创造"，那么"堕落"和"创造"两者均成为实施下列命令的手段或途径，即在对罪的惩罚中彰明上帝的正义和在对罪的宽恕中彰明上帝的仁慈。可见，这样的解释终究还是无从完全摆脱"上帝是罪的作者"的荒唐结论。

显而易见，作为上述第一种预定论的较为温和形式的第二种和第三种预定论，不但没有克服第一种预定论固有的缺憾，而且使自己陷入新的逻辑泥沼。于是，在这篇著名演说里，阿米尼乌将批判矛头主要对准第一种亦即堕落前双重预定论，并且认为，他对第一种亦即典型的极端预定论的质疑与批判，同样亦适用于后两种预定论。[1] 在这篇演说里，阿米尼乌为解释自己之所以拒绝那种极端预定论，不厌其详地罗列出整整二十种理由。纵观这二十种理由，可以看到阿米尼乌主要从教会历史与教义神学这两个主要方面，对当时盛行的极端预定论表述了自己不同的立场与看法。

在教会历史方面，阿米尼乌指出，耶稣基督诞生后的最初六百年里，没有任何一次教会会议和大公会议曾经接纳和认可过这种教义，譬如尼西亚公会议、以弗所公会议、卡尔西顿公会议、三次君士坦丁堡公会议、耶路撒冷会议及奥伦治会议（Orange Council），等等；耶稣基督诞生后的最初六百年里，没有任何一位持正统信仰的教会博士或神学家曾经提出或认可过这种教义，譬如圣哲罗姆、奥古斯丁、奥罗西（Orosius Paulus），等等；新教教会的各种"信纲"（Confessions），或者没有提及这种教义，或者只是附带性地略有涉及，譬如《波希米亚信纲》、《四城信纲》（Tetrapolitan Confession）、《奥斯堡信纲》、《巴塞尔信纲》、《第一瑞士信纲》及《第二瑞士信纲》，等等；人们甚至有理由怀疑，这种教义与当时荷兰改革宗教会恪守的《比利时信纲》（Belgic Confession）和《海德堡教理问答》（Heidelberg Catechism）中的有关条款是否相一致，譬如前者的第十四款与十六款，后者的第二十问与五十四问，等等。阿米尼乌还进一步指出，在此前和当时整个基督教世界里，大多数教会和学者教授都不认同这种预定论教义。路德宗、再洗礼派以及罗马教会基本上将这种学说看作一种

---

1   Cf. *The Works of James Arminius*, Vol. 1, p. 653.

错误教义；整个丹麦教会以及部分荷兰教会也采纳了与之相反的立场。"路德和梅兰希顿在宗教改革初期曾高度赞成过这种教义，但他们后来都放弃了它。这种转变在梅兰希顿后期著述中尤其明显。"[1] "菲利普·梅兰希顿更是认为这种教义与斯多葛学派的命运说相去不远。"[2] 梅兰希顿的学生丹麦神学家尼古拉斯·赫明鸠斯（Nicholas Hemingius，1513—1600 年）在其《论普遍的恩典》中，甚至将自己与极端预定论者之间的分歧归结为以下两点："拣选者有信仰吗？"抑或"信仰者是真正的拣选者吗？"据说，阿米尼乌在该论述的页边空白处，以另一种方式重新表述了这两个问题："我们信仰，因为我们已经被拣选了吗？"抑或，"我们被拣选，因为我们信仰吗？"[3] 具体到荷兰教会的内部事宜，阿米尼乌指出，近年来发生在荷兰教会内部的几乎所有神学争论与争执，不是发端于这种教义，就是混杂有这种教义。在此，阿米尼乌在这篇演说里再一次[4] 提到对极端预定论持异议的四位本土先驱——这也表明了阿米尼乌对这一荷兰本土宗教改革传统的认同与继承，他们分别是莱顿的库尔黑斯、豪达（Gouda）的赫尔曼·赫伯茨（Herman Herberts，1540—1607 年）、霍恩（Hoorn）的科尼利厄斯·威格森（Cornelius Wiggertson，卒于 1624 年）以及门登布利克（Mendenblich）的塔科·赛布兰茨（Tako Sybrants，卒于 1615 年）。

在教义神学方面，阿米尼乌从《圣经》特别是从《新约》出发，从"福音"宣扬的基督中心论立场出发，坚持"福音"就是关于悔改与认信的"诫命"以及对于罪的宽恕、恩典与永生的"应许"；坚持唯有耶稣基督才是"基督教""救赎"以及"救赎之确据"（the certainty of salvation）的基础。从而否定了极端预定论者将所谓"上帝预定"看作基督教、救赎以及救赎之确据的基础的错误尝试。阿米尼乌出于策略需要，并没有完全拒绝使用预定这一术语，但阿米尼乌理解的"预定"与极端预定论者理解的"预定"性质迥异。阿米尼乌所谓的"预定"是指"某一类人"之获救的"预定"；确切地说这"某一类人"就是经由耶稣基督而悔改与认信的人。而极端预定论者所谓的"预定"是

1　*The Works of James Arminius*, Vol. 1, p. 642.

2　*The Works of James Arminius*, Vol. 1, p. 642.

3　Cf. *The Works of James Arminius*, Vol. 1, pp. 642－643.

4　Cf. *The Works of James Arminius*, Vol. 1, pp. 602－603, 643.

指"某一个人"之获救的预定；这种预定论不仅不需要经由耶稣基督，而且其因由也几乎完全不为人所知。所以，阿米尼乌指出，"这种教义根本就不是教导上帝已经预定了哪一类人——这才是福音真正的教义；而是在它自身之内包含了某种奥秘，这种奥秘只为作为预定者的上帝所知晓，这种奥秘被看作上帝已经预定了要救赎与谴责哪些具体的人以及到底有多少这样的人。由这些前提，我得出更进一步的结论，亦即这种预定论教义对于救赎并不是必要的，不论作为知识、信仰与希望的对象，还是作为实施与实践的对象"。[1] 作为阿米尼乌成熟思想的集中表达，这篇演说从神学教义方面对当时极端预定论提出全面系统的批判。概括起来，阿米尼乌主要从神、人以及神人之间的中介这三个方面提出了自己的质疑与批判。

就上帝方面而言，这种极端预定论与上帝这样一些本质属性相抵牾。其一，它与上帝的智慧属性不一致。它认为上帝为某种既不是亦不能是良善的特定目的而命定了某种事物，亦即，上帝为了赞美其公义而创造了某种要招致永久毁灭的事物；它认为上帝作出这种"预定"的目标是为了彰显其仁慈与正义的荣耀，而要实现这种彰显，就必定要以人的罪与苦难为前提；它改变和颠倒了上帝那双重智慧的次序，因为《新约·哥林多前书》1：21 说道，"世人凭自己的智慧，既不认识神，神就乐意用人当作愚拙的道理拯救那些信的人，这就是神的智慧了"。其二，它与上帝的正义属性不一致。这一方面牵涉上帝对正义的爱和对不义的憎恶；另一方面牵涉上帝永远都希望每个人都得到他应该得到的东西。而极端预定论的错误在于，它认为上帝绝对地希望救赎某些特定的人，并在"预定"要救赎那些人时，丝毫不考虑公义或顺从问题；由此而来的推论就是，上帝喜爱那些人远甚于对公义的喜爱。极端预定论还错误地断言，上帝希望使他的受造物经受苦难，但与此同时却并不将受造物看作罪人。可见，这种教义首先剥离了上帝某些原本属于上帝的东西，其次附加给受造物某些原本不属于受造物的东西。其三，它与上帝的良善属性不一致。根据极端预定论，上帝出于自身或者在没有受到外部事物影响情形下，就在永恒中为受造物"预定"了邪恶，因为这种教义认为上帝想要谴责。其四，它与上帝爱的属性不一

1　*The Works of James Arminius*, Vol. 1, pp. 619–620.

致。上帝的爱是一种双重性的爱：对正义的爱——由此产生对罪的憎恶，以及对赋有理性的受造物亦即人的爱；前者表现为上帝不愿意赋予任何人以永生——除非是"寻求他的人"，后者表现为上帝愿意赋予任何人以永生——如果是"寻求他的人"，这双重爱之间的关系是前者高于后者，因而也能够阻碍后者的实施，因为上帝虽然爱世人但却因人的罪而谴责了世人。换言之，如果不是因为人的罪，上帝没有谴责任何人。然而，极端预定论却颠倒了这种次序，主张上帝绝对地预定了某个人的救赎——这表明上帝爱某个人甚于爱正义、憎恶苦难甚于憎恶罪；主张上帝不考虑是否顺从就绝对地预定了要谴责某个人——这就剥夺了上帝对受造物的爱。其五，它与上帝的创造属性不一致。上帝的创造就其内在固有本性而言属于一种善的传递或表达，而将创造理解为先前已经预定的弃绝命令得以实现的途径或手段，就是否定上帝创造本质上是一种善的传达。而"弃绝"属于一种憎恶行为，憎恶就是源于憎恶而非良善；换言之，上帝所有倾向于谴责其受造物的行为都是外在于上帝的作为。事实上，创造是展现上帝智慧、良善与全能的一种完善的行为，它绝无可能附属于或者隶属于上帝任何在先的事工或行为；相反，它必定先于上帝其他所有可能命令或实施的行为。除开上帝自己，在实施创世事工之前，绝无可能实施其他的作为。假如将创造看作实施弃绝命令的途径或手段，那么就只能得出上帝更愿意实施弃绝行为而不是创造行为、更满意于谴责其无辜受造物而不是创造其受造物这一荒唐结论了。其六，它与上帝的恩典属性不一致。恩典并不摧毁人的意志自由，而是赋予它以正确方向并克服其腐败性；但预定论所谓的恩典却消除了自由意志并阻碍了它的运作。《圣经》中譬如"使徒行传"7：51，"哥林多后书"6：1，"希伯来书"12：15，"马太福音"23：37 以及"路加福音"7：30 等处所描写的恩典，有可能受到人的抵制或不合作；而预定论所谓的恩典却是一种不可抗拒的力量和运作过程。恩典对于被提供者来说都是有益的；而预定论所谓的恩典则有可能被提供给某些被弃绝者，只是为了使其招致更大的痛苦和毁灭。其七，它与上帝的荣耀属性不一致。上帝的荣耀并不在于彰显他的自由或权威，亦不在于彰显他的愤怒或权能，除非这种彰显是与他的公义和良善相一致的。而极端预定论所谓的上帝荣耀，不仅不是上帝真正的荣耀，反而有可能在理论上推导出"上帝是罪的作者"。预定论坚持上帝以其仁慈和公义通过拯救某些人和谴责其余人而绝对预定了要彰显他的荣耀，这就必定要以罪之进入这个世界为其逻辑前提。预定论坚持上帝为了达致其目标而"预定"了人要犯罪并走向腐败；由于这种神圣命令，人的堕落也就成为必然。预定论还坚持，在人犯罪之前，上帝拒绝赋予人或者从人那里撤销了对于使人避免犯罪来说属于充分必要条件的充足恩典；这就等于说上帝为人规定了一种人根据其受造本性根本无法实现的律法。既然人的犯罪与堕落成为必然，由此也就完全抹杀了人的自由意志。这在逻辑上属于典型的先于事物本身的后果之必然性。对此，阿米尼乌通过三个推论突出了极端预定论者的荒谬，"由这些前提，我们可以进一步得出结论说'上帝的确在犯罪'，因为（按照这种教义）他的犯罪是通过一种不可避免的行为，按照他自己的意图和最初目标，在没有受到任何预先出现于人那里的罪或过失的诱因情形下发生的。从这同样立场我们还可以推论说'上帝是唯一的犯罪者'，因为任何人被一种不可抗拒的力量强迫着犯罪（亦即从事某种被禁止的行为），都不能说是他自己犯了罪。由此我们还可以得出结论说'罪并不是罪'，因为上帝所做的任何事情都不能是罪，上帝的任何行为都不应接受那种称谓"。[1]

就人的方面而言，这种极端的双重预定论与人这样一些本质属性相违背。其一，它与《圣经》启明的人具有"神圣形象"（the Divine Image）不一致。人所禀有的神的形象就在于认识神和追求圣洁，而凭借这种对上帝的认识和圣洁公义，人也有资格、有能力和有义务去认识、热爱、崇拜和事奉上帝。但是按照双重预定论的理解，至少一些人已经被绝对地"预定"要犯罪和成为邪恶的，亦即他们既不能认识上帝，也不能热爱、崇拜和事奉上帝，从而也就不可能禀有上帝的形象。其二，它与人的意志自由属性不一致。上帝创造的人是禀有意志自由的受造物，然而极端预定论通过使人的意志绝对地固定于一个目标而阻碍了这种自由的实施。假如要同时坚持人的意志自由与极端预定论的话，其逻辑推演必定会导出或者上帝缺乏考虑或者上帝出尔反尔的亵神结论。其三，它与人渴求永生的趋向与天赋不一致。在创世之初，人就从其造主那里禀有追求永生之果的趋向与能力，然而极端预定论认为大多数人已经被"预定"无法

1　*The Works of James Arminius*, Vol. 1, p. 630.

成为救赎之果的分享者，而只能遭受永恒的谴责，并且这种"预定"命令还发生在创世命令之前；所以说这种教义剥夺了人从上帝那里获得的一种自然趋向。其四，它与人罪的本性不一致。罪就是人对上帝的"不顺从"与"反叛"，而后两者不可能应用于任何被在先的神圣命令"预定"必定要犯罪的人身上的，因为它们在定义属性上是相互排斥的。事实上，罪正是人遭受谴责的获致性原因（meritorious cause）；罪作为一种原因，是不能置于上帝实施其弃绝命令的诸途径或手段之中的，因为上帝的弃绝命令是按照其公义行事的。其五，它与《圣经》描述的人之永生或永罚不一致。

就人与神之间的中介方面而言，阿米尼乌恪守圣经与"福音"中心论的特征更是显露无遗，其坚守耶稣基督为救赎之基础与根本的立场更是得到集中体现。他认为极端预定论在以下几个方面与圣经启示的以及"福音"宣扬的基督中心论存在着明显矛盾。其一，它贬低了救主耶稣基督的地位与荣耀。一方面，它从那预定了目的或目标的"预定命令"中排除了耶稣基督，因为它断定某些人"预定"被救，先于基督被"预定"要去救赎那些人；另一方面，它又否定了基督是人们获得那经已丧失的救赎的获致性原因，而仅仅将基督看作那已经被预先命定的救赎的附属性原因（subordinate cause），以及将那种救赎应用于人的手段或工具，亦即上帝通过最初和最高命令已经决定了某些人的救赎，而其他一切命令都不过是依赖性和继发性的。其二，它颠倒了耶稣基督之福音的次序。在"福音"里，上帝要求人悔改和认信，只有在人成为皈依者和信仰者时，上帝才应允人以永生；而预定论坚持上帝以其绝对命令决定要救赎某些特定的人，并以不可抗拒的力量赋予那些人以悔改和认信。同样地，在"福音"里，上帝是对那些不悔改和不认信的人宣告永罚；而极端预定论则认为是上帝不愿意赋予某些人对实现皈依和认信来说属于必要条件的恩典，因为上帝绝对地预定了他们将要遭受谴责的命运。"约翰福音"3：16 说道，"神爱世人，甚至将他的独生子赐给他们，叫一切信他的，不至灭亡，反得永生"。而按照极端预定论说法则是，"神如此爱那些他预定要得到永生的人，以至于将他的独生子仅仅赐给那些人，并以一种不可抗拒的力量在那些人内心产生了对于他的信仰"。其三，它极其不利于福音的宣扬。如果上帝以一种不可抗拒的力量使人从堕落与罪恶之死亡中复活，那么任何人都不可能像"哥林多前书"3：9 所说的那样成为上帝的"同工"，任何由人所宣扬的"道"都不可能成为恩典与圣灵的工具。按照这种预定论见解，对福音的宣扬也就成为上帝依据其原初绝对命令进行救赎与谴责的工具，而许多传统礼仪譬如对于许多被弃绝孩童所施行的洗礼、恳求、祈祷以及代祷等，都有可能归于无效之列。而且，这种极端预定论教义的结构与特质也很容易使圣职教牧人员在履行其事奉使命时流于懒散和疏忽，因为从逻辑上讲，他们的勤勉或懒散似乎并不会影响上帝的绝对预定命令。其四，它对人的救赎是有害的。它阻止了人对所犯罪过产生的"忧愁"，因为人不会对经由上帝必然命令而罹犯的罪过产生那种应有的罪恶意识。它消除了人对从罪恶中复返上帝怀抱的那种"关切"，因为人是否能够识别和顺从上帝的恩典是预先已经决定的事情。它限制了皈依者对于好事工的"热忱"，因为它断言重生者只能做他们本应做的事情。它窒息了人对于祈祷的"热情"，因为它主张祷告无论在什么情形下都不可能成为人祈求和获得那种救赎的手段。它取消了人为得救而应有的"敬畏"，因为它为人提供了一种盲目的确定感。它使人在从事其职责所要求的事情以及达到其意愿所渴求的事情时产生了一种"绝望"，因为它认为上帝以在先的绝对命令已经拒绝对大多数人施与救赎性的恩典。

就这样，阿米尼乌在对当时的极端预定论作出细致绵密的分析与批判之后，提出了他自己的并且自认为最适合于"上帝之道"的有关上帝预定的观点。出人意料的是，阿米尼乌自己的见解十分简单明了，尽管他也对应于对预定论提出的二十条批评理由，提出了二十条支撑理由。阿米尼乌将自己的所谓"上帝四个绝对命令"的"预定"观表述为："上帝关于罪人之救赎的第一条绝对命令，就是指派圣子耶稣基督为中介者、拯救者、救赎主、祭司和王；后者有可能通过他自己的死亡摧毁罪，有可能通过他自己的顺从获得已经丧失的救赎，并有可能通过他自己的美德传递这种救赎。""上帝的第二条确定无疑的命令，就是决定将恩惠施与那些悔改与认信的人，在基督里、因基督之故并通过基督，救赎那些恒久持守的悔改者与信仰者；但却任由一切不悔改者和不信仰者耽于罪中和处在愤怒之下，并诅咒他们为异于基督的人。""上帝的第三条神圣命令，就是决定以一种充足和有效的方式，来赋予或实施（to administer）那为悔改和认信所必要的手段或途径；并使得这种赋予或实施（administration）要（1）按照神圣的智慧，由此上帝知道什么是与他的仁慈与严厉相适宜或适当的；（2）按照神圣的正义，由此上帝准备采纳其智慧所指示的任何事情并使之得以施行。""上帝的第四条神圣命令，就是他决定救赎和谴责某些具体的人。这条命令的根基就是上帝的预知（foreknowledge）；据此，上帝从永恒中就知道哪些人将通过他那引领性的恩典（preventing grace）而认信，并将通过他那继发性的恩典而持守信仰——按照上述那些适宜于皈依和认信的赋予或实施手段；同样地，根据上帝的预知，他也知道哪些人将不会认信和持守信仰。"[1]　总之，阿米尼乌认为人们不必枉费心思地去进一步深究上帝那神秘而不可揣测的意图；在这些问题上，人们应当谦卑地满足于《圣经》已经启明的那些事情。

在表明自己对于上帝预定的看法后，作为对自己立场的一种全面而完整的"声明"，阿米尼乌还就一些与预定教义密切攸关并在很大程度上依赖于预定教义的问题，坦诚而简明地表明了自己的立场。这些问题分别是上帝的神佑（the providence of God）、人的自由意志（the free-will of man）、圣徒的忍耐持守（the perseverance of saints）以及救赎的确据（the certainty of salvation）等基督教神学教义问题。可以看到，阿米尼乌在此论及的这些教义问题，已构成日后形成的"五条抗辩"的雏形。

对于神佑问题，阿米尼乌其实早在《针对三十一条诽谤性论纲所作的辩护》中的"第二十三条"，以及《公开的辩论》中的"第九和第十次辩论"那里，已经作出详尽的分析。在这篇演说里，他只是以定义的精确形式，简单总结了自己对于"神圣佑护"（divine providence）的观点："就是上帝关切的、持续的和无所不在的视察与看顾，由此他对整个世界行使着一种总体性的关怀，并对他所有的［理智］受造物都毫无例外地表明了一种特别的关切，以图按照他们自己的实质、品性、行为与激情，以一种同时配得上他自己和适宜于他们的方式，来保护和看顾他们，以赞美他的圣名和救赎信仰者。"[2]　为了回应批评者的质疑，阿米尼乌特别指出他丝毫没有缩减上帝神佑的范围与权限。重申神佑就是上帝对万事万物的保护、控制、掌管和引领，世界上没有任何事情是纯

1　*The Works of James Arminius*, Vol. 1, pp. 653–654.

2　*The Works of James Arminius*, Vol. 1, p. 657.

属偶然或全凭运气发生的。不仅如此，阿米尼乌还将理性受造物的自由意志和行为全都置于上帝的神佑之下，以至于"没有上帝的意愿，任何事都不会发生，甚至任何与之相反的事也都不会发生——只是，我们必须要在好行为与坏行为之间保持一种区别，亦即要说'上帝想要并实施了好行为'，但要说'上帝自由地允许（freely permits）了那些邪恶的行为'"。[1]

关于人的自由意志问题，阿米尼乌同样针对批评者的质疑作出了简明界定："在其从造物主那里刚刚诞生的原初状态里，人禀有足够的知识、圣洁和权能，以使人能够按照传授给人的诫命，去理解、尊重、考虑、希望并实施那真正的善；当然人所能够做的所有那些行为，如果不是经由神圣恩典的支持都是不可能的。不过，在其堕落和犯罪的状态里，人不能够，通过和依靠人自己，去思考、希望或实施那真正的良善；人必须要被上帝在基督里通过圣灵重生和更新了其理智、情感、意愿以及所有的权能之后，才有正当的资格去理解、尊重、考虑、希望和实施那真正的良善。当人成为这种更新或新生的领受者时，我认为，既然他已从罪里被解救出来，那么他也就能够思考、希望和实施那真正的良善了；当然这不可能不是在神圣恩典的持续支持下。"[2] 鉴于有批评者指责阿米尼乌因过于推重人的自由意志而贬损了上帝的恩典，阿米尼乌特别就恩典问题强调了三点：第一，恩典是上帝白白提供给悲惨的罪人的一种爱，而且上帝首先将其赋予他的独生子，以使信仰耶稣基督的人能够在耶稣基督里获救。第二，恩典是圣灵将与重生和更新相关的一切恩赐向人的理智、意愿和情感的"注入"，由此，人才能思考和从事真正良善的事情。第三，恩典是圣灵恒久的支持与持续的帮助。一言以蔽之，恩典是一切良善的开端、持续与终结；即使已经重生的人，倘若没有恩典的支持与帮助，亦不可能思考、意愿和实施那真正的良善。事实上，阿米尼乌与极端预定论者的分歧并不是恩典的重要性问题，而是恩典运作的模式或模态问题，亦即恩典是否是不可抗拒的（irresistible）。阿米尼乌的立场是，"我认为，就这个问题而言，按照《圣经》，有许多人抵制圣灵并拒绝了所提供的恩典"。[3]

---

1   *The Works of James Arminius*, Vol. 1, p. 658.

2   *The Works of James Arminius*, Vol. 1, pp. 659 – 660.

3   *The Works of James Arminius*, Vol. 1, p. 664.

在圣徒的信仰持守问题上，阿米尼乌亦没有隐瞒自己的立场。他首先肯定，在圣灵的支持和帮助下，"那些已经通过真正信仰而生活在基督里，并因而成为其赋予生命之圣灵的分享者，拥有足够的权能［或力量］去对抗撒旦、罪恶、尘世以及肉欲，并对这些敌人取得胜利。"[1] 也就是说，基督保守着这些圣徒，不使他们跌倒；撒旦的任何诡计和势力，都无法使他们脱离基督之手。与此同时，阿米尼乌面对听众也坦率表达了自己对于这一现象的疑虑，亦即"这是否就是不可能的：一些人由于其疏忽过失，而背离了他们在基督里存在的发端，重新沉湎于当下的邪恶尘世，拒绝了曾经传递给他们的正确教义，丧失了良心或良知，从而使得神圣的恩典归于无效。"[2] 所以他接着说道，"虽然我从未教导过一个真正信仰者能够完全或最终失却信仰并毁灭，但是我并不隐瞒，在我看来，《圣经》里某些段落似乎表明了这一点。"[3] 所有这些教义问题，阿米尼乌认为应当留待全国性教会会议召开时，再加以认真探讨。

同样需要通过"全国教会会议"加以认真探讨的，还有救赎之确定性的程度与范围问题。阿米尼乌尽管相信，认信耶稣基督的人"有可能"确信和断定——如若他的良心没有谴责他的话，他在当下也就确实断定了——他是上帝的子民，他处在上帝的仁慈和耶稣基督的恩典里，他在离开此世后将毫无忧虑与恐惧地呈现在恩典的宝座之前。但鉴于《圣经》说道"神比我们的心大"（"约翰一书"3：20）；"连我自己也不论断自己。我虽不觉得自己有错，却也不能因此得以称义，但判断我的乃是主"（"哥林多前书"4：3，4），所以，富有理性主义清醒头脑的阿米尼乌坦陈，"救赎的确定性"似乎并不与"上帝存在的确定性"或"基督是救主的确定性"处在同一级别上；至于其确定性究竟具有什么样的程度与范围，则应当留待教会会议予以讨论。

除了上述与预定论问题相关的一些教义争论外，阿米尼乌还利用这个机会抱怨道，在人们每日的街谈巷议里，有许多有关他持有异端学说的谣传。阿米尼乌抓住这个难得的郑重场合，就三个主要问题阐明了自己的看法，证明了自己的无辜和清白。其中有两个问题分别是"上帝之子的神性"问题和"人在上

1　*The Works of James Arminius*，Vol. 1，p. 664.

2　*The Works of James Arminius*，Vol. 1，p. 666.

3　*The Works of James Arminius*，Vol. 1，p. 667.

帝面前的称义"问题。前者实质上是莱顿大学神学教授小特雷尔卡修斯的观点，后者实质上是拿骚（Nassau）的黑博恩大学（the University of Herborn）神学教授约翰·皮斯卡托（John Piscator）的观点。阿米尼乌表明自己在这两个问题上所持立场与新教教会主流看法基本一致，却被张冠李戴地遭到"莫须有"罪名的诽谤和诬蔑。此外，还有一个比较重要的问题，就是所谓的信仰者或重生者在此生的完满或完善（perfection）问题。谣言说阿米尼乌在这个问题上采取了异端贝拉基主义的主张，亦即认为"重生者在此生有可能完满或完善地遵守上帝的规范或诫命"。阿米尼乌回答说就算上述见解是他的观点，但只要再加上"他们只能凭借基督的恩典做到这一点"，就可以洗脱贝拉基主义异端的罪名。事实上，阿米尼乌认为这种看法正是贝拉基的最大对手圣奥古斯丁的看法。[1]进而言之，在这个问题上声称与奥古斯丁见解一致的阿米尼乌更倾向于主张，信徒凭借基督的恩典"有可能"在今生今世完全遵守基督的准则。或者说，信徒凭借上帝的恩典"有可能"在此世无罪地生活。这里，所谓"有可能"主要是指理论上的可能性，因为不论阿米尼乌还是奥古斯丁，都不认为在现实中除耶稣基督外曾实际存在过这么一个人。这样一种有关圣洁与成圣的见解，后来在约翰·卫斯理那里获得全面系统的阐发与完备。

阿米尼乌就这样完成了他的陈述或声明。用卡尔·班斯的话来说，就是"既幼稚又傲慢——幼稚的是，期望他的立场在任何公正的集会团体中都肯定能够获胜；傲慢的是，期望他那'正确而必需的'教义能够取代对手的观点。"[2] 阿米尼乌在"声明"最后一段，再次呼吁宽容和避免教会分裂。但他对自己的职业前途和生命前景均流露出些许消极看法。最后他用拉丁语说道："为教会、为国家，我已尽力了。"[3]

第七节　阿米尼乌的最后岁月

鉴于阿米尼乌在荷兰议会所作"声明"的巨大影响，反对阿米尼乌的人希

1　Cf. *The Works of James Arminius*，Vol. 1，pp. 683–684.

2　Carl Bang，*Arminius：A Study in the Dutch Reformation*，Nashville：Abingdon Press，1971，p. 316.

3　*The Works of James Arminius*，Vol. 1，p. 732.

望能够以类似方式来抵消阿米尼乌的成功，他们鼓动戈马鲁斯向议会申请类似的特权。于是，戈马鲁斯于 12 月 12 日在荷兰议会作了自己的陈述。可想而知，戈马鲁斯的演说彻头彻尾都是对阿米尼乌的攻击，后者被他描述成一个蓄意摧毁改革宗教义的异端和亲罗马天主教分子。不仅如此，戈马鲁斯还含沙射影地攻击了尤腾鲍加特，他提醒议会不要重蹈君士坦丁大帝受宫廷布道者该撒里亚的优西比乌（Eusebius of Caesarea，约 265—340 年）影响的覆辙。戈马鲁斯这种用心险恶的提示，不仅旨在离间尤腾鲍加特与荷兰议会的关系，而且还附带地将阿米尼乌比拟成教会历史上的大异端阿里乌。不过，戈马鲁斯这种计谋在荷兰议会似乎并未奏效。他过于尖酸恶毒的言辞远不如阿米尼乌谦卑平和的陈述让人易于接受，而且他对教义的论说分析也较阿米尼乌大为逊色。

　　况且，议会倾向于阿米尼乌还有更深一层根由。这就是在行政议会与教会议会对各自权力范围的界定中，阿米尼乌站在行政议会一方，支持行政议会对教会议会行使"照管或监察特权"（prerogative of oversight），认为行政权力在一些宗教问题上享有形式上高于教会权力的地位。阿米尼乌这种立场当然无法为现代观念尤其为现代世俗国家观念所理解。须知，在现代世俗国家概念与实体出现以前，阿米尼乌在 17 世纪初理解的"行政权威"和"教会权威"或者"行政议会"与"教会议会"，均是处在更古老的"基督教社会"这一处境下言说的。处在张力两端的不是后来的所谓"国家"（state）与"教会"（church），而是当时处境里特有的"行政当局"（the magistrates）和"教会议会"（classis or synod）。事实上，"行政实体"与"宗教实体"在那时的现实中是合而为一而不是分离的，两者交互融解渗透在一起，基本上是同一枚硬币不可分割的两面。在这里，阿米尼乌和尤腾鲍加特等看重的与其说是"行政当局"的"职位"，不如说是处在那些"职位"上的人；处在那些"职位"的具有"行政权威"的人并不是独立于教会团体和宗教权威的，而是接受和认同于"宗教权威"并以此为授予和行使"行政权威"的先决条件。事实上，当时许多被赋予"行政权威"的人首先也是被赋予"宗教权威"的人，他们大都在教会里担任着"长老"或"执事"等职务。换言之，当时的"行政当局"并非一般意义上的"行政当局"，而首先是基督教的或者信奉基督教信仰的"行政当局"。不论在阿米尼乌等人的构想里还是在那时荷兰"联省"的现实生活中，都应看到的一点是，在"行政当局"被给予更多精神和属灵责任的同时，"教会议会"也被赋予更多的社会与公共责任，"教会议会"具有的责任与影响远远大于现代教会的责任与影响。

在社会层面上，荷兰"联省"政治独立斗争与宗教自由斗争是统一在一起的，并在形式上和起因上首先是宗教自由的斗争，宗教独立斗争是政治独立斗争的标志和表现形式，政治独立斗争是宗教独立斗争的保障和基础。在这样一个宗教与政治融合在一起的社会实在内部，"行政当局"的组成和行使者，不论作为公职人还是作为私人，均作为"信仰者"而在宗教信仰领域负有相应的责任和义务。由这样的"信仰者"所组成和实施的"行政当局或权威"，自然也就禀有一定程度的精神或灵性属性。相应地，这种精神或灵性属性的外化，就是对宗教事宜拥有和行使一定形式的"照管或监察权"。譬如，在阿米尼乌发表《观点的声明》前，"南部荷兰宗教会议"要求所有牧师将自己对于"信纲"和"教理问答"的意见直接上交给地方"宗教会议"。而在阿米尼乌发表《观点的声明》后不久，荷兰议会就发布了一个与此刚好相反的命令，要求所有牧师将他们的意见不是直接交给"宗教会议"，而是先交给荷兰行政议会，再由荷兰议会转交给即将召开的"全国宗教会议"；同时，行政议会还负责召集即将召开的"全国宗教会议"。这样就在行政权威与教会权威之间形成直接的对立。而以阿米尼乌和尤腾鲍加特为代表的教会"少数派"支持行政议会的要求和主张，并因而招致以戈马鲁斯为代表的教会"多数派"的忌恨和仇视。随着矛盾与冲突的加剧，教会内部的"多数派"最终将挤压和排斥"少数派"，从而在十多年后，导致以教会"多数派"等同于"全部"教会，而教会"少数派"作为教会"异端"被驱逐出教会的分裂悲剧。

就在这一时期，阿米尼乌的病情已经发展到十分严重的地步，出现了晚期肺结核病的典型症状。伯修斯在"悼词"里，特别提到1609年2月7日的一次恶性发作。[1] 病情的严重程度令医生们都甚感忧虑。莱顿最好的医生包括医学教授彼得勒斯·鲍乌等人，为卧床不起的阿米尼乌提供了悉心照料和医治。从这时起一直到他逝世的大半年时间里，阿米尼乌基本上就处在偶有好转，但随

---

1   Cf. *The Works of James Arminius*, Vol. 1, p. 40, "note".

即又出现更严重发作的重病缠身状态。不过，他并没有完全停止工作。伯修斯在"悼词"里说道，"他的病情是如此严重，以至于连挪动身体都十分勉强。然而在间歇期，在健康状态允许时，他并没有中断授课劳作和常规工作，也从未放弃他认为是必需的维护自己事业的机会"。[1]

　　通过书信往来等方式，病重的阿米尼乌仍同朋友们保持着密切联系。在给尤腾鲍加特的信中，他谈到自己未竟的事业和家小的未来。在给莱顿牧师阿德里安·博利乌斯的信里，他探讨双方深感兴趣的一些教义难题。在给沃斯修斯的信里，他告知自己对于那些引起争论的神学问题的看法，并和盘托出自己关于"信纲"和"教理问答"的想法，从而使远在施泰因福特大学的沃斯修斯全面了解自己的宗教主张。阿米尼乌在生命最后两三年里，同远方的沃斯修斯慢慢发展出一种特殊的友谊，也许出于对某些神学与哲学问题的共同兴趣，起初观点相左的这两人，逐渐发现了更多的共同之处。沃斯修斯将自己撰写的反驳耶稣会神学家拜拉明的著述送给阿米尼乌审阅。阿米尼乌也如实表达了自己的看法；在他看来，拜拉明的观点尽管不是无懈可击，但在当时新教阵营里还没有人能够令人信服地驳倒他的学说。此外，阿米尼乌还同阿姆斯特丹的许多朋友和亲属保持着联络。在病情走向危重之际，阿米尼乌同阿姆斯特丹的比斯肖普兄弟往来甚密。哥哥雷姆·比斯肖普（Rem Bisschop，约 1571—1625 年）是阿姆斯特丹一位商人。他厌恶普兰修斯等圣职人员，但却是阿米尼乌的忠实拥趸。弟弟西蒙·比斯肖普（Simon Bisschop）更以其拉丁化名字西蒙·埃皮斯科皮乌斯（Simon Episcopius，1583—1643 年）为教会历史所熟知。埃皮斯科皮乌斯是一位智力超群、才华横溢的青年，出生于阿姆斯特丹较早皈依改革宗信仰的家庭。受时任阿姆斯特丹教会牧师阿米尼乌的推荐，埃皮斯科皮乌斯自 1600 年至 1606 年在莱顿大学学习。1606 年以后，他继续留在莱顿大学跟随阿米尼乌和戈马鲁斯研习神学。但随着观点与兴趣的分野，埃皮斯科皮乌斯很快就变成阿米尼乌一人的门生，并在日后与沃斯修斯一道成为阿米尼乌思想的衣钵传人。病情渐重的阿米尼乌能够在生命最后时刻，将当时欧洲两位最具才华的年轻神学家收归自己门下并成为未来的思想传人，实在是一件意想不到的神意安排。

---

[1]　*The Works of James Arminius*，Vol. 1，pp. 40 –41，"note"．

　　病中的阿米尼乌在与朋友通信中谈论最多的，自然还是他与戈马鲁斯等人"必定有"和"莫须有"的分歧。在以这两位神学教授为标志的神学争论中，一直恪守中立立场的莱顿大学校方，考虑到这两位教授已分别在荷兰议会公开报告了自己的信仰观点，而那些观点在街谈巷议中往往被缺乏神学教育背景的人扭曲篡改，甚至张冠李戴，为了澄清事情原委，于是出资将这两位教授前几年在"公开的辩论"中对"预定"等核心问题的论述，由拉丁语翻译成荷兰文后一同予以出版。令莱顿大学校方意料不到的是，这种旨在促进理解的举措又引发新的误解。新一轮"小册子战"接踵而至。德尔夫特牧师唐特克洛克发表《对话》，将阿米尼乌描述为荷兰改革宗信仰的敌人。与唐特克洛克展开捉对厮杀的是莱顿牧师约翰尼斯·阿诺杜斯·科维奴斯（Johannes Arnoldus Corvinus），后者立即发表小册子《对基督教和平的一种基督教的、严肃的告诫》还以颜色。

　　随着越来越多的人卷入论战，阿米尼乌的支持者，开始将阿米尼乌在莱顿大学所作"公开的辩论"陆续翻译成荷兰语加以发表。后来收集在《阿米尼乌文集》第二卷里的25篇"公开的辩论"，除了第四篇亦即他的博士论文，全都在这一时期以荷兰语发表了。阿米尼乌所作的最后一次"公开的辩论"，是1609年7月25日在莱顿大学举行的。出席辩论会的有莱顿大学师生，也有来自大学外的感兴趣者，甚至还有匿名的天主教人士。辩论题目是《论对人救赎的神召》。[1] 阿米尼乌的观点主要是对以前立场的重新表述：这里的人是指罪人而非自然人；呼召外在的方面是"上帝之道"的宣扬，内的方面是圣灵的启明；那些被呼召并作出回应的人组成了教会。应该说，阿米尼乌这种观点并没有什么问题，他的机智解答甚至连到场蓄意刁难的天主教人士也无言以对。但这还是在戈马鲁斯那里引起明显的不满和讥讽。戈马鲁斯认为阿米尼乌那种温和中庸的解说为"教皇分子"打开了便宜之门。无论如何，在这些波及大学内外和教会内外的群体性的解说与批判、辩解与指责、宣扬与攻讦的拉锯战中，阿米尼乌思想也在广泛传扬开来。

　　这次"公开的辩论"结束后，阿米尼乌返回他的故乡奥德瓦特。他是经由水路抵达奥德瓦特的。阿米尼乌被疾病折磨得极度虚弱的身体已经不胜陆路的

　　1　Cf. *The Works of James Arminius*, Vol. 2, pp. 230 – 235, "note".

车马颠簸。他的本意是希望在故乡获得一点平静和休养。可以推想，可能还有一层潜在的意思，在生命旅途走向终点之际再返回起点去看看，睹物思人，也算是一种告别吧。而且这从侧面也证明，这些年来，阿米尼乌与故乡并未完全中断联络，特别是家乡的教会事务和远房亲属更是维系他与家乡联系的纽带。然而，就在抵达故乡的当晚，阿米尼乌的病情又经历了一次严重发作。看来他生命的尽头就在不远处了。这令他身边的亲朋好友黯然神伤，也让远方的弟子同道牵挂不已。埃皮斯科皮乌斯此时正在弗兰讷克师从德鲁修斯（Drusius）学习希伯来语。当他从书信中得知阿米尼乌状况后，在衷心为导师祈祷的同时，也向导师报告了自己在弗拉讷克的经历。在那里，年轻气盛的埃皮斯科皮乌斯与阿米尼乌的中伤者西布兰杜斯·卢伯图斯就"罗马书"第七章内容进行了公开辩论。埃皮斯科皮乌斯坚持阿米尼乌的立场，并以其雄辩和逻辑取得巨大成功。就连对手卢伯图斯也在事后感叹，即便是阿米尼乌本人前来也不可能做得更好了。[1]

　　阿米尼乌生前参加的最后一项重大社会活动，是参加由荷兰与西弗里斯兰省议会指定的，于1609年8月中旬在海牙召开的神学磋商会。这次会议肇始于荷兰议会与教会议会之间的一种僵局。教会议会一方要求所有牧师和神学教授将各自对于"信纲"和"教理问答"的意见交给宗教议会，而荷兰议会则要求先交给荷兰议会再由荷兰议会转交将来的全国宗教会议。而荷兰议会似乎并不真切希望很快就举行所谓的全国宗教会议，为了打破由上述相反命令形成的僵持，荷兰议会采取了一种妥协方法，即指令阿米尼乌和戈马鲁斯这两位神学教授在首都海牙再次举行磋商会，并要求这两位教授各自带领四位牧师作为见证人。戈马鲁斯邀请了霍缪斯等人。阿米尼乌则邀请了尤腾鲍加特、莱顿牧师博利乌斯和鹿特丹牧师尼古拉斯·格雷文乔维斯（Nicholas Grevinchovius 或 Grevinchoven）。值得一提的是，双方均邀请了此时在荷兰北方小城阿尔克马尔（Alkmaar）正闹得沸反盈天的两位相互对立的牧师。阿米尼乌一方邀请的自然是阿道弗斯·维纳特（Adolphus Venator）。8月13日上午双方举行第一次会议。大议长奥尔登巴恩韦尔特亲临会议。就像以往惯常情形一样，双方一开始总是

1　Cf. A. W. Harrison, *The Beginnings of Arminianism*, University of London Press, 1926, p. 120.

为一些与人员、资格、议题和程式有关的枝节问题大费口舌。戈马鲁斯首先表明，那些存有争议的分歧，与其说是阿米尼乌与戈马鲁斯之间的分歧，不如说是阿米尼乌与教会教义之间的分歧。阿米尼乌则回应道，他本人在信仰上是处在作为教会准则的"信纲"和"教理问答"范围之内的。尤腾鲍加特更指出自己是作为基督徒弟兄而不是宗派分子来参加这个磋商会的。在接下来几次例会中，双方显然并非是在友好气氛中讨论了诸如称义、预定和自由意志等敏感问题。各自基本上都是重述先前的立场，并无太多新意。

在随后的一周会期里，阿米尼乌的病情再次恶化，不得不提前返回莱顿。荷兰议会看到磋商继续进行已无可能，遂于 21 日提前结束了此次会谈，并指令双方主要代表，在会谈结束后两周内，将各自观点以书面形式上交荷兰议会。在这次磋商会的最后，尤腾鲍加特利用这个机会发表了长篇陈述。他详细叙述了"低地国家"新教教会里发生的那些信仰分歧的来龙去脉；并就戈马鲁斯在去年年末荷兰议会上对自己的中伤作出正面回应。最后，尤腾鲍加特就荷兰教会当前的病症提出自己的诊疗意见。在他看来，上帝是唯一的医治者；而上帝的医治是通过行政长官实施的；而行政长官在此时此刻就是指议会议员。"行政长官们并不只是负责维持教牧事奉和上帝之道的宣扬，并不只是洁净圣殿和持守和平，而且还需要完善他们的宗教知识，以便行使下列监管权：呼召牧师，召集教会议会以及制定教会法则。"[1] 尤腾鲍加特认为，必须尽快结束教会议会与行政议会二者在权限上的并列性，因为这两种权威的双重并列性正在分裂"联省"或国家。尤腾鲍加特这些极端观点，远远超出了阿米尼乌本人那带有浓重学术气息的严谨立场。

在荷兰议会规定的时间里，戈马鲁斯按时上交了自己的书面陈述。阿米尼乌则没有，持续恶化的病情使他已经无力完成这项工作了。他在 9 月 12 日致荷兰议会的信里表示了歉意，并重申自己仍然坚持去年在《观点的声明》里所表达的一切。尽管得到一些最优秀医生的照料，但他们对于那个时代的不治之症也无能为力。肿痛、呼吸困难、剧烈咳嗽和持续发烧，使得阿米尼乌的身体变得十分虚弱，甚至连左眼视力也受到影响。这期间有许多朋友陪伴在阿米尼乌

1　A. W. Harrison, *The Beginnings of Arminianism*, University of London Press, 1926, p. 127.

身边。马蒂阿斯·马蒂奴斯（Matthias Martinus）教授从不来梅前来探望。尤腾鲍加特是常客。博利乌斯几乎一直守候在左右。学生巴多罗买·普雷沃斯特（Bartholomew Prevost 或者 Bartholomeus Praevostius）侍候在病榻前。埃皮斯科皮乌斯也专程从弗兰讷克赶回来，日夜守候在导师病榻边。

对于这一切，阿米尼乌的敌人就难免有些幸灾乐祸了。更有一些无品无德之人还以此为由头继续攻击阿米尼乌。伯修斯在"悼词"里就悲愤难当地提到一件令他齿冷的事情。一些卑鄙小人甚至妄自引用"旧约·撒迦利亚书"11：17 来攻击阿米尼乌，而全然不顾阿米尼乌的病情影响的是左眼而非右眼，是视力模糊而非完全失明。这与后来受阿米尼乌主义影响的英国诗人约翰·弥尔顿（John Milton，1608—1674 年）在失明后所遭受的攻击如出一辙。还有一些极其无聊之人，拿阿米尼乌的姓名"IACOBUS ARMINIUS"，玩弄"移字母构新词"（anagram）的文字游戏，而编派出"VANI ORBIS AMICUS"，意即"虚荣世界之友"。对此阿米尼乌的支持者也不甘示弱，他们利用同样的游戏规则，从阿米尼乌的姓名派生出褒义性的组合"HABUI CURAM SIONIS"，意即"我对锡安有看顾"。

不论是褒是贬，阿米尼乌就像以往一样都能够泰然处之。承受着巨大痛楚的阿米尼乌一直到最后，都保持着一贯的尊严与平静，保持着清醒的头脑和温和的性情，并常常大声热切地祷告。临近生命的尽头，阿米尼乌有条不紊地安排好身后事，在公证人帮助下立好遗嘱，安排好家小，甚至还安排好对自己藏书的变卖——那些珍贵藏书在当时就是一笔价值不菲的财产。

最后时刻到来了。1609 年 10 月 19 日星期一，大约正午时分，在莱顿靠近彼得教堂的家里，在家人、亲属和朋友环围下，在祈祷声中，詹姆斯·阿米尼乌平静地去世了，享年约 50 岁。三天后，阿米尼乌被安葬在他家附近的彼得堂墓地里；具体墓址早已湮没，无迹可考。唯有伯修斯在葬礼上所致"悼词"中这样一段话在长久流传："在荷兰曾有过这样一个人，人们由于不了解他而无法足够地敬重他，由于不敬重他而永远都无法足够地了解他。"[1]

小格劳秀斯以及莱顿大学几位教授，分别撰写了一些诗篇以纪念阿米尼乌。

---

1 *The Works of James Arminius*, Vol. 1, p. 47, "note".

莱顿大学提供了一笔经费，用于安葬阿米尼乌和帮助他的家属。同时，应阿米尼乌家属请求，还特别开具了一份由当任"首席院长"丹尼尔·海因修斯签署的证明文件，[1] 为阿米尼乌在大学的贡献提供了官方见证。此后，莱顿大学还为阿米尼乌遗孀提供了一份年度性的荣誉津贴，再加上阿姆斯特丹市政府提供的年度抚恤金，阿米尼乌家小在生活上算是有了着落。

　　阿米尼乌逝世后，留下 40 岁的妻子利吉斯贝和九个年幼的孩子。阿米尼乌与利吉斯贝一共生育十二个孩子，其中有三个很早就夭折了。到阿米尼乌去世时，共有九个孩子在世。最大的孩子是女儿安吉尔切（Engeltje），只有 16 岁。最小的也是个女儿吉尔楚德（Geertruyd），才刚过周岁。中间是七个儿子：哈门（Harmen）、皮特（Pieter）、简（Jan）、劳伦斯（Laurens）、雅各（Jacob）、威廉（Willem）和丹尼尔（Daniel）。利吉斯贝带着孩子们仍然住在当时居住的地方。阿米尼乌的上千本藏书在次年被拍卖。"阿米尼乌"作为一个姓氏在其直系男性子嗣中只延续了一两代人。哈门与简作为年轻人远航"东印度"并客死他乡。另一个兄弟雅各，一说客死"东印度"，一说后来于 1636 年死于国内。皮特在 1619 年因游泳溺毙。同年他弟弟威廉死于肺结核。劳伦斯在阿姆斯特丹成为一名商人，结婚后育有子女五人，但主要是女儿一支有所传承；劳伦斯死于 1646 年。丹尼尔在阿姆斯特丹成为一位著名医生，曾结婚但未曾生育；丹尼尔死于 1649 年。利吉斯贝在老房子里继续居住了十多年，再后来可能主要与两个女儿生活在一起。先是和嫁到乌得勒支的大女儿安吉尔切一起生活；安吉尔切死于 1625 年，未曾生育。后是和嫁给阿姆斯特丹商人的小女儿吉尔楚德生活在一起；阿米尼乌现存后裔主要源自他的小女儿吉尔楚德，据说有成百上千人之多，分别生活在西欧、北美和东南亚等地。长寿的利吉斯贝经历的众多不幸就是，在她漫长的一生中，不得不一次又一次用泪水送别她的绝大多数亲人。利吉斯贝于 1648 年 3 月 25 日去世，享年 79 岁；安葬于阿姆斯特丹"新教堂"墓地里；而"新教堂"正是她丈夫 60 年前开始布道事奉的地方。

1　Cf. *The Works of James Arminius*, Vol. 1, p. 318, "note".

第 三 章

阻　遏

"抗辩派"与"多特会议"

第一节　"抗辩派"的形成与主张

　　詹姆斯·阿米尼乌的去世，并不意味着围绕阿米尼乌发生的那些争论的终止；相反，那些已然激烈化的神学与信仰争论，开始向更广阔社会领域转移和发展。1609 年 10 月 22 日，亦即在安葬阿米尼乌的当日，莱顿大学神学院学监彼得·伯修斯应邀在莱顿大学大礼堂发表了纪念逝者的长篇"悼词"。伯修斯作为当时神学院的学监，作为阿米尼乌执教莱顿期间的同事，作为当年与阿米尼乌结伴到莱顿求学的少年期伙伴，无疑是在这一重大场合追思阿米尼乌一生的最适当人选。与阿米尼乌多年保持密切关系并把阿米尼乌视为兄长的伯修斯，无疑因老友逝世而悲痛万分。[1] 他在这篇饱含个人强烈情感的"悼词"里，对阿米尼乌生平特别是早期经历的介绍，为后世留下十分珍贵和几乎是唯一性的历史资料；它很快就以拉丁语和荷兰语公开发表了。但是这篇"悼词"在当时的听众里，在莱顿大学礼堂的来宾中却激起不同反响。

　　在阿米尼乌的敌人看来，伯修斯在"悼词"里对阿米尼乌的"溢美之词"以及对阿米尼乌争论所作的叙述是不能接受的，尽管伯修斯在"悼词"里对阿米尼乌的反对者亦表示出最大限度的尊重。率先发难的依然是阿米尼乌生前同事、莱顿神学教授弗朗西斯·戈马鲁斯。戈马鲁斯对阿米尼乌这位同事的极端

---

[1]　Cf. *The Works of James Arminius*, Vol. 1, p. 15, "note".

不宽容和敌视，并没有随着阿米尼乌的逝世而稍有和缓。伯修斯在"悼词"里
对阿米尼乌的大力称赞，看来令这位神学教授大为光火。他决定要表达自己的
不满和愤怒；而他现在选择的方式是加入原本就已经如火如荼的"小册子战"。
在荷兰当时的处境里，"小册子战"与"谣言"一样，是神学论战中一方不择
手段攻击另一方的利器。那些参战的"小册子"有些是署名的，但更多是匿名
的；它们往往是抓住对手某一弱点或者就某一特定问题以直率和夸张的方式所
发表的短篇著述。"小册子战"往往与相关的"谣言"携手并进，前者以后者
为土壤并为后者提供了新的养分和动力。有时候，在读书识字人中间以书面形
式发生的"小册子战"，与在街头巷尾以口头形式流传的谣言，具有异曲同工
之妙。伯修斯的"悼词"极大地刺激了戈马鲁斯加入"小册子战"的冲动。后
者对大议长奥尔登巴恩韦尔特表示，自己不能保持沉默以使真理受到损害，但
却忽略了大议长对和平价值的提醒。

　　在早些时候，唐特克洛克发表的攻击阿米尼乌的小册子"对话"，遭到科
维奴斯匿名小册子"对和平的告诫"的反击。戈马鲁斯误以为这份小册子出自
尤腾鲍加特之手，并引发他格外的愤恨。针对这份匿名小册子，戈马鲁斯以
"一种警告"为题作出自己的回击。他不仅指责那份小册子的立场是企图更改
既有的信仰信纲，而且还特别针对伯修斯在阿米尼乌葬礼上所致"悼词"作出
自己的反思与批判。戈马鲁斯将刚去世的同事描述为伪装者和欺骗者的极端偏
激立场和不光彩做法，不但导致伯修斯作出猛烈回应，而且还激发阿米尼乌亲
属与朋友群起而攻之，并迅速将阿米尼乌生前的有关演说、辩论与著述加以公
开出版发表。值得一提的是，彼得·伯修斯并不是一个瞻前顾后的谨慎者。他
的回应并不满足于维护阿米尼乌思想的纯正性，而且还直接攻击堕落前预定论
和无条件拣选为有悖于"上帝之道"的不虔敬学说。伯修斯这种具有挑衅性的
直率言辞，导致戈马鲁斯以"一种审判"为题作出回击。而躲在暗处的科维奴
斯则又分别发表"一种观点"和"一种回答"两份小册子，来继续攻击戈马鲁
斯。相应地，双方还有更多的人和更多的小册子，加入了这牵扯越来越广的
战团。

　　由于他们的思想奠基人与领袖阿米尼乌的过早逝世，由于教会内外极端加
尔文主义分子越来越激烈的攻击和打压，也由于隶属同一阵营的人在与反对者

论战中纷纷自行其是，在荷兰"联省"教会内作为少数派的、厌恶极端加尔文主义并倾向于阿米尼乌主义的人，体会到强烈的不确定性和不安全感，他们感到有必要使他们这个少数派进一步团结起来，以遵守和推进以阿米尼乌思想为主要表现形式的宗教信仰原则和主张。当然，还有一个更具现实和迫切性的问题，这就是在"行政议会"与"教会议会"这双重权威之间日趋剧烈的斗争，已经发展到要求教会内支持行政权威的"少数派"必须表明自己立场的阶段了。早在 1608 年 10 月，"南部荷兰宗教会议"就要求牧师们，将自己对于《比利时信纲》和《海德堡教理问答》的意见直接上交各级教会议会。但荷兰议会认为教会这项决议违背了自己的命令，于是荷兰议会继要求阿米尼乌在议会公开表明自己观点之后，于 11 月 23 日发布命令，要求所有牧师将他们自己对于"信纲"和"教理问答"的意见首先上交荷兰议会，再由荷兰议会提交将要召开的全国宗教会议；而未来的全国宗教会议又只能由荷兰议会在其中具有决定性影响的"联省大议会"负责召集。

正是为了响应荷兰议会在 1608 年 11 月 23 日的这一指令，尤腾鲍加特召集作为教会少数派的阿米尼乌支持者，于 1610 年 1 月 14 日，在首都海牙之外的城市豪达（Gouda），进行了磋商和讨论。参加这次重要集会的有尤腾鲍加特、伯修斯、博利乌斯、格雷文乔维斯、埃皮斯科皮乌斯等共四十多位牧师和其他一些相关人员。这次集会形成的文件被称为"抗辩"或者"抗议"（the Remonstrance），类似于因有不同意见而形成的"备忘录"或"请愿书"（memorial）。它是荷兰改革宗内部倾向于阿米尼乌立场的温和加尔文派遵照指令向荷兰议会提交的、对于荷兰新教会当下采用的《比利时信纲》和《海德堡教理问答》的意见或不同看法。历史上的"抗辩派"（the Remonstrants）由此而得名；相应地，"抗辩派"的反对者或者所谓的"戈马鲁斯派"或"极端加尔文派"则被称为"反抗辩派"（the Contra-Remonstrants）。需要说明的一点是，"抗辩"（remonstrance）一词在此前的荷兰"联省"并不是一个专指名称，也不是一个有什么特殊意味的教会用词。它是教会内外用以表达不同意见的一个常用词。譬如 1607 年阿姆斯特丹市政当局就因反对"大议会"与西班牙人议和，而提交了一份"抗辩或抗议"；戈马鲁斯于 1608 年 12 月 12 日在荷兰议会对阿米尼乌《观点的声明》的反击，有时亦被称为"抗辩或抗议"。只是随着局势的发展与历史的演进，"抗辩"和"抗辩派"才成为荷兰历史与教会史上的专有名词，用来指称多特会议前后那些对当时被视为教会信仰标准的"信纲"和"教理问答"持有不同意见的个人或团体。

阿米尼乌分子在这次豪达会议上提出的"抗辩"主要集中在，他们支持荷兰议会提出的通过"全国宗教会议"来修订现有的"信纲"和"教理问答"，但他们并不是想要更改现有的宗教信仰或者提出什么新神学，因为他们认为一切"信纲"或者"教理问答"都是人为的文献，这些人为文献可以按照体现在圣经里的"上帝之道"来对它们作出评判和修正，这也是与"宗教改革"运动提出的"唯有圣经"的基本原则相一致的。荷兰教会现下奉行的《比利时信纲》和《海德堡教理问答》，因为其外国起源、过时处境、含混表述等问题，而被某些极端加尔文分子引申出一些有待商榷的教义。"抗辩派"的不满主要集中在堕落前预定论；作为前一种教义修订形式的堕落后预定论；基督只为拣选者而死；恩典是不可抗拒的；以及圣徒绝不会从恩典中失落等五项核心教义。

从日内瓦求学时期一直到阿米尼乌逝世都与阿米尼乌志同道合的约翰尼斯·尤腾鲍加特，依据阿米尼乌神学思想，针对这些教义起草了自己的看法。"抗辩派"的豪达会议，在对尤腾鲍加特的草稿讨论和修订后，形成了为神学史所熟知的"抗辩派"倡导的"五点"基本信仰："第一，上帝，凭借其在这世界之前的在基督里的永恒与不变的命令，决定从堕落与犯罪的人类中，拣选那些经由他的恩典认信耶稣基督并在信仰与顺从中忍耐持守的人，以获永生；与此相反，他决定拒绝不皈依者和不信仰者并使其归于永罚（'约翰福音'3：36）。第二，由此，世界救主基督是为所有人而死的，以便通过他在十字架上的死亡，为所有人的罪获得和解与宽恕；不过，以这种方式，只有信仰者才能实际享受那种和解与宽恕（'约翰福音'3：16；'约翰一书'2：2）。第三，人不能够自己或者通过他自由意志的力量获得救赎性信仰，而是需要上帝的恩典并经由基督，而在思想与意志里被更新（'约翰福音'15：5）。第四，这种恩典是人救赎之开端、过程和结局的原因，以致若没有这种合作性恩典，也就没有人能够认信，亦不能在信仰里忍耐持守；因而所有好事工都必须要归之于在基督里的上帝恩典；不过，就那种恩典的运作方式而言，它并不是不可抗拒的（'使徒行传'7：51）。第五，真正信仰者通过神圣恩典而具有足够的力量来对抗撒旦、罪恶、尘世和肉欲，并能够战胜它们；他们是否会由于疏忽而背叛真实信仰，丧失好良心的快乐并离弃那种恩典，则需要在进而教导它时按照圣经作出更全面的探讨。"[1] 其中最后一点在当时的文件中采取了悬而未决的形式。不过，"抗辩派"很快就在这一点上明确了他们的观点，亦即真正信仰者有可能因为他们自己的过错而背离上帝并完全和最终丧失信仰。

以上这五条核心教义，就是"抗辩派"在 1610 年最初提出的"五点抗辩"；它们体现了"抗辩派"当时的基本信仰立场。这些涉及上帝、人以及救赎等根本信仰的问题及其争论，都是围绕预定问题加以展开的。如何理解上帝的预定，左右着人们对于救赎、永罚、恩典以及自由意志等问题的理解。"抗辩派"围绕"预定"提出的这"五点主张"或"五条抗辩"，在更广阔和更现实的层面上，还牵涉另外一个重大问题，这就是如何界定行政权威与教会权威的问题，如何划分世俗行政与神圣宗教的界限问题，以及如何理解只在圣经权威下来组成和运作一个自由教会的问题。在某种意义上，可以将这个问题大致表述成后世熟知的"政教关系"问题，尽管在 17 世纪初叶的荷兰，对"政""教"以及"国家"等概念有着与后人不同的理解。但不论怎样，正是由于对行政权威与教会权威，应如何划分彼此的界限，应如何限定彼此的合作与分离关系，所产生的不同理解，导致当时的荷兰议会与教会议会处于直接对立与紧张状态中。"抗辩派"在关注那"五点"神学问题的同时，必然也无法回避这个同样重要的问题。他们在这个问题上所持的立场，常常被不正式地称为"抗辩派"持守的"第六点"。

这所谓"第六点主张或抗辩"主要是由尤腾鲍加特独立提出并加以系统化的。作为时常随军出征并常驻首都海牙的宫廷牧师，尤腾鲍加特与莫里斯亲王、大议长奥尔登巴恩韦尔特等军政首领均保持着密切关系，并直接参与了国内外许多重大历史事件，被普遍看作荷兰在宗教信仰领域内最具影响和权威的人物。他的谨慎、坚忍、适中、睿智以及虔敬，使他在处理一切宗教事务和解决教会争端上具有无与伦比的判断与影响力。资深的经验，敏锐的判断，非凡的才干，再加上滔滔不绝但又不坠两端的演说口才，为他赢得"荷兰西塞罗"的美誉。

---

1 Cf. A. W. Harrison, *The Beginnings of Arminianism*, University of London Press, 1926, pp. 150 – 151.

深谙荷兰政教关系问题症结的尤腾鲍加特，在这一领域形成自己独立的看法并为大多数"抗辩派"所接受。

其实，尤腾鲍加特的相关观点，在前一年8月中旬荷兰议会安排的阿米尼乌与戈马鲁斯磋商会上，就已经作出全面的口头表述。在这次豪达会议提出五点"抗辩"后，深感这一问题迫切性的尤腾鲍加特，立即在1610年2月出版了一本论述行政权威与教会权威的论著，标题为《论在教会事务中一个更高级基督教政府的职责与权威》(*Tractaet van't Ampt ende Authoriteyt eener Hoogher Christelicken Overheydt in Kerchelicke Saecken*)。这本论著是对他上一年在荷兰议会所作演说的扩充。尤腾鲍加特就基督教政府与基督教教会之间的关系列举出以下几种可能性：第一，是罗马天主教奉行的教会权威高于政府权威；它虽然能够维持统一，但这统一是通过专制和暴政代价取得的；而宗教审查制或裁判制更是制造了无数的血与泪。第二，是教会事宜完全独立于行政和政府之外；但在当时的特定社会处境里，一个缺少政府保护和维持的教会是不可能存在的。第三，是奉行行政权威与教会权威二重权威的平行性或并列性；这正是荷兰"联省"数十年来所实行的原则，但结果却引发无数矛盾与混乱，并导致这二重权威发生直接的对立与冲突。为了消除二重权威并列所产生的矛盾，尤腾鲍加特推荐的是第四种模式，亦即将教会权威置于基督教政府或基督教行政权威之下。[1] 尤腾鲍加特强调，教会在政教关系以及政教事务中，当然不能放弃自己的先知职责，但同时他也拒绝了这样一种观念，即教会在决策权上与政府是平等的，甚或是独立的。他认为行政当局具有优先于教会团体的权限，行政当局有权威和责任来决定教会政体与仪式，其中包括任免聘用牧师和召集各级宗教会议。尤腾鲍加特之所以支持这样一种模式，还基于这样一个现实考虑，亦即信奉新教信仰的荷兰"联省"政府，在与信奉罗马天主教信仰的西班牙人进行的争取宗教自由与国家独立斗争中，首先应当在荷兰内部一切事务包括教会事务中拥有最高控制和管理权，以掌控和调动一切可资利用的资源包括宗教资

1　Cf. Gerald O. McCulloh（ed.），*Man's Faith and Freedom*：*The Theological Influence of Jacobus Arminius*，Nashville：Abington Press，1962，p. 14.

源来对抗外部的强敌。[1]　对此，那些领导国家的政治人物譬如奥尔登巴恩韦尔特和格劳秀斯等人无疑具有最深的感触和体会。

　　以上那"五点"神学教义，以及有关政教关系的所谓"第六点"主张，就是"抗辩派"在刚刚形成时期的基本立场。尤腾鲍加特有关权威问题的论著很快就发表了，但在豪达会议上达成的"抗辩"既没有署名，也没有立即公开发表，而是由尤腾鲍加特当面呈交给大议长奥尔登巴恩韦尔特。后者因为正忙于处理边境地区于利希—克利夫（Jülich-Cleve）的紧急情况而无暇顾及此事。在将这份重要文件扣留半年以后，奥尔登巴恩韦尔特于当年夏天将它转交给荷兰议会。荷兰议会由此在 1610 年 8 月 22 日作出决议："在实际教牧事奉中，坚持这份'抗辩'里所表达观点的圣职人员，应免于其他圣职人员的指责；而在遵循教会惯例，审查新牧师时，亦不应超越这五项条款（尤其在预定论问题上）。"[2]　荷兰议会试图通过承认并容忍教会里存在着两种不同立场这一途径，通过克制和压抑不同意见的办法，来使极端加尔文派与阿米尼乌派共同存在于荷兰教会里，并避免教会的分裂。但这只是荷兰议会一厢情愿的权宜之计。它并不能消除矛盾和平息分歧，并往往要面对事与愿违的苦果。

　　果然，极端加尔文派先后从两个领域展开攻击。先是针对先期面世的尤腾鲍加特著作，撰写出一系列批判小册子。其中，阿米尼乌的老对手、莱顿牧师霍缪斯撰写了一本匿名小册子，题名为《论基督教牧师的呼召：约翰尼斯·尤腾鲍加特的"是"与"否"》，攻击尤腾鲍加特的观点背离了他自己早期的教会论主张，并沦为世俗政治家的代言人。荷兰议会在极力平抑这些攻讦的同时，还劝诫尤腾鲍加特保持克制和缄默。而此时的尤腾鲍加特正在与莫里斯亲王一道，全力应对于利希—克利夫地区的政治军事危机。尤腾鲍加特作为荷兰代表团重要一员还出使法国巴黎，谋求法国国王亨利四世（Henry IV, 1553—1610 年）加入支持荷兰新教事业、反对西班牙人的斗争中来。在处理繁重的政治军事与外交事务之外，尤腾鲍加特在出使法国期间，还深入接触了法国最著名新教神学家、时任亨利四世图书馆长的古典学者艾萨克·卡索邦（Isaac

---

　　1　Cf. Johannes van den Berg and W. Stephen Gunter, *John Wesley and the Netherlands*, Nashville：Abingdon Press, 2002, pp. 22－23.

　　2　A. W. Harrison, *The Beginnings of Arminianism*, University of London Press, 1926, p. 152.

Casaubon，1559—1614 年），以及查伦顿胡格诺教会的著名牧师杜莫林。经过深入交谈，尤腾鲍加特发现杜莫林是个不容动摇的严格加尔文主义者，但卡索邦却比较认同阿米尼乌的观点。在卡索邦看来，加尔文派教条主义会扼杀宗教虔敬，而极端预定论则会使上帝成为罪的作者。[1] 随后不久，亨利四世遇刺，荷兰"联省"与法国的结盟计划受挫；而卡索邦则前往英格兰找到栖身之所，并在那里为荷兰"抗辩派"提供了力所能及的帮助。

荷兰极端加尔文派更大规模的恼怒与抗议，是在当年夏天获悉"抗辩派"立场以及荷兰议会决议之后。"抗辩派"的"五点抗议"以及荷兰议会允许"抗辩派"在教会里合法存在的决议一经公布，立刻就在教会占绝大多数地位的严格加尔文派中间激起了极大愤怒。在他们看来，"抗辩派"的集会，是在既没有获得行政当局批准，亦未获得教会议会授权的情形下，私自召开的会议。由此"抗辩派"自己结成一个联盟，并在教会其他牧师之外形成一个独立"团体"，因而也就是构成了在改革宗内部自行分裂教会的重罪。至于"抗辩派"辩称的他们因担心受到宗教审查而需要自我保护，以及是根据议会指令提交自己的意见等缘由，并不在那些极端加尔文派认可范围之内。这些极端加尔文分子在猛烈抨击"抗辩派"的同时，还对荷兰议会表示严重不满，尽管他们表示不满的方式是有所克制的。他们认定，这是荷兰议会这一行政权威超越自身权限就宗教问题作出一项重大决定，并且这一决定还是在没有听取另一方意见情况下单方面作出的。根据这个决议，教会议会方面不但丧失了召集宗教会议和挑选出席宗教会议代表的资格，而且还在任命牧师或者因异端处理圣职人员等权力方面受到了限制。这是教会方面无法接受的。紧接着，在莱顿和武尔登（Woerden）两个"地区教会议会"聘请牧师的过程中，就遇到了是否执行荷兰议会这一决议的问题。荷兰议会派出代表，试图通过在教会内扶持"抗辩派"并打压极端加尔文派的办法，来强行推行这一决议，但却遇到极大阻力，并面临着教会分裂的危险。

面对这种危急情形，深信改革宗正统信仰基础正在受到动摇的普兰修斯，在阿姆斯特丹会同"南、北部荷兰宗教会议"几名代表，起草并发表了一份针

---

1   Cf. *The Works of James Arminius*, Vol. 1, p. 725, "note".

对"五点抗辩"的声明，认为"五点抗辩"不但违背"信纲"和"教理问答"，而且还违背"上帝之道"，并呼吁召开荷兰省宗教会议来审查这"五点抗辩"。由此，在荷兰新教教会内一直处在明争暗斗中的两派，在严厉加尔文派与温和加尔文派、预定论派与自由意志派、阿米尼乌派与戈马鲁斯派之外，又增添了一对新的指称："抗辩派"与"反抗辩派"。双方就这"五点"或者"六点"神学教义，分别在支持"抗辩"或反对"抗辩"的旗号下集结起自己的同盟军。双方的界限越来越清晰，双方的诉求越来越坚定，双方的敌意与排斥也越来越强烈。想要在双方之间找到一个合作甚或共处的平台也越来越困难了。自此伊始，一直到多特会议为止，与作为首都的海牙和作为商业重镇的阿姆斯特丹之间多年来的相互捭阖相一致，当常驻海牙的尤腾鲍加特和荷兰议会做出倾向于"抗辩派"的姿态时，以年迈牧师普兰修斯和年轻牧师雅各布斯·特里格兰迪乌斯（Jacobus Triglandius，1583—1654 年）为代表的"反抗辩派"开始以阿姆斯特丹为中心与海牙展开抗衡。但眼下作为对普兰修斯等人声明与呼吁的回应，也作为寻找摆脱激烈对抗局面的一种尝试，荷兰议会还是在 12 月 23 日通过决议，指令来年 3 月在海牙举行双方各有六名代表出席的会谈，以商讨所牵涉的所有问题，并要求普兰修斯与尤腾鲍加特分别代表双方推选参加会谈的人选。

为此，尤腾鲍加特邀请了豪达的伯皮乌斯（Ed. Poppius）、鹿特丹的格雷文乔维斯、莱顿的博利乌斯和科维奴斯，以及埃皮斯科皮乌斯。而"反抗辩派"则试图为他们选派的代表赋予某种教会官方色彩。虽然受荷兰议会禁令所限而无法召开省级宗教会议，但他们还是邀请各个"地区教会议会"选派代表到阿姆斯特丹协商与会人选。结果有十七位代表前往阿姆斯特丹，在普兰修斯主持下商定了参加海牙会谈的六位代表，其中包括普兰修斯和霍缪斯。尽管荷兰议会召集这次会谈的目标，是希望消除紧张局面并达致教会内的和平相处，但是"反抗辩派"似乎决意要利用这次会谈机会，针对"抗辩派"提出一种正式反对声明。双方在海牙的正式会谈，从 1611 年 3 月 11 日开始，断断续续一直持续到 5 月 20 日结束。会谈期间，尤腾鲍加特从"抗辩派"立场，回顾了这场在荷兰持续十多年教义争论的由来。而霍缪斯则从"反抗辩派"立场叙述了这场神学争执的历史发展。随后双方就"五点抗辩"逐一进行细致入微的讨论并留下了详尽的书面记录；值得注意的是，这些书面材料，当 1619 年多特会议决定根据"抗辩派"先前著述来判定其教义立场时，就构成指控"抗辩派"的主要引用素材之一。这次海牙会议还就一些在外人或后人看来似乎微不足道的问题进行了讨论。此外，莱顿新任神学教授沃斯修斯不但构成会谈讨论的主题，而且他本人还出席几次会谈，以回应"反抗辩派"对他的异端指控。但会谈结果令人沮丧。旨在架设沟通桥梁的会谈被代之以挖掘和固化了更深的沟堑。双方不但未能取得任何共识或妥协，反而进一步明确和加深了已有的分歧和争执。最终，荷兰议会所能够作出的决议，只能在回避评判教义争执的同时，竭力敦促双方保持教会和平与安定。

对于在荷兰现实社会生活中究竟是否能够在保持教义不同前提下，形成一种相互宽容的局面，对荷兰宗教生活具有极高影响力的尤腾鲍加特在一开始还是抱有信心的。他在这一时期前后，还在自己家乡乌得勒支进行了实际试验。乌得勒支由于政局动荡而急需深孚众望精明干练人物来襄助政局。于是在 1610 年 11 月到 1611 年 5 月这段时期内，尤腾鲍加特受命前往自己家乡城市主持教会内外事务。利用这个机会，尤腾鲍加特将自己有关构建教会和平的设想付诸实践。他成功地使该城所谓温和加尔文派与激进加尔文派相互谅解性地坐在一起，并在相互宽容原则下共同维持着教牧事奉。受此鼓舞，尤腾鲍加特在结束该城使命后，仍精心为家乡教会起草一部"教会章程"。这部教会章程于 1612 年 8 月 28 日，在乌得勒支全省牧师以及市政当局要员、议会代表和当地贵族参加的大会上，得到广泛认可。根据这部章程，在教会组织上，聘请任命牧师由一个八人组成的委员会来执行：这八人中，四人代表"地方教会议会"，另外四人来自教会成员；而这四位教会成员中又有两位来自市政官员。该委员会推荐的名单则由市政当局和"地区教会议会"共同加以批准。如果出现争端，最终裁判权来自"联省大议会"。在讲道上，教堂布道要尽量避免微不足道的细小分歧，并要按照圣经意思做到与《使徒信经》和《比利时信纲》相一致。主日下午继续讲授《海德堡教理问答》，但要按照圣经来讲解。在崇拜礼仪上，将"赞美诗"置于与"圣经诗篇"同等重要的地位。由于尤腾鲍加特这些努力，再加上在乌得勒支极端加尔文派的影响十分有限，所以在乌得勒支全省改革宗教会内，从此开始一直到多特会议，都保持着难得的相对和平与安定。但是乌得勒支的情形究竟是一个个案，还是一种具有普遍意义的典型呢？历史发展证明，乌得勒支的情形只是一种孤立的案例；它的成功主要取决于极端加尔文派在那里的势力历来比较薄弱，因而也愿意实践对自己有利的相互容忍原则。而在其他省份和城市，极端加尔文派并不愿意作出这样的妥协。保持宗教信仰纯洁性和正统性的意愿或冲动，压倒了一切妥协或忍让的倡议。

这样一来，在一个时期里，整个荷兰就已经和将要在宗教信仰上，出现一种严重对立和危机四伏的僵持局面。"抗辩派"坚信自己的立场更为接近"真理"或"上帝之道"，不肯放弃自己的观点和主张。"反抗辩派"则认定"抗辩派"主张违反"信纲""教理问答"和"上帝之道"，属于教会传统中动摇信仰基础的新创教义，是教会内无法容忍其存在的异端。在教会内处于少数地位的"抗辩派"得到荷兰议会的变相支持，而受到行政权威限制的"反抗辩派"则在教会内外获得大多数群众的赞同。有权评判教义与信仰真伪的全国或省级宗教会议由于种种原因而迟迟无法召开，而无权行使教会权威的行政当局则在竭力敦促教会内保持和平与安定，并发出"相互宽容"或"相互容忍"（mutual toleration）的指令。荷兰议会希望通过行政权力和手段来解决和消除宗教分歧，而它自身又缺乏强势政权或专制政权的政治基础，因为荷兰"联省"实行的是具有一定"民主"意味的"议会""共和制"。荷兰议会推行的"相互宽容"指令，实质上是间接承认了"抗辩派"在教会内的合法存在。但是迫于"反抗辩派"的不满，又不得不折中性地宣布，在"联省"教会与神学院，不得就赎罪、称义、信仰、原罪以及救赎确据等教义宣扬与迄今所教导内容相违背的学说。议会政治家们以为通过这些手段，教会分歧就会逐渐平息下去，但现实局势的发展却在背道而驰，并逐渐超越行政议会掌控的范围。

第二节　派系间的纵横捭阖

由于在阿米尼乌葬礼上所致"悼词"对阿米尼乌作出了积极评价，并在其后卷入与极端加尔文派的"小册子战"，彼得·伯修斯一度与"抗辩派"过从甚密。但伯修斯的观点与阿米尼乌相比要直率极端得多，而随后的言行也证明他并非"抗辩派"的中坚力量。其实，彼得·伯修斯从少年时代就与阿米尼乌一同前来莱顿大学求学，他一生大部分时间都是在莱顿大学度过的。但莱顿大学留给他的并不都是愉快记忆，可以说他在莱顿的执教生涯经历了许多风波与挫折。后来他在回顾那一段时期生活时曾说道，"他在那儿没有多少快乐的日子。当他在研究、禁食和祷告时，其他人则在寻欢作乐。"[1] 早年伯修斯在莱顿曾经长期师从伟大历史学家贾斯特斯·利普修斯，并深得利普修斯赏识，尤其擅长于古代教父及哲学研究。16 世纪 90 年代初，利普修斯在脱离新教回归罗马天主教之前，伯修斯曾伴随利普修斯遍游德国以及欧洲北部及东部一些地区，并曾在海德堡、斯特拉斯堡等多所大学进行过短期执教。他们两人一直都保持着深厚的个人感情。1593 年伯修斯被莱顿大学聘请为神学院副学监，但他严厉刻板的作风深受学生厌恶并在学生当中缺少应有的威信。次年，大学允许他尝试着进行公开讲课，但学生们对他报以嘘声和喧哗。在接下来一段时间里，他的过度严厉以及一名学生的意外死亡，几乎在大学学生中引发一场暴动。1595年，老学监去世。阿姆斯特丹牧师库克里奴斯转至莱顿担任神学院学监。伯修斯开始辅佐库克里奴斯管理神学院日常教学。在随后数年里，伯修斯曾经谋求大学秘书一职未获成功；再次尝试公开讲课，也未能成功。一直到 1603 年阿米尼乌到莱顿担任神学教授那一年，伯修斯才被任命为当时远不及神学教授重要的哲学教授。1606 年，库克里奴斯去世后，伯修斯升任神学院学监。值得一提的是，通过联姻，许多重要人物之间都存在着亲属关系，而这层亲属关系使有些人成为更亲密的同道，使另一些人则成为仇敌。同样是通过联姻，库克里奴斯成为阿米尼乌的姑父。伯修斯娶了库克里奴斯一个女儿，莱顿牧师费斯特斯·霍缪斯则迎娶了库克里奴斯另一个女儿。所以，伯修斯与霍缪斯又是连襟关系。与库克里奴斯、阿米尼乌以及霍缪斯这些人相比，伯修斯似乎是个不太成熟的人。从性格上讲，他是一个感情脆弱、立场游移、缺乏心机和从不设防的人。

　　阿米尼乌的逝世，对于素来敬重阿米尼乌并与其情感笃深的伯修斯无疑是一种沉重打击。令他意想不到的是，他在阿米尼乌葬礼上对逝者所致的敬意，居然引发阿米尼乌对手戈马鲁斯的不快和批评，尽管伯修斯在演说中对戈马鲁

1　*The Works of James Arminius*, Vol. 1, p. 276, "note".

斯表示了最大限度的尊敬。敏感而脆弱的伯修斯立即还以颜色，以小册子对小册子的战术，直接攻击戈马鲁斯等人坚持的极端预定论学说。与格雷文乔维斯、维纳特及沃斯修斯一样，伯修斯也是在言辞上不够克制和约束的人，以至于连埃皮斯科皮乌斯都感到他们的观点虽然无误，但就是表达方式过于尖锐，[1] 从而为急于寻找借口的"反抗辩派"留下予以攻击的口实。果然，伯修斯不久后正式出版的一本著作，就为他自己和"抗辩派"招惹了许多麻烦。大约在1610年8月，伯修斯出版了一本新书《背教者许米乃：关于圣徒背教的两个问题》（*HYMENÆUS DESERTER：Sive de Sanctorum Apostasia Problemata duo*）。"许米乃"是使徒保罗两次（"提摩太前书"1：20；"提摩太后书"2：17）提到过的背教者；伯修斯利用自己在古代基督教与古代教父学方面的专长，论述了他那个时代的这一敏感话题。在书中，伯修斯就圣徒在信仰上的跌落，肯定性地论述了两个相互关联的问题：第一，被称义的人（justified）有可能从其称义（justification）中跌落（fall）；第二，这个人从其中跌落的那种称义还就是一种真实的称义。由此，使极端预定论有关信仰者不可能从恩典中跌落的那种无条件拣选说不攻自破。伯修斯还运用他的专业知识表明，无条件拣选说不但不为古代教父所支持，而且还是晚近的一种"新发明"。

这本著作在国内戈马鲁斯与普兰修斯等人那里激起愤怒之情是预料之中的。可是声称要将此书献给全欧洲福音宣扬者的伯修斯，还不假思索地赠送了一本给英国坎特伯雷大主教阿博特（Archbishop Abbot，1562—1633年）；阿博特将这看作一种侮辱。在这个时期正在试图在宗教信仰上寻找一些由头来对荷兰"联省"实施一些影响——以弥补其在政治军事影响方面的缺失——的英王詹姆斯一世（James I，1566—1625年），在闻知此书后不禁大为震怒，宣称仅凭"圣徒背教"这个书名，就可以将其作者处以火刑；同时还不加分辨地将伯修斯的观点等同为阿米尼乌派的主张，并因而更加坚定了自己对于阿米尼乌派的敌对态度。[2] 1612年年初，在其朋友同时也是古代教父学专家艾萨克·卡索邦建议下，伯修斯分别给阿博特大主教和詹姆斯一世写去致歉信，再加上卡索邦

1　Cf. A. W. Harrison，*The Beginnings of Arminianism*，University of London Press，1926，p. 142.

2　Cf. A. W. Harrison，*The Beginnings of Arminianism*，University of London Press，1926，p. 142.

从中代为陈情，方使此事逐渐平息下来。不过伯修斯仍被建议在适当时候更改原书的书名。

在阿米尼乌逝世前后一段时间里，伯修斯由于出席豪达会议并与"抗辩派"一些核心人物过从甚密，而俨然成为"抗辩派"的骨干成员。其实不然。尤腾鲍加特、格劳秀斯以及埃皮斯科皮乌斯等人很快就痛苦地发现，伯修斯给"抗辩派"提供的帮助远不及他所招致的烦恼。容易受情绪支配的伯修斯不但不受他自己理性的控制，而且也不受作为一个团体的"抗辩派"的控制，常常会发表一些不够审慎的言辞，使"抗辩派"遭受一些不必要的攻击，譬如他要公开否定《海德堡教理问答》；譬如他在 1615 年又出版了《对称义性信仰所做的驳斥，以及针对皮斯卡托所做的辩护》，书中明显表露出的贝拉基主义或准贝拉基主义，连尤腾鲍加特和格劳秀斯都感到难以接受。所以伯修斯在那一年被迫辞去神学院学监一职，而专任哲学教授。莱顿大学则从多特邀请博学的沃修斯（Gerard John Vossius）来出任神学院学监。此外还有一件令"抗辩派"极其尴尬的事情，就是"抗辩派"在私下或者秘密商讨的一些重要事情，只要有伯修斯在场，整个事情就会立即泄露出去为"反抗辩派"所知悉。究其原因，就是"抗辩派"劲敌霍缪斯在密切关注着"抗辩派"的动向，并总是能够从他连襟兄弟伯修斯口中获得一切他想要了解的信息。由于这些原因，以尤腾鲍加特为首的"抗辩派"逐渐疏远了伯修斯，并在后来中断了联系。

在方法、哲学、神学与性格上与伯修斯有许多相像之处的，是"抗辩派"当初对其委以重任的另一位身份游移的成员：沃斯修斯。伯修斯与沃斯修斯还有一个苦涩的共同点，就是他们两人几乎同时触怒英王詹姆斯一世。只不过，英王最终放过了伯修斯，而对沃斯修斯实施了不依不饶的"迫害"。事情的起因是这样的。阿米尼乌的逝世使莱顿大学神学教授职位出现空缺，并直接影响到神学院的日常教学工作，于是，寻找阿米尼乌继任者就成了莱顿大学校方的当务之急。然而要为这个在荷兰宗教生活中具有如此重要影响的职位觅得合适人选，却并不是一件容易的事情。在荷兰本地不是没有能够胜任这一职位的人，科维奴斯、霍缪斯以及伯修斯等人都在被推荐之列。无奈荷兰本地几乎所有相关人员都被划分了派系，选举任何一方的人都会遭到另一方的强烈反对。面对如此情形，莱顿大学校方倒是希望深具影响力的尤腾鲍加特能够出任此职。但尤腾鲍加特本人更希望能够继续自己宫廷牧师的事奉。到 1610 年夏天，距离阿米尼乌去世已经大半年了，而选聘其继任者的工作仍无头绪。在这种情形下，尤腾鲍加特向莱顿大学校方推荐了沃斯修斯。其实，尤腾鲍加特本人并不认识沃斯修斯。他是通过阿米尼乌以及他在海牙教会的同事——沃斯修斯以往的学生——亨利·罗撒乌斯（Henry Rosaeus），而对沃斯修斯具有一些间接了解。同时，尤腾鲍加特于利希战场上结交的帕拉廷宫廷牧师——极端加尔文派分子亚伯拉罕·斯卡尔泰图斯（Abraham Scultetus）——也对沃斯修斯推崇得无以复加。当然，对于沃斯修斯受到包括伯撒的日内瓦在内的许多著名新教大学的邀请，他更是早有所闻。而沃斯修斯新近出版的反驳耶稣会神学家的论著《反拜拉明》亦为他在新教阵营赢得更大的声誉。所以，尤腾鲍加特认为沃斯修斯应该是一位比自己持有更严格加尔文主义的神学家；此外再加上他那渊博的学识、温和的性格以及不隶属于任何派系的中性身份，使沃斯修斯看上去正是接任阿米尼乌神学教授的理想人选。尤腾鲍加特的推荐获得莱顿大学校监们的认可。即将开赴于利希前线的莫里斯亲王也答应利用自己与本特海姆伯爵的关系，帮助说服本特海姆伯爵同意沃斯修斯前往莱顿效力。而神学院学监伯修斯更是给朋友沃斯修斯发去欢迎问候信。这样，邀请沃斯修斯一事就进入莱顿大学的工作日程。可以说，正是这一动议，使原本置身荷兰神学争执之外的沃斯修斯，不由自主地卷入了荷兰神学斗争的急流旋涡之中，并最终被其吞没。

康拉德·沃斯修斯的离奇遭遇，称得上 17 世纪初叶新教世界里的一桩公案。它标志着阿米尼乌之争，由荷兰"低地国家"内部的神学分歧，开始"国际化"为波及整个"改革宗世界"的神学争论。康拉德·沃斯修斯于 1569 年 7 月 19 日出生于德国科隆（Cologne）。早年为成为天主教神职人员曾在杜塞尔多夫（Dusseldorf）及科隆等地求学。随父母改宗新教后，曾学习过两年商业，但后来决定还是继续学习神学。在黑博恩大学曾师从皮斯卡托并帮助其辅导其他学生；在海德堡大学受教于帕拉厄斯，并获得博士学位；在日内瓦追随著名的伯撒，并担任伯撒的教学助手；此外，他还曾在巴塞尔大学修习过一段时间。聪颖过人的沃斯修斯深得那些名师们的器重，日内瓦学院甚至希望他留下来担任神学教授，不过他早在 1596 年就已经接受一份邀请，应邀到本特海姆伯爵阿诺德新近创立的施泰因福特大学（University of Steinfurt）担任神学教授。地处偏远的小小的施泰因福特大学的神学教授，在新教世界里并不是一个引人关注的职位，但本特海姆伯爵的优厚待遇及施泰因福特的安逸生活，使沃斯修斯在那里居然度过了15年的教学生涯。

与伯修斯有几分相像，沃斯修斯是位思想敏锐灵活、阅读兴趣广泛和著述立说甚丰的神学家。在某种意义上，他那温和平静、自由散漫以及不喜争论的个性，使他并不隶属于17世纪初期典型神学家之列。他首要的关注兴趣不是宗教与教会而是思想与观念。对形而上学的迷恋和在抽象观念里的沉浸，使他忽视了在当时约束神学家的一些界限，从而也为他招致批评与指责留下口实。概括说来，沃斯修斯本来不应成为问题的"问题"主要集中在以下四个方面：第一，在阅读与涉猎上，兴趣广泛的沃斯修斯过于认真看待所谓的学术自由，认为作为神学教授不但要通晓自己一方的主张，而且也应当了解对立方甚至是异端的立场。由此他收集浏览了不少苏西尼主义的著述，通过熟悉苏西尼派观点，沃斯修斯虽然没有成为一个苏西尼派，但苏西尼主义所提出的一些神学疑问的解决思路应该说一直萦绕在他的思想中，并零零星星残存在他以后的神学表述里。所以他有时会接近于主张基督似乎并未承受永死的痛苦，上帝并不一定需要牺牲性赎罪就能宽恕人的罪过。他更乐意谈论"拿撒勒的耶稣""这个人"，而不是作为救主基督的"神"。第二，在建构神学方法上，与阿米尼乌不同，作为一位形而上学家的沃斯修斯，更多的是经院哲学式的而不是圣经解释性的，是烦琐的而不是明晰的，是抽象的而不是实践的。沃斯修斯神学的推理、玄思与空想特征明显多于阿米尼乌，而他对圣经的把握以及对教会史的了解又远不及阿米尼乌，他由此也使自己暴露在一片易于遭受攻击的地带。第三，在用语措辞上，沃斯修斯看重的是风格的多样性，并顺应自己的喜好，更多地运用哲学用语而不是传统神学概念，更多地运用古代教父使用的术语而不是路德、加尔文和梅兰希顿的用语，并声称自己在神学表述上偏好"陈酿"而不是"新酒"。这使得他那玄奥的神学在不具有形而上学素养的人看来愈发古怪可疑。由此也佐证了：想要在教会传统观念与用语之外，另辟蹊径来表述和言说上帝本质、三位一体以及神人二性等基督教核心奥秘，鲜有不落异端窠臼的。第四，在处理一些重要神学教义上，沃斯修斯有时显得过于随意，过于直率，并不时修正和变换自己的立场。面对危险与敏感话题，不懂得回避，反而如飞蛾扑火般地一再发表观点与辩解并不断暴露破绽，成就了那句"越说越说不清"的俗话。

不过，沃斯修斯这些所谓的"问题"，从另一个角度讲，也正是他独有的优势。在通常处境里，它们一般也不会构成什么太过严重的问题。事实上，沃斯修斯在施泰因福特执教的 15 年里，并没有遇到严重的质疑或争执。只是在刚刚开始教授生涯时，在 1598 年，有谣传说他是隐秘的苏西尼派。原来在海德堡曾经指导过他的导师帕拉厄斯和佩泽留斯，还特地写信询问此事并提请他注意潜在的危险。于是，沃斯修斯给海德堡和巴塞尔的导师分别写去长信解释自己的立场与观点。鉴于苏西尼主义是一项严重的异端指控，本特海姆伯爵还安排沃斯修斯于 1599 年秋前往海德堡，向海德堡和巴塞尔的神学教授当面澄清自己的信仰立场。他明确表示自己反对苏西尼派的基督论，反对苏西尼主义对基督位格与职责所作的解释；并表示自己是以《海德堡教理问答》立场来界定自己的神学观点的。这次当面会谈再次确认了沃斯修斯信仰的正统性。经过这个小插曲，在随后十余年里，沃斯修斯虽栖身偏远的施泰因福特，但声誉却远播改革宗与路德宗新教世界。他卓越的才能使不少新教著名大学都希望聘请他前去执教。他先后收到来自法国的索米尔大学、德国的马堡大学、瑞士的日内瓦大学、德国的哈瑙（Hanau）大学等地的执教邀请，但都因本特海姆伯爵的执意挽留而被沃斯修斯婉言谢绝了。他甚至还收到苏西尼派重地波兰卢布林（Lublin）的执教邀请，这当然是一个丑闻；自然也被他严词拒绝了。由沃斯修斯的求学经历及执教邀请，可以从一个侧面看到，在 17 世纪初期宗教斗争激烈的西欧，人们在更大程度上是通过"信纲"而不是"国别"凝聚在一起的。同时拉丁语作为通用学术语言，亦为跨国学术交流提供了极大便利。这当然都是题外话了。总之，设若沃斯修斯一直都留在施泰因福特执教的话，他的那些"问题"可能永远都不会构成一个问题，他将会以一个正统派而寿终正寝。然而，来自荷兰莱顿大学的邀请却永远改变了这一切。

在那个神学派系斗争高涨的岁月里，沃斯修斯既然是"抗辩派"推荐的人选，他必然就会遭到"反抗辩派"的抨击。以普兰修斯和戈马鲁斯为首的"反抗辩派"，很快就将攻击矛头对准沃斯修斯这个新目标；他们认为通过攻击"抗辩派"属意的沃斯修斯，就能有效地打击"抗辩派"本身。从这个意义上讲，沃斯修斯的悲剧就具有一种"替罪羊"的意味。很快地，"反抗辩派"的灵敏嗅觉就发现沃斯修斯在十多年前曾受到过苏西尼主义指控，于是他们向海德堡大学写信以获取那些指控的详情。接着，那些十多年前的指控，又在沃斯修斯新近出版的著述《论上帝》（De Deo）一书里获得印证和新支撑。《论上帝》收集的是沃斯修斯在 1598 年至 1602 年间，就上帝的存在与属性这一主题所作的讨论或辩论。该书一直到 1610 年才在施泰因福特首次付梓。在书中，沃斯修斯主要运用形而上学的抽象推理方法，对上帝的属性进行了哲学与神学探讨。沃斯修斯由于因袭了浓郁的经院哲学方法与关切，再加上他所处环境里存在着路德宗的强烈影响，所以他在用哲学思维论述上帝的绝对性时，近乎赋予上帝以一种有形而具体的存在，从而包含有这样一些可能的推论，即上帝既非全能的亦非全在的或全知的。同时，该书对基督耶稣的"神人二性合一"以及"位格"等问题的论述也呈现出苏西尼主义倾向。这些都为严格加尔文派留下易于发起攻击的破绽或把柄。

　　当然，从事后角度看，沃斯修斯在此时还有一种选择，那就是拒绝莱顿大学的邀请，就像他此前婉辞其他许多大学的邀请一样。事情一开始也是如此，沃斯修斯似乎满足于留在施泰因福特，而施泰因福特也不愿意放弃这位享有很高威望的神学教授。但后来，不知出于何种原因，也许是沃斯修斯希望以自己的才干为正在兴起的阿米尼乌主义事业增助一臂之力，也许是出于莫名的"虚荣之心"，总之，已经意识到荷兰神学斗争激烈性的沃斯修斯，还是在莱顿大学以及尤腾鲍加特的盛情邀约下，更改了自己的"初衷"。1610 年秋，沃斯修斯前往荷兰"联省"进行实地考察，分别会晤莱顿大学校方、莫里斯亲王以及荷兰议会成员，并于 10 月 19 日接受了莱顿大学的正式邀请。与此同时，他也亲身感受到"反抗辩派"的不满与敌意。莱顿大学一些学生向校方和荷兰议会递交了抗议书。极度不满的戈马鲁斯则选择了离开。沃斯修斯还前往阿姆斯特丹与普兰修斯进行面对面的磋商，回答了疑问，否认了谣言，阐明了立场。在所有这些努力中，沃斯修斯的学识、口才与温和都给敌对者留下深刻印象。但只有一点未曾改变，那就是在极端加尔文主义者眼里，他在神学教义上是一个异端。

　　尽管存在着许多反对意见，但莱顿大学校方似乎认定，这一切都将随着沃斯修斯开始在莱顿授课而逐渐消散。但沃斯修斯本人似乎并不急于正式履行他在莱顿的教授职责。与他一贯自由散漫的作风相一致，他开始了漫长的告别与搬迁过程。而在这期间，又平白变幻出许多意想不到的事端来。1611 年 3 月至 5 月，由荷兰议会指令的"抗辩派"与"反抗辩派"在海牙举行的会谈，沃斯修斯的任命也构成一个主要议题。面对"反抗辩派"对自己的质疑，沃斯修斯亲自到会详细解释了那些指控的由来，并逐一予以否定。但沃斯修斯那带有浓郁学理意味的解释，并未使对方完全信服。甚至，连尤腾鲍加特对他的某些解说也大费踌躇，但尤腾鲍加特还是对那些存疑作了有利于沃斯修斯的解释。随后，荷兰议会指定一个专门委员会，其中包括参加海牙会谈的六名"抗辩派"代表和六名"反抗辩派"代表，来听取和审议沃斯修斯的辩护。其结果是该委员会大多数人认可沃斯修斯的辩护。

但是荷兰议会对沃斯修斯信仰立场的认可，并不能阻止"反抗辩派"继续搜集沃斯修斯异端的新证据；而沃斯修斯又似乎总是为对手留下大做文章的空间。沃斯修斯在 1610 年出版了自己的《反拜拉明》一书，其中夹杂的一些论述被看作批驳极端预定论的。沃斯修斯在施泰因福特还帮助出版了一本冒名著作，结果发现那是一本被改革宗教会禁止的苏西尼派著作。一些曾在施泰因福特师从过沃斯修斯的荷兰"联省"学生，在神学上发表的不妥言论，也被普兰修斯、霍缪斯和卢伯图斯等人归之于沃斯修斯的教导。同时，又有新的谣传说波兰苏西尼派某神学院正在邀请沃斯修斯前去担任神学教授。更为严重的是，沃斯修斯曾在施泰因福特指导过的几位学生，可能是不忿于他们导师遭受到苏西尼主义的指控，而在弗里斯兰省匿名出版了一本大逆不道的书。该书以幽默和玩世不恭的方式论述了，在当前激烈的神学争论中，在逻辑上，真正的基督徒只能是存在于波兰苏西尼派当中。对此大为震怒的卢伯图斯与博格曼等人敦促弗里斯兰当局，通过追查查明了那几位作者的身份，结果发现他们全都曾是沃斯修斯的学生。同时，在搜查和截获的往来通信里，发现他们常常提及沃斯修斯的名字。还有一些书信则提到通过往来波兰但泽（Danzig）的商人购买苏西尼著作的事宜。结果是，弗里斯兰当局驱逐了那几位作者，焚烧了他们的著作，并向荷兰方面正式表达了对任命沃斯修斯为莱顿教授的抗议。面对纷至沓来的不利情形，1611 年整个夏季都滞留在施泰因福特缓慢打点行装的沃斯修斯，不得不一次又一次向各方发表声明和保证，表示自己绝不是苏西尼主义者。

等姗姗来迟的沃斯修斯终于要到莱顿去履行他的新职时，他突然发现自己通往莱顿大学神学教授职位的路途，被一种强有力的外来干预给阻塞了。这致命的打击来自英王詹姆斯一世。詹姆斯一世以强硬态度干预沃斯修斯事件，显得既突兀又缺少切实因由。在这一时期西欧新教与罗马天主教斗争版图中，信奉新教信仰的弱小的"低地国家"，正在莫里斯亲王率领下抗击着强大的西班牙天主教军队。在周边国家中，主要信奉新教路德宗一系的德国众多小诸侯国仍处在散沙一盘的分散状态，不可能组织起有效的统一行动。在法国，准备以实际行动维护新教信仰的"纳瓦拉的亨利"（Henry of Navarre），在 1610 年突然被刺身亡，致使他领导的新教阵营反抗天主教阵营的宏伟计划遭受搁浅。遥远的苏格兰正在为自己的宗教独立而斗争。而实力较强的英格兰倒是能够为新教阵营特别是为荷兰"联省"的独立斗争提供强有力的援助。然而，对西班牙态度暧昧的英王，所给予荷兰"联省"的实际援助似乎总是可望而不可即。既然无法指望法国和英国的外援，英勇的荷兰"联省"开始独自抗击西班牙天主教势力，并在莫里斯亲王领导下在"于利希—克利夫"等边界地区的政治与军事对抗中取得有利局面。面对在独立斗争中不断成长的荷兰"联省"，不想为"联省"提供实质性军事与财力援助的英王詹姆斯一世，却想继续保持对"联省"的影响力；而宗教信仰则为发挥和保持这种影响提供了一个适当领域。于是，对荷兰"联省"政治实体存在与否不甚关切的英王詹姆斯一世，突然变得热心于荷兰"联省"宗教信仰的正统与纯洁性了。

在实际政治与军事领域，如果抛弃迟疑与胆怯，詹姆斯一世应该说有可能成为当时新教联合阵营的领袖，以抵抗天主教势力的扩张与复辟。但这位以"国王中的神学家"自居的英王，看来更热衷于自己的"信仰维护者"这一称号，开始利用王权影响扮演起"神学家中的国王"角色。但即便如此，他对阿米尼乌主义或者"抗辩派"的态度也存在着似是而非的关系，因为在神学教义的逻辑上，他的实践与思路使得他更应该支持而不是反对"抗辩派"。后来的事实也的确证明了这一点，詹姆斯一世在他生命最后 3 年里明确表示了自己神学立场的转变，由支持极端加尔文派压制阿米尼乌派，转而认可某些阿米尼乌主义见解与观点了；[1] 这种转变当然是十多年以后的事情了。如果硬是要为詹姆斯一世现下对待阿米尼乌派的敌视态度与立场寻找一些合理解释的话，那么除了坎特伯雷大主教和英国驻荷兰大使这些个人影响因素之外，就是詹姆斯一世认定，就像在英国是清教徒反对国教一样，在荷兰是阿米尼乌派反对传统加尔文派。但问题是，在荷兰传统加尔文派在"多特会议"前并未取得完全的国教地位，也并未受到荷兰世俗行政当局的排他性支持；相反，还遭受了行政权威的抑制和限制。[2] 事实上，"抗辩派"主张的政权高于教权、行政权威高于教会权威的学说，以及反对严格加尔文主义的立场，与詹姆斯一世在英国施行的政教关系，以及与英王对苏格兰极端加尔文主义的不胜其烦，在逻辑与思路上是遥相呼应的。至于饱受争议的预定论问题，詹姆斯一世此前并未就这个问题形成明确看法，反而倾向于认为荷兰在这个问题上有些小题大做。最后，从邦交关系上讲，荷兰"联省"作为一个独立自由国家，在自己大学里任命一位教授，作为外国国王的詹姆斯一世插手干预，也有违国家关系礼仪与惯例。但是詹姆斯一世并没有考虑这些，而是不惮削弱或损害两国关系的风险，在沃斯修斯问题上采取了高压与强硬立场。

事情的直接诱因是西布兰杜斯·卢伯图斯的通信；卢伯图斯从 1608 年起就在持续不断地向国外教会写信诽谤阿米尼乌和"抗辩派"。1611 年 8 月，卢伯图斯向严格加尔文主义者、英国坎特伯雷大主教阿博特写去长信，控告沃斯修斯在《论上帝》和《反拜拉明》等著述中表露的种种异端思想。阿博特向詹姆斯一世报告了此事，英王决定立即以此为契机来施展他对荷兰的影响力。他指令英国驻海牙大使、极端加尔文派拉尔夫·温伍德爵士（Sir Ralph Winwood），以英王名义，尽一切可能，阻止神学异端沃斯修斯担任莱顿教授。9 月 21 日，温伍德在荷兰议会召开的会议上正式转达詹姆斯一世的意见：既然沃斯修斯还没有在莱顿安置下来，那么他就应该被驱赶出莱顿。温伍德还向议会转告了英王罗列出的沃斯修斯的种种"邪恶"学说。大议长奥尔登巴恩韦尔特和荷兰议

1　Cf. Nicholas Tyacke, *Anti-Calvinists*: *The Rise of English Arminianism c. 1590 – 1640*, New York: Oxford University Press, 1987, pp. 102 – 104.

2　Cf., Rosalie L. Colie, *Light and Enlightenment*: *A Study of the Cambridge Platonists and the Dutch Arminians*, London: Cambridge University Press, 1957, p. 17.

会，可以对弗里斯兰或"联省"内的其他抗议置之不理，但是对英国国王这样一个重要人物的意见必须审慎对待。这样，当沃斯修斯最终抵达莱顿后，他发现形势已经急转直下，执教莱顿的前途突然变得黯淡下来了。

英王对这件事情的干预，当然令奥尔登巴恩韦尔特及其支持者感到不快，因为他们认为这是对"联省"内部事务的干涉。荷兰有权在不受外部干扰的情况下为自己的大学选聘合适的教授。不过"联省"当时的处境不允许与英国这样一支重要新教力量陷入争吵。于是奥尔登巴恩韦尔特和荷兰议会试图通过外交等手段来挽回局面。首先他们给英王致函感谢他对荷兰宗教事宜的关切；同时，委婉指出沃斯修斯的任命是经莱顿大学校方请求、本特海姆伯爵应允、荷兰议会正式批准的。接着，遭受重创的沃斯修斯本人也给英王和阿博特写去谦卑的信函，表示自己信仰上帝的全能全在和全知，并愿意通过新版本来修正《论上帝》一书中的不当之处。与此同时，沃斯修斯的好友伯修斯大概是希望能够帮助沃斯修斯，在这个关键时期将自己论圣徒背教的著作送给了阿博特；而结果恰恰适得其反；伯修斯暗中还希望卡索邦能助一臂之力，但后者选择了独善其身。所有这些努力都无法使英王回心转意。詹姆斯一世对荷兰议会的回答是威胁要中断两国的宗教联系，并组织一个联盟来抵抗"异端教会"；对沃斯修斯的回答是在伦敦公开焚毁沃斯修斯的著作，并重申反对沃斯修斯出任莱顿神学教授；对伯修斯的回答则是仅凭他著作的题名就足以将其作者处以火刑。[1] 事情就此陷入了僵局。拖延几个月后，荷兰与西弗里斯兰议会决定给予沃斯修斯一个正式机会，即在议会公开为自己辩护。1612 年 3 月 22 日，沃斯修斯在荷兰议会重复了他那已被重复得近乎"苍白"的辩护。这一回他全面否定了英国方面以及弗里斯兰省方面对他所作的苏西尼主义与贝拉基主义指控；重申了自己作为一个学者进行自由学术探究的权利；并希望能够暂时回避和休整一段时间。这种表态表明沃斯修斯已经预感到他最终将成为某种政治与宗教妥协的牺牲品。

果然，数周以后，荷兰议会、莱顿市政当局以及莱顿大学校方经商议决定，既然荷兰将在施泰因福特大学担任教授职务的沃斯修斯正式聘请过来，那么沃

1　Cf. *The Works of James Arminius*, Vol. 1, p. 519, "note".

斯修斯就应被看作莱顿大学的教授，并领取与那个教授职位相当的薪俸，但沃斯修斯暂时不宜在莱顿大学执教，也不宜居住在莱顿，而是居住在豪达，并准备对他神学异端的指控作出回应和驳斥。这样一种妥协，既满足詹姆斯一世的虚荣，又为沃斯修斯日后可能的变通留下余地。但是这转机始终没有出现。"荷兰议会实际上是抛弃了他，并迫使他处在一种不光彩的流放之中。"[1] 而莫里斯亲王也将自己当初同意邀请沃斯修斯的决定，归咎于在尤腾鲍加特建议下作出的仓促决定。从此时开始一直到多特会议召开的 6 年里，沃斯修斯实际上处在一种碌碌无为的荒废状态。他还在反复修正、解释和维护自己的信仰立场与神学教义，但再也没有人认真倾听了。"反抗辩派"已经认定他是神学异端；他在黑博恩、海德堡和巴塞尔的导师们也认定他是异端；他的那些"抗辩派"朋友也在时光流逝中渐渐抛弃了他，抑或任由他自言自说、自怨自艾去了。

客观地说，沃斯修斯的神学，只是过度运用了他所谓的"神学言说自由性"（liberty of prophesying）原则，并以一种不够严谨的方式处理了基督教一些核心教义；在某些方面，譬如上帝属性以及基督位格等方面，借助于哲学的"翅膀"稍微逾越了严格加尔文主义的立场；但他那些"冒失"性的失误，在教会派系斗争中被无限放大了；换言之，他的那些神学观点，其实并不应当受到如此严厉苛刻的对待与惩罚。当初，"抗辩派"是在对沃斯修斯不甚了解的情况下向他发出邀请的，并期冀他的加盟能够为"抗辩派"阵营增添一员得力干将。及至发现他本身是一个麻烦制造者并陷于异端泥沼无力自拔时，"抗辩派"无论在心理上还是在策略上都没有做好回护或解救他的准备，从而也使"抗辩派"事业自身承受了因沃斯修斯个人失败所招致的损失。从这个角度讲，沃斯修斯悲剧又增添了一层别样的遗憾与悲情。

在莱顿大学方面，决定邀请沃斯修斯担任阿米尼乌的继任者，还使学校间接蒙受更进一步的损失。这就是最终导致自从 1594 年起就在莱顿执教的戈马鲁斯教授的离去。弗朗西斯·戈马鲁斯在自己同事阿米尼乌逝世后，利用小册子对已逝者思想及人格所作的不依不饶的抨击，对伯修斯在"悼词"中以及格劳秀斯在"纪念诗"中对逝者的颂扬表露出的嫉恨，不仅促使逝者亲属以"阿米

1　*The Works of James Arminius*, Vol. 1, p. 214, "note".

尼乌九个遗孤"的名义，通过公开出版阿米尼乌著述并撰写回应性"献词"或"序言"等方式来展开反击，而且他这种缺乏爱心与宽容精神的非君子行为亦为许多人所不齿。除了触怒阿米尼乌的亲属，在神学院，戈马鲁斯与同事伯修斯形成公开对立。在莱顿大学，他的极端立场与一贯倡导中立与宽容立场的学校当局特别是校监们多有抵牾。在首都海牙，他因神学教义之争而对荷兰议会及大议长奥尔登巴恩韦尔特亦屡有不恭与冒犯。还有一件令戈马鲁斯感到不胜懊恼的事情，就是力图使神学院在"抗辩派"与"反抗辩派"之间保持平衡的莱顿大学，不顾戈马鲁斯反对，决定邀请施泰因福特大学的沃斯修斯来填补阿米尼乌留下的神学教授空缺。在忍受这许多麻烦与苦恼之后，心怀不满的戈马鲁斯决定离开这个是非之地。1611 年，戈马鲁斯离开莱顿转往泽兰省的米德尔堡，在那里教授希伯来语和神学。3 年后，又从米德尔堡转至法国的索米尔（Saumur）大学任神学教授。由于与该校教授意见不合，1618 年戈马鲁斯接受来自格罗宁根的邀请，开始在新近成立的格罗宁根大学教授神学和希伯来语。1618 年年底，他应邀参加了著名的多特会议以庆祝自己主张的"胜利"。但此时，他对已去世多年的阿米尼乌的仇恨似乎仍未消退。据说他在格罗宁根等待从不来梅启程的马蒂阿斯·马蒂奴斯等人，然后结伴同往多特参加会议。一路上他试图说服马蒂奴斯等人支持自己的观点，但未获成功。及至中途到达阿姆斯特丹时，当同行者中有人无意提到"令人缅怀的阿米尼乌"这样一句现成恭维套话时，戈马鲁斯立即暴跳如雷地吼道："什么！他是令人缅怀的？他是令人憎恶的！"随后他就撇下众人，独自完成余下的行程。[1] 不过，他更大的失望还是来自多特会议本身，因为他企盼已久的多特会议最终并未采纳他那过于极端的观点。此后，戈马鲁斯似乎有意远离公众关注的视线。他在静谧的格罗宁根生活了 22 年，直至 1641 年在那里去世。

戈马鲁斯的离去，使莱顿大学缺少神学教授以应付日常教学的困境更加捉襟见肘了。本来阿米尼乌去世后，校方邀请沃斯修斯是为了填补阿米尼乌留下的空缺。如今沃斯修斯不但无法如约履行教授职责，还促成戈马鲁斯的去职。如此，莱顿大学加快了聘请教授的步伐。戈马鲁斯的继任者，由于戈马鲁斯本

1　Cf. *The Works of James Arminius*, Vol. 1, p. 75, "note".

人与法语新教会的特殊历史关联，而最好是在法语教会里选聘。在法国的杜莫林牧师拒绝这一邀请后，莱顿校方于 1611 年 8 月 31 日决定邀请不是那么著名的多特瓦隆语教会牧师约翰·波利安德（John Polyander）来接替戈马鲁斯。波利安德在信仰上是一位严格加尔文主义者。他虽长年生活在多特，但没有直接卷入"抗辩派"与"反抗辩派"之间的神学争吵；而且他在各方面都被认为是一个比较温和适中的人。另一方面，莱顿大学校方在确认沃斯修斯暂时无法在学校履行教学职责后，于 1612 年 2 月 15 日，决定邀请年轻的西蒙·埃皮斯科皮乌斯来填补阿米尼乌去世后一直空缺着的教授席位。这回他们吸取处理沃斯修斯一事所经历的教训，以最迅速方式、在不到两周时间里就完成了一切交接程序。埃皮斯科皮乌斯此时还是一个不到 30 岁的年轻人，只在小小的布莱斯维克（Bleiswick）教会担任过一年多的牧师，出任如此重要的教职无疑是一种严峻的挑战。但才华过人的埃皮斯科皮乌斯不仅以自己的言行证明自己足以胜任这一职位，而且还在随后的神学斗争中成为"抗辩派"的理智领袖人物，与尤腾鲍加特一道领导着"抗辩派"的发展与斗争。从这个意义上看，阿米尼乌真正的直接继任者是埃皮斯科皮乌斯而非沃斯修斯。

　　埃皮斯科皮乌斯是荷兰年青一代圣职人员中的翘楚。按说这个年轻人是各个教会都渴慕的优秀人才，但就因为他是阿米尼乌的弟子和追随者，其进入教会事奉的道路就极为曲折。早先在结束莱顿的神学学习后，豪达那些曾支持过赫伯茨父子的人，希望邀请埃皮斯科皮乌斯前往该城教会事奉。但这一动议遭到"南部荷兰宗教会议"的否决。埃皮斯科皮乌斯只得远赴弗兰讷克去修习希伯来语，并在那里与西布兰杜斯·卢伯图斯教授进行过神学辩论。1610 年返回家乡阿姆斯特丹后，埃皮斯科皮乌斯收到隶属于鹿特丹"地区教会议会"之下的布莱斯维克教会的邀请，于是前往鹿特丹面试。他首先在市政当局面前布道并获得一致认可，接着在教堂会众面前布道，也同样获得认可。在鹿特丹"地区教会议会"里，大多数牧师同意邀请埃皮斯科皮乌斯，只有极端加尔文派卢阿杜斯·阿克罗纽斯（Ruardus Acronius）牧师表示反对。由于阿姆斯特丹曾资助过埃皮斯科皮乌斯学习并拥有掌控他教牧事奉的权限，这样鹿特丹方面要正式邀请埃皮斯科皮乌斯，就需要获得阿姆斯特丹方面的许可，在这件事情的下一步交涉中，鹿特丹市政当局成功获得阿姆斯特丹市政当局的许可。但是鹿特丹"地区教会议会"却无法获得阿姆斯特丹"地区教会议会"的支持。在鹿特丹"地区教会议会"里持反对态度的阿克罗纽斯，坚持这位新聘牧师要具有阿姆斯特丹"地区教会议会"的证明，尽管埃皮斯科皮乌斯已经拥有莱顿和弗兰讷克的两份信仰证明。而与阿克罗纽斯进行过串通的普兰修斯，则阻止阿姆斯特丹"地区教会议会"为埃皮斯科皮乌斯出具这份信仰证明。在经过多方斡旋和激烈争执仍无结果后，鹿特丹方面只得无奈地决定，在没有阿姆斯特丹方面证明的情形下，正式呼召埃皮斯科皮乌斯出任布莱斯维克教会的牧师。埃皮斯科皮乌斯于 1610 年 10 月开始在布莱斯维克教会事奉，1611 年年初开始成为鹿特丹"地区教会议会"的成员，而阿克罗纽斯则选择了离开。

可见，教会和平并不是可以依靠简单的谋划和策略就能轻易获得的；解决教会内部分歧是一件十分棘手的事情。与此事相仿，在鹿特丹市教会内，以格雷文乔维斯为首的"抗辩派"占据多数地位，而处在少数地位的"反抗辩派"牧师科尼留斯·格塞留斯（Cornelius Geselius），则开始鼓动信众反对他们的牧师，并宣称鹿特丹教会因同意呼召埃皮斯科皮乌斯而不再属于改革宗教会了。市政当局为维持地方安定，对后者恩威并施，在尽力调解的同时还警告后者要保持教会的和平。但格塞留斯对那些警告置若罔闻，鹿特丹市政当局只好采用行政手段中止他在教会的事奉工作。格塞留斯转而开始在秘密聚会点召集一些信徒聚会，市政当局于是下令让他离开鹿特丹，并在 1612 年 2 月一天深夜，将拒不服从命令的格塞留斯强行驱逐出城。但事情并未就此结束。就像在无数宗教迫害故事中经常发生的情形那样，一些极端"反抗辩派"信徒开始在城内外一些秘密聚会处聚会，并呈现出教会分裂的征兆。不时地，他们还要穿越那满是泥泞的道路，前往附近的阿克罗纽斯所在的教会领受圣餐共融礼。由此，他们也获得"泥巴乞丐"（mud beggars）的绰号。这使他们又重温了几十年前他们新教先驱遭受西班牙人宗教迫害的情景，并平添了许多英勇悲壮的色彩。

不过，埃皮斯科皮乌斯所在的鹿特丹以及布莱斯维克教会的争执，还不属于最典型的案例。最典型的情形发生在荷兰北部的小城阿尔克马尔，那里预演了在随后几年里几乎席卷整个荷兰的宗教纷争。阿尔克马尔之争几乎具备一切将要出现的成分与要素：行政权威与教会权威之间的角力，省议会与地方城镇议会之间的关系，地方教会议会与地区教会议会之间的关系，地方城镇议会以及地方教会议会的选举与重组，一方牧师的免职与复职，另一方牧师的免职与驱逐，被迫害牧师与信众的秘密聚会与教会分裂，不一而足。

阿尔克马尔的教会争执由来已久，并到阿米尼乌逝世前后，发展到濒临内战的危险边缘。这场演化为受到荷兰"联省"广泛关注的争执，最初起源于阿尔克马尔教会两位当任牧师之间的竞争与交恶。一位是较早些时候事奉于阿尔克马尔的科尼利斯·范希勒（Cornelis van Hille 或 Hillenius），另一位是其后受聘于阿尔克马尔教会的阿道弗斯·维纳特（Adolphus Venator 或 Adolf de Jager）。具有英格兰背景的范希勒是位中规中矩的牧师，而维纳特则口才出众、学识广博、布道风格灵活多样。维纳特认为一个信徒仅仅机械地隶属于教会是不够的，还必须要省查自己是否具有信仰、盼望与仁爱，其中，爱是最为重要的。维纳特因其自由不羁的谈吐与不合时宜的做法，譬如说学究气地承认罗马天主教的基督教特征以及指导年轻人排演喜剧等，而招致同事的嫉恨以及教会议会的批评与处罚。到 1608 年秋，再生波澜。受极端加尔文派控制的阿尔克马尔"地区教会议会"，采取一种类似于宗教审查性的做法，要求所有牧师签署一份确认"信纲"与"教理问答"信仰权威性与正确性的声明。维纳特与邻近地区的其他四位支持阿米尼乌的牧师拒绝签署这样一份声明。于是，他们被"地区教会议会"中止了教牧事奉职责；其中维纳特更被额外指责为具有秘密罗马化倾向。阿尔克马尔市政当局认为"地区教会议会"这种做法，超越荷兰议会的规定以及传统的惯例，要求"地区教会议会"恢复这五位被免职牧师的职务。"地区教会议会"的答复是这属于教会内部事务，从而拒绝执行市政当局的这一指令。具体地，教会议会认为自己有权根据是否是异端而解除牧师职务；但行政议会则认为判定是否是异端需要由全国或全省宗教会议来认定，在判定是否是异端之前，行政当局自己有权决定聘请或解除牧师的职务，而召集或召开全国或全省宗教会议的权力则属于行政议会——教会议会亦认同这一点。这就是双方发生冲突与矛盾的根源。荷兰议会当然支持阿尔克马尔市政当局的权力主张；而"地区教会议会"则获得普兰修斯主持的"北部荷兰宗教会议"的支持。这样，一直困扰荷兰"联省"的，并在随后数年间在整个"联省"内愈演愈烈的两个核心问题：行政权威对于教会权威的界定问题以及"信纲"与"教理问答"的信仰权威问题，就在小小的阿尔克马尔集中公开呈现出来。而阿尔克马尔事件的发展进程，也预示着整个荷兰"联省"在随后数年将要经历的激烈斗争与风暴。

面对这种僵局，荷兰议会派出代表团前往阿尔克马尔去调查和处理这次危机。经过一番努力，"地区教会议会"同意有条件地恢复另外四位牧师的职责，但不同意维纳特重新行使牧师事奉。为此，荷兰议会决定召集双方主要当事人维纳特和范希勒，于 1609 年 10 月 15 日在首都海牙举行会谈。双方各执一词的会谈本身似乎并未取得什么实质性进展。不过荷兰议会最终还是下令在指定期限内恢复这五位牧师的职务，否则将采取其他制裁或处罚措施。要施行"迫害"的威胁，立即就在一些主张教会自治的严格加尔文派那里激起维护正统信仰的热情，以阿姆斯特丹为首的一些教会开始更为急切地呼吁召开全省宗教会议，但荷兰议会以阿尔克马尔不服从命令为由拒绝了这一请求。所以，僵持仍在继续。而 1610 年年初，阿尔克马尔市政当局的新选举，则几乎酿成一场暴动。获得大众支持的严格加尔文派在选举中获得胜利，许多担任要职的温和派和最富裕的市民被解职。由于有传言说议会将要派军队来镇压，所以还有人在阿尔克马尔组织起一支民兵队伍。所有这些发展，均令大议长奥尔登巴恩韦尔特以及荷兰议会大为愠怒。荷兰议会再次派出代表团。在荷兰议会强大压力下，阿尔克马尔民兵被解散，市政议会被重组。经过重组后的市政议会确保维纳特能够获得大多数支持。这样，维纳特又重新恢复了在阿尔克马尔的牧职事奉。

但是，仍未取得教会和平。"地区教会议会"继续支持范希勒、反对维纳特，从而也在反对着荷兰议会对教会事务的指令，尽管荷兰议会妥协性地禁止任何牧师直接否定现有的"信纲"和"教理问答"。在"地区教会议会"顽强地保持反对态度的情形下，经过改组的阿尔克马尔市政当局，决定在自己权限范围内改组阿尔克马尔"地方教会议会"（Consistory），以反映市政当局所谓的中立立场。关于如何选举组建"地方教会议会"在荷兰"联省"亦无明确章程可循。通常的惯例是上一届"地方教会议会"与市政当局合作，并以上一届"地方教会议会"推荐的人选为底本，经市政当局批准后，组成新一届"地方教会议会"。而阿尔克马尔市政当局采取的方法是，责令范希勒和维纳特分别提供一定数目的候选人名单，然后由市政当局从中差额确定入选名单。由于经过改组后的市政当局在多数上是倾向于维纳特的，所以，在市政当局确定出对维纳特有利的"地方教会议会"后，范希勒拒绝承认这一做法的合法性。而作为上一级教会权威组织的"地区教会议会"则支持范希勒的立场，并宣布新组建的"地方教会议会"是非法的。其做法合法性受到挑战的阿尔克马尔市政当局，在对"地区教会议会"无能为力的情况下，开始对范希勒行使自己的权威。范希勒在表示不能屈从后被命令离开该城。随后范希勒开始同数百信众在附近另一个地方聚会，但这一做法在1610年年底为荷兰议会禁止。最后，万般无奈的范希勒只得经阿姆斯特丹稍事逗留后远走格罗宁根。经过这场一波三折的争执，倾向于普兰修斯立场的范希勒成了极端加尔文派眼中"宗教迫害"的"殉道者"，而倾向于阿米尼乌立场的维纳特在行政当局强力支持下也只是取得名义上的胜利，阿姆斯特丹等教会拒绝承认其合法性，反对派更为他设置了贝拉基主义与苏西尼主义这双重异端标签。维纳特后来于1617年因神学观点过于激进而被迫逃亡法国，次年年末因病死于流亡中。更重要的，阿尔克马尔教会并未因此获得完全的和平。在范希勒被迫离开后，那些无法接受维纳特的信众在阿尔克马尔城内又逐渐组成一个新的教会。所以，这场冲突的真正结果，不是达成了教会和平，而是开启了教会分裂之路。这次先期上演的阿尔克马尔事件，为其后荷兰乃至整个"联省"的宗教纷争，呈现了一种被屡遭复制的模式，并设定了一种不祥的基调。

第三节　"相互宽容"的推行及失败

大致在这一时期前后，欧洲各地区由于复杂的王室联姻与继承等问题，使得处于敌对状态的天主教与新教之间的宗教阵营版图与力量对比处在快速变化之中。西班牙由于与荷兰"联省"签订休战条约而逐步恢复了元气，神圣罗马帝国的政策则逐渐为能干的"施蒂里亚的费迪南德"（Ferdinand of Styria）和"巴伐利亚的马克西米利安"（Maximilian of Bavaria）两兄弟所掌控。他们似乎有意发动一场所谓"反宗教改革"运动，以打击和削弱新教在欧洲的发展。在真切感受到这一巨大威胁的新教阵营内，相应地也出现了一些组成新教联盟甚至组成新教"普世教会"的设想与尝试。"纳瓦拉的亨利"曾有意充当这样的组织者与领导者，但他的雄伟计划由于被刺而宣告破产。在"纳瓦拉的亨利"

之后，英国国王似乎成为自然的接替者。但是詹姆斯一世的短见与怯懦，使他在与马德里结盟还是与海牙结盟之间摇摆不定。希望新教教会能够实行更密切合作的法国著名牧师杜莫林，甚至为此还曾前往伦敦游说詹姆斯一世，并倡议在泽兰或者其他地方举行一次由所有新教教会参加的会议，以实现路德宗、加尔文宗以及安立甘宗的统一或联合。然而这种有关新教的"理想状态"只能停留在"理想"中而无法将其付诸实际。

正是在这样一幅宗教版图中，小小的荷兰"联省"居然还处在当时"新教世界"的核心，并以其英勇顽强抵抗西班牙军队，而不可思议地在实际行动上成为抗击罗马天主教势力的中坚。以当时潜在的新教"联盟"而言，荷兰"联省"的西边是立场游移摇摆的英国，但它却是最有实力的新教力量；在南边是在宗教上不再可以信赖和依靠的法国；在东边是四分五裂、无所作为的德国，尽管选侯腓特烈五世（the Elector Frederick V）领导的帕拉廷已成为改革宗的坚固堡垒；在北边，则是太过遥远而无从指望其直接帮助的斯堪的纳维亚新教诸王国。既然在新教世界里没有出现一个众望所归的领袖来组织起一个人们期盼已久的联盟，既然无法指望任何切实有效的外援，既然詹姆斯一世只是满足于维护荷兰在信仰上的纯正性而不愿为维护其政治独立性提供任何帮助，莫里斯和奥尔登巴恩韦尔特只得领导荷兰"联省"单独对抗西班牙军队和罗马天主教势力。在这些年里，"联省"通往中部欧洲的门户重地于利希—克利夫地区，一直是荷兰"联省"与西班牙人争夺的咽喉要塞。这一地区由于王室继承人以及继承人联姻等原因，而不断导致继承人变更或者继承人宗教信仰的变更，从而使其成为新教与天主教这两大敌对力量反复较量的竞技场。到1614年年末和1615年年初，这一地区在形式上已被双方平分，莫里斯亲王的新教阵营拥有于利希及周边地区，而西班牙人维护的天主教势力则控制着克利夫及周边地区。双方均在各自辖区内设置重防、囤积重兵，处在剑拔弩张的紧张对峙中。这一局面一直持续到欧洲"三十年战争"（1618—1648年）期间才发生新的改变。然而荷兰"联省"毕竟是个小小的新近独立的国家，经年的鏖兵争战，使它在人力、物力和财力上都付出巨大代价。一些战事的失利更是直接导致"联省"丧失了一些原先处在自己控制范围内的城镇和地区。在面对外部重压的同时，荷兰"联省"内部也因宗教纷争形成极其紧张的关系，并有逐渐演变为"内战"的危险。

　　"内战"威胁主要源于宗教纷争在荷兰"联省"内部造成的分裂与仇视。随着"抗辩派"与"反抗辩派"两大派系的日趋分化，在"联省"内部很少有人能够置身于这种派系归属之外。笼统说来，受到议会支持的"抗辩派"处于少数派地位，而"反抗辩派"则受到大众拥戴，所以从影响民众与势力范围这方面来说，"抗辩派"处在不利的位置。在"联省"范围内，就各省具体情形而言，荷兰省与西弗里斯兰省这个政治统一体，在"联省"内当然具有举足轻重的地位，同时也是宗教争执发展最为严重的地区；这个地区宗教斗争的发展直接影响着整个"联省"宗教斗争的走向。在与荷兰省紧相毗邻的乌得勒支省，则属于"抗辩派"的主要同盟者；"抗辩派"在这个省的影响和势力也最为强盛。此外，在格尔德兰省和奥佛赖塞尔省，"抗辩派"也拥有一定的影响。但在"联省"的西南和东北部则是极端加尔文派的势力范围。处在西南边境的泽兰省由于邻近西班牙人控制地区，由于以底层渔民和工人居民为主，由于聚集了大批从南部天主教地区逃亡来的宗教与政治难民，所以在宗教信仰上保持着最为严厉与极端的形式。在东北部，由于极端加尔文派始终保持着高压态势，也由于省长（Stadholder）威廉·路易斯伯爵（Count William Louis）明确站在"反抗辩派"一方，从而使弗里斯兰省逐渐成为极端加尔文派影响的势力范围。而处在最东北部的格罗宁根省，更由于担心本省青年在莱顿感染"不纯"教义，而于1614年8月创立了自己的格罗宁根大学；该大学于1618年聘请离开莱顿大学多年的戈马鲁斯担任神学教授。当然，"联省"的宗教发展与斗争，很大程度上还是取决于荷兰省内的形势演变。而就是在荷兰省内，"抗辩派"的影响也极其有限。在整个荷兰省北部，除了阿尔克马尔以外，几乎都是极端加尔文派的支持者；其中，商业重镇阿姆斯特丹还逐渐成为"反抗辩派"的大本营。在荷兰省南部，在鹿特丹和豪达，"抗辩派"占据多数派地位；在莱顿和海牙，"抗辩派"与"反抗辩派"保持着均衡发展；而在多特和德尔夫特以及广大的乡村地区，"反抗辩派"则占据明显的上风。

　　"抗辩派"与"反抗辩派"之间的对立，是荷兰教会内部主要围绕预定论教义而在阿米尼乌主义与极端加尔文主义之间形成的对立。在这种对立演化和加剧过程中，作为荷兰既有改革宗信仰传承的严格加尔文派自然获得多数人的支持，而作为现有教会传统中一种"修正"形式出现的"抗辩派"则处于少数派地位。而在当时特有的社会政治处境里，作为少数派的"抗辩派"却获得世俗政权，特别是大议长奥尔登巴恩韦尔特领导的荷兰与西弗里斯兰议会的偏袒或不公开支持。因为在行政权威与教会权威之间或者当时的"政"与"教"之间的范围与权限斗争中，"抗辩派"关于行政权威高于教会权威并有权指导作为社会存在形式的教会事宜的主张，是与荷兰世俗政权所遵循的惯例实践与权力主张相一致的。这样，在"抗辩派"与"反抗辩派"之间的矛盾与分歧逐步激化时，荷兰议会在多次调解无果后采取了一种绥靖政策，要求对立双方在同一个教会里相互容忍对方。"相互宽容"表面上看似是一种不偏不倚的立场，其实这对作为少数派的"抗辩派"是有利的，因为这种政策实际上承认了"抗辩派"在教会内的合法存在。正因为如此，极端加尔文派根本无法接受行政当局提出的"相互宽容"原则，因为在他们看来，"抗辩派"的神学主张是异端主张，是对正统改革宗信仰的背叛和否定；他们援引"新约·哥林多后书"6：14、15 经文为自己辩护："光明与黑暗有什么相通呢？基督和彼列（'彼列'就是撒旦的别名）有什么相和呢？"于是，荷兰议会开始利用自己掌控的行政权力在荷兰各地，强制施行自己的"相互宽容"政策，并一开始在阿尔克马尔和豪达等地取得一些成功。但荷兰议会也为这些成功付出高昂代价，一些拒不接受"抗辩派"的圣职人员遭受"迫害"，并在遭受"迫害"的同时，在原有教会之外形成新的教会，这就在实际上形成了教会分裂。在荷兰议会一意孤行下，那些宗教争执不但没有缓解反而加剧了。极端加尔文派以阿姆斯特丹为中心还一度形成与海牙分庭抗礼之势。而整个荷兰"联省"也逐渐接近"内战"边缘。这就是从 1610 年"抗辩派"形成一直到 1618 年"多特会议"召开之间，荷兰"联省"内宗教纷争演化的大致走势与轮廓。

具体说来，荷兰议会为摆脱在宗教问题上的内外交困，还是付出了许多努力。对外，荷兰方面在积极寻找机会，以修复因沃斯修斯事件而与英王詹姆斯一世形成的僵局。首先荷兰议会在处理沃斯修斯一事上基本满足了英王的要求和虚荣心，随后大议长通过荷兰驻英国大使向英王进一步解释了荷兰方面的立场，此外尤腾鲍加特还向英王送上了"五点抗辩"的译本。于是，詹姆斯一世在 1613 年年初，致函荷兰"大议会"亦表示了修好意向；并表示自己根据切身经验发现，宗教分歧是不可能通过神学家们的磋商加以解决的，唯一有效的方法就是禁止此类争执，实行相互宽容原则。詹姆斯一世这种看法，在某种意义上是对荷兰议会现有做法的支持和肯定。受此鼓舞，荷兰议会很快就决定派遣雨果·格劳秀斯出使英国。格劳秀斯是从 1613 年 3 月 31 日至 5 月 27 日正式出使英国伦敦的，形式上是为了处理有关东印度公司以及北海渔业权的事务，但更主要的则是为了宗教事宜。此时刚刚年届 30 岁的天才人物格劳秀斯已经是荷兰最主要的政治家之一；他不仅是大议长在议会里的最主要助手和参谋，而且还出任荷兰重镇鹿特丹市的"议长或首席执政官"（Pensionary）。当然，他在学业与理智上的早慧与颖悟早已扬名欧洲了。

格劳秀斯的到访，在英国政治、教会与学术领袖人物中间轰动一时。在政治、法律、外交、文学与教会史等方面都有渊博学识与精辟见解的格劳秀斯，自然受到想要与荷兰修好的詹姆斯一世的欢迎。倾向于阿米尼乌主义的古典学家卡索邦更是对这个年轻人赞赏有加。而格劳秀斯对教会史方面的精通，亦使他在伦敦结交了圣保罗教堂的主任牧师（Dean of St Paul's）约翰·奥弗罗尔（John Overall），以及伊利主教（Bishop of Ely）兰斯洛特·安德鲁斯（Lancelot Andrewes）等人；并为英国阿米尼乌主义的发展提供了增长契机与动力。当然，格劳秀斯的阿米尼乌主义立场也引起阿博特大主教等人的警惕与敌视。利用这个机会，格劳秀斯不仅为荷兰议会的立场辩护，而且还对英王在荷兰宗教问题上的阴差阳错作出正本清源式的解释。格劳秀斯表明，英王自己的立场与做法，实际上更为接近荷兰"抗辩派"立场；而英王所厌恶的英国清教主义则更类似于荷兰的"反抗辩派"。格劳秀斯还提供了他十分熟知的一个例证：当时流亡在荷兰鹿特丹的英国清教徒威廉·埃姆斯（William Ames，1576—1633 年），就与鹿特丹"反抗辩派"一道陷入与阿米尼乌派的教义争吵之中。格劳秀斯由此还向英王详细阐述了"抗辩派"的教义观点。格劳秀斯的游说努力，在一时之间对英王还是具有说服力的，但阿博特与温伍德的持续影响则使詹姆斯一世又回到原先立场上。而英国对待荷兰宗教问题的官方立场，亦因另一位严格加尔文主义者达德利·卡尔顿爵士（Sir Dudley Carleton），于 1613 年 8 月接替温伍德出任驻海牙大使，而得以延续。此外，值得一提的是，同年 9 月，格劳秀斯出版了一本题名为《荷兰的虔敬》的篇幅不长的著作，以作为对弗兰讷克的卢伯图斯向阿博特大主教致献的一系列诽谤信函的回应。格劳秀斯在出使英国期间，曾将此书手稿向英王及英国教会领袖作了当面陈述。[1] 在书中，格劳秀斯从教会史、宗教改革史以及荷兰教会史这三个层面，对荷兰宗教纷争进行了系统分析，并为"抗辩派"立场作了全面辩护，产生了深远影响。

在对外向英国方面表示修好的同时，荷兰议会对内还在"抗辩派"与"反抗辩派"之间组织了最后一次面对面的正式会谈，以期能寻找到一条和平之路。此前，除乌得勒支省以外，"联省"其余六省的教会代表聚集在海牙，向"联省大议会"提请召开全国宗教会议。"大议会"发现这些教会代表除荷兰省外均获得各自所在省议会的正式授权。于是，奥尔登巴恩韦尔特领导的"大议会"，以各省一致同意才能召开全国宗教会议为由，再次拒绝了他们的申请。奥尔登巴恩韦尔特甚至表示在无法召开全国宗教会议的情况下，各省自己决定各省的宗教事宜。这不仅破坏了"联省"共同的宗教纽带，而且也在"大议会"内引起了不满。而荷兰议会又不允许荷兰教会召开省宗教会议，这样荷兰省的教会代表就不可能获得正式授权。面对僵局，在帕拉廷宫廷牧师斯卡尔泰图斯和威廉·路易斯伯爵两人积极斡旋下，荷兰议会指令"抗辩派"与"反抗辩派"于 1613 年春在德尔夫特进行磋商。会谈开始后，"抗辩派"希望磋商仅限于"五点抗辩"，而"反抗辩派"则根据沃斯修斯、伯修斯、科维奴斯以及维纳特等人的观点针对"抗辩派"提出三十六项新指控。荷兰议会认定没有必要再展开新的争论领域，并敦促双方遵循"相互宽容"原则。"反抗辩派"最终拒绝了，于是敌对双方最后一次会谈就宣告失败了。

与此同时，荷兰议会明令禁止在本省范围内为各类宗教会议推选教会代表，并开始采取一些更为严厉的行政措施来推行"相互宽容"政策。1614 年年初，议会通过一份主要由格劳秀斯和尤腾鲍加特起草的决议。该决议以尤腾鲍加特两年前在乌得勒支取得的成功经验为蓝本，指令各地教会采纳能够使地方行政当局在其中发挥主要作用的教会政体模式，保持温和教义立场，回避有争议话题。这份附有详细圣经经文注解的决议，在荷兰省内获得广泛认同，但只有阿姆斯特丹表示无法接受，理由是这份决议提供的是一种受到删节的福音，并且

　　1　Cf. *The Works of James Arminius*, Vol. 1, p. 272, "note".

是来自行政权威而非教会权威。不过阿姆斯特丹并不反对其他城镇采纳这份决议。"抗辩派"自然接受这份决议。埃皮斯科皮乌斯还发表一份《为"决议"辩护》以示支持。获得该决议授权的各地方行政当局，于是开始用行政手段推行这项措施。结果许多无法接受该决议的极端加尔文派被迫离开原有教会，转而自行在极其艰难条件下组成新教会。这种情形在霍恩（Hoorn）、哈勒姆（Haarlem）、奥德瓦特、布雷达（Breda）等地一再上演。在奥佛赖塞尔省的坎彭（Kampen）甚至还完全驱逐了极端加尔文派。

在这种日渐危急形势下，许多受到打压和迫害的极端加尔文派，开始把目光转向阿姆斯特丹，并希望它能够将"反抗辩派"组织起来以便采取统一行动。而置身于荷兰议会决议之外的阿姆斯特丹，却无法使自己置身于荷兰宗教纷争之外。1615 年夏，在特里格兰迪乌斯和普兰修斯主持下，大约有三十多位"反抗辩派"牧师聚集在阿姆斯特丹商讨对策，决定此后每年举行一次类似聚会以便采取联合行动；并要求阿姆斯特丹作为"母教会"，邀请其他各省教会代表前来商议教会事宜。当年 9 月 5 日，除乌得勒支省外，其他各省均派出代表前往阿姆斯特丹。这实质上形成了一种没有完全获得法定授权的小型"全国宗教会议"。阿姆斯特丹自行组织的这次"反抗辩派""宗教会议"，决定此后放弃一切妥协折中策略。为了阻止阿姆斯特丹教会方面表明的这种"独立"意图和行为，荷兰议会还曾派出以格劳秀斯为首的议会代表团，前去游说阿姆斯特丹市政当局；但阿姆斯特丹市政当局最后选择站在阿姆斯特丹教会议会一方。阿姆斯特丹教会多年来盛行的极端加尔文派，已经清洗了本市的"抗辩派"追随者以及其他持温和立场的人，同时它作为"庇护所"又吸纳汇聚了大批在其他城镇遭受打压的极端加尔文派；这种一边倒情形使得阿姆斯特丹市政当局只能顺应民意而别无其他选择了。所有这一切都标志着荷兰议会推行的"相互宽容"方针彻底失败了，也标志着荷兰以及荷兰"联省"的新教教会正式分裂了。

席卷荷兰各地的宗教纷争与教会分裂浪潮，最终将战火燃烧到首都海牙。而且，"反抗辩派"开始将他们的攻击矛头指向"抗辩派"领袖尤腾鲍加特。在海牙教会里，除了尤腾鲍加特以外，还有另外三位牧师。这三位牧师全都属于严格加尔文派，但这并不妨碍他们与阿米尼乌派的尤腾鲍加特保持相互宽容的和平事奉。其中一位年轻牧师，就是曾受到尤腾鲍加特大力提携并曾师从过沃斯修斯的亨利·罗撒乌斯。在沃斯修斯受到异端指控后，罗撒乌斯很快就疏远了沃斯修斯和尤腾鲍加特，并开始与"反抗辩派"保持密切联系。到1615年年末和1616年年初，罗撒乌斯带领一部分极端加尔文派信徒，不再参加尤腾鲍加特的布道，不再与尤腾鲍加特一同领受圣餐，并在自己布道中攻击"抗辩派"观点。荷兰议会提醒罗撒乌斯遵守"相互宽容"原则，但已经听命于阿姆斯特丹并与其保持一致行动的罗撒乌斯[1]拒绝作出任何妥协。议会只得终止他的牧师职务。但与其他许多城镇发生的情形相类似，罗撒乌斯转而率领自己的支持者开始在海牙附近的赖斯维克（Rijswijk）村进行聚会和崇拜。这样，海牙的教会实质上也已分裂了。

正是在这个关键时刻，莫里斯亲王突然开始关注起国内的宗教纷争了。对于这些年来荷兰教会里愈演愈烈的神学与教义争执，莫里斯亲王肯定是早有所闻、心知肚明。但作为军事统帅的他，一方面无暇顾及内部的宗教纷争，另一方面他认为解决这类分歧与不和属于教会议会和荷兰议会的事情；他本人也对荷兰议会奉行的"相互宽容"原则表示赞成和支持。所以，一直到1616年以前，莫里斯亲王从未直接干预过宗教纷争与不和，从未明确表示过自己的信仰立场与偏向，从未对"抗辩派"或"反抗辩派"表示过支持或反对。引人注目的倒是，他对作为"抗辩派"领袖的尤腾鲍加特的有增无减的倚重和信赖。在海牙，尤腾鲍加特是他的宫廷牧师；在于利希战场上，尤腾鲍加特是他的随军牧师。莫里斯亲王的几乎一切宗教活动都由尤腾鲍加特负责，以至于当乌得勒支想要召回尤腾鲍加特时，被莫里斯亲王一口回绝了。然而，莫里斯与尤腾鲍加特之间的亲密关系，在1616年春某一天却突然破裂了。据研究者推测，[2] 起因可能源于莫里斯亲王家里两名侍从见财起意，谋杀了一位造访亲王家的珠宝商。这两名侍从因曾在亲王书房里藏匿而无意间发现了亲王偷情的秘密。侍从后来被抓获并被判处死刑。在执行死刑前，他们可能向牧师尤腾鲍加特透露了这个秘密，事后尤腾鲍加特在私下里申斥了莫里斯这一不道德行为。从此以后，

1　Cf. *The Works of James Arminius*, Vol. 1, p. 197, "note".

2　Cf. A. W. Harrison, *The Beginnings of Arminianism*, University of London Press, 1926, p. 226.

亲王就明显疏远了他一直敬仰的宫廷牧师。

也正是在这段时期前后，领有弗里斯兰和格罗宁根两省的威廉·路易斯伯爵，开始持续不断地向莫里斯亲王写信，敦促他这位堂（表）兄弟以强力手腕，迅速平息荷兰等地的宗教纷争。弗里斯兰省西部和南部的近邻奥佛赖塞尔省和乌得勒支省，近来响应荷兰议会做法，在省内以高压手段推行有利于"抗辩派"的"相互宽容"政策，而极端加尔文派占主导地位的弗里斯兰省，则针锋相对地用行政命令维护严格加尔文主义。不仅如此，威廉·路易斯伯爵还希望本省的做法能够应用于最关键、最重要的荷兰省。为此，他极力劝说莫里斯亲王尽快表明自己的宗教立场，否则将使荷兰及"联省"面临分裂和内战危险。并不满足于写信劝说的威廉·路易斯伯爵，还于1616年后期亲临荷兰海牙游说莫里斯亲王，鼓励他在宗教纷争中要积极有为。正是在他的极力鼓动与劝说下，莫里斯亲王开始审时度势、权衡起自己面临的形势了。

作为形式上的行政首领"省长"和实际上的军事统帅的莫里斯亲王，在与实际上的行政最高长官奥尔登巴恩韦尔特数十年的合作与争竞中，从心理上已经成熟到足以摆脱甚或反叛其自幼就敬重如父的奥尔登巴恩韦尔特了。况且，奥尔登巴恩韦尔特由于一贯主张与西班牙人媾和，并一再否决召开全国宗教会议，而在荷兰民众以及"联省大议会"里的威望开始呈现下降之势。这为开始嫉恨和觊觎奥尔登巴恩韦尔特行政权力的莫里斯亲王提供了想象和运筹的空间。就荷兰宗教斗争的局势而言，也确实已经发展到濒临内战的边缘。而为"反抗辩派"所左右的商业重镇阿姆斯特丹的坚决不妥协态度，不仅挑战了海牙的权威，而且也为极端加尔文派提供了坚实的基地。"抗辩派"虽然获得议会以及部分贵族与中产阶级的支持，但是仍处于绝对的少数派。而严格加尔文主义则受到广大农民、工人和士兵的拥护，处在明显的多数派地位。在现实层面上，面对强大的罗马天主教及西班牙人的巨大威胁，莫里斯亲王自然希望能够在更大程度上和更具成效地调动"联省"各种资源，并以一个真正意义上的国家这一形式来对外敌展开抗衡与斗争。但在"联省"内部却有两个主要因素制约着莫里斯亲王的这一构想，一是"联省"及各"省份"的议会政体政权模式，二是各城镇因传统或惯例而形成的高度自决和自治的地方政权模式——"联省"内有许多城镇还仍然享有自己独立的法律体制和政体形式。所以，莫里斯亲王一直在等待和寻找机会以削弱这两方面的权威，减弱它们对自己政治野心的牵掣与羁绊。现下，在双方形成的僵持局面中，莫里斯看到，如果自己选择站在"反抗辩派"一方就能打破对峙，击败"抗辩派"，并有可能使多年来自己无从插手的行政议会听命于自己的意志。

作出这番局势研判后，莫里斯亲王一反常态地热衷于宗教事务了。而此时发生在海牙教会里的宗教斗争，又为莫里斯亲王的介入提供了绝佳契机。亨利·罗撒乌斯在赖斯维克村的聚会，已经吸引数百名严格加尔文派信徒从海牙城中的"大教堂"（the Great Church）转而前来此处崇拜，而且，其人数还呈现迅速增加的态势。每个礼拜日，都会有多达六七百人——最多时有上千人——不顾议会禁令离开海牙城，在满是泥泞的道路上跋涉四五公里前去赖斯维克聚会崇拜。这种特殊的宗教经历使不少人又重温了他们父辈或祖父辈在新教"改制"之前所发生的情形。一些充满殉道精神的人又开始乐意于被称为"肮脏乞丐"（dirty beggars）了。尽管如此，这种极其不便和令人疲惫不堪的情形，还是使许多人怨气冲天；一些人开始着手在海牙城内寻找场所作为聚会处了。正是在这个时候，一直受到路易斯伯爵鼓动的莫里斯亲王，开始适时表露出自己对这些极端加尔文派遭受不公待遇的同情了，认为他们理应在城内获得合法的聚会场所，并表示自己愿意与他们站在一起捍卫他父亲当年为荷兰开创的"新教正统传承"。莫里斯亲王的这种信仰表态，立即就在正处于劣势与悲惨地位的极端加尔文派当中得到热烈回应。有人甚至开始欢呼"莫里斯亲王也是一个'肮脏乞丐'了"。[1] 1617 年 7 月初，罗撒乌斯领导的大批严格加尔文派信徒置荷兰议会的禁令及权威于不顾，公开占领了海牙城内的"修道院教堂"（the Cloister Church）来作为他们崇拜的场所。感到时机成熟的莫里斯亲王，在正式决绝了他的宫廷牧师尤腾鲍加特后，于 1617 年 7 月 23 日，在威廉·路易斯伯爵的陪伴下，率领大批官员和随从，并在成百上千民众尾随下，越过大议长家门，进入"修道院教堂"参加聚会与崇拜。当天，有四千多人蜂拥进"修道院教堂"。而在"大教堂"则只有寥寥数百人参加礼拜，其中包括尤腾鲍加特的坚定支持者"沉默者威廉"的遗孀路易丝·德科里内（Louise de Coligny）和

1　A. W. Harrison, *The Beginnings of Arminianism*, University of London Press, 1926, p. 240.

她儿子弗雷德里克·亨利亲王（Prince Frederick Henry）。由此，荷兰的宗教斗争进入了一个新阶段。

对这场宗教斗争有着透彻了解的尤腾鲍加特，比任何人都更清晰地意识到"抗辩派"的悲剧结局。面对群情激昂的局势，尤腾鲍加特似乎更愿意以更大让步来换取教会的和平。为此他曾于 1617 年 4 月恳求奥尔登巴恩韦尔特，不论以何种方式，也不论出现何种结果，还是批准召开为"反抗辩派"所强烈呼吁的"全国宗教会议"为妥；至少那可以起到某种"减压阀"的功效。"如果你愿意放弃国家的权力"，奥尔登巴恩韦尔特则骄傲地回答说，"我却不愿意"。[1]其实，资深政治家奥尔登巴恩韦尔特的傲慢自负主要依赖于他多年的执政威望，但却缺乏与之相对应的实力保障。在国际上，奥尔登巴恩韦尔特与法国保持着密切关系，但因沃斯修斯事件而与英国的关系若即若离；英王詹姆斯一世在温伍德和卡尔顿等人影响下，至少在政治上采取了支持"反抗辩派"的立场。在"大议会"里，其他各省议员更多是忍让于荷兰省的强大经济、军事实力，因为荷兰一省在经济财政上要强于其他六省的总和；在这场宗教争执中，奥尔登巴恩韦尔特的影响仅限于荷兰与乌得勒支两省，其他五省则站在严格加尔文派一方；换言之，奥尔登巴恩韦尔特在"大议会"里并不属于多数派。而在荷兰及西弗里斯兰省议会里，一些与奥尔登巴恩韦尔特素有嫌隙的政敌譬如科尼利斯·埃森斯等人，只是暂时蛰伏，伺机而动；为了制衡奥尔登巴恩韦尔特，他们不惜出让行政议会权益而欢迎军事统帅莫里斯介入民事行政事宜。即使是在荷兰省内，商业重镇阿姆斯特丹还有其他几个城镇也"独立"于议会命令之外，与支持"抗辩派"的荷兰议会采取了对立态度。至于普罗大众，议会共和式的"民主"远不如"明君"统治更令人激动。更重要的，除了借助于莫里斯统率的军队，荷兰议会和行政当局并没有其他力量来保证自己的命令得到强制尊重和实施。所以 1617 年当海牙和其他各地的极端加尔文派在违背行政命令而自行聚会时，议会曾要求莫里斯提供军队来执行自己的行政命令，但被莫里斯以堂皇理由拒绝，议会及地方行政当局只能徒呼奈何。

与此同时，身为弗里斯兰和格罗宁根两省"省长或最高执政者"的威廉·

1　*The Works of James Arminius*，Vol. 1，p. 201，"note"．

路易斯伯爵则在反复劝说莫里斯亲王，应当用"行动"而不是"言语"来解决宗教争端了。及至此时，原非出于宗教因由而介入宗教争端的莫里斯，依然对自己采取的宗教立场心存狐疑。所以，他专门与尤腾鲍加特进行长谈，并就解决那些宗教争执提出自己的一些折中设想，譬如在同城成立两个教会；在同一个教会双方轮流布道崇拜；举行双方磋商会谈；等等。莫里斯提出这类设想要么无济于事，要么不切实际。事后，莫里斯亲王在给路易斯伯爵的信中，坦言自己有些迷惑，因为他的宫廷牧师奇怪地断言：阿米尼乌主义者才是真正的改革宗教会；而那些有关预定论的争论从来都是存在着的。[1] 莫里斯亲王的这些"不合时宜"的神学"迷惑"，很快就被路易斯伯爵和其他极端加尔文主义者断然否定了。他们鼓励亲王尽快运用他的"权威"来解决这些"争斗"。

这些"争斗"在"联省"各个城镇，已经从口头攻讦演变成暴力冲突。在"抗辩派"占据上风的城镇譬如奥德瓦特和霍恩等地，行政当局对分裂教会的"反抗辩派"牧师及信徒进行打压。而在"反抗辩派"为主导的城镇，"抗辩派"则受到更加严重的迫害。以阿姆斯特丹为例，多年来为"反抗辩派"把持的阿姆斯特丹早已经成为极端加尔文派的大本营。尽管如此，在阿姆斯特丹还是有数百名认同"抗辩派"主张的信徒。当这些处在极端少数派地位的"抗辩派"信徒，想要效仿其他城镇遭受迫害的极端加尔文派做法，组成独立教会时，立即就引发骚乱和侵扰。在阿姆斯特丹市政当局姑息下，一帮乌合之众还聚集起来洗劫了埃皮斯科皮乌斯的哥哥阿姆斯特丹商人雷姆·比斯肖普的家。在广大民众眼里，"抗辩派"及其支持者不仅被定性为神学异端，更被指控为西班牙细作。群情激昂的氛围下，社会秩序受到破坏，暴力骚乱在蔓延。局势正在脱离各级行政当局控制的范围，朝着失控与内战的方向发展。

长期置身宗教争执之外的莫里斯亲王突然介入宗教事宜并表明自己的立场，不仅使"抗辩派"与"反抗辩派"之间的斗争发生重大改变，而且也使他与奥尔登巴恩韦尔特两人之间的权力政治斗争走向公开。于是，正当盛年的骑着战马的莫里斯亲王，与年迈的拄着拐杖的大议长奥尔登巴恩韦尔特短兵相接，展开了一场殊死搏斗。奥尔登巴恩韦尔特作为"荷兰及西弗里斯兰议会"的"大

1　Cf. A. W. Harrison, *The Beginnings of Arminianism*, University of London Press, 1926, p. 247.

议长"主管民事行政是多年来的约定俗成。莫里斯作为整个"联省"军事统帅主管军事并服从于"议会"的行政命令，也是不言而喻的事情。但莫里斯作为"奥伦治家族"的继承者，除了军事统帅这一身份外，还是"联省"内除弗里斯兰和格罗宁根两省外其他各省的"省长或最高执政官"。至于"大议长"（Advocate 或者 Grand Pensionary）与"省长"（Stadholder）之间各自拥有什么样的权限以及两者具有什么样的关系，并没有明确的界定。而且这两种职位或头衔在其他国家和民族中没有完全一致的对等物；它们作为两个荷兰语名词，在其他语言里也没有完全一致的对应术语，在某种意义上可以说是无法直接翻译成其他语言的。同样缺乏清晰界定的还有"联省"与各省之间的权限与关系。"联省"当初的确赋予各省较大的自主权，但如果过于强调各省自主权，将在逻辑上使"联省"这样一种政治"联盟"走向解体。这一点在"联省大议会"里，当多数代表支持召开"全国宗教会议"，而荷兰作为少数反对召开这样的会议时，就表现得最为明显。

既然缺少明确界定，双方就可以尽量作出对自己有力的解释。但无论如何，双方都在竭力使自己的行为具有合法性依据；从这一点说，双方的斗争至少在形式上还保留了一丝"君子相争"的外衣。从大议长奥尔登巴恩韦尔特一方来说，可以依赖和利用的资源就是荷兰及西弗里斯兰省议会。在议会里，作为大议长得力助手的格劳秀斯对处理荷兰及"联省"内的宗教纷争有着清晰的观察和主张。在格劳秀斯看来，如果按照"反抗辩派"或者阿姆斯特丹方面的要求，在此时直接召开"全国宗教会议"，那么在教会议会里占大多数地位的极端加尔文派将利用"全国宗教会议"这一教会权威形式，判定"抗辩派"为异端并因而将其完全驱逐出教会。所以格劳秀斯提出两种途径来避免这一局面。如果必须要按照"反抗辩派"请求召开"全国宗教会议"，那么在此前应先召开各省宗教会议，并对那些存在分歧的神学教义作出评判。在这种情况下，荷兰议会就可以利用自己对本省宗教会议的影响，确保"抗辩派"和"反抗辩派"以平等身份和同等人数出席省宗教会议。由此，就可以保证"抗辩派"的"五点抗辩"不会受到省宗教会议的判决或谴责，并进而保证"全国宗教会议"不会对"抗辩派"作出不利裁决。

如果这一建议不被接受，格劳秀斯还提出另一种在宗教上更具诱惑力的解决途径，这就是召开由整个新教世界所有教会代表参加的"普世"或"普遍"
"宗教会议"来解决当前出现的神学分歧。格劳秀斯坚信，通过这样一种"普
世宗教会议"，将使阿米尼乌主义作为新教信仰一个流派而被认可和宽容。这一
宏大构想在当时教会内外还的确吸引了一些人。法国的杜莫林曾为此而奔走。
英王詹姆斯一世也曾一度热衷于此。但在实际操作层面上，这对当时四分五裂、
各揣心事的新教国家和教会来说是绝无可能的。而迫切希望铲除本国教会"异
端"的"反抗辩派"对此更是不抱任何希望。但无论如何，格劳秀斯还是为荷
兰议会处理宗教斗争的策略与方法作出了辩护。他认为，"对教会事务的指导
（其中肯定包括通过民事行政当局权威来召集宗教会议），是荷兰省主权
（sovereignty）的最高特权（privilege）之一。这种特权一旦丧失或移交他者，
往往会伴随着其他所有特权的毁坏。因而，这是一种不能被称为'纯教会性
的'事务；它还具有一种政治属性。那些想要在这一方面侵蚀省属权力的人，
也会试图更改国家在这一方面的权力。我们确实应当研究一下原初教会的法典；
其中有一次大公会议的教典，给我们提供了这样的指导：让教会遵循民事行政
当局的模式（*Ut Ecclesia sequatur typos Politiæ*）"。[1]

　　值得一提的是，鉴于有对手指责阿米尼乌主义在基督赎罪论上有苏西尼主
义异端倾向，同在莱顿大学执教的埃皮斯科皮乌斯和沃修斯就这一主题进行了
持续不断的讨论。也许是受其影响，格劳秀斯在 1617 年也撰写了一部论述"基
督满足性"（*De Satisfactione Christi*）问题的神学著述，就赎罪问题提出了神学
史上著名的"政府说"（the governmental theory）。格劳秀斯认为有关赎罪说的
《圣经》叙述，只是一种隐喻而非字面写实性描述。[2] "上帝的律法是其意志的
一种积极的实施，上帝能够放松它和将它完全搁置一旁"，[3] 亦即赎罪并非绝对
必要和不可有丝毫变通的。"基督之死不是被看作对神圣愤怒的平息；相反，在
基督之死中，惩罚的目的是要显示对于罪的惩罚性正义。"[4] 所以基督的受难只
是惩罚性的例证，十字架发挥的是阻吓作用。上帝以此就像"政府"管理国家

1　*The Works of James Arminius*, Vol. 1, p. 477, "note".

2　Jaroslav Pelikan, *The Christian Tradition*, Vol. 4, University of Chicago Press, 1984, p. 325.

3　Louis Berkhof, *Systematic Theology*, New Combined Ed., Eerdmans, 1996, pp. 368 – 369.

4　Jaroslav Pelikan, *The Christian Tradition*, Vol. 4, University of Chicago Press, 1984, pp. 360 – 361.

一样达到最佳"管理"效果。格劳秀斯提出的这种有别于传统赎罪论观点的见解，不但没有消除"抗辩派"承受的异端质疑，反而为极端加尔文主义者提供了新的攻击口实。

在奥尔登巴恩韦尔特和格劳秀斯的指导下，荷兰议会于1617年8月4日通过了著名的"紧急决议"（sharp resolution）。它授权各城镇行政当局可以征召民兵（militia），以维护地方秩序和平息暴民叛乱。这就等于在莫里斯亲王指挥的军队之外，组建了一支专门效忠于行政当局的武装力量，并隐然对莫里斯及其军队构成某种牵制和威胁。这在莫里斯亲王看来绝对是无法容忍的，是要发动内战的威胁，尽管它在荷兰议会那里获得了某种合法性。然而，征召组建这样一支效忠于荷兰议会的所谓"国民卫队"或"国民军"（Waartgelders）并非易事。首先就是极其困难的财政开支。"联省"军队与西班牙军队的连年争战，早已使"联省"经济财政状况不堪重负。如今在继续负担沉重的对外战争开支的同时，还要额外征税再负担一支民兵队伍——其中有相当一部分是外国雇佣兵，其困难程度和引发民怨是可想而知的。并且，组建这样一支民兵队伍的目的也是不得人心的。它不是要与国家的威胁或敌人作战，而是要对内镇压因宗教问题不服从行政命令的人。所以它在支持严格加尔文派的广大民众当中激发了格外的敌意。以莱顿为例，当最终在莱顿市政府周围修建起供民兵或雇佣兵使用的武装堡垒和鹿寨时，就曾在莱顿市民中激发叛乱和暴力抵抗。但无论如何，在坚决支持议会的一些城镇，还是在极短时间内组建了自己的民兵队伍并完成了布防。奥尔登巴恩韦尔特本人还于8月底亲赴故乡乌得勒支，在不到两个月时间里，就在乌得勒支组建了一支由六个小队组成、每个小队有一百五十人的民兵武装。总的说来，荷兰议会征召起来的民兵队伍，无论在人数、实力还是在经验、士气与装备上，都远远无法同莫里斯指挥的正规军队相抗衡。用它对付不守法律秩序的"暴民"还勉强，假如要依赖它与莫里斯的正规军队对抗，不啻以卵击石。

对于莫里斯亲王来说，基层民众是他取胜的基础，忠实的军队则是他取胜的保障。不过，以大规模流血的内战方式来解决国内宗教纷争与政治不和，亦是他背负不起的历史耻辱。于是，他转而为自己的行为寻找某些合法性。如果说奥尔登巴恩韦尔特已经牢牢控制了"荷兰及西弗里斯兰省议会"，那么"联省大议会"则成为莫里斯亲王活动的政治舞台。而在"大议会"里围绕着是否应当召开"全国宗教会议"这一敏感问题,众寡向背早已明朗。况且,就"联省共和国"这七省而言,莫里斯是其中五省的"省长",他堂(表)兄弟路易斯伯爵则是另外两省的"省长"。如今莫里斯和路易斯两人联手,向各省出席"大议会"的代表施加影响,进一步保证了在"大议会"里有多数代表同意召开全国宗教会议。具体地,乌得勒支坚决反对召开全国宗教会议;泽兰、弗里斯兰和格罗宁根坚决要求召开全国宗教会议;格尔德兰最终"反抗辩派"占据多数;奥佛赖塞尔则是"抗辩派"占据上风,但该省作为少数派的"反抗辩派"代表依然前往"大议会"主张自己的权利。而在最关键的荷兰省,则是13个城镇以及贵族代表反对召开全国宗教会议,而以阿姆斯特丹为首的5个城镇及底层民众支持召开全国宗教会议。

这样,于1617年11月6日至24日在首都海牙召开的"联省大议会",在激烈争吵和喧哗嘈杂中,以投票表决的形式,按照大多数代表的意见,决定召开长期为人所期待的"全国宗教会议"。会议决定各省宗教会议选派六名代表,其中牧师应至少占一半;邀请神学教授出席;邀请瓦隆语教会选派代表;邀请英国、法国和黑森选派三至四名代表;邀请不来梅和日内瓦选派代表;首先审查"抗辩派"提出的"五点抗辩",然后再讨论其他指控;多数表决结果就是最终决定,最终决定由"大议会"授权;会议地点是荷兰省的多特;各省宗教会议应在明年2月前选定代表并做好一切准备;正式的"全国宗教会议"将在1618年11月1日召开。当大会最后宣读这些决定时,少数派代表退出会场以示抗议,并发表了一份书面抗议书。在"大议会"上遭受挫折后,荷兰省议会仍表示支持奥尔登巴恩韦尔特,尽管后者提出退休请求,但在这个紧要关头这样的请求是无法获得允许的。但不管怎样,大议长奥尔登巴恩韦尔特的威望正在急剧下降。最高法院也不再一味站在行政当局一方,因为最高法院并不支持地方行政当局处罚那些拒绝被征召加入民兵队伍的人。同时,"抗辩派"支持者罗姆鲍兹·胡格比兹也被迫离开最高法院,而专注于莱顿行政事务。已经萌生退意的尤腾鲍加特则不大在公开场合露面。格劳秀斯率领的议会代表团出使各地游说也受到不友好对待。所有这一切都昭示着"抗辩派"大势已去。

此时,荷兰议会的应对策略,似乎只有通过种种借口来拖延省宗教会议的召开，从而阻挠全国宗教会议的如期举行。1618 年 2 月，奥尔登巴恩韦尔特终于同意按照尤腾鲍加特在一年前提出的建议召开省宗教会议，他似乎认为形势还可以挽回。但对局面有着更清醒意识的尤腾鲍加特则认为这已经太迟了。尤腾鲍加特认为"抗辩派"将被驱逐出教会的局面已成为必然，但即便如此也强似发生大规模流血的内战。所以，他在 1618 年 3 月提出退休请求并随后办理了交接手续。现在的情形是，"'全国宗教会议'必定要召开；它从 1589 年就提出申请，在 1606 年就获得允许，并曾经是阿米尼乌一直期待的解决途径"。[1]　而莫里斯亲王则明白他自己的当务之急是什么：效忠于行政当局的"国民军"或民兵武装已成为莫里斯亲王的心腹大患。他决计要立即消除这个重大隐患。于是他向此时和自己站在同一立场的"联省大议会"提起抱怨：根据荷兰省议会"紧急决议"组建的民兵武装，不仅造成不必要的财政开支，而且也对作为军事统帅的他本人形成一种侮辱。"大议会"于是根据莫里斯的请求，下令解散各地的民兵武装和雇佣军。由于一些地方行政当局拒不执行"大议会"指令，莫里斯亲王在路易斯伯爵的陪伴下，偕同"大议会"指派的代表，在重兵簇拥下，亲自前往"抗辩派"把持的各个城镇，实施他擅长的"逐个击破"战术。亦即每到一个地方，就利用自己的威望、"大议会"的命令以及军队的威胁，强力解散"抗辩派"占大多数的地方行政当局，重新组建"反抗辩派"占大多数的新政府；然后再由新组建的行政权威解散当地民兵武装，并公开表态支持召开全国宗教会议。从 1617 年年末到 1618 年 5 月，莫里斯亲王马不停蹄地奔走于"联省"各个城镇，从德尔夫特到鹿特丹、从德文特到坎彭，从奥佛赖塞尔省到格尔德兰省、从乌得勒支省到荷兰省，他成功地使绝大多数城镇听命于自己的指挥，只有乌得勒支及个别城镇尚属例外。最后返回阿姆斯特丹时，莫里斯亲王一行更是受到英雄凯旋般的盛情欢呼。

　　在"联省"各地"抗辩派"行政当局，慑于莫里斯亲王的威胁而被迫解散民兵武装的同时，奥尔登巴恩韦尔特本人则暴露在匿名"小册子战"的密集火力下。到 1618 年以前，荷兰"联省"先后出现数百种政治与宗教小册子。[2]　而

1　A. W. Harrison, *The Beginnings of Arminianism*, University of London Press, 1926, pp. 273–274.

2　Jonathan I. Israel, *The Dutch Republic*, Oxford：Clarendon Press, 1995, p. 439.

这一时期的政治小册子则开始把矛头对准大议长本人。大议长从前的追随者、现今的政敌科尼利斯·埃森斯和一位阿姆斯特丹议员，更是言之凿凿地声称奥尔登巴恩韦尔特接受西班牙人的金钱贿赂，并充当了西班牙人的奸细。这明显是足以置大议长于死地的政治诬陷。理智地讲，很难相信一个为荷兰效力近40年并长期担任荷兰及"联省"政治领袖的人物，会是一个出卖荷兰及"联省"政治独立与宗教自由的"卖国者"或"内奸"。但为情感所驱使、为宗派所驾驭的敌对者和广大民众，则宁愿信其有而不愿信其无。大议长本人对这种政治诬陷报以轻蔑的缄默。但预感到问题严重性的"沉默者威廉"的遗孀路易丝·德科里内和她儿子弗雷德里克·亨利亲王，则敦促奥尔登巴恩韦尔特打破缄默为自己辩护。于是，奥尔登巴恩韦尔特通过自己女婿范·德·迈尔（van der Myle）给莫里斯亲王捎去一封充满威严的正式信函。在信里，他重申了自己不变的政治与宗教立场；表达了谋求国家与教会和平的信念与意愿；概述了自己几十年来为荷兰付出的努力与贡献；解释了自己的经济状况和来源；否定了所有出卖国家利益的诬陷和指控。莫里斯的答复是，信中陈述全属谎言。人们永远都无法知道莫里斯亲王内心深处究竟是否真的相信那些无稽谣传，是否真的相信那些针对一个他自幼就十分熟悉与敬仰人物的政治诬陷。但现实是，残酷的政治仇杀情感和反叛嫉恨色彩，浓重地涂抹了他关于奥尔登巴恩韦尔特几十年的记忆与历史：一个大半生鞠躬尽瘁效忠国家的杰出政治家，在莫里斯亲王的主观意向和言辞里，忽然变成一个出卖国家利益的内奸和卖国者。奥尔登巴恩韦尔特的悲惨结局至此已经跷足可望了。

进入1618年夏季后，"大议会"加紧了筹备"全国宗教会议"的步伐。鉴于"抗辩派"力量已经明显削弱，"大议会"更出台一些针对"抗辩派"的补充措施。而莫里斯亲王则决定借助"大议会"授权与命令，挟重兵解除最顽固的乌得勒支的民兵武装，以及其他存留的民兵队伍，以杜绝隐患。呈惊弓之势的乌得勒支行政长官范·莱顿伯格（van Ledenberg）立即赶往海牙，在尤腾鲍加特家里会晤莱顿、豪达和鹿特丹等地行政长官以商讨应对之策。其间尤腾鲍加特曾两次试图离席，以免自己卷入如此重大的政治斗争，但均被挽留下来。格劳秀斯主张保留民兵武装，并亲率议会代表团前往乌得勒支提供帮助。无奈，莫里斯率领的强大正规军和携带的重型武器，使那些民兵和雇佣兵瞬时丧失斗志。结果是乌得勒支那六队民兵在 7 月 30 日夜间自动放下武器。到第二天天亮时，他们已然回归平民之列。兵不血刃的莫里斯亲王顺势完成了对"抗辩派"大本营乌得勒支市政当局的改组。"反抗辩派"在市政当局重新占据多数地位，城中大教堂也归还给严格加尔文派信徒使用。乌得勒支发生的一切，极大地震慑了其他力量更为薄弱的"抗辩派"城镇。莱顿、鹿特丹及其他城镇只得效仿乌得勒支，自动解除征召的民兵武装。格劳秀斯本人则宣布退休。至此，荷兰议会推行的"紧急决议"法案在运作一年后宣告彻底失败。

在彻底解除对手的自卫和防护能力后，莫里斯亲王决定对仍在依靠荷兰议会、贵族阶层和部分地方行政当局负隅顽抗的反对派实施最后一击。1618 年 8 月 29 日，趁荷兰议会在海牙"内廷"（Binnenhof）开会之际，奥尔登巴恩韦尔特、格劳秀斯和胡格比兹三人，以受邀去会晤莫里斯亲王为名，被分别单独引诱至内室。随即被捕，并被单独囚禁起来。当日，范·莱顿伯格在乌得勒支也被秘密逮捕。就这一事件的当事人而言，他们事先并非完全没有获得预兆和警告。早在数周前，格劳秀斯就提醒奥尔登巴恩韦尔特为自己寻找退身之所，但后者似乎不太相信莫里斯会赶尽杀绝。在被捕前一天下午，有朋友明确警告他将要遭到逮捕，但坐在自家花园里的奥尔登巴恩韦尔特则平静地回答说，"是啊，到处都是邪恶之人"。[1] 在被捕的当日清晨，当尤腾鲍加特匆匆赶到奥尔登巴恩韦尔特家时，他发现年迈的大议长只是无力瘫坐在椅子上。在表达安慰之意后，两人握手告别，竟成永诀。其实，逮捕奥尔登巴恩韦尔特等人，除了"拳头加枪炮的正当性"以外，并没有确切充足的合理合法性。但莫里斯以"大议会"为"挡箭牌"，辩称自己的行动是出自"大议会"的指令。而从客观形势上看，莫里斯这一举动也没有绝对的必要性，因为民兵武装已经解散，而"全国宗教会议"也行将召开。

奥尔登巴恩韦尔特等人被捕的消息立刻震惊了所有人。范·德·迈尔带领几名亲属前往莫里斯住处要求面见他们的父亲，但莫里斯只是在委婉地推托和支吾其词。范·德·迈尔等人次日又进行了一整天的抗议但没有任何音讯。随后范·德·迈尔出走法国巴黎并为其岳父寻求获得公正审判而努力。有几名与

1　A. W. Harrison, *The Beginnings of Arminianism*, University of London Press, 1926, p. 285.

大议长私交密切的贵族，试图冲进关押奥尔登巴恩韦尔特的地方，但亦遭到逮捕。尤腾鲍加特当天晚上就从海牙赶到鹿特丹，并旋即跨越边境在安特卫普找到避难所。"抗辩派"骨干人物陶里奴斯（Taurinus）和格雷文乔维斯随后前往安特卫普与尤腾鲍加特会合。其中，最早流亡的陶里奴斯原先是乌得勒支的"抗辩派"牧师。他在1617年匿名发表一份题名为《平衡》的小册子，批评英王及英国大使对荷兰宗教纷争的不当干预，被查出真相后流亡国外；他于1618年9月底因病死于安特卫普。在确认奥尔登巴恩韦尔特被捕后，"荷兰及西弗里斯兰议会"首先进行了激烈抗议，接着举行了静坐示威，随后宣布解散了议会。同时荷兰议会还就莫里斯及"大议会"策划的这一逮捕行动的合法性提出严正抗议。鹿特丹方面要求将格劳秀斯送还鹿特丹；莱顿市则要求将胡格比兹交还莱顿。但莫里斯亲王对所有这些抗议和权利主张均不闻不问不予回答。事情就这么拖延了下去。

在接下来的两个月里，莫里斯亲王率领大批精兵辎重，逐一巡视荷兰各主要城镇。所到之处，即解散原有行政当局，更换新的行政机构人员。从而使由各城镇选举议员所组成的新的荷兰议会，完全服从于自己的意志之下。对于不认同自己的贵族阶层，莫里斯则运用增减废立等策略，最终保证大多数贵族也站在自己一方。

在这两个月里，"全国宗教会议"的预备工作也在"顺利"推进。至于仍然持强烈反对立场的"抗辩派"牧师和长老，一些人被忽略，一些人被免职，一些人被驱逐，一些人被迫逃亡，还有一些人则选择自我退隐，从而确保荷兰教会推选出的代表绝大多数都是"反抗辩派"。不久，"抗辩派"公开聚会也受到限制，而私下聚会则受到严令禁止。整个"抗辩派"阵营已经迅速衰落了。终于，通往期待已久的"全国宗教会议"道路上的一切障碍都消除了。

第四节　"多特会议"上的"抗辩派"

处在鹿特丹东南约20公里、位于瓦尔（Waal）河畔的河港小城多特（Dort），亦称多德雷赫特（Dordrecht），因曾举办过这次新教史上几乎是唯一的准普世性宗教会议而闻名于世。在席卷整个荷兰"联省"的这场宗教纷争中，这座属于荷兰省外围地带的小城，因一贯倾向于"反抗辩派"立场，而最终被"大议会"选定为这次至关重要的"全国宗教会议"的举办地。会议的一切议程安排，基本上都是一年前亦即1617年11月"联省大议会"在不顾荷兰省议会和乌得勒支省议会强烈反对的前提下，通过表决形式以大多数原则强行通过的。不过，在1618年夏以后，随着支持"抗辩派"立场的寡头贵族政府的垮台，以及"抗辩派"力量的式微，这次"全国宗教会议"的预备工作，就进一步消除了先前对"抗辩派"所作的部分妥协与保留，进一步强化了有利于严格加尔文派的议程安排。从而使"抗辩派"所期望的矛盾双方通过平等协商以解决宗教不和与分歧的会议，变成"反抗辩派"所期待的以"反抗辩派"来审判"抗辩派""异端"的一边倒的宗教大会。难怪有人会作出如此评说："所有被邀请到多特的人，都是为人们所熟知的加尔文预定论的热切倡导者。[1] 在早先时代，人们习惯于'首先'前去参加会议，'然后'表明自己的观点。而在我们这个时代，一切都颠倒过来了：除非预先就表明自己的观点定向，否则任何人都不会被接纳进多特会议。"[2]

"多特宗教会议"（the Synod of Dort）原先预定的开幕日期是1618年11月1日。"大议会"专门筹集一笔巨款用于大会开支，约有十万（荷兰）盾之多。但是由于受邀参加会议的外国代表未能按期到达多特，而被迫推迟一些时日。事实上，这个为人们长久期待的"宗教会议"，起初的目标似乎是要赋予它以尽可能多和尽可能明显的"普世""普遍"或"大公"特征，力图要使这个会议成为整个新教世界或至少整个加尔文主义新教世界的"大公或普世宗教会议"。因而，尽可能广泛地邀请其他国家和地区的新教教会代表参加这个会议，就具有特别重要的宗教与社会意义，而且这也是证明严格加尔文主义为普遍正统信仰、阿米尼乌主义则为局限于荷兰"联省"这一有限范围内"新创神学异端"的最明显和最有力的外在证据——尽管教会和神学历史的其后发展出现未曾预料的转折。不过，"联省大议会"对外发出的参会邀请，仅限于改革宗信

1　For a full name list, please see, Schaff, Philip (ed.), *The Creeds of Christendom: With a History and Critical Notes*, 3 Vols., 6th ed. Grand Rapids, MI: Baker Books, reprinted 1998 from the 1931 edition, Vol. Ⅲ, pp. 558 – 560.

2　*The Works of James Arminius*, Vol. 1, pp. 485 – 486, "note".

仰在其中占据主导或者明确地位的国家或地区；它们分别是英国、法国、帕拉廷、黑山和瑞士。而以路德宗信仰为主导模式的国家和地区譬如德国各诸侯国以及北欧新教国家基本不在邀请之列。个别受到邀请的地区譬如勃兰登堡（Brandenburgh）因故推托了。而信仰立场接近于"抗辩派"的个别地区譬如安霍尔特公国（the principality of Anhalt）则根本就没有受到任何邀请。

在受到邀请的加尔文派主要势力中，不来梅代表的立场最为温和，帕拉廷和日内瓦代表的立场最为强硬，而英国代表的立场总体上居中。帕拉廷选侯腓特烈五世因为波希米亚（Bohemia）王位问题，在同年与德意志皇帝费迪南德触发著名的"三十年战争"。腓特烈五世急需与自己同属加尔文派阵营的岳父詹姆斯一世和舅父莫里斯亲王的援助，所以特意选派坚定的加尔文派牧师和海德堡教授前往多特。不过事后证明，腓特烈五世热切期待的政治与军事援助并未兑现：詹姆斯一世是有力无心，莫里斯亲王则是有心无力；而腓特烈五世本人则落得以悲剧收场。作为新教阵营重要力量的法国改革宗新教教会受到荷兰方面的与会邀请，但是法国国王禁止本国新教教会的圣职人员前往多特参加这次宗教会议，也不允许本国教会人员为多特会议提供任何帮助和支持。法国国王的这一决定主要是出自法国的政治与外交考虑。在荷兰"联省"政治与宗教因素相互交织在一起的"抗辩派"与"反抗辩派"争执中，法国站在奥尔登巴恩韦尔特领导的荷兰议会和"抗辩派"一方，而莫里斯亲王及"反抗辩派"则得到英国国王的支持。既然莫里斯亲王逮捕荷兰议会领袖并镇压了"抗辩派"，所以法国与荷兰"联省"的关系趋于冷淡，对正与英王交好的莫里斯亲王支持的事业采取了消极态度。不仅如此，当"抗辩派"在荷兰"联省"境内受到迫害和驱逐时，法国则为遭受放逐的"抗辩派"提供了庇护所。而在政治军事行动中，法王则支持德意志皇帝击败腓特烈五世夺回了波希米亚王位。

在参加"多特会议"的所有外国代表当中，英国代表团由于两国密切的政治与宗教关系而具有特殊的地位和作用。从教会与神学发展史角度看，英国代表与多特会议的关系显得最为诡异和难以理解，对近现代教会与神学的演变也产生了最为深远的影响。詹姆斯一世多年来一直密切关注着"联省"的教义之争，并曾深深卷入围绕沃斯修斯出任莱顿教授所引发的种种争执。在某种意义上，多特宗教会议的如期召开，不仅是出自英王长期抱有的期待，而且也是英王推进自己影响与势力的主要平台，因为詹姆斯一世在理所当然地出任英国国教会首领的同时，还将自己看作新教信仰的捍卫者和整个新教世界的"君王"。所以，由英王本人亲自选派的代表，都是那些能够忠实履行英王意愿的人，亦即那些明确赞成预定论和明确反对"抗辩派"立场的人。当然，詹姆斯一世对于"低地国家"神学教义纷争的复杂性也有着切身体会；而当年格劳秀斯出使英国时为"抗辩派"立场所作的辩护，也不是不曾令他怦然心动。所以，生性游移狡猾的英王在决定利用多特会议得偿心愿的同时，亦为自己特别是为自己应对国内的宗教形势预留了后手。这主要体现在出使多特宗教会议的英国代表是由英王直接选派的，而不是由英国教会选派的；他们禀有英国国王的权威，而不是代表英国新教教会。[1] 这就确保了由英国代表参与制定的多特会议的决议与教典，在体现英王意志的同时，又不使英国国内的新教教会接受多特会议权威的限制与束缚。

在此，简单考察一下英国派往多特宗教会议代表的身份与前后观点变化，是颇具启发意味的。参加多特会议的英国代表首先是乔治·卡尔顿（George Carleton，1559—1628 年）。他是英国驻荷兰大使达德利·卡尔顿的亲戚，在1618 年刚被任命为"兰达夫主教"（Bishop of Llandaff）。在多特会议期间，乔治·卡尔顿主教曾就上帝弃绝教义同极端加尔文主义者戈马鲁斯进行过持续的辩论；曾抗议大会主席博格曼试图以小组代表形式私下撰写会议教典；曾带领英国代表集体反对将多特会议通过的教典（canons）看作整个新教教会的信仰权威表达形式。乔治·卡尔顿似乎不太喜欢大会充满火药味儿的争论与吵闹。与其他代表相比，他对会议本身似乎不太感兴趣，显得比较沉默，既没有发表演说，也没有发表布道。也许作为多特会议上唯一一位主教，处身在一大群加尔文派牧师、长老和执事中间，他感到有一些不自在。而他一贯坚持的以拉斯图主义更与"抗辩派"支持的政教关系具有许多相通之处。在乔治·卡尔顿以下是约瑟夫·霍尔（Joseph Hall，1574—1657 年），英国塞汶河畔伍斯特教区的主任牧师（Dean of Worcester）。在会议开始后，约瑟夫·霍尔似乎是出于对大

1　Cf. Nicholas Tyacke，*Anti-Calvinists：The Rise of English Arminianism c.1590 – 1640*，New York：Oxford University Press，1987，p.100.

会宗派特征的不满，在 11 月 29 日面对整个大会以拉丁语就"传道书"7：16 经文作了一次不合时宜的布道。他提醒人们应对上帝奥秘保持一种敬畏与谦卑之心，不要自以为是地沉湎于探讨上帝预定的起因及内容。[1] 他呼吁教会的和平与团结，并提议企近上帝预定主题的方式，应当是让存有争议的双方就"罗马书"第九章经文向大会作出各自简明扼要的解释。这种与大会派系精神明显不一致的看法，自然激发荷兰"联省"代表的不满。霍尔本人为此还接到英国驻荷兰大使达德利·卡尔顿的提醒。不久，霍尔就以身体不佳为由中途退出多特会议，经由海牙返回英国。有多种迹象表明，约瑟夫·霍尔实际上是无法继续忍受大会的形式与内容，才借故提前退出多特会议。再到后来，霍尔亦成为一名主教。与卡尔顿和霍尔一同前往荷兰出席多特会议的另外两位英国代表分别是约翰·戴夫南特（John Davenant，1576—1641 年）和塞缪尔·沃德（Samuel Ward，卒于 1643 年）。戴夫南特是剑桥大学的神学教授，他在多特会议上对阿米乌分子持严厉批判态度，并曾帮助编订"大会纪事"的缩略版；再后来被任命为圣公会主教。沃德是英格兰西南部城市汤顿的总执事或会吏长（Archdeacon of Taunton），以翻译《圣经》见长，在多特会议上没有特殊表现。后来被任命为剑桥大学教授。值得一提的是，戴夫南特、沃德以及后来抵达多特的巴尔坎奎尔三人，都在某种意义上具有剑桥大学背景。[2] 作为英国自 16 世纪 90 年代以来就是反加尔文主义重镇的剑桥，派遣其最杰出神学家前往多特，反映了剑桥对于阿米乌神学争论的高度重视，因为与此相似或相关的神学分歧已经成为剑桥神学家一个高度关注和热议的话题。

　　以上这四位英国代表都是在 1618 年 11 月初抵达海牙的。他们经大使达德利·卡尔顿正式引荐给"联省大议会"后，才转赴多特去参加这次宗教会议。但他们还不是英国代表团的全部。在约瑟夫·霍尔托病退出会议不久，苏格兰人沃尔特·巴尔坎奎尔（Walter Balcanqual，1586—1645 年）到达多特。他是由詹姆斯一世直接指定代表苏格兰教会的，但并非是苏格兰教会本身选派的代表。参会期间，巴尔坎奎尔通过书信向大使达德利·卡尔顿报告了所发生的一切，

1　Cf. *The Works of James Arminius*, Vol. 1, p. 71, "note".

2　Nicholas Tyacke, *Anti-Calvinists: The Rise of English Arminianism c. 1590 – 1640*, New York: Oxford University Press, 1987, pp. 44 – 45.

其中包括与会代表就上帝救赎范围问题所存在的争议。会后，他被任命为罗切斯特的主任牧师（Dean of Rochester）。巴尔坎奎尔是英王事先就任命的代表，他并不是霍尔的接替者，尽管他在霍尔离开后才抵达多特。霍尔的替任者是诗人神学家托马斯·戈德（Thomas Goad，1576—1638 年）；时任坎特伯雷大主教阿博特的家庭牧师。戈德在多特会议期间，曾数次抗议"抗辩派"遭受的不公待遇。在多特会议结束几年后，戈德经过反复思考，最终放弃自己原先主张的严格加尔文主义观点，公开宣布自己接受"抗辩派"的神学教义。在大会开始不久，亦即 11 月 23 日，在英国代表团中又加入一位身份含糊的人物约翰·黑尔斯（John Hales，1584—1656 年）。黑尔斯显然没有获得英王的正式授权，他不属于英国代表团中的正式成员，但是他作为英王驻荷兰大使达德利·卡尔顿的牧师，被派往多特以特殊旁听者或观察员身份了解会议动态，以便向大使本人提供会议的一切进展和动向。在参加多特会议以前，黑尔斯是阿米尼乌主义的一位温和反对者，但在会议期间，随着对阿米尼乌派立场的深入了解，他开始逐渐靠近和接受"抗辩派"立场。据说他在会议期间聆听埃皮斯科皮乌斯就"约翰福音"3：16 经文所作解释后，当晚就跟约翰·加尔文说了"再见"。[1]约翰·黑尔斯后来成为一名杰出神学思想家，并曾出任牛津大学希腊语教授和伊顿学院研究员（Fellow of Eton College）。应该说，多特会议对英国代表的影响是巨大而深远的。他们在抵达多特之前全都是比较严格的加尔文主义者，但在会议期间和之后，大多数改变了原先的观点，转而变成含蓄或公开的阿米尼乌主义者。"可以公平地讲，当会议召开时，英国代表团主要倾向于严格加尔文派立场。但是经过这次漫长的宗教集会后，他们的倾向发生极大转变。在他们返回国内后，他们当中一些人如果不是赞成阿米尼乌派的话，就肯定不再是阿米尼乌派神学的反对者了。"[2] 这些人身为主教、教授或主任牧师，在英国宗教生活中发挥着重要影响。

在荷兰"联省"选派的与会代表中，首先是由"联省大议会"直接指派的一个由 18 人组成的"平信徒委员会"（lay commissioners）。这个"平信徒委员

1　Cf. *The Works of James Arminius*, Vol. 1, p. 481, "note".

2　Cf. Johannes van den Berg and W. Stephen Gunter, *John Wesley and the Netherlands*, Nashville：Abingdon Press，2002, p. 29.

会"代表"联省大议会"自始至终出席整个大会，并决定着和体现了大会的基调。其主要职责是维护"大议会"权威和履行"大议会"指令，保障大会正常进行，轮流主持例会，并拥有出席、投票和发表意见的权利。莫里斯亲王与"大议会"联手在前几个月里，已经彻底改组和清洗了各地议会和行政当局中的"抗辩派"，所以这个主要由世俗行政人员组成的"平信徒委员会"，几乎是清一色的严格加尔文派。而且，这个"平信徒委员会"中的绝大多数人员，并不精通大会主要使用的拉丁语，也没有太多的神学知识。在会议讨论和遇到有争议问题时，他们主要依靠和信赖该委员会的秘书和"联省"圣职人员譬如大会主席来加以决定。而当这个宗教会议遇到什么不太符合宗教会议礼仪与惯例的事情时，特别是当需要执行一些不太体面或有损教会尊严的任务时，通常是由这个"平信徒委员会"来出面。所以，它是这个宗教会议一个不可或缺的重要组成部分。

在"联省"各省选派的代表中，有 37 名牧师和 19 名长老，此外还包括 5 名教授。加上"平信徒委员会"成员，荷兰本地代表一共是 79 人。在这 79 名本地代表中，只有 3 人属于"抗辩派"，而且这 3 人全都来自"抗辩派"重镇乌得勒支，包括 2 名牧师和 1 名长老。三人的代表身份在会议开始后不久就受到质疑。在极端加尔文派看来，这三人既然代表"受谴责的"一方立场，那么他们就应该同其他"抗辩派""被告"站在一起，而不是和其他代表一起坐在评判席上。但由于他们是地方教会正式选送的代表，所以本宗教会议又不愿背负无端驱逐这三位代表的骂名。所以，大会专门针对"抗辩派"代表提出苛刻甚或侮辱性的规定和限制。在经过仔细考虑后，这三人中的两位牧师主动选择同其他"抗辩派"站在一起，而那位感到心灰意冷的长老则选择回家。这样，在剩下来正式参加多特会议的 76 位本地教会代表中，就是清一色严格加尔文派了。其中包括几乎所有阿米尼乌派的老对手，譬如戈马鲁斯、卢伯图斯、特里格兰迪乌斯、范希勒，等等。而来自"联省"的五位神学教授则分别是波利安德、安东尼厄斯·提修斯、瓦勒乌斯（Walaeus 或 Antoine van Wale）、戈马鲁斯和卢伯图斯。其中，埃皮斯科皮乌斯在多特会议期间始终与"抗辩派"代表共进退，他实际上是作为"抗辩派"分子而不是作为神学教授出现在多特的。

对"抗辩派"更加不利的是，大会的主要领导者全都是他们多年来的老对手。"联省大议会"直接任命的 18 人"平信徒委员会"的主席，是格尔德兰的马丁·格雷戈里（Martin Gregory）。在宗教信仰上，他历来都是极端仇视"抗辩派"的极端加尔文派。"联省大议会"还直接任命海因修斯为"平信徒委员会"秘书。与该委员会其他成员相比，他凭借其丰富的神学知识和娴熟的拉丁语技巧，实际上成为"平信徒委员会"的代言人。丹尼尔·海因修斯原为莱顿大学图书馆员，后来成为历史教授。他精通拉丁文并擅长诗歌韵文。阿米尼乌逝世后，当年担任轮值"首席院长"的海因修斯应阿米尼乌家属请求曾签署一份证明，极力评价了阿米尼乌为莱顿大学作出的杰出贡献。不仅如此，海因修斯本人还专门为阿米尼乌撰写诗文，歌颂了阿米尼乌为教会和大学所作的贡献。有一段时间，海因修斯站在阿米尼乌一方，并与"抗辩派"一些领袖人物过从甚密。但随着时局的剧变，当局势变得逐渐不利于"抗辩派"时，雄心勃勃的海因修斯立即见风使舵，投靠"反抗辩派"一方，并不遗余力地展开对"抗辩派"的攻击。海因修斯这番表现赢得了"反抗辩派"的好感。在多特会议上，他被任命为"平信徒委员会"秘书。"抗辩派"对海因修斯的批评主要集中在三点：一是他在宗教信仰上变化无常；二是他在多特会议上对"抗辩派"怀有深厚敌意，甚至不惜歪曲事实以贬抑"抗辩派"；三是他在神学方面的知识略有欠缺而更像一个宗派主义者。

　　大会选举产生的主持整个大会的"教会主席"（Ecclesiastical President），是来自吕伐登的极端加尔文派牧师约翰尼斯·博格曼。博格曼曾将《圣经》翻译成荷兰语，但他阴鸷、乖戾和暴躁的性格，以及主张"处死异端"的立场，使得他成为多特会议期间"抗辩派"面临的最主要敌人。除了"教会主席"，大会还选举出两位"陪审官"或"评估员"（assessor），一位是来自阿姆斯特丹的牧师，另一位是来自米德尔堡的牧师，均为"反抗辩派"骨干。这两位"评估员"作为"教会主席"的助手，协助其主持和处理与大会有关的事宜。此外，大会还选举出两位"记录员"（registrar）或"书记"（secretary），负责记录会议"日志"，协助"教会主席"处理会议上的文字书面等事宜。这两位"记录员"，一位是聚特芬（Zutphen）牧师塞巴斯蒂安·达曼（Sebastian Damman）。同海因修斯一样，达曼原先是阿米尼乌派，后来转投"反抗辩派"并成为其中坚力量。另一位"记录员"则是莱顿的霍缪斯，阿米尼乌派多年的老对手。

　　"多特会议"正式开幕日期，是 1618 年 11 月 13 日星期二。在长长的布道与祷告之后，代表们被引入会议厅——它原先是一个大大的陈旧演练厅。与会议厅入口正相对立着的是最靠里面的一面墙，那里有壁炉和烟囱。荷兰"联省"代表与外国代表面对面分坐两厢。在荷兰代表就座的一侧，最靠里面的同时也是最靠近壁炉的座位，分配给"大议会"指派的 18 位"平信徒委员会"代表，接下来，依次是荷兰"联省"七省选派的代表和瓦隆语教会选派的代表。而在外国代表就座的一侧，最靠近壁炉的座位分配给英国代表。其中苏格兰代表坐在圣公会代表的下首。接下来的空位象征性地留给未能前来参加会议的法国代表。再往下面，则是帕拉廷和其他国家及地区的代表。到后来，等"抗辩派"代表集体出现在多特会议上时，他们被要求坐在会议厅中间，形成被"审判"的样式。"抗辩派"不在多特会议正式代表名额之内。所以，在正式与会代表中，包括荷兰"联省"本地代表 79 人，外国代表 26 人，一共是 105人。但由于有少量人员变动以及身份重叠现象，所以这只是个大概的统计数字。大会使用的语言是拉丁语。每天举行会议的场次不定，有一天一次的，也有一天三次的。通常，是每天上午和下午各举行一次例会。除个别场次外，大多数例会都是对公众开放的。人们长久期待的、意义如此重大的"多特会议"，在当时就是举国关注的盛事。它吸引了"联省"远近各地好奇的人们前来多特观摩会议。尽管大多数旁听者听不懂大会使用的拉丁语，但他们仍然能够通过亲眼目睹会议现场和揣摩与会者的表情、语调和姿势来满足自己的好奇心。整个会议期间，旁听者的人数常常维持在数百人，其中尤以妇女和年轻人居多。多特当地的客栈和旅店一时生意兴隆。需要指出的是，那些公认的"抗辩派"分子则不允许旁听，他们往往都会被看门人和卫兵拒之门外。譬如，阿米尼乌从前的学生乔安尼斯·纳修斯就曾混杂在旁听人群里，但被人辨认出其身份后，旋即被"请出"会场。

　　多特会议开始后的头一周里，主要处理和解决的是一些预备性和实际性的事宜。大致的议程则是由"大议会"和"联省"教会议会事先商定的，亦即首先讨论"抗辩派"主张的"五点抗辩"。而要讨论"五点抗辩"就必须要传唤"抗辩派"人员到会。起初，教会主席博格曼似乎主张应传唤全部"抗辩派"圣职人员；而"抗辩派"也都希望能够亲自到会为自己辩护，而不是依靠其他人来"代表"自己。但最后，是掌控大会总体形势的"平信徒委员会"决定了需要传唤多少人、传唤哪些人以及在什么时候传唤那些人。于是，"平信徒委员会"与博格曼及其两位"评估员"、两位"记录员"，在私下里确定了应从"联省"各地传唤13名"抗辩派"牧师到会，并进而确定了具体名单。在获得这一消息后，埃皮斯科皮乌斯提出抗议；埃皮斯科皮乌斯作为神学教授自然应属会议正式代表，但他却被告知只能作为"被传唤的""抗辩派"出现在会议上。抗议无效后，埃皮斯科皮乌斯开始退而建议，由"抗辩派"自己来确定选派那些能最好维护"抗辩派"立场的人选；或者，那些代表中至少应包括参加过1611年"海牙磋商会"的六位代表；或者，至少应包括他们"抗辩派"的领袖人物尤腾鲍加特和格雷文乔维斯。但所有这些一退再退的请求均遭拒绝。而在"平信徒委员会"与博格曼最终确定的传唤名单上，除埃皮斯科皮乌斯外，只有豪达的伯皮乌斯较为著名，其他人特别是来自荷兰省以外的"抗辩派"都不为人熟知。"抗辩派"那些擅长神学教义与演说的人物譬如博利乌斯和科维奴斯等人都不在传唤之列。而受到传唤的人则被要求"在接到通知后"14日内向会议报到，并承诺他们可以按大会规定自由为自己辩护，以及安全地往返多特。总之，有关传唤"抗辩派"到会的事宜，基本上都是几位会议领导者私下自行决定的，并没有经过全体大会的公开讨论。

　　在等待"抗辩派"代表到来的半个多月时间里，大会在平静轻松的气氛中讨论了四个与当地教会有关的实际问题。一是将《圣经》翻译成荷兰语的问题。英国代表介绍了英国前些年组织翻译出版"詹姆斯王钦定本"（"King James Bible"或"Authorized Version"）的经验。但荷兰的做法要简单得多，只是安排几个人翻译后，再由各省教会修订。其中，博格曼本人也是翻译者之一。二是强化主日下午学习《海德堡教理问答》的问题，以及将《海德堡教理问答》简化为"家庭用本"和"学校用本"的问题。三是是否应为远东地区异教徒父母生育的孩子施洗的问题。大会主张等那些孩子明白事理和具备判断力后再给他们施洗。四是神学生施洗与布道的资格问题。大会认为神学生没有资格施洗，但可以偶尔布道。此外，大会还讨论了强化出版审查制度的问题，以杜绝异端和无神论著述的出版。多特会议的第一阶段就这样波澜不惊地过去了。

　　"抗辩派"代表第一次集体正式出现在"多特会议"，是在12月6日上午的第 22 次例会上。之前，这些受到传唤的"抗辩派"代表，先在鹿特丹会齐并召开简单的预备会议，以商议和明确他们的应对策略。等他们抵达多特会议现场时，他们被指令在会议厅中间的一排长条桌旁就座。经过简单而冷漠的礼仪程序后，埃皮斯科皮乌斯代表"抗辩派"向大会提出请求，希望大会能够给他们一些时间以便匆匆赶到多特的"抗辩派"代表能够安顿下来；并表示他们愿意按照"上帝之道"与会议代表就他们所主张的教义展开"商讨"。随后，"抗辩派"代表被引入会议厅旁边一个房间。在此后的例会上，"抗辩派"代表将多次被单独安置在这个独立而且封闭的房间，以回避会议讨论的某些不相宜内容，或者是当他们自己需要进行单独商讨某些问题时。大会经过磋商，重新召入"抗辩派"并宣布，"抗辩派"应出席第二天上午召开的会议，并提醒"抗辩派"他们不是来与大会展开"商讨"的，也不是像在大学校园里那样，由相互平等、相互启发的论辩双方展开的"公开"或"私下""辩论"，而是应向大会说明自己的观点并接受大会的评判。埃皮斯科皮乌斯表示"抗辩派"并不计较是否使用"商讨"一词，因为他们到这里的目的是希望解决存有争议的教义问题。"抗辩派"其实并不奢望能够受到本国本地代表的公平对待，因为他们十分清楚那些极端加尔文派同胞所持有的敌对与仇视态度。但"抗辩派"似乎对外国代表还抱有一线希望。他们希望那些未曾卷入本地教会恩怨的外国代表，能够不带偏见地听取他们的观点，并制约大会对"抗辩派"采取过分有失公正的做法。为此，他们在会下向外国代表分发了两份资料，一份是对"抗辩派"立场的辩护，另一份则是对荷兰"联省"近期教会发展的描述。

在次日上午举行的会议上，埃皮斯科皮乌斯在获得允许后，发表了一份近两个小时的长篇演说。这篇极具说服力和打动人心的演说，甚至使一些会议代表都眼含热泪。[1] 埃皮斯科皮乌斯指出，包括"抗辩派"和"反抗辩派"在内的任何人，在天国事情上都不可能是不犯错的。而他们"抗辩派"在坚信改革宗信仰的同时，只不过是想要矫正某些在他们看来属于不妥与失当的教义，譬如生硬粗俗的极端预定论教义，却为此而招致本不应加诸他们之身的如此巨大

1　Cf. *The Works of James Arminius*, Vol. 1, p. 490, "note".

的仇恨与伤害。而现下的可能性则不外有三种：一是相互宽容，"联省"局势的发展似乎已经否定了这种可能；二是召开公平公正的宗教会议，而这似乎已经被当下会议的机制与性质所排除；三是将"抗辩派"驱逐出改革宗教会，这正是摆在他们面前的残酷现实。但不论怎样，在教会内强制寻求宗教观点的完全一致性，不论在历史上还是在现实中，都是一种徒劳无益的企图和努力。埃皮斯科皮乌斯这篇强有力的演说，让大会感到始料未及。博格曼只得寻找其他事端来申斥和指责"抗辩派"，从而来抵消埃皮斯科皮乌斯精彩演说所产生的意外效果。

于是，在接下来的几次例会里，博格曼主持的大会居然可笑地反复纠缠于这样一件无关宏旨的事情：埃皮斯科皮乌斯演说结束后，博格曼当场要求将一份发言稿上交大会，但被埃皮斯科皮乌斯以暂时不方便为由推托到稍晚一些时候。令双方纠缠不休的细节是，博格曼等人坚持埃皮斯科皮乌斯当时回答说"没有另一份发言稿"，而埃皮斯科皮乌斯则坚持自己当时回答的是"没有另一份'备好的'发言稿"。这一吸引人们全部注意力的争吵，使双方言辞与情绪愈加极端和严厉。博格曼及"反抗辩派"则开始利用会场内外高涨的敌视"抗辩派"情绪，指责"抗辩派"是一帮善于撒谎与欺骗的人，是品格卑劣和信仰异端的人。而对遭受不公正待遇早已怀有心理预期，并因而变得愈发敏感的"抗辩派"，则开始质疑由清一色严格加尔文派组成的大会的合法性，认为至少本国代表都是"抗辩派"的敌人，这些昔日的敌人在这次大会上又成为"抗辩派"的评判者，所以他们同时扮演着原告、法官和陪审团的角色。教会主席博格曼趁机心怀叵测地将"抗辩派"对大会合法性的质疑，引申为对"联省大议会"和莫里斯亲王这些最高世俗行政权威的挑战。由此，在"教会主席""平信徒委员会"主席及"平信徒委员会"成员与"抗辩派"代表之间，引发了许多情绪激昂的对答与论辩。在激烈交锋中，埃皮斯科皮乌斯一度说道，"主席先生，假如你处在我们的位置而我们处在你的位置，你会服从我们的评判吗？"博格曼则随口回答，"假如是那样的话，我们就必须忍受它。但既然政府已经以不同方式指定了这些事情，那么就应当是你们以忍耐之心忍受它了"。埃皮斯科皮乌斯反驳道，"承认一个人为审判者是一回事，而以忍耐之心忍受他所施加的判决则是另一回事。我们也将忍受它；但我们的良心不会承认你们是我们教义的评判者，因为你们是我们的死敌，并使你们教会与我们教会完全分离了"。[1]　最后，代表"联省大议会"的"平信徒委员会"，只得命令"抗辩派"停止对本次大会合法性的质疑，按照大会的规定对存有争议的教义展开讨论。

　　大会从 12 月 13 日起，开始着手处理"抗辩派"主张的教义问题。但会议进行得颇为不顺。以本地极端加尔文派为主的会议代表，在仇视与惩罚心态支配下，要求"抗辩派"无条件服从大会的权威和指令。同时，他们还利用所占据的有利地位和操控会议的权力，通过诸如选择话题、打断发言、终止讨论、强迫沉默等层出不穷的小手腕，使会议进程和议题发生有利于己方和不利于对方的倾斜和变化。而"抗辩派"在明显体会到这些不公和迫害情形下，则变得格外敏感和警惕，完全不信任感以及如临大敌的心态，使他们感到似乎处处都是圈套和陷阱。而"抗辩派"的不肯轻易就范，反过来，又被作为会议正式代表的极端加尔文派看作对会议权威的冒犯，并继而对"抗辩派"施加以更加严厉的制裁措施。在这种严重失常的心态和环境下，双方都显得有些吹毛求疵、锱铢必较，几乎会为每一个旁枝末节的琐碎问题譬如议题的先后、次序、形式、语调、措辞等而纠缠不休、争吵不已。愤怒、痛苦、讥讽、嘲弄、屈辱和无奈等极端情绪时常都有按捺不住的流露和展现。但无论如何，会议还是取得一些缓慢的进展。12 月 13 日，埃皮斯科皮乌斯代表会议上的"抗辩派"，向大会提交了关于"第一点抗辩"的十条论纲。但那些论纲采用的以双重否定形式为主的表述，引起博格曼等人的不满，因为那表明"抗辩派"更乐意攻击别人的教义而不是阐述自己的教义。17 日，"抗辩派"又向大会提交了关于其余"四点抗辩"的数十条论纲。在这期间，个别未被传唤到会的"抗辩派"领袖，譬如博利乌斯及格雷文乔维斯等人，曾以私人身份赶到多特，为埃皮斯科皮乌斯等人提供了一些意见和帮助。由于大会坚持在讨论"抗辩派"提交的那些论纲之前，"抗辩派"应先向大会表明他们对于荷兰"联省"现行信条信纲的意见，所以，在 21 日，"抗辩派"提交了他们对于《比利时信纲》的意见。27 日又向大会提交了他们对于《海德堡教理问答》的意见。

　　在向大会提交这些书面材料后，"抗辩派"接下来应该向大会就自己提交

1　*The Works of James Arminius*, Vol. 1, p. 493, "note".

的论纲作出阐述、解释和辩护。但在开始讨论"抗辩派"的论纲之前，大会主席却告知"抗辩派"，大会有权限定"抗辩派"解释与辩护的程度、范围和次序；"抗辩派"必须遵从大会指定讨论议题的程序与次序，并不得对其他人的观点作出批评和驳斥。这当然引起"抗辩派"的极大不满，因为在此之前，他们在提交论纲时就一直要求先讨论"弃绝"教义而不是"拣选"教义。而按照大会指定的次序则是首先讨论"拣选"教义，至于"弃绝"教义只有在必要时才予以讨论。这在表面上看，似乎只是个孰先孰后的次序问题，其实在背后另有隐情。"弃绝"教义，自"宗教改革"时代以来就一直是新教信仰中一个没有定论的薄弱环节。极端预定论突显了"弃绝"教义引发的问题以及对整个教义体系的破坏倾向；反过来，无条件"弃绝"教义则构成了极端预定论的一个软肋和逻辑难点，是极端预定论学说中比较消极的一个侧面，易于引发人们不虔敬的推论和联想。"抗辩派"面对强大的对手自然希望取其弱点而攻之。而"反抗辩派"亦不会使自己面临牵一发而动全身的危险境地。"反抗辩派"指出1611 年的海牙磋商会并没有讨论"弃绝"教义。而"抗辩派"则认为正因为如此才需要在这次大会上探讨这一重要的教义；并表示"抗辩派"对"拣选"教义没有什么疑虑，所有的困难都是围绕"弃绝"教义而产生的。在几次例会上的反复争论和讨价还价，以及大会代表及"抗辩派"代表各自的闭门磋商后，双方不但没有寻找到化解矛盾的途径，反而在各自立场上态度渐趋强硬。其至，当"平信徒委员会"命令"抗辩派"遵从大会指令时，也被"抗辩派"拒绝。事情就此陷入僵局。

现在，大会面临的两难处境是，如果允许"抗辩派"继续留在大会上，就会形成一个难以逾越的障碍。如果将"抗辩派"驱逐出大会，就会使多特会议面临不愿意听取另一方观点的历史指控。当然，出席会议的部分代表有可能从一开始就不希望"抗辩派"出现在会议上，他们更愿意凭借"抗辩派"出版发表的著述来对"抗辩派"作出审判。但"抗辩派"以及任何局外人都会指出，书面著述是既"聋"且"哑"的，并且都还形成于若干年前。大会终究难以推脱在这一方面有失公允的指责。与此同时，争论再次演变为争吵。在这一年最后几天里，大会会场上弥漫着浓郁的火药味儿。29 日的例会甚至持续到深夜。在拒绝大会的指令后，"抗辩派"一度提出这样的妥协建议，他们愿意由"拣选"开始,接着过渡到"弃绝",清楚明白地解释他们提出的每一条"抗辩"。这样他们就能够维护自己的教义,就能够"拒斥'反抗辩派'以及'他们认为是正统之人'的相反观点"。此时,主席博格曼似乎觉得发现了对手的破绽,大声说道,"请问,'那些被认为是正统之人',你指的是谁呢?"埃皮斯科皮乌斯机智地回答说,他们并不介意等讨论到那些问题时再指出那些人的名字。感到受挫的博格曼不禁勃然大怒,用近乎咆哮的语气说道,"如果你不愿意指出他们。那么我愿意。他们是茨温利、布塞尔、加尔文、伯撒、马罗拉特、马特(Peter Martyr,1499—1562 年)、赞基(Girolamo Zanchi,1516—1590 年)、皮斯卡特、帕金斯和惠特克。那些德高望重的人,那些无畏的英雄,那些教会的高贵明灯,那些深受上帝及世人祝福与缅怀的幸福灵魂。那些就是你们想要揭穿的人"。[1] 稍微平静些后,博格曼为自己的激情迸发向"平信徒委员会"表示歉意,并恳求他们终止"抗辩派"的欺诈行径。在征求外国代表意见时,除了不来梅的马蒂阿斯·马蒂奴斯以外,[2] 大多数代表都同意没有必要再与"抗辩派"进行无谓的纠缠。至于"联省"本地代表则早已厌倦同"抗辩派"的争吵,更是一致同意尽早结束与"抗辩派"的过多纠缠。于是,大会派出"平信徒委员会"代表团前往海牙汇报会议进展并请求新的指示。

"联省大议会"在 1619 年新年的第一天,开会听取并讨论了有关多特宗教会议的进展状况。"联省"两位"省长"莫里斯亲王和路易斯伯爵也出席了这次会议。"大议会"认可了多特会议所取得的进展,并命令"抗辩派"遵从大会制定的指令,否则将面临严厉的民事与教会处罚。"大议会"还批准宗教会议的这一提议,即如果"抗辩派"不遵从大会指令,那么大会可以按照他们以前的著述和言谈对他们作出评判。"大议会"还指示,不论"抗辩派"是否遵从大会指令,他们都应留在多特并认真回答大会向他们提出的问题。"大议会"的这些严厉命令,在 1619 年 1 月 3 日的例会上,传达给"抗辩派"。但是"抗辩派"的立场仍然同先前一样坚定。对于自己随时随地都可能被驱逐出大会的不利前景,以及将要面临的严厉处罚,这些"抗辩派"代表有着十分清醒的认

---

1   *The Works of James Arminius*,Vol. 1,p. 509,"note"。

2   Cf. *The Works of James Arminius*,Vol. 1,p. 510,"note"。

识。但外部的那些非难和压迫，使得这些"抗辩派"代表更加紧密地团结在一起，他们的策略是同患难、共进退。在这一时期，他们还同流亡安特卫普的尤腾鲍加特保持着通信联系，并互致安慰与鼓励。当然，他们偶尔也不是不为这一假设而感叹惋惜，亦即假如当初听从尤腾鲍加特的建议，在更早一些时候召开这样的宗教会议的话，也许他们能够指望一个稍好一些的结果。

在此后一周左右的时间里，博格曼会同一些会议代表忙于处理"抗辩派"提交的材料，并开始从"抗辩派"已经发表的著述里提取一些为大会利用的材料，同时还准备了一系列准备向"抗辩派"提出的问题。而"抗辩派"代表则利用这个机会向"大议会"提交了一份书面文件，以阐明自己的立场与态度。到 11 日，"抗辩派"再次被传唤至大会，以查询他们的态度是否有所转变。大会得到类似于先前的回答。次日，"抗辩派"又与"平信徒委员会"进行了长时间的磋商，仍未取得任何实质性的转变。

在 1619 年 1 月 14 日星期一上午召开的第 57 次会议上，全体"抗辩派"代表最后一次出现在大会上。此时双方心志已决。当大会程序性地询问"抗辩派"是否遵从大会指令时，"抗辩派"提交了一份文件作答。这份文件里还包括了他们关于"第一条抗辩"的补充意见以及一篇申明其观点的"序言"。经过几轮简单交锋后，大会主席博格曼在盛怒中以一种极具争议性的方式，从多特大会上驱逐了"抗辩派"。也许，有部分极端仇视"抗辩派"的本国代表，希望看到"抗辩派"在羞辱中离开大会，而博格曼加倍满足了那些人的报复心愿。但问题是大会本来可以以一种会议决议的正式形式来实现这一目的，而不是采用大会主席个人主观意愿与决断的方式。这既与这次宗教会议应有的庄重与尊严不符，也有背离大会程序之嫌。况且，博格曼所展现的失态、恼怒与粗鲁，甚至当时就令一些会议代表特别是外国代表感到尴尬和不快，也为后世留下非议的话柄。不来梅的马蒂奴斯和路德维希·克罗修斯（Ludwig Crocius，1586—1655 年）以及英国的黑尔斯和巴尔坎奎尔为此曾长期耿耿于怀，难以释然，并以其比较独立的眼光从不同角度为后人留下对当时情况的描述。甚至连一向仇视"抗辩派"的英国大使达德利·卡尔顿本人在获知这一变故后，也感觉到博格曼的做法有一些不妥与失礼之处。

那时，在最后时刻，博格曼将自己胸中积蓄已久的厌烦与愤怒全都倾泻出来。他对"抗辩派"代表怒吼道，"大会全然以温柔、和善、友好、忍耐、承让和逆来顺受对待你们，而且是坦诚的、真挚的、诚实的和仁慈的。而你们所有的回报就只是卑鄙的花招、欺骗和谎言。我将以一位外国代表对你们所做的描述来驱逐你们。亦即你们以谎言开始，又以谎言结束。埃皮斯科皮乌斯在第一次到会时就撒了谎，他告诉我们他的发言没有其他副本；而在他离开时他又撒了谎，他否认他曾说过已准备好对'第一条抗辩'的解释，而整个大会都听见他曾说过那些话……你们不配再和大会打交道了……因而我以'平信徒委员会'和大会的名义驱逐你们：走开！"[1]"抗辩派"在听到这样极具戏剧意味的怒斥后，反而保持了罕见的平静。在离开会场之前，埃皮斯科皮乌斯更是以平静的语气说道，"就你指控我们的那些花招和谎言，上帝将会在我们之间作出评判"。[2]就是以这样一种出人意料的极端化和不名誉方式，"多特宗教会议"驱逐了被传唤到会的"抗辩派"。

第五节　"多特会议"下的"抗辩派"

被粗暴驱逐出"多特会议"的"抗辩派"代表，无法继续参加以后的会议了。但他们却被告知，不允许擅自离开多特，并留在原地等待大会对他们的进一步处理决定。原本寄望于以平等身份参加多特会议的"抗辩派"，很快就发现他们只是作为大会对立一方而出席会议的，继而又发现他们唯一被大会认可的身份就是由对立方组成的大会予以审判和谴责的"异端"或"罪犯"。等他们现在被驱逐出大会后，他们遗憾地发现原先行政当局传唤他们出席多特会议时，曾经承诺的有限自由与安全也变得十分可疑了。他们现在实际上是被羁押和软禁在多特，只得在无法为自己申诉和辩护的情况下，等候大会对他们的信仰和教义作出评估和审判。他们提出的派遣代表前往海牙申诉的请求也被拒绝了。他们所能够做的只是在随后几天里，向大会提交一份正式书面备忘录，以抗议他们遭受的粗暴与不公待遇，同时否认了大会主席在驱逐他们时对他们所

1　A. W. Harrison, *The Beginnings of Arminianism*, University of London Press, 1926, p. 329.

2　A. W. Harrison, *The Beginnings of Arminianism*, University of London Press, 1926, p. 329.

做的不实指控和谴责，并表明了"抗辩派"对于自己遭受大会驱逐所持有的看法与评价。

其实，大会将"抗辩派"驱逐是有其必然性的。"抗辩派"对待大会态度的桀骜不驯、对自己教义立场的固执，以及对大会视为"正统"信仰教义的批判与攻击，都使大会有理由尽早摆脱"抗辩派"这一赘负而径取自己设立的标的。所以，在驱逐"抗辩派"之前，大会已经直接或间接征询外国和本地代表的意见，而"平信徒委员会"甚至都已经预备下书面决议。但出人意料的是，大会主席博格曼却以这种极具个人情感色彩的方式驱逐了"抗辩派"。这自然引起一些外国代表的不满，因为他们认为采用更为冷静平和的方式实施这一行为，才更为符合大会应有的尊严与惯例。而博格曼则再次将责任推给代表世俗权威的"平信徒委员会"，声称自己是按照该委员会旨意行事的。

但无论如何，正在进行中的多特会议，此时陷入一种危机并面临着一种定向转折。在随后几天里，大会开始闭门评估当前的形势和协商下一阶段的议程。大会下面面临的主要任务包括评判"抗辩派"教义和提出大会正式认可的教义，而当务之急则是评判"抗辩派"的"五点抗辩"。由于"抗辩派"代表已经被驱逐出大会，由于无法再与其进行当面口头磋商、质疑和提问，所以大会决定将根据"抗辩派"已经提交给大会的那些材料、1611 年"海牙磋商会"留下的大量书面材料，以及"抗辩派"人物出版发表的部分著述，这三部分素材来对"抗辩派"立场作出评估。对于所有这三部分材料，特别是"抗辩派"出版发表的著述，大会就有一个取舍与选择问题。而博格曼等人作为"抗辩派"宿敌，在作出这种取舍选择时就不可能不夹杂以个人好恶因素。连英国观察者都发现，急于置"抗辩派"于死地的博格曼等人，显然挑选了"抗辩派"著述中最糟糕、最成问题的那一部分来供大会评判。[1] 大会的这一决定以及先前驱逐"抗辩派"的决定，很快就获得"联省大议会"的正式批准。于是，多特会议就进入一个新的阶段，开始着手评判"抗辩派"提出的"五点抗辩"。但这并不是一件容易的事情。为了显示大会对待"抗辩派"的"最大"公正性，为了避免落下不倾听对方辩护就评判对方的历史污点——特别是当"抗辩派"就

1　Cf. *The Works of James Arminius*, Vol. 1, p. 546, "note".

被羁押在多特却不允许其出席会议之时，同时，也是为了平息部分外国代表流露出的越来越多的不满——霍尔已经托病离开多特会议，克罗修斯曾当场提出过抗议，还有一些外国代表也以不同方式表达了自己的不同看法，大会对待"抗辩派"的态度有所缓和，并开始寻找一些折中性的补救措施。

1619 年 1 月 23 日，代表世俗行政权威参加大会的"平信徒委员会"通知"抗辩派"，尽管他们已经被驱逐出大会会谈与磋商，尽管大会已经决定按照现有材料来审判他们的教义，但为了消除一切抱怨，"平信徒委员会"决定还是允许这些"抗辩派"代表，在两周时间内，以书面形式向"平信徒委员会"提交，对于"五点抗辩"的一切必要的补充、解说和证明。这个决定，对于坐以待毙的"抗辩派"来说当然是一份意外之喜，并且他们可以不必再回答大会向他们提出的烦琐质疑，不必再拘泥于大会为他们设定的种种限制而可以自由地为自己的立场作出解说与辩护。"抗辩派"对"平信徒委员会"表示感谢，并希望能够再多给予他们一些时间，因为他们涉及的都是至关重要的问题。随后，这些被"软禁"在多特的"抗辩派"代表，在年轻而干练的神学家埃皮斯科皮乌斯的领导下，以高度的热情和勤勉投入到撰稿与写作之中。"抗辩派"在被大会驱逐以前，已经向大会提交了他们关于"五点抗辩"的论纲，亦即，为每一条"抗辩"都提出了若干条纲领性的"神学论纲"。现在，他们需要继续完成的是，为每一条"抗辩"分别提供详尽的"解说"和"辩护"。其中，"解说"是对自己立场的阐述与解释；而"辩护"则是对对立观点的驳斥和否定。

到 2 月 7 日，伯皮乌斯和另外几名"抗辩派"代表出面，向"平信徒委员会"提交了由 204 张稿纸组成的厚厚一大摞手稿。"平信徒委员会"检视这些手稿后，发现"抗辩派"才只进行到第二条"抗辩"的一半。具体地，这一大摞文稿包括以下内容：由全体"抗辩派"代表签名的一份解释撰写这些手稿的起因与目的的序言；对第一条"抗辩"的"解说"与"辩护"；对"罗马书"第九章的解释；对第二条"抗辩"的"解说"；以及对第二条"抗辩"所作"辩护"的提纲。"抗辩派"的勤勉与海量文稿，令"平信徒委员会"吃惊匪浅。他们在申斥"抗辩派"批评大会及"正统"信仰的同时，只得顺势又给予"抗辩派"一周时间，令其完成其余的书面材料。2 月 15 日，"抗辩派"又提交了60 页手稿，这些手稿的内容只包括对第三、第四及第五条"抗辩"的"解说"，而不包括"辩护"，此外，还缺少对第二条"抗辩"的"辩护"。所以，"抗辩派"虽然在过去三周里夜以继日地拼命工作，但还是未能如期完成他们想要提交给大会的材料。为了不留遗憾，"平信徒委员会"只得再次命令"抗辩派"必须在未来十天里完成全部工作。到2月25日，"抗辩派"又提交了80页手稿，才刚刚完成对第二条"抗辩"的"辩护"部分。对此有些不知所措的"平信徒委员会"，在与教会主席博格曼协商后，申斥了"抗辩派"的烦琐与拖沓，并表明为了保证大会的议程与会期，"抗辩派"如果不能在短时间内完成其余材料，"平信徒委员会"将不再接受他们的新材料。就这样，大约到3月18日，"抗辩派"最终完成了他们全部的工作，并提交了他们所有想要提交的书面材料。

当"抗辩派"提交的所有手稿汇齐后，形成了令人叹为观止的一大摞文稿——一个成人几乎都无法轻易搬动它们，当然那个时候使用的纸张远不如后来的那么轻薄。在多特的这些"抗辩派"分子，原先并不是一个统一协调、长期合作的班子，他们是由大会从"联省"各地传唤到多特的，亦即在他们之间也可能有不同见解和看法，但他们却能够全体一致地认同和签署那些手稿。他们是被大会传唤来的并在被大会驱逐后仍羁押在多特。他们有些人已经被原先隶属的教会和城镇褫夺了牧师职务并遭受着迫害。他们条件极其有限，所携带的参考书和备用文件也十分有限。他们可资利用的时间十分紧迫，并常常通过据理力争才能够为自己争取一些额外的时间。但面对所有这一切困难，他们居然不可思议地创作出如此众多并经得起历史检验的文献手稿。这简直就是一个奇迹。其中的主要撰稿人当然是埃皮斯科皮乌斯，但其他成员也分别作出应有的贡献，譬如伯皮乌斯和乌得勒支瓦隆语教会牧师查尔斯·尼勒（Charles Nielle）。不过，"抗辩派"对自己撰写这些文献的作用和影响并没有抱什么希望，因为他们已经得知大会会在没有认真对待这些文献的情况下对他们的立场作出评判。在提交这些文献后，他们向"平信徒委员会"申明："我们预备这些解说与辩护，不是为了供大会使用——我们与大会已经没有任何往来，而只是为了遵从阁下的指令。大会从未对我们所做的——不论在解释还是在辩护我们的教义上——表示过哪怕丝毫的敬意。正相反，在没有收到我们的论文，或者至少是没有认真审阅它们的情况下，他们就一直在对我们进行抨击；这可以说是对我们整个教义的一种预先定罪。"[1] 事实也证明，大会既没有时间也没有心思，去仔细审阅"抗辩派"提交的那些文件。大会只是利用几次例会审阅了其中极小一部分内容，然后就只是指定一个代表委员会来检视那些文件，并要求他们如果发现有什么特别或可疑之处再向大会报告。这其实就是将那些文献搁置一旁了。

此时，"抗辩派"代表再留在多特已经没有任何意义了。他们已经完成他们所有想要完成的工作；而大会也不再需要关注他们了。但来自海牙的新指令，仍然要求他们未经许可，不得离开多特。这显然是担心他们离开后会散布对多特会议不利的消息，或者扰乱现有的教会平静。因此，从 3 月中旬到 5 月多特会议结束，这些"抗辩派"代表就一直被无所事事地羁押在多特。一些人以个人原因提出返回家乡的请求，亦遭拒绝。乌得勒支两位"抗辩派"代表，在 2 月底闻知他们已被乌得勒支行政当局剥夺行使牧师职责的权利后，向有关方面提出，既然他们已经不再属于教会圣职人员，大会理应允许其离开多特，因为大会曾经以格雷文乔维斯不再是圣职人员为由拒绝其参加多特会议。但他们的请求仍然遭到拒绝。稍后，来自霍恩的"抗辩派"牧师多米尼克·萨普马（Dominic Sapma），听说自己即将分娩的妻子已经被驱赶出所居住的房子后，不顾禁令冒险返回霍恩，结果在另一间空空如也的屋子里找到了临产的妻子。萨普马只得将妻子带回多特。在他们离开霍恩时，当地同情其悲惨遭遇的信众，与前来押送他们的国民军还发生摩擦，导致数十人死亡与受伤。这一悲剧事件在当时并非个案。"抗辩派"十分清楚，正在进行的大会最终将把他们开除出教会；"抗辩派"圣职人员及信众将被看作"异端"而在各地受到迫害。

而多特会议的实际发展，也的确印证了"抗辩派"的这种预期。在将"抗辩派"驱逐出大会以前，大会并未取得多少实质性的进展，而会期却不能无限期拖延下去，一些外国代表甚至希望能够在复活节前回家。为此，大会在消除"抗辩派"这个掣肘因素后加快了步伐。大会首先需要处理的是讨论和评判"五点抗辩"。其中，"讨论"和"评价"分为两个不同阶段进行。第一阶段，是对"五条抗辩"逐一进行讨论。为提高效率起见，大会进行分组并由每组主

1　*The Works of James Arminius*，Vol. 1，p. 555，"note"．

要负责"一条抗辩"。而在具体讨论议程安排上，是分别安排一位神学教授对相应的那条"抗辩"，根据大会主席建议的相应问题与内容，作出导论性的详尽解说。然后，大会根据主席和神学教授设立的线索进行自由讨论。这一阶段大约从1619年1月16日持续到3月6日。在讨论完所有"五点抗辩"以后，大会从3月6日晚到21日，按照"五点抗辩"的顺序，逐一宣读各组讨论结果，并分别对各条"抗辩"作出评判。作出判定的顺序基本按照座位顺序进行，先是外国代表，从英国代表开始到不来梅代表结束；然后是本国代表，从神学教授开始到瓦隆语教会代表结束。大会对"五点抗辩"的每一点"抗辩"都形成19条判决，其中第3和第4条"抗辩"被放在一起加以评判。所有这些判决再加上一些补充评判，共形成80篇书面判定决议；放在一起就是密密麻麻700页厚的文件。看来，不论"抗辩派"还是"反抗辩派"，他们在神学教义上的精微琐细及旺盛表达力，都对得起他们的加尔文派称号。

大会虽然一致性通过了对"五条抗辩"的评判，但这并不能完全掩盖在与会代表内部，特别是在部分外国代表与本地代表之间就某些问题存在的不同看法。其中，不来梅代表马蒂奴斯和克罗修斯与"联省"极端加尔文派代表戈马鲁斯和卢伯图斯的分歧最为明显。在讨论"第一条抗辩"中的上帝拣选教义时，戈马鲁斯在解释中认为上帝首先决定了个体的救赎，然后才决定了实施这一命令的手段亦即基督。按照这种逻辑，唯有作为圣父的上帝才是人获救的作者（author），而作为圣子的基督只是人之救赎的执行者（executor）。马蒂奴斯等人对这种说法表示怀疑，认为基督不仅是人救赎的"执行者"，而且也是人救赎的"作者"和"提供者"（procurer）。[1] 双方的争论因为戈马鲁斯过分的感情投入而一度演化为争吵。马蒂奴斯不但在上帝拣选问题上与极端加尔文派存在分歧，在大会讨论到"第二条抗辩"时，他对基督赎罪范围的理解亦与极端加尔文派不尽相同。在这一点上，马蒂奴斯获得部分英国代表的支持。英国国教会"第31款信纲"断言，基督牺牲所作的赎罪是指"全世界所有的罪"。约翰·戴夫南特和塞缪尔·沃德主张"全世界所有的罪"是指人类中每一个个体；这接近于"抗辩派"的立场。而沃尔特·巴尔坎奎尔和托马斯·戈德则将

1　Cf. *The Works of James Arminius*, Vol. 1, p. 513, "note".

其理解为仅指"拣选者";这就比较接近极端预定论的立场。由于英国代表自
己相持不下,所以他们还专门就这一问题请示过国内。而从英国国内传回的答
复亦不明朗,因为坎特伯雷大主教的答复与英国国王的答复互不相同。这从侧
面也反映了英国国教会在这一时期,对这个教义问题存在着不同观点。而对于
多特会议来说,极少数人的不同看法并不能动摇绝大多数代表的立场。而表决
形式则是窒息少数派声音的最堂皇的形式和最便捷的途径。当大会讨论到"第
3 和第 4 条抗辩"亦即人的自由意志问题时,戈马鲁斯和卢伯图斯与不来梅神
学家再次发生争执。此外,不来梅神学家因主张善待各地"抗辩派"牧师而招
致额外的怨恨。大会主席则放任戈马鲁斯和卢伯图斯用激烈言辞攻击不来梅神
学家。不来梅神学家的遭遇引起英国主教乔治·卡尔顿的不满。当卡尔顿主教
试图介入时,戈马鲁斯立即宣称大会应接受理性而不是权威的主宰。这当然令
这位主教甚感不快。而不来梅神学家在气愤之余不仅缺席了几次例会,还曾一
度想要提早离开多特返回不来梅。通过这些内部争执,那些外国代表算是切身
领教了荷兰本地代表在神学教义争论中所持有的心境、情绪和立场。

　　而对于神学教授戈马鲁斯本人来说,更大的挫折与恼怒恐怕还是来自大会
本身。曾经踌躇满志前来参加多特会议的戈马鲁斯,本以为大会会采纳并推进
自己的堕落前预定论,亦即上帝在人堕落之前就预定某些人获救而其余人遭受
永罚,但这种有可能会导出"上帝是罪之作者"的极端教义,不仅受到部分外
国代表的质疑,而且也不为大多数本地代表所支持。当戈马鲁斯试图引证其他
国家信纲譬如英国信纲来支持自己的观点时,卡尔顿主教和戈德以更准确的理
解指出,英国教会认为上帝是从已经堕落了的人中拣选了获救者。大会经过讨
论,否定了戈马鲁斯的堕落前预定论这一最极端教义,修订了加尔文和伯撒的
严格而机械的逻辑,采取了这样一种比较温和的表述形式:拣选是上帝从堕落
之人中的选择,而弃绝则是人自我堕落状态的自然后果。[1] 在多特会议结束后
的许多年里,戈马鲁斯经过冷静思考,可能也意识到自己极端立场所包含的潜
在风险。为此他提出一些其他概念譬如"上帝有条件的预知"来弥补自己学说

1　Cf. John L. Girardeau, *Calvinism and Evangelical Arminianism*, New York: The Baker & Taylor Co.,
1890, pp. 9 – 11.

的漏洞，亦未能差强人意。

到 3 月 21 日，大会结束了对"五条抗辩"的"讨论"和"评判"。在拒绝和否定被大会判定为错误的教义后，大会接下来还需要提出所谓的正统教义或教典（the canons）。大会主席博格曼告诉大会他已经准备好一份教典草稿，大会只需要对其提出修订或增删意见即可。这种专断做法遭到大多数外国代表的反对，其中英国代表的反对意见尤为激烈。作为妥协，大会指定一个委员会，由三位外国代表和三位本国代表，协助教会主席博格曼及其两位"陪审官"或"评估员"负责起草大会正式教典。在起草委员会里，三位本国代表分别是波利安德、瓦勒乌斯和特里格兰迪乌斯；三位外国代表则是英国的卡尔顿主教、帕拉廷的斯卡尔泰图斯和瑞士日内瓦的乔瓦尼·迪奥达蒂（Giovanni Diodati，1576—1649 年）。在这些人中，只有迪奥达蒂较为陌生。他是英国诗人弥尔顿叔父的一位挚友，最早将《圣经》翻译为意大利文，此外还曾将《圣经》翻译为法文。有迹象表明，他在多年以后的反思中，对多特会议某些教义观点表示了不同的见解。[1] 在制定完毕这些教典之前，大会不再举行例会，但在起草出每条教典后，交给各国和各省代表进行审阅和修订。经过三周左右的时间，到 4 月 16 日，制定大会教典的工作宣告结束。

在随后一周里，大会主要用于履行相关的批准与签署程序。大会要求每一位代表，对每一条教典，给予正式认可，并要求代表公开宣布这些教典包含与"上帝之道"以及"改革宗教会之信纲"相一致的正统教义，而那些与这些教典不符的教义则是应当予以拒绝的虚假与异端观点。在正式签署大会通过的教典之前，在会议后期正变得越来越活跃的英国代表提出以下几点意见。第一，希望能够在教典正文或者后记里，增加一个部分，用以表明大会拒绝那些属于过于粗鄙极端的超正统表述。这里，英国代表实际所指的是部分"反抗辩派"所发表的过于极端化的教义主张，譬如"人不能做比他实际所做的更多的善""上帝驱动人的口舌说出亵神之语"，等等。英国代表这一主张还得到不来梅和黑山代表的支持。第二，英国代表是英国国王派遣来的，并非英国和苏格兰教会的代表，因而他们对自己教会立场的理解与解释，只代表他们个人而不是他

1　Cf. A. W. Harrison, *Arminianism*, London：Duckworth, 1937, p. 130.

们所隶属的教会。相应地，他们也没有权力使英国教会附属或恪守于多特会议所通过的教典，尽管他们认为英国教会与荷兰教会的信仰是完全一致的。第三，英国代表还对大会教典序言和后记里以及在公开认可教典时，所使用的"改革宗教会"（the Reformed Churches）一词的指涉范围提出异议。在荷兰"联省"，人们常常用"改革宗"这一自我称谓，使自己与罗马天主教和路德宗相区分。而英国代表指出，他们认为不仅英国教会和荷兰教会是"改革宗"，"路德宗"也同样是"改革宗"，因为"宗教改革"首先就是由德国人路德发起的。所以，他们同意英王的看法，"改革宗"亦应包括"路德宗"在内。波利安德和斯卡尔泰图斯则指出，是"路德宗"自己放弃使用"改革宗"这一称谓的。对于这三点异议，大会利用表决形式用多数否决了第一点异议，亦即大会虽然没有支持戈马鲁斯等人的极端化观点，但也用不着去明确拒绝它们。对于第二点异议则表示理解。对于第三点异议，最终还是没有采纳英国代表提出的把"改革宗教会"前的定冠词"the"更改为物主代词"our"的建议。因为后者似乎只是指荷兰"联省"的"改革宗教会"，这与多特会议的宏大普世目标不相称。而前者则是一种模糊化的处理，它可以指荷兰"联省"的"改革宗教会"，也可以指所有加尔文派教会，还可以指由"宗教改革"派生的整个新教教会。在经过这些小小的交涉后，大会在1619年4月23日第135次和136次例会上，批准并签署了大会制定的教典。

　　通过了大会教典，就等于是确立了"改革宗教会"的"正统信仰或教义"，也就完成了大会最主要的任务。余下来的基本都是程序性和过场性的事宜了。譬如，复制和签署大会教典副本。譬如，根据刚刚通过的教典，制定教会对反对教典立场的"抗辩派"以及拒绝签署教典者的制裁和处罚。其中包括将"抗辩派"开除出一切宗教会议、地区教会议会以及地方教会议会组织，终止"抗辩派"在教会内的一切职责和事奉，等等。所有与会代表都很清楚他们的对手"抗辩派"将面临多么严厉的处罚和制裁。在所有涉及这些制裁与惩罚的决议上，外国代表均拒绝发表意见，因为他们不愿意染指对其他国家公民的谴责惩处。而大会有关的决议也只有达曼、霍缪斯和海因修斯这三位秘书的签名。接着，大会处理了一些具体事宜和收尾事宜。譬如，处理了一些"联省"内部教会事务和一些牧师的信仰立场问题。譬如，宣读和讨论了法国牧师杜莫林的长函；杜莫林迟到的信函对大会决议没有能够产生任何影响。譬如，走过场式地讨论了对于《比利时信纲》和《海德堡教理问答》的意见；大会没有对这两部教会信条作出任何实质性修订，只是提出一些版本方面的枝节问题。

此外，大会还在5月2日、3日和4日这三天时间里，主要讨论了一个历史积留问题，这就是沃斯修斯问题。这些年来，可怜的、被抛弃的沃斯修斯一直在豪达伤心度日，并不断重复着自己没完没了的这种或那种辩解。多特会议期间，沃斯修斯曾致函大会与与会的每一位外国代表，陈述自己的冤情，表明自己的悔改意愿，呼吁给予自己以基督徒的兄弟情谊。他还表示愿意到多特来为自己辩护。但所有这一切均无济于事。不允许一个人辩护就谴责这个人，在人类信仰与良心史上从来都是一种洗刷不掉的耻辱。大会居然都没有给予他前来多特为自己辩护的权利。5月4日的第152次例会宣布，沃斯修斯以其冒犯和不虔敬之心损害了基督教信仰的基础，所以他不配担任改革宗教会的教授职务，他的有关著作应当受到查禁。英王的恼怒、"反抗辩派"的嫉恨以及部分外国代表的积怨，至此在无所遏制的嚣张中完成了对可怜的沃斯修斯的最后一击。

正式大会进入了尾声部分。1619年5月6日的第153次例会不同以往。大会在祷告结束后，立即两人一组、两人一组地向多特城大教堂（the Great Church）"列队行进"（procession）。在经过多特市政厅时，行政官员也加入了游行队伍，队伍后面则尾随了大批观众。到达大教堂后，大会代表占据诗班席位，其他人员则依次而坐并挤满两厢和教堂外的空地。大会主席博格曼登上布道坛做了长篇祷告，接着两位秘书高声朗读了大会通过的教典。在诵读教典时，还为穷人举行了慈善募捐。秘书朗读结束后，逐一念出签署教典的正式代表的名字。根据博格曼的提议，当念到谁的名字时谁就脱帽表示认可。这也算是一点"小花絮"了。接着，大会还宣读了对"抗辩派"的判决。然后由博格曼做总结演说并致谢。最后，在管风琴声中，所有人从大教堂鱼贯而出、散布各处。"游行"与"献礼"完成了。5月7日上午的例会，是所有外国代表离开前参加的最后一次例会。在互致恭维与告别言辞后，举行了庆祝盛宴。其时正值耶稣升天日，明媚的春光在漫长的寒冬过后已经牢牢占据了原野。音乐与欢笑，遮盖了被羁押的"抗辩派"的叹息，在多特城上空随风飘荡。

第二天，外国代表离开了多特。分别之前，"平信徒委员会"向每位代表颁发金质奖章和项链，以表彰他们为多特会议作出的贡献。此外每人还接受了丰厚的会议津贴和川资。有一小部分外国代表在回家之前可能还曾绕道海牙，目睹了四天后在海牙发生的重大历史事件。而本国代表则继续留在多特，又举行了26次例会，以完成大会指派给本地代表完成的任务，处理"抗辩派"事宜，商讨本国教会的一些具体事务，譬如遵从安息日问题、学校规章问题、婚礼仪式问题，等等。本国代表在多特的会议一直持续到5月29日才告结束。不过，这些日常事务不会提起外人的兴趣。旁观的人群大部已经散去。事实上，整个"联省"已经把关注目光从多特转向了海牙，因为在那里正在发生更为激动人心的事情。

举世闻名的多特会议前后持续了半年左右的时间。在多特对"抗辩派"牧师进行宗教审判的同时，在海牙则对支持"抗辩派"立场的政治领袖进行着政治审判；这两场审判都是与"抗辩派"有关的审判。多特进行的是宗教审判，海牙进行的是政治审判。多特审判与海牙审判几乎是同步进行的。在某种意义上，海牙审判为多特审判提供了前提保障并确定了基调走向，而多特审判则为海牙审判提供了教义支持和形式上的合理合法性。回过头来，就海牙的情形而言，奥尔登巴恩韦尔特、格劳秀斯和胡格比兹三人被捕后，并没有立即受到调查和审判。他们受到了严密监禁，也没有受到过多虐待，但不允许与外界和家人保持联系。大致在多特会议开幕前后，他们才开始陆续接受审查。审查是由三名检察官在"联省大议会"指派的六名代表监督下进行的。随后，"大议会"还任命了一个由24人——其中一半来自荷兰——组成的最终评审团，负责对这三名受审者作出判决。此时，莫里斯亲王已经消除了所有潜在隐患，使整个"联省"政治与宗教事务都牢牢控制在自己和"反抗辩派"手中。唯一倾向于受审者的声音来自法国。可能是受到范·德·迈尔的推动，法国驻荷兰大使肯定了奥尔登巴恩韦尔特对荷兰作出的杰出贡献，并呼吁能够对他作出公正的审判。

当然，在那种特殊环境里，调查与审判只不过是一种必须履行的程序。但就调查过程本身而言，真正受审的与其说是这三位被指控者，不如说是那些指控他们的人。对奥尔登巴恩韦尔特等人最严重的指控原本是叛国罪。但即便是这种"欲加之罪"的审查，也没有发现任何证明受指控者与西班牙人勾结的证据。后来，对这三人的指控主要集中在这两点上：组织"民兵武装"准备"内战"和滥用职权阻碍召开"全国宗教会议"。但恰恰是这两点，奥尔登巴恩韦尔特和格劳秀斯可以利用荷兰议会的决议和授权为自己作出有力的辩护。此外，还陈列了一些琐碎的指控。在整个审讯和审判过程中，只有文人出身的格劳秀斯在一开始表现出一丝畏缩之意。但很快地，他就与奥尔登巴恩韦尔特和胡格比兹一样，变得坚定无畏了，尽管遭受包括死刑在内的重罚是预料之中的事情。

　　值得大书特书的是，这三位面临处罚的当事人对自己信念的坚定立场以及表现出来的英勇无畏精神，也得到他们各自夫人的遥相呼应。在战事频仍和悲欢离合的年代，往往都会涌现出一些丝毫不让须眉的巾帼豪杰。奥尔登巴恩韦尔特夫人不但没有无谓地去乞求宽恕，反而在自己家门口遵循当地习俗竖立起五朔节花柱。格劳秀斯夫人则对劝她去为丈夫乞求恕罪的人说："我不会那样做。如果他确实有罪，就让他们砍掉他脑袋好了。"[1] 而病重的胡格比兹夫人也同样没有什么软弱的表现。"大议会"对奥尔登巴恩韦尔特三人的问讯审理，在 1619 年 4 月中就已经结束。但最终判决结果的宣布，却被推迟到多特会议结束以后，因为这种政治判决需要有多特会议确立的"正统"教典来作为铺垫和基础。5 月 12 日晚上，审判团首先对奥尔登巴恩韦尔特宣布了死刑。死刑于次日清晨在海牙"内廷"当众执行。奥尔登巴恩韦尔特坦然接受了死亡。他对荷兰人民最后所说的话是，"不要相信我是国家的叛徒。我从来都是正直而忠实地以一个爱国者来为人处世的。也正是为此我才被处死"。[2] 有许多人都亲眼目睹了这一历史事件。在大批围观人群中，也许还有专程绕道海牙的出席完多特会议的外国代表——他们显然是太专注于"仰首"注视那高高的绞刑架了，如果他们肯"俯首"的话，兴许还能发现自己的双手也已染指于其中了呢。处死奥尔登巴恩韦尔特以后，绞刑架还保留了几天，似乎是给格劳秀斯和胡格比兹留下的。但这两人并没有被吓倒。而他们得到的最终判决却是终身监禁。至于与他们三人同日被捕的范·莱顿伯格则早已自杀身亡。

　　就这样，多特的宗教审判与海牙的政治审判，从宗教与政治上，联手镇压

1　A. W. Harrison, *The Beginnings of Arminianism*, University of London Press, 1926, p. 299.

2　A. W. Harrison, *The Beginnings of Arminianism*, University of London Press, 1926, p. 299.

和清除了荷兰"联省"范围内的阿米尼乌派。荷兰"联省"宗教与政治交织在一起的国家独立与宗教自由斗争，进入了一个新阶段。

　　"多特会议"制定并通过的信仰教典，构成了 17 世纪加尔文主义的经典表述。它是《圣经》经文与加尔文主义教义的完美结合，代表了那个时代信奉的正统新教信仰。由于受阿米尼乌主义"五条抗辩"论述与表述主题及形式的制约，它不像英国的《威斯敏斯特信纲》那样面面俱到。由于受篇幅与表述方式所限，它也不像加尔文的《基督教原理》那样无所不包和精微详尽。由于要表达精微的逻辑含义并竭力与不同观点相区别，而在某些行文表述上显得有些重复啰唆，但它却是对那个时代改革宗信仰最核心教义的完整、全面而准确的表达，反映着那个时代新教改革宗信仰的要旨和精华。后人更将多特会议制定的五条教典之简要标题的首字母组合在一起，就形成了一个既有字面含义又具有荷兰地方特色的单词，这就是在改革宗教义史上广为人知的神学"郁金香"（TULIP）：T—total depravity（完全腐败）；U—unconditional election（无条件拣选）；L—limited atonement（有限赎罪）；I—irresistible grace（不可抗拒的恩典）；P—perseverance of the saints（圣徒的忍耐持守）。

　　对于多特会议，在阿米尼乌派看来无疑是不公平和不宽容的。在一些路德宗信徒看来，它对阿米尼乌主义的谴责，似乎是对路德宗信仰的部分教义与主张的间接批评与拒绝。在某些置身于新教信仰立场之外的人看来，它在某些方面有些宗教审查与裁判的专制与排他意味。但是对于追随和信奉改革宗正统立场的人来说，多特会议教典代表了他们信仰的主张与立场。他们对于多特会议本身亦不乏溢美之词。多特会议在新教改革宗历史上是唯一一次具有"准普世"特征的宗教会议。在这一点上，它比只有英格兰和苏格兰代表参加的威斯敏斯特会议具有更加广泛的代表性。多特会议尽管对"抗辩派"采取不公平的对待，但它在其他方面都尽力效仿使徒和原初教会时代召开大公会议的形式和精神。况且，与会的本地代表，不论阿米尼乌派还是加尔文派，所展示的神学素养和教义洞见都是令人深为钦佩的。考虑到他们置身于其中的神学教育处境和教会教牧事奉，以及动荡不安的社会政治环境，考虑到他们的宗教与国家独立才只有短短数十年的历程，他们能够展示出那么精细、深奥与复杂的教义思考和阐释，能够展示出那么丰富的有关古代基督教与基督教信仰的学识与见地，几乎就是一件不可思议的事情。

多特会议的教典，显然已经经历历史的检验。它至今在北美仍然为不少改革宗教会奉为信仰圭臬。荷兰人是最早移民北美的族群之一。主要在荷兰移民后裔中组建的荷兰改革宗教会，在北美宗教发展史上作出了重要贡献和发展。在当今北美社会里，历史上受荷兰改革宗教会影响发展起来的一些主要宗派或者宗派联盟，譬如"北美基督教改革宗教会"（Christian Reformed Church in North America）、"北美荷兰改革宗教会"（Netherlands Reformed Congregations in North America）、"美国新教改革宗教会"（Protestant Reformed Churches in America）、"美国改革宗教会"（Reformed Church in America）等，仍然以多特会议制定的教典以及《比利时信纲》和《海德堡教理问答》为其信仰准则。其信徒人数大约有五十万人。当然，多特会议教典所具有的影响并不局限于这些建制性教会或教会联盟，而是延展到整个基督教新教的各个方面。在某种意义上，它与其他一些信条一道界定、规范和表达着基督教新教的信仰。可以说，多特会议对于后世维持、巩固和强化保守而传统的加尔文派信仰具有深远的历史价值和影响。

多特会议在 1619 年 5 月 6 日全体一致通过的教会信仰教典，其内容除了包括序言、结语、签名、对"五条抗辩"的评判以及对"抗辩派"的审判以外，还从正面以肯定形式表述了改革宗教会的信仰，并宣称它们是为"所有改革教会"所信奉的。菲利普·沙夫收录在其名著《基督教信条》中的英文底本，所依据的是在纽约发表的《美国改革宗教会宪章》中的相关内容，并基本保留了原初拉丁文本的样式。本书以沙夫《基督教信条》收录的英文本为底本；[1] 比对哈里森《阿米尼乌主义的发端》中使用的英文本；[2] 参照拉丁文版本；参考

　　1　Schaff, Philip (ed.), *The Creeds of Christendom: With a History and Critical Notes*, 3 Vols., 6th ed. Grand Rapids, MI: Baker Books, reprinted 1998 from the 1931 edition, Vol. Ⅲ, pp. 581 – 595.

　　2　A. W. Harrison, *The Beginnings of Arminianism*, University of London Press, 1926, pp. 347 – 375.

汤清《历代基督教信条》收录的中文译本；[1] 重新进行了翻译。其具体内容如下：

第一条教义：关于神圣预定。

第1款　由于所有人都在亚当里犯了罪，处在诅咒之下，并遭受永死，所以上帝因其罪而任由他们全都毁灭，并遭受谴责，并没有任何不公正之处。按照使徒的话，"好塞住各人的口，叫普世的人都伏在神审判之下"（"罗马书"3：19）；"因为世人都犯了罪，亏缺了神的荣耀"（"罗马书"3：23）；"因为罪的工价乃是死"（"罗马书"6：23）。

第2款　"神爱我们的心在此就显明了"，"神差他独生子到世间来"（"约翰一书"4：9），"叫一切信他的，不至灭亡，反得永生"（"约翰福音"3：16）。

第3款　为了使人认信，上帝在他所乐意的时刻、向他所意愿的人，仁慈地派遣出这些最可喜悦之消息的使者，使人因这些使者的事奉，而蒙召悔改并信仰那被钉十字架的基督。"然而人未曾信他，怎能求他呢？未曾听见他，怎能信他呢？没有传道的，怎能听见呢？若没有奉差遣，怎能传道呢？"（"罗马书"10：14，15）。

第4款　上帝的愤怒将留驻在那些不相信这福音的人身上；而那些接受这福音，并以又真又活的信仰接受救主耶稣的人，将因救主耶稣而被解救出上帝愤怒和毁灭之外，并获得那施与他们的永生恩赐。

第5款　这种不信仰以及其他所有罪的原因或过错，绝不在于上帝，而只在于人自己。而信仰耶稣基督，以及经由耶稣基督而来的救赎，则是上帝白白的恩赐。正如经上所写，"你们得救是本乎恩，也因着信。这并不是出于自己，乃是神所赐的"（"以弗所书"2：8）；"因为你们蒙恩，不但得以信服基督"（"腓立比书"1：29）。

第6款　一些人接受来自上帝的信仰恩赐，而其他人没有接受它，这都来自上帝永恒的命令。因为"这话是从创世以来显明这事的主说的"（"使徒行

1　汤清：《历代基督教信条》，（香港）基督教文艺出版社1999年版，第309—324页。

传"15：18)；"这原是那位随己意行作万事的，照着他旨意所预定的"（"以弗所书"1：11)（菲利普·沙夫版本可能脱漏了此句经文——作者注)。按照那种命令，上帝恩典性地柔软了拣选者的心——尽管它们是顽固的，并使他们能够认信；而在其公正判决中，任由那些非拣选者停留在其邪恶与固执中。在此特别展现了，那在同等遭受毁灭的人们中间，所作的深奥、仁慈同时也是公正的甄别；抑或那由"上帝之道"所启示的，"拣选"与"弃绝"的命令。就此而言，尽管具有邪恶、败坏与不坚定之心的人，将其曲解为他们自己的毁灭，但其对圣洁与虔敬的灵魂却提供了无以言表的慰藉。

第7款 拣选是上帝永不变更的旨意；借此，在世界奠基之前，出于他纯粹的恩典，按照他自己意志的神治喜好，从整个人类中——他们由于自身过错而从原初正直状态堕落到罪与毁灭之中——拣选了一定数目的人以在基督里获救；而基督则是上帝在永恒中任命的中介者、拣选者的首领以及救赎的基础。

这被拣选者，尽管就其本性而言，既不比其他人更好也不比其他人更配——反倒与其他人陷于同样的苦难中，但上帝却给予基督以使他们因基督而得救，并切实地经由上帝之"道"与"灵"，呼召并吸引他们参与神的共融；赐予他们真实的信仰、称义与成圣；强力保守他们与圣子的团契；并最终使他们获得荣耀，以彰显神的仁慈，并赞美神那荣耀恩典的丰盛。正如经上所写，"就如神从创立世界以前，在基督里拣选了我们，使我们在他面前成为圣洁，无有瑕疵。又因爱我们，就按着自己意旨所喜悦的，预定我们藉着耶稣基督得儿子的名分，使他荣耀的恩典得着称赞。这恩典是他在爱子里所赐给我们的"（"以弗所书"1：4–6)；还有，"预先所定下的人又召他们来，所召来的人又称他们为义，所称为义的人又叫他们得荣耀"（"罗马书"8：30)。

第8款 就所有那些在"旧约"和"新约"下获救的人而言，并没有各种各样的拣选命令，而只有一个同一的命令。因为圣经宣布神圣意志的喜好、目的与旨意只有一个；借此上帝从永恒中拣选了我们，以获得恩典与荣耀，获得救赎与救赎之道——上帝命令我们应当行走的道路。

第9款 这种拣选不是建立在被预见的信仰上；它不是以信仰的顺从、圣洁抑或在人那里的任何其他好品质或性情，来作为其前提、起因或条件；相反，人是被拣选了，才有信仰、有信仰的顺从、圣洁，等等。因而，拣选是一切救赎性良善的来源；由它才生发出信仰、圣洁以及其他救赎的恩赐，最终还有永生本身；按照使徒的话，这些都是它的结果和效果。神"在基督里拣选了我们，（不是因为我们已经，而是要）使我们在他面前成为圣洁，无有瑕疵"（"以弗所书"1：4）。

第10款　上帝的喜好，是这种恩典性拣选的唯一因由；这并不在于，上帝在预见了人之行为的一切可能品性后，才从它们当中拣选了一些作为救赎的条件；而是说，上帝乐意于从整个罪人群体中，收养一些人以作为对他自己来说是特殊的人。正如经上所写，"双子还没有生下来，善恶还没有作出来"，"神就对利百加说：'将来大的要服侍小的'。正如经上所记：'雅各是我所爱的，以扫是我所恶的"（"罗马书"9：11－13）；又说，"凡预定得永生的人都信了"（"使徒行传"13：48）。

第11款　由于上帝本身是最睿智的、永不变易的、全知的和全能的，所以由上帝作出的拣选，既不会受到扰乱，也不能被改变、撤销和废除；被拣选者不会被抛弃，其数目亦不会减少。

第12款　被拣选者，在适当的时候，以不同程度和不同方式，会获得对于他们永恒而不变之拣选的确据；但其方式，不是通过好奇地刺探上帝那些隐秘而深奥的事情，而是通过以一种属灵而圣洁的喜悦，在他们自身之内观察到，那在"上帝之道"里指出的，被拣选的确实无误的果实，譬如，对基督的真实信仰，崇敬性的敬畏，对罪的虔诚悲伤，对公义的渴慕追求，等等。

第13款　对于这种拣选的意识与肯定，为上帝的子民提供了额外的理由，以每日里在上帝面前保持谦卑，以崇敬上帝深厚的仁慈，以对那首先向他们展现出如此大爱的上帝作出挚爱的感恩回馈。对这种拣选教义的思考，绝不是要鼓励在恪守神圣诫命上的懈怠，或者使人沉湎于肉欲安享之中；而这些，在上帝公正的评判中，正是那轻率鲁莽的自以为是或者那漫不经心的怠慢拣选恩典的惯常后果；那些人拒绝遵照拣选者的方式来为人行事。

第14款　由于神圣拣选的教义，根据上帝最睿智的旨意，是由先知、由基督本人和由使徒所宣布的，是由"旧约"和"新约"《圣经》明确启示出来的，所以在适当的时间和地点，在上帝的教会里，它还会被公布，因为它就是如此被特别加以设计的；只要在这么做时怀有崇敬之心，以审慎和虔敬的态度，为了上帝那至圣名的荣耀，为了激活和慰藉他的子民，而不是徒劳无益地企图探究那至高者的隐秘之道。

第15款　关于拣选这一永恒和不配得到的恩典，向我们特别阐明和提示的，是圣经那明白无误的见证，亦即，不是所有人，而只是一些人，受到拣选，而其他人则被那永恒命令忽略掉了。至于那些人，上帝，出于他神治的、公义的、无可指责的和永不变易的喜好，已经决定任由他们停留在他们自行陷入其中的共同苦难中，而不赐予他们救赎性的信仰和皈依的恩典；并允许他们在他公正的审判中顺应他们自己的方式；最终，为了宣告他的正义，还要永远谴责和惩罚他们，这不仅是因为他们的不信仰，而且还是因为他们所有其他的罪过。这就是弃绝的命令，它绝非使上帝成为罪的作者（这种想法本身是亵神的），而是宣告上帝是一个令人敬畏的、无可指责的、公平正义的审判者和报复者。

第16款　那些尚未体验到对基督的活生生信仰，对灵魂确切无疑的信心，良知的平静祥和，对恭敬顺从的渴求，以及经由基督而在他们里面有效达致的在上帝里的荣耀，但却坚持运用上帝为在我们里面达致那些恩典而指定之途径的人，不应因提及弃绝而惊恐，亦不应将自己列入被弃绝者之列，而应勤勉不倦地继续运用那些途径，以虔敬与谦卑的热切之心，等待一个更丰盛恩典的季节。那些尽管真切渴望归于上帝，单只取悦于上帝，并被解救出死亡之躯，但却尚未达到他们所渴望的圣洁与信仰程度的人，则更没有理由因弃绝教义而感到害怕；因为那仁慈的上帝已经应许，不熄灭尚在冒烟的灯火，亦不折断受损的芦苇。这个教义只是要使这些人感到可怕：他们无视上帝也无视救主耶稣基督，使自己完全沉迷于俗世喜好和肉体愉悦，只要他们没有真诚皈依上帝之道。

第17款　既然我们应当根据"上帝之道"来判断上帝的意志；而"上帝之道"则证明了信仰者的孩子是圣洁的，这不是凭借其本性，而是由于恩典的盟约——孩子与父母一同被包括进那个盟约之中，所以，圣洁的父母没有理由怀疑他们孩子的拣选与救赎，上帝乐意于自此生婴儿期就呼召了他们。

第18款　对于那些对拣选的自由恩典以及弃绝的公正严厉低声抱怨的人，我们以使徒的话作答："你这个人哪，你是谁，竟敢向神强嘴呢？"（"罗马书"9：20）；引用我们救主的话则是："我的东西难道不可随我的意思用吗？"（"马太福音"20：15）。因而在对这些奥秘的神圣敬拜中，我们会与使徒一道欢呼：

"深哉！神丰富的智慧和知识。他的判断何其难测！他的踪迹何其难寻！谁知道主的心？谁作过他的谋士呢？谁是先给了他，使他后来偿还呢？因为万有都是本于他，倚靠他，归于他。愿荣耀归给他，直到永远。阿门！"（"罗马书"11：33－36）。

第二条教义：关于基督之死，以及人由此而来的救赎。

第1款　上帝不仅是最为仁慈的，而且也是最为公正的。他的公正要求（正如他在他的"道"里所启明的），我们对他那无限威严所犯的罪应当受到惩罚，不仅是此世的而且还有永世的惩罚，不仅有身体的还有灵魂的；对此我们无可逃脱，除非能够满足上帝的公义。

第2款　这样，既然我们自己不能作出那种满足，抑或使我们自己脱离上帝的愤怒，那么上帝就乐意于以他无限的仁慈，赐予他的独生子作为我们的中保，后者被作成罪，并为我们和替我们成为一种诅咒，以便能为我们来满足神圣的公义。

第3款　上帝之子的死亡，是对罪的唯一和最适当的牺牲与满足；具有无限的作用和价值，完全足以抵偿整个世界的罪。

第4款　这种死亡具有无限价值与尊严是出自这样一些考虑：因为那遭受死亡的人，不仅是真正的人和完全圣洁的，而且还是上帝的独生子，具有与圣父和圣灵同样永恒而无限的实在；这些条件必定会使他成为我们的救赎主，因为这种死亡还伴随有这样一种意识，即由于我们的罪，上帝应当对我们施加的愤怒与诅咒。

第5款　而且福音的应许是，一切信仰被钉十字架之基督的人，不致灭亡，反得永生。这一应许，连同要悔改与认信的诫命，应当不加区分和没有甄别地，宣扬、传布给万邦、万民；上帝出于自己的喜好向他们送去福音。

第6款　然而许多受到福音呼召的人并不悔改亦不认信基督，而是在不信仰中毁灭；这并非是由于基督在十字架上所做的牺牲有任何缺陷或不足，而是应完全归咎于他们自己。

第7款　但也有许多人真正认信了，并经由基督之死从罪与毁灭中被解脱和拯救出来；这种福祉，应当完全归功于，那从永恒中在基督里赋予他们的上帝恩典，而不是归于他们自己的任何功德。

第8款 因为上帝圣父的神治旨意和最为恩典的意图就是，圣子最可宝贵的死亡所具有的复活与救赎的果效，应延伸至所有拣选者，并只向他们赐予称义性信仰的恩赐，并借此切实无误地将他们带至救赎中。换言之，上帝的意志在于，基督凭借十字架宝血——由此他证实了新的盟约——应该在万邦万民中，实际拯救所有那些，并只是那些，在永恒中被拣选获救的人，并且是由圣父提供给他的那些人；他应当赐予他们信仰，以及由圣灵提供的所有其他救赎性恩赐——这都是他通过他的死亡换得的；他应当涤清他们所有的罪，原初的和实际的罪，在信仰前或在信仰后犯的罪；应当忠实地保守他们直至末日，还应当最终将他们带离一切污渍与瑕疵，以在他自己永久的临在里，得享荣耀。

第9款 这种由对拣选者的永久之爱派生出来的意图，从世界开端直到如今，已经强有力地成就了，并将在今后继续成就，尽管有地狱之门的无效对抗。所以拣选者在适当时候将会合成为一体，以便永远都不会缺少一个由信徒组成的教会；这个教会的根基就建立在基督宝血之上，这个教会将坚定不移地热爱和忠实无误地事奉作为他们救主的基督；而基督，就像新郎对待他的新娘一样，为他们在十字架上献出他的生命；而这教会也将称颂他，从此时直到永远。

第三和第四条教义：关于人的堕落，对上帝的皈依，及其方式。

第1款 人起初是按照上帝形象被创造出来的。他的理解带有对造物主以及属灵事物的一种真实而救赎性的知识；他的心灵和意志是正直的，所有情感是纯洁的，整个人也是圣洁的。但由于魔鬼的唆使，以及对自己意志的滥用，人背叛了上帝，这样人就放弃了这些卓越的恩赐，并截然相反地具有了盲目的心灵，蒙昧、虚荣与腐败的判断；心灵和意志变成邪恶的、反叛的和固执的，[所有] 情感也不是纯洁的了。

第2款 人在堕落后生育的孩子也具有自己的样式。腐败的祖先生产腐败的后裔。因此，亚当所有的后代，基督除外，都从他们初祖那里禀承了腐败。这不是通过效仿——就像从前贝拉基派所断言的，而是通过一种邪恶本性的传布 [作为上帝公正审判的后果（美国改革宗教会省略掉了此句——沙夫注）]。

第3款 因而所有人都出生在罪里，并在本性上是愤怒的子民，无力从事任何救赎性的善，倾向于邪恶，沉溺于罪里，并由此处在束缚中。没有圣灵那更新性的恩典，人既不能也不愿归向上帝，更改他们本性的腐败，或使自己接受改变。

第4款　不过，自堕落后，在人那里还存留着一丝自然之光；借此，人对上帝、对自然事物、对善与恶的区别还保留着一些知识，对美德、对社会良好秩序、对保持像样的外在举止还保留着一些关切。但是这自然之光，却不足以将人带至上帝救赎性的知识，带至真正的皈依；人甚至在自然与世俗事物上也不能正确地运用它。更有甚者，这种光，即便是光，人也以种种方式全然玷污了它，并将它带［回］了不义之中；由此人在上帝面前也就成了不可宽恕的。

第5款　我们可以用同样眼光来看待，由上帝通过摩西之手，交给他的特殊子民犹太人的"十诫"律法。尽管它发现了罪的深重，并使人越来越相信这一点，然而它既没有指出救治之道，也没有赐予力量使人脱离苦难，而只是经由肉体变得虚弱无力，任由冒犯者处在诅咒之下；人不能通过这种律法获得救赎性恩典。

第6款　因而，自然之光与律法所不能做到的，上帝通过圣灵的运作并经由和解之道或事奉而做到了：这就是有关弥赛亚的好消息；通过它，上帝乐意拯救那些认信的人，不论处在"旧约"下还是"新约"下。

第7款　在"旧约"下，上帝只对一小部分人揭示他意志的这种奥秘；而在"新约"下，他不加分别地将他自己揭示给许多人。这种神意安排的因由，不在于一个民族比另一个民族更优越，也不在于他们更好地利用了自然之光，而完全在于上帝那神治的喜好和为人所不配的爱。因而，在他们的惩罚之外，或者说尽管他们不配，但还是向他们传递了一种如此伟大、如此恩典的祝福；他们应当以谦卑而感恩的心来承认它，并像使徒那样来崇敬它，而不要好奇地刺探展现在其他人——那种恩典没有给予这些人——那里的上帝审判的严厉性和正义性。

第8款　所有被福音呼召的人都是受到真诚的呼召；因为上帝在他的"道"里最诚恳真切地宣布了什么是将被他接纳的，亦即所有被呼召的人都将顺应他的邀请。而且，他还对所有归向他、信仰他的人，真切地应许下永生和安息。

第9款　那些受到"道"之事奉呼召但却拒绝前来并被皈依的人，其过错不在福音，不在由此所提供的基督，也不在那用福音呼召人们并赋予人们种种恩赐的上帝。过错在于他们自己：一些人，受到呼召时，无视他们的危险，拒绝了生命之"道"；一些人，尽管接纳了它，却没有在心灵上造成持久的印象，因而，他们的喜乐，只是产生于一种暂时的信仰，并很快就消失了，而他们本人也会跌落；还有一些人，则用此世的迷茫关切和愉悦窒息了"道"的种子，因而没有结下果实。我们救主在"撒种的比喻"里已教导了这些（"马太福音"13）。

第10款　而其他那些受到福音呼召、遵从那呼召并被皈依的人，也切勿将其归于自由意志的行使，好像是人借此使自己超出了其他同样具有信仰与皈依之充足恩典的人之上（正如贝拉基这骄傲异端所主张的）。相反，它应完全归于上帝；由于上帝从永恒中在基督里拣选了他自己的选民，所以上帝［及时有效地呼召他们］（美国改革宗教会省略掉了此句——沙夫注）赐予了信仰与悔改，将他们解救出黑暗势力，并将他们转移到他独生子的王国里，以便他们能向那将他们引领出黑暗并带至奇妙光明中的上帝发出赞美；荣耀不在于他们自己而只在于主，正如使徒在多处所见证的。

第11款　但当上帝在拣选者中成就他的喜好，或者在拣选者中行使真正的皈依时，他不仅使福音外在地宣扬给他们、通过圣灵有力地启明他们的心灵，以便他们正确地理解和识辨上帝圣灵的事物；而且还通过这同一更新性圣灵的功效，深入人的内心最深处；开启并软化那封闭而刚硬的心，为未受割礼的施行割礼；为意志注入新的特性，使在此之前已死亡的，重新复活；使邪恶的、忤逆的和执拗的，变成良善的、顺从的和柔和的；激励和坚固那意志，使它就像一棵好树那样，能够结出良行善果来。

第12款　这就是在《圣经》里被高度称赞的重生，并被称之为一种崭新的创造：一种从死亡中的复活，一种活生生的创造；这都是上帝不需要我们帮助就在我们之内实施的。但这绝不是仅仅通过下列方式就可以实现的：通过外在的福音宣扬，通过道德说服，或者以这样一种运作模式，即上帝履行了他的作用后，仍然由人的能力来决定是重生还是不重生，被皈依还是保持不被皈依。相反，重生显然是一件超自然事工，是最强有力的，与此同时也是最为愉悦的、令人惊奇的、神秘的和不可言喻的。它在果效上并不逊色于创世或者从死亡中复活——正如被这一事工之作者所默示的《圣经》所宣告的——以至于，所有那些上帝以这种奇妙方式在其心中运作的人，都肯定地、无误地和切实有效地被重生了，并确实也认信了。于是，被如此这般更新了的意志，就不仅仅是被上帝激活和影响了，而且，作为这种影响的结果，它自己也变成活生生的了。所以，人也可以正确地说，凭借所接受的那种恩典，自己认信和悔改了。

第 13 款　这种运作方式，信仰者在今生并不能完全理解。尽管如此，他们知道和体验到这一点就感到满足了：通过上帝的这种恩典，他们被赋予了能力以心灵去认信和热爱他们的救主。

第 14 款　所以信仰应当被看作上帝的恩赐，这不是因为它是由上帝提供给人的，然后由人凭己意来接受或拒绝；而是因为它实际上是被赐予、默示和灌输到人里面的。这甚至也不是因为上帝授予了认信的力量或能力，然后期望人，通过行使其自由意志，同意救赎的条件，并实际地认信基督；而是因为上帝在人里面使人去想、去做，事实上是上帝在里面做成一切事情：既产生了认信的意志，也产生了认信的行为。

第 15 款　上帝没有义务将这种恩典赐予任何人；上帝怎能对人赋有义务？而人又没有预先付出礼物以作为补偿的基础。不，人除了罪与虚假没有任何属于自己的东西。所以，那成为这恩典主体的人，应对上帝怀有永远的感激，要永远感谢上帝。而那没有成为领受者的人，要么是完全无视这些属灵的恩赐并满足于自己的状况，要么就是完全没有意识到危险并徒然地夸耀他并不拥有的东西。对于那些作出外在信仰告白并过着惯常生活的人，我们应当按照使徒的榜样，以最大善意去评判和谈论他们，因为我们不明了人心这一最隐秘之处。至于其他那些仍未被呼召的人，我们有责任为他们向上帝祈祷；上帝呼召的那些事物也许并不像它们看上去所是的样子。我们绝不能以高傲之情对待他们，好像我们已经使自己与众不同了。

第 16 款　但人的堕落，并没有终止他作为一个禀承有理解与意志的受造物；而遍及整个人类的罪，也没有剥夺人所具有的人性，而只是带给了人以腐败和灵性的死亡。所以，重生的恩典并不将人看作没有意识的树木草石，并不剥夺人的意志及其属性，亦不借此实施暴力。而只是在灵性上激活、治愈、矫正、甜蜜而有力地折服人的意志。在原先盛行肉欲反叛和抵抗的地方，开始让位于一种温顺而真诚的灵性顺从；真实而属灵的复原以及我们意志的自由就在于此。因此，除非是那一切好事工的可敬"作者"在我们里面做了工，人绝没有希望以自己的自由意志从堕落中复原；通过对自由意志的滥用，在无辜状态里，人使自己陷入了毁灭中。

第 17 款　正如上帝的全能运作——借此他延续和支撑着我们此生的自然生命，并不排除，反而需要使用一些途径——借此无限仁慈与良善的上帝用以发挥他的影响。同样，前文提到的上帝的超自然运作——借此我们得到重生，也绝不排除或损害福音的运用，最睿智的上帝已决定用福音来作为重生的种子和灵魂的食粮。所以，使徒以及继承他们的导师，在虔敬教导隶属于上帝这一恩典的子民，应当颂扬上帝荣耀和贬抑一切骄傲之心的同时，也并没有忽视勉励人们在行使"上帝之道"、圣礼和戒律的过程中，恪守福音的神圣准则。所以，即使时至今日，不论指导者还是被指导者，都切勿在教会里企图诱使上帝，分离开那上帝乐意于使之最紧密结合在一起的东西。因为恩典是通过警醒而赐予的；我们越是乐意于履行我们的职责，上帝在我们里面做工的祝福通常就越是明显，而上帝事工的推进也就越是快捷。所有的荣耀，不论其方法途径还是其救赎性果实功效，都永远只归于上帝。阿门。

第五条教义：关于圣徒的坚忍持守。

第 1 款　上帝按照他的意图，呼召以与圣子我们主耶稣基督共融，并被圣灵重生的人，上帝也会将他们在此生中解救出罪的控制与奴役，尽管这并非是完全脱离了罪恶之体和肉体的软弱，只要他们还在此世继续存在的话。

第 2 款　由此每日生发出软弱之罪恶，由此圣徒的最佳事工也沾染污点，这就要求他们始终在上帝面前保持谦卑；急切寻求那被钉十字架之基督的庇护；通过祈祷精神和虔敬操守来越来越多地克制肉欲；竭力追求完满的目标，直至最终从这死亡之体里被解救出来——他们将被带至天国与上帝"羔羊"一同统治。

第 3 款　由于这残存的内在寄居之罪，以及罪恶与尘世的诱惑，那些被皈依者，假如只是依靠他们自己的力量，就不能够在恩典状态里坚忍持守。但上帝是可信赖的：在赐予他们恩典后，上帝还会仁慈地坚固和有力地保守他们，直至末日。

　　第4款　虽然肉体的软弱不能胜过上帝的权能——上帝在一种恩典状态里坚定和保守着真正的信徒，然而，皈依者并不总是受到上帝之灵的影响和激励。在某些具体情形里，他们可能会偏离神圣恩典的指导，以致受到肉欲的诱惑并顺从于肉欲。所以他们始终要保持警醒和祷告，以免被引向诱惑。当忽略这些时，他们不仅易于被撒旦、尘世和肉体引向滔天罪恶，而且有时还会在上帝公正允许下实际陷入这些邪恶之中。《圣经》里描述的大卫、彼得以及其他圣徒的可悲跌倒情形，就证明了这一点。

　　第5款　不过，由于这些重罪，他们就大大冒犯了上帝；招致了致死罪过；使圣灵感到忧伤；干扰信仰的实施；严重损伤他们的良心；有时，在一段时间里，还失却了上帝恩惠的意识，一直到他们通过郑重忏悔复返正道时，上帝那父亲般面庞的容光，才会再次照耀他们身上。

　　第6款　但是那富有仁慈的上帝，按照他永不变更的拣选旨意，并不完全从他自己子民那里收回他的圣灵，即使是在他们那悲伤的堕落中；不会进而使他们丧失被收养的恩典，抛弃那称义的状态，抑或雁犯那致死之罪；也不允许他们完全被遗弃，从而陷入永恒毁灭之中。

　　第7款　因为首先，在这些跌落中，上帝在他们里面保存了，从毁灭或完全丧失中重生的不能朽坏的种子。同样地，通过"道"和"灵"，上帝也切实有效地更新了他们，使他们悔改，使他们为罪而真切虔诚地悲伤，以便他们能够寻找和获得"中介者""宝血"的赎罪；能够重新经验那已和解之上帝的恩惠；能够经由信仰崇敬上帝的仁慈；并能够从此以后更加勤勉地、在敬畏与战栗中实现自己的救赎。

　　第8款　所以，并不是出于他们自己的功德或力量，而是出于上帝的自由仁慈，他们才没有完全失却信仰与恩典，也没有在倒退（backsliding）中一意孤行并最终灭亡。在他们自己看来，这不但是可能的，而且还会肯定如此发生；但在上帝看来，这是完全不可能的，因为上帝的旨意不容改变；上帝的应许不会落空；上帝按照自己旨意所作的呼召不能撤销；基督的功绩、代祷和保守不能归于无效；圣灵的封印不能被挫败或作废。

第9款　关于拣选者获救的保守，关于他们在信仰里的持守，真正的信仰者按照自己信仰的程度，能够并的确能够获得确据，借此他们会获得这样一种确信，他们会继续是教会真实而活生生的成员，他们会经验到对罪的宽恕，并最终会承继永生。

第10款　而这种确据，并不是由与"上帝之道"相反或与其相独立的某种特殊启示产生的，而是源自在上帝应许里的信仰——上帝为了我们的慰藉而在他的"道"里最丰盛地启示了这一点；源自与我们的灵一起见证的圣灵之明证——亦即我们是上帝的子民和继承人（"罗马书"8：16）；最后还源自要保持好良心和从事好事工的一种严肃而圣洁的愿望。假如上帝的选民，被剥夺了他们最终将获得胜利这一坚实可靠的慰藉，被剥夺了永恒荣耀之确实无误的誓约或保证，他们就将是所有人中最悲惨的。

第11款　《圣经》还进而表明，信徒在此生中必须要与各种属血气的疑惑进行斗争，而在极其严重的诱惑下，他们也并不总是能感受到，信仰的这种完全的确据和坚忍持守的肯定性。但上帝——他是所有慰藉之"圣父"，不会使他们承受他们所不能承受的诱惑，总要为他们在诱惑之外开辟一条出路，叫他们能够忍受得住（"哥林多前书"10：13）；并通过圣灵以令人慰藉的持守确据，重新鼓舞他们。

第12款　不过，坚忍持守的这种肯定性，绝不是要在信仰者中激发骄傲之心，或者使他们耽于肉欲安享；相反，它是谦卑、恭顺崇敬、真实虔敬、一切苦难中的忍耐、热切祷告、在苦难和宣信真理中的坚韧恒定，以及在上帝里永葆喜乐的真正来源。所以，对这种恩惠的体察考量，应当成为真诚持久感恩和良善事工的一种激励；正如《圣经》见证与圣徒榜样所显明的。

第13款　这种被更新了的对于坚忍持守的信心，在那些从倒退中恢复过来的人那里，不应产生恣意放纵，或者对于虔敬的不推重；相反，它使得他们更加谨慎急切地，继续行走在主的道路上；主所指定的那些道路，可以使行走于其中的人保持对于持守的确信，以免由于滥用上帝父亲般的仁慈，使上帝对他们背转过去他那恩典的容光（注视那圣洁的容光，比生命更宝贵；失却那容光，比死亡更痛苦），并由此陷入更加痛苦的良心折磨中。

第14款　由于上帝乐意于，通过宣扬福音，来开始在我们里面的恩典事工；所以，上帝也会通过下列途径来保守、维持和完善它：通过聆听与阅读"上帝之道"，通过沉思默想，通过劝诫、警告与应许，并通过圣礼之运用。

　　第 15 款　属血气的心灵，不能理解这种圣徒持守的教义以及其中的肯定性：为了圣名的荣耀和虔敬灵魂的慰藉，上帝已在他的"道"里最丰盛地启明这一点，并将它铭刻在信徒心中。撒旦憎恶它；尘世讥讽它；无知和虚伪者滥用它；异端反对它。但是基督的配偶，总是最亲密地热爱它和始终如一地维护它，把它看作无价之宝；而胜过任何旨意或力量的上帝，则会保佑她继续这么做，直到永远。愿荣誉与荣耀永远归于圣父、圣子与圣灵这三一的上帝。阿门。

第 四 章

流　布

衍化、变乱与创获中的阿米尼乌主义

第一节　迫害与流亡中的"抗辩派"

当多特会议下的"抗辩派"还在忙于准备他们的解说与辩护时，大会就已经开始讨论和评判他们的"五条抗辩"教义了。这使他们更加清楚自己将要面临的待遇与结局了。他们之所以被拘禁在多特，并非是要听取他们的辩护，而主要是为了防止走漏大会内幕，产生不安和骚乱。被滞留在多特的"抗辩派"不允许与外界发生联系或者发表什么著述，但他们还是设法发布了诸如《1618及1619年多特全国宗教会议的无效性、不当性与不公性》的匿名小册子。当多特的"抗辩派"设法使外界以及未能到会的"抗辩派"了解大会实情的同时，外面的"抗辩派"也在努力给多特的"抗辩派"代表以声援和支持。1619年3月初，一批"抗辩派"牧师和长老，在格雷文乔维斯领导下在鹿特丹聚会，全面认可了"抗辩派"代表在多特会议上的所有作为，同时还商讨了如何应对将要发生的教会分裂及迫害，开始为以后的教会发展进行准备。复活节期间，被羁绊在多特的"抗辩派"代表，由于受到多特会议和多特当地教会的排斥，开始单独聚集在一起纪念耶稣基督的复活；并遵照复活节惯例，自行为萨普马新生的婴儿施行了洗礼；埃皮斯科皮乌斯和伯皮乌斯则担任了这个在苦难中降生孩子的教父。故此，有人将这一事件，看作作为一个独立组织的"抗辩派"教会的发端。事实上，他们也的确开始为保存一个被驱逐的教会而筹谋策划了。

1619年5月6日，就在大会为制定的教典举行游行和献礼的当天晚上，

"平信徒委员会"召见了被强行滞留在多特的"抗辩派"。秘书海因修斯向他们正式宣读了大会对他们的判决："败坏真宗教，破坏教会团结，制造丑闻事端，顽固而不顺从。有鉴于此，大会禁止他们继续行使事奉职责，剥夺他们在教会和大学里的一切职务。"[1] 而"抗辩派"代表的态度与立场仍同以往一样坚决。于是，大会命令这些"抗辩派"代表继续留在多特等待海牙方面的进一步指示。到 5 月底，位于海牙的"大议会"指派三名特派员到多特来处理这些"抗辩派"代表。"大议会"的意思是希望这些"抗辩派"代表能够绝对放弃牧师职责，停止一切公共事务和活动，完全退隐到个人私生活里。如果他们答应这些条件，行政当局将不再追究他们的过错，也不再为难他们。否则，他们将被驱逐出境。"大议会"特派员在逐一单独询问这些"抗辩派"代表后，发现只有格尔德兰的亨利·利奥（Henry Leo）愿意接受这些条件，其他"抗辩派"代表全都不同意放弃上帝对自己的呼召，并要继续履行上帝赋予他们的职责。在软硬兼施没有达到效果后，三位特派员返回海牙复命。

　　1619 年 7 月 2 日，这些"抗辩派"代表从多特被召至海牙。第二天，"大议会"再次逐一规劝这些人听从"大议会"命令，并签署放弃一切宗教与公共事务的所谓"终止法令"（*Act of Cessation*）。在遭到礼貌而坚定的拒绝后，"大议会"给了这些"抗辩派"代表两天时间来考虑自己的选择及其面临的后果。当最终发现没有发生任何变化时，7 月 5 日，"大议会"不顾自己先前在传唤这些"抗辩派"时所作承诺，正式向这些"抗辩派"代表下达驱逐令，并明申遭驱逐者若无特殊许可擅自回国，将以扰乱公共和平罪论处。行政当局甚至都没有给这些自从去年年底就被传唤至多特会议的"抗辩派"代表任何时间去处理个人及家庭事宜。1619 年 7 月 6 日早晨，在滂沱大雨中，这些被驱逐的"抗辩派"人员，怀揣驱逐令，分乘行政当局为他们预备下的九辆马车，在众人围观下，被迫离开了海牙。三天后，他们抵达放逐地布拉班特的瓦尔韦克（Waalwijk）。除有三人转往本特海姆及克利夫地区以外，埃皮斯科皮乌斯及另外十人只是跨越了边境线，就暂时安下身来。他们很快就会有新的被驱逐者加入进来，因为在整个荷兰"联省"境内开始了大规模迫害与驱逐行动。

1　*The Works of James Arminius*, Vol. 1, p. 499, "note".

　　驱逐被传唤到多特会议的"抗辩派"代表，构成了在全国范围内全面清洗、压制和驱逐"抗辩派"的开端。多特会议通过的教典，代表了"正统信仰"并成为人们是否坚持"正统信仰"的检验标准。在教会范围内，各省宗教会议、地区及地方教会议会，要求每一位圣职人员、教授、校长接受并签署多特会议制定的正统教典。所有拒绝者，立即被褫夺一切教会职责，并遭到压制或驱逐。在教会施加的这些惩罚之外，各省议会、城镇议会等各级行政当局，还会对遭受教会制裁者施加额外的财产及刑事处罚。作为自由思想摇篮与中心的莱顿大学，更是遭到全面调整和清洗。早在多特会议召开之前，莱顿大学三位偏袒阿米尼乌主义的校监，就已经被极端加尔文分子所取代。多特会议对"抗辩派"的判决，更为大学进一步清理相关人员提供了合理性支撑。伦理学教授彼得·伯修斯和另外三位并非教授神学但具有阿米尼乌主义倾向的教授，被莱顿大学开除。在神学院里，学监沃修斯，尽管已经是大学最著名的教授之一，但还是被强行解职。而埃皮斯科皮乌斯留下的教授空缺，则被长期觊觎该席位的极端加尔文派霍缪斯填补。创立仅仅数十年并迅速成为欧洲最具声望和吸引力的莱顿大学，其短暂的辉煌期至此暂告一段落。

　　这一时期，在教会内外，一些受到怀疑的普通信徒，甚至连在教堂演奏管风琴的音乐家都接受了教义信仰审查。这难免不使音乐家发出抗议：难道说他们用管风琴演奏出的音乐也有神学派别之分吗？[1] 到 7 月末，"大议会"更是明令取缔一切"抗辩派"组织的聚会与活动。违犯禁令者，不但圣职人员要接受严厉制裁，甚至连参与聚会的普通信众或聆听者也将受到严厉惩罚。铲除异端的宗教热忱，在觊觎财物的贪婪心理与报复心理驱使下，告密者、骚乱者以及外国雇佣军，变得格外热衷于镇压并乘机抢劫和洗掠"抗辩派"信众。由此就派生出许许多多"合法并受到鼓励的"丑恶暴行。一时之间，整个荷兰"联省"都笼罩在"正统信仰"所形成的恐怖与高压之下。这种高压与迫害，可以从沃斯修斯、伯修斯和格劳秀斯这三位著名"抗辩派"人物的后期艰危遭际和悲欢离合中略窥一斑。

　　在过去五六年里，实际上处于荒废状态的康拉德·沃斯修斯，在努力使自

1　Cf. *The Works of James Arminius*, Vol. 1, p. 528, "note".

己置于荷兰"联省"宗教斗争之外的同时，一直在努力自我检讨和自我辩解。他本希望自己诚恳而谦卑的态度，能够获得最终将决定自己命运的多特会议的宽恕，结果却遭到致命一击。差不多在驱逐"抗辩派"代表的同时，荷兰"省议会"和"联省大议会"根据多特会议的判决，正式剥夺了沃斯修斯的教授职务，并限令沃斯修斯离开荷兰"联省"；他实质上也被驱逐了。此时的沃斯修斯陷入一种滑稽的绝境：在"联省"内已无他的立足之境，而在"联省"外他又走投无路。包括施泰因福特在内的一些德意志小诸侯国，在帕拉廷选侯腓特烈五世影响下，不得不接受多特会议制定的教典。这些弱小的诸侯国慑于帕拉廷选侯的势力，不敢冒犯多特会议的决议而擅自接受被判定为异端的沃斯修斯。在此后近三年时间里，悲惨的沃斯修斯不得不在极其艰难的条件下潜伏在乌得勒支一带，昼伏夜出、东躲西藏。一度还有传言说，当局打算逮捕他后将他交给英国国王，而后者则准备对他施以火刑。昔日养尊处优的儒雅教授，如今饱尝了"漏网鱼""丧家犬"般的提心吊胆、颠沛流离的生活。

　　一直到腓特烈五世在布拉格战役中失利并丧失波西米亚后，那些德意志小诸侯国才逐渐从严格加尔文主义的钳制中解放出来。事情由此对沃斯修斯来说出现转机，1621 年年底，他通过友人向荷尔斯泰因公爵（the Duke of Holstein）发出求助申请。他特别表明自己只是"抗辩派"而不是多特会议指控的苏西尼派。他那些被指控为苏西尼主义的见解其实是哲学而非神学。而"抗辩派"在被驱逐后于 1619 年 10 初举行的全体会议，也正式接受沃斯修斯提出的加入"抗辩派"的请求——当然是在一些前提条件的基础上。[1] 荷尔斯泰因公爵在与有关牧师及神学家商议后，认可了沃斯修斯的辩护，遂盛情邀请他前来荷尔斯泰因效力。同时，他还受到原先效力的施泰因福特伯爵的盛情邀请。沃斯修斯因个人原因婉拒了伯爵的邀约而接受了公爵的邀请。沃斯修斯秘密离开乌得勒支转往阿姆斯特丹。在阿姆斯特丹，沃斯修斯曾在著名诗人及剧作家冯德尔（Joost van den Vondel，1587—1679 年）家中盘桓数日，后经海路于 1622 年 6 月抵达荷尔斯泰因。经过这许多年身心交瘁的折磨后，骤然安顿下来的沃斯修斯，数月后竟染病身亡，卒年 53 岁。

1　Cf. *The Works of James Arminius*, Vol. 1, p. 233, "note".

在思想上与沃斯修斯惺惺相惜的彼得·伯修斯，其后期遭遇也与沃斯修斯有一些相像之处。彼得·伯修斯自从 1615 年卸任莱顿大学神学院学监职务后，就基本上与"抗辩派"断绝了往来；双方对彼此都保持着避让态度。在多特会议期间，伯修斯自视为中立者。及至发现多特会议谴责和驱逐了"抗辩派"，伯修斯立即开始向"反抗辩派"示好，表示自己与"抗辩派"不和，并频繁出席"反抗辩派"主持的教会崇拜。他显然是希望通过自己的殷勤与顺从姿态，来获取极端加尔文派的宽容与善待。但是这些举动并没有为伯修斯带来期望的结果。1619 年 7 月 23 日，"南部荷兰宗教会议"在莱顿举行，以贯彻和执行多特会议通过的决议。这次会议传唤并审查了伯修斯。伯修斯承认自己曾签署过"五点抗辩"，但声明自己并不完全认同那"五点抗辩"，而且也未再参与"抗辩派"以后的会议和活动。伯修斯还特别表明自己现在是隶属于"反抗辩派"教会的成员。不过，当这次莱顿宗教会议要求他收回他先前发表著述中的观点时，他拒绝了。他宣称，"我既不是阿里乌派、苏西尼派，也不是穆罕默德派，而只是一个基督徒。就'联省'内教会状态而言，我承认秕糠可能会强过麦子，但我绝不会同意人们将秕糠而不是麦子加诸己身"。[1]

为此，"南部荷兰宗教会议"决定将伯修斯排除在共领圣餐礼之外，同时还敦促莱顿大学校方对伯修斯采取相应的民事处罚措施。很快地，莱顿校方即终止了伯修斯的教授职务，并根据这次宗教会议指示，禁止伯修斯以任何形式指导或教授年轻人任何课程或知识。自幼就在学校环境里生活的伯修斯，立即就发现自己缺乏任何其他谋生技能或手段，来支持自己那个大家庭。伯修斯及家人的生活一下子就陷入拮据窘迫之中。此时的伯修斯开始更积极地参加"正统"教会的公共崇拜及相关活动，以期博得人们的同情与好感。但伯修斯显然低估了人心的阴险与狡诈。他向荷兰议会申请一小笔救济金以便能养家糊口的请求，还是遭到拒绝。失业在家，生活难以为继，妻子不留情面的责备，连襟霍缪斯的公开斥责，教会及大学的羞辱，使得深感受伤、极度郁闷的伯修斯一筹莫展。万般无奈下，伯修斯想起他两年前曾被法国国王接纳为法国地球志（cosmography）编撰委员会的成员。到那里，他也许能够谋取一份工作和薪俸。

---

[1]　*The Works of James Arminius*, Vol. 1, p. 276, "note".

1620 年 4 月，伯修斯前往巴黎去寻找机遇。然而，这次巴黎之行却遇到出乎意料的困难，因为法王手下那些信奉罗马天主教的相关人士似乎为他设计了一个圈套，要利用他的困顿潦倒情势让他自投罗网。伯修斯当然警惕着使自己不去步导师利普修斯的后尘，并积极同查伦顿的新教教会取得联系。然而查伦顿的胡格诺教会却没有积极接纳他，反而因荷兰教会对伯修斯的审查而对他的信仰发生怀疑。这自然令处境尴尬的伯修斯倍感懊恼。本国新教会驱逐了他，法国新教会又将他拒之门外。与此同时，却从对立阵营里向他伸出了橄榄枝。索本（Sorbonne）学院（巴黎大学）的教授向伯修斯承诺，他可以成为该学院的教授，而唯一的前提条件就是伯修斯加入罗马天主教阵营。走投无路的伯修斯在经过许多极其痛苦的挣扎后，于 1620 年 6 月 25 日宣布自己成为罗马教会的一员，并参加弥撒，领受了圣体礼。

消息透露出去后，荷兰驻法国大使立即会同法国新教会领袖杜莫林牧师，前去力劝伯修斯回心转意重回新教阵营。而心情消沉、情绪焦躁的伯修斯，在发泄般地控诉了自己遭受的迫害、穷困与绝望后，向来者表明自己已经向索本学院作出承诺，而对方也答应给他提供教授职务；并表示自己只想就此平静地度过余生并与家人团聚。伯修斯背教的消息，立即在巴黎成为轰动新闻，而对于巴黎新教会来说当然就是一桩不胜难堪的丑闻。消息传回国内，更是引发一场口水战。极端加尔文派罗撒乌斯宣称，伯修斯背教正是他坚持"抗辩派"教义的必然结果。而流亡中的尤腾鲍加特则反唇相讥，伯修斯在背教前是隶属于"反抗辩派"教会中的成员，他不但是从"反抗辩派"教会里转投天主教，而且还正是极端加尔文派对他施加的严厉制裁将他一手送到天主教阵营里。而罗撒乌斯本人没有经历类似试炼，就在那里幸灾乐祸是十分可笑的。后来，荷兰新教会和法国新教会，曾多方努力试图将伯修斯争取回来，但终未成功。而伯修斯则得到了他想要得到的东西。1620 年秋，他成为法国比科迪安学院（Becodian College）的修辞学教授。就这样，伯修斯终于像他导师利普修斯在20 多年前所做的那样，从新教阵营里回归了罗马天主教阵营。在促成他们发生这种转变的种种因素中，有一条无疑就是他们两人都共同喜爱和痴迷于古代基督教史和古代教父研究。就背教后的伯修斯来说，他此后一直低调在巴黎教学，1629 年患疟疾去世。

彼得·伯修斯背叛新教信仰改投罗马天主教的经历，是一个令人忧伤而抑郁的故事。从另一角度讲，伯修斯的背教，愈发衬托出那些遭受更大迫害但仍坚守自己信仰立场的"抗辩派"的可贵与伟大。从人格的完整、心志的清白与信仰的忍耐方面讲，如果说沃斯修斯和伯修斯后期遭遇是"可悲"的"喜剧"的话，那么雨果·格劳秀斯在多特会议以后的遭遇就是"可喜"的"悲剧"了。格劳秀斯在被判处终身监禁后，就被关押在著名的"洛维斯坦堡"（Castle Loevestein）。位于瓦尔河（Waal）和默兹河（Meuse，荷兰语"Maas"）交汇处的"洛维斯坦堡"，实际上是一个四周被水环绕、戒备森严、固若金汤的军事堡垒，当时被用作关押全国政治犯人的监狱。原本要绝望地在这里被关押终生的格劳秀斯，实际上只被关押不到两年的时间，就在英勇机智的格劳秀斯夫人帮助下，极富戏剧色彩地完成越狱并获得自由。在被关押进监狱里以后，格劳秀斯终于有大量时间来读书写作了。大致在这一时期，他完成了两部名著：《荷兰法律体系导论》和《四福音书评注》。

　　被单独囚禁在"洛维斯坦堡"的格劳秀斯不允许与外界联系，但允许他妻子定期前来探望。格劳秀斯夫人在距离"洛维斯坦堡"三公里以外的一个小镇上朋友家里找到落脚点，以便定期为关押的格劳秀斯送去食物和图书。博学的格劳秀斯需要使用大量的图书。格劳秀斯夫人先是用一个大提篮为他送书和取书，后来换成防潮和防雨性能更好的一个长约一米二的大木箱。这为格劳秀斯后来越狱提供了机会。1621 年 3 月 22 日，格劳秀斯蜷曲着藏在书箱里，只靠一个小钥匙孔来呼吸，而格劳秀斯夫人则佯装与格劳秀斯躺在拉下帘子的床上。然后，让负责看守的士兵进来将书箱抬到外面交给格劳秀斯夫人的女仆。当两个士兵抬起箱子时，一个士兵抱怨道："这箱子可真沉啊，一定是阿米尼乌本人在里面"。格劳秀斯夫人镇定地回答道，"不是阿米尼乌，只是阿米尼乌那些沉书"。[1] 等候在监狱外面的女仆，立即用小船将这个"珍贵"书箱运送到小镇上的朋友家中。格劳秀斯乔装改扮后连夜就越过边境，并于凌晨时分出现在安特卫普格雷文乔斯家门口。老友重逢，恍若隔世，喜悦之情是无法言表的。而涉险独自留在"洛维斯坦堡"里的格劳秀斯夫人，在被羁押数周后亦获得释

1　A. W. Harrison, *The Beginnings of Arminianism*, University of London Press, 1926, p. 393.

放；她很快就前往法国与丈夫会合了。[1]

格劳秀斯随后转往法国巴黎。在那里会晤了尤腾鲍加特。法国胡格诺教会对格劳秀斯的拒绝接纳，促使格劳秀斯更加紧密地与阿米尼乌派教会结合在一起。格劳秀斯本人并非圣职人员，所以他没有直接参与"抗辩派"教会工作，而只是作为忠实的阿米尼乌主义信徒与"抗辩派"教会同存亡、共进退。在法国休养逗留期间，格劳秀斯撰写并发表《辩护》，为奥尔登巴恩韦尔特及其领导的"荷兰及西弗里斯兰议会"进行了全面辩护，由此也对莫里斯亲王及"大议会"的所作所为提供了最有效的批评。格劳秀斯这部《辩护》还为全面了解多特会议的背景提供了绝佳素材。在该书中，格劳秀斯证明自己的确是"抗辩派"立场的拥护者和辩护者。在稍晚一些时候，格劳秀斯还撰写了奠定国际法基础的《论战争与和平法》。在旅居法国期间，深知格劳秀斯才干的法国方面似乎有意要重用格劳秀斯，但始终没有采取具体举动。法国方面的真实意思，也许是像对待伯修斯那样，制造一种特殊情势来动摇格劳秀斯的信仰立场，迫使格劳秀斯从新教转向罗马天主教信仰。但精明睿智的格劳秀斯在有了伯修斯这个"前车之鉴"后，识破了其中的圈套，始终没有为种种规劝利诱所动摇。

1631 年年底，格劳秀斯冒险返回已停止对"抗辩派"迫害的荷兰，在鹿特丹和阿姆斯特丹等地居住了半年。及至发现荷兰议会仍不肯原谅自己并重申对他的缉捕令后，格劳秀斯诀别了祖国并再次踏上流亡之路。在汉堡（Hamburg）居住两年后，格劳秀斯放弃荷兰公民身份，开始效力于瑞典王国。格劳秀斯对"大公普世教会"梦想的迷恋，也许与瑞典首相奥克森斯蒂尔纳（Axel Gustafsson Oxenstierna，1583—1654 年）的政治宗教理念发生了某种共鸣，受到赏识与礼遇，于 1635 年年初出任瑞典驻法国大使，并在巴黎担任此职达十年之久。1642 年他出版了《"新约"评注》，书中采用语言学、历史学和科学等方法与观点来解释《圣经》：该书对许多人都产生过重要影响，譬如后来的卫斯理父子就十分推重该著述。1645 年格劳秀斯结束任职返回斯德哥尔摩，但在斯德哥尔摩感到不自在，旋即决定返回巴黎。在返程途中，船只遭遇风暴被吹至但

1　Geo. L. Curtiss, *Arminianism in History，or，The Revolt from Predestinationism*, Cincinnati；Cranston & Curts；New York：Hunt & Eaton，1894，p. 63.

泽（Dantzig）。经陆地旅行到德国北部小城罗斯托克（Rostock）时，格劳秀斯染病不起，并于 1645 年 8 月 29 日客死异乡，享年 62 岁。一代巨星就此陨落。

沃斯修斯、伯修斯和格劳秀斯这些阿米尼乌派人物的命运，只是从一个侧面反映了"抗辩派"的遭遇，但他们并不代表"抗辩派"主体。构成"抗辩派"主体的，是那些与流亡和留守"抗辩派"教会更紧密结合在一起的"抗辩派"牧师和圣职人员。再返回到 1619 年那个腥风血雨的夏季，埃皮斯科皮乌斯等人在瓦尔韦克设立的临时栖身所，很快就迎来被驱逐的阿德里安·博利乌斯及其他六位牧师。此后，还将有遭到驱逐的"抗辩派"牧师陆续加入进来。在"联省"范围内大约有两百位阿米尼乌派牧师，被终止教牧事奉或者被开除出教会，其中有近百人被放逐国外。同时，还有成百上千的普通阿米尼乌派信众，遭到歧视、打压、骚扰、掳掠、虐待和侵害。可以毫不夸张地讲，阿米尼乌主义的这一篇章，是用血与泪写就的。

埃皮斯科皮乌斯及随后被驱逐的"抗辩派"牧师，不久就与流亡在安特卫普的尤腾鲍加特和格雷文乔维斯等人取得联系。在荷兰"联省"以南、现今属于比利时的地区，当时已经牢牢处在西班牙人和罗马天主教势力的控制下。这些隶属于西班牙人统治的南方各省，由于与北方荷兰"联省"在宗教与政治上处于敌对状态，自然乐于看到荷兰"联省"内部发生的这种教会分裂，所以为流亡中的"抗辩派"提供了暂时寄居之所，尽管在他们之间并不存在任何政治联盟与合作。1619 年 9 月底 10 月初，流亡中的近 30 名"抗辩派"领袖聚集在安特卫普，召开了"抗辩派"正式被驱逐后的第一次代表大会。可以想见，如何保存流亡与留守国内的"抗辩派"力量与教会，成了大会讨论的主要议题。在讨论了一些迫切的现实具体问题后，大会推举尤腾鲍加特、格雷文乔维斯、埃皮斯科皮乌斯、尼勒、科维奴斯和伯皮乌斯等人组成管理委员会，负责全面指挥"抗辩派"教会的斗争；并决定派遣巡回牧师在"联省"范围内秘密布道。不过，秘密返回荷兰"联省"布道是一件极其危险的工作。在由敌对人员把持的、到处都是密探的环境里，违法进行宗教聚会和活动，不论组织者还是普通信众，随时随地都有被逮捕监禁的危险。但无论如何，分裂出来的、独立于原有改革宗教会的"抗辩派"教会，还是在艰难与流亡中成型了。

流亡中的"抗辩派"在头两年里，主要以距离荷兰较近的安特卫普为中心，坚持和推进他们的事业。到1621年，由于荷兰"联省"与西班牙人签署的为期十二年的休战协议到期，"抗辩派"只得将他们的指挥中心迁移到法国的鲁昂（Rouen）。在那里，他们受到法国政府的庇护和支持。法国的罗马天主教领袖以及当地新教中的阿米尼乌派，亦为他们提供了许多帮助和支持。当然，这在一定程度上也推动了法国阿米尼乌派的发展。在被驱逐的"抗辩派"流亡法国期间，埃皮斯科皮乌斯以及格劳秀斯曾与法国索米尔学院的神学教授约翰·卡梅伦（John Cameron，1579—1625年）就神学问题发生过辩论。卡梅伦是一位准阿米尼乌主义者，他认为人的意志并未真正腐败而只是受到蒙蔽。卡梅伦坚持的被修正过的加尔文主义，后来被他的学生莫伊斯·埃米劳特（Moise Amyraut 或者 Amyraldus，1596—1664年）继承和发展。埃米劳特从1633年起开始执教索米尔学院，并撰写了大量著述，在法国产生十分广泛的影响。在神学上，埃米劳特认为神圣恩典具有普遍性的适用范围，但实际上却只为拣选者所切实有效地利用。再后来在神学史上将这种处在严格加尔文主义与阿米尼乌主义之间的见解，称作埃米劳特主义（Amyraldism）。这种折中性的准阿米尼乌主义思想，再后来被英国著名神学家理查德·巴克斯特（Richard Baxter，1615—1691年）吸收。巴克斯特也同样认为上帝那"共有恩典"被赋予给所有人，但这共有的恩典却需要有"特殊恩典"才能使其切实有效地产生救赎。

　　流亡中的"抗辩派"在忙于保存和发展自己教会的同时，也没有放松通过各种著述来解释和宣扬自己的立场。这一时期，最主要的争论就是如何解释和看待多特会议。在多特会议进行中以及在结束后几个月里，主要由秘书达曼根据大会的详细日志，摘要性编写出一份简明版多特大会大事录，以供世人了解多特会议的全部情况。大会大事录的摘要本草稿完成后，"大议会"组织各省教会代表进行反复修订。在修订过程中，多特会议的另外两名秘书霍缪斯和海因修斯发挥了最主要的作用。一直到1620年3月，才首次出版由"大议会"和教会共同签署的这部官方的《全国宗教会议主要事件的历史叙述》，亦即多特会议《大事录（或纪事、行传）》（Acts）。这部后来在欧洲广为传布的官方多特会议记录，其"四开本版"有1200多页。这份大部头的历史文献集包含三个主要部分：第一部分是对每次例会的简要叙述，同时还包括大会制定的教典以及其他一些大会重要决议；第二部分是外国代表对"五点抗辩"的评价；第三部分是本国代表对"五点抗辩"的评价。不过，这部多特会议官方文献甫经问世，即受到"抗辩派"的批评和质疑，认为它是"反抗辩派"的一面之词。而"抗辩派"的批判当然是来自对立面的看法，但这种看法有助于世人更全面地了解多特会议的真实情形。退而言之，撇开多特会议本身具有的偏袒与不公不论，那三位秘书在编撰这份摘要纪事过程中，也不可能完全不受主观倾向影响地对原初素材加以取舍增删。所以只有同时也听取对立面的观点才可以获得更真实全面的了解。而"抗辩派"方面也的确不顾禁令发表了一些颇有参考价值的素材。其中，埃皮斯科皮乌斯发表的两份著述尤为重要。在官方会议"纪事"发表之前，埃皮斯科皮乌斯就发表了《多特会议不公正的残忍行径》。官方"纪事"发表后，作为回应，埃皮斯科皮乌斯发表了《矫正》，对多特会议的程式、决议与教典进行了评判和纠正，并阐释和维护了"抗辩派"自己的教义观点。

1622 年和 1623 年是流亡中的"抗辩派"度过的最艰难时期。"抗辩派"领袖伯皮乌斯和尼勒于 1623 年年初在哈勒姆遭逮捕，并被囚禁在"洛维斯坦堡"。其中，伯皮乌斯于次年死于狱中。同样是在 1623 年年初，有个别"抗辩派"分子还卷入奥尔登巴恩韦尔特次子组织的暗杀莫里斯亲王的阴谋中。暗杀行动因走漏消息而告失败，并为"抗辩派"招致更多的仇恨。暗杀失败后，主谋奥尔登巴恩韦尔特的次子逃到国外，却使被动牵连其中的奥尔登巴恩韦尔特长子范格罗恩韦尔特（van Groeneveld）蒙受杀身之祸。范格罗恩韦尔特素来是个生性懦弱、事无定见、缺少男子汉气概的人，他完全是受弟弟撺掇才涉身此事的。他的受死本身无可多叙，倒是因为他的受死，使得他母亲和妻子这两位伟大女性留下两句彪炳青史的名言。[1] 在他被判处死刑后，他伤心的母亲面见莫里斯亲王为子求情。当被问及为何现在替儿子求情，当初却不肯替丈夫求情时，这位母亲回答说，"我丈夫是无辜的；而我儿子是有罪的"。在被处死前夜，几近崩溃的他对前来与自己诀别的妻子说道，"你将成为一个何其悲伤的寡妇啊！"正在哭泣的妻子突然振作起来说道，"亲爱的，为回报我将要承受的困苦，请对得起我，像个男子汉那样去死吧"。近乎歇斯底里的他闻听此言，立时控制了自

1　Cf. A. W. Harrison, *The Beginnings of Arminianism*, University of London Press, 1926, p. 395.

己的情绪，平静接受了死亡。竟成佳话。

　　"抗辩派"的转机出现在 1625 年。当年 4 月 23 日，他们最大的敌人莫里斯亲王因病去世了。卓越的战绩、对"抗辩派"的残酷镇压以及后来平庸的政治生涯，构成了他一生的三大特征。莫里斯亲王去世后，他弟弟、亲"抗辩派"的弗雷德里克·亨利接替他的职位。此时，荷兰"联省"各级行政当局和教会议会几乎全部为严格加尔文分子把持，处身在清一色严格加尔文派官员和牧师当中的新任"省长"必须小心从事。况且国内外的形势，亦即与西班牙人的战事和国内普通大众的心态向背，都不允许他贸然行事。所以，变化只能是渐进与和缓的；对"抗辩派"的迫害也是逐渐松弛下来。范·德·迈尔等人已经返回荷兰，被囚禁的胡格比兹走出"洛维斯坦堡"重新获得自由。从 1626 年起，"抗辩派"教会在鹿特丹、霍恩、阿姆斯特丹等地的秘密聚会，已不再像以往那样提心吊胆。宗教迫害渐渐停止了。在这一年里，被驱逐的"抗辩派"领袖开始陆续返回国内。首先是格雷文乔维斯，接着是埃皮斯科皮乌斯，最后是尤腾鲍加特。他们会发现，他们置身于其中的环境既熟悉又陌生，虽然不是那么充满敌意了，但却滋生了许多冷漠。他们的一些宿敌已经不在人世了：普兰修斯死于 1622 年，卢伯图斯死于 1625 年。

　　虽然一年一度的荷兰"宗教会议"还在不断呼吁，维持和加强所有针对"抗辩派"的制裁决议，但是已经没有人去认真执行和实施了。人们在宗教问题上经历那么多年的混乱、喧嚣与癫狂后，在付出无数鲜血与泪水后，开始变得冷静和克制了。不论曾经的"抗辩派"还是曾经的"反抗辩派"，都相互小心翼翼地回避敏感话题和不去刻意触怒对方。一度遭受剧烈迫害的"抗辩派"及其教会，开始在荷兰"联省"获得宽容。到 1630 年，在鹿特丹和阿姆斯特丹相继建立了公开的"抗辩派"教会。莱顿大学也开始对"抗辩派"开放了。同样是在这一年，"抗辩派"也丧失了一位重要成员：博利乌斯因病在阿姆斯特丹辞世。到 1631 年，关押在"洛维斯坦堡"的最后一批"抗辩派"，也在官方"默许和配合"下"逃跑"了。这意味着对"抗辩派"的迫害已正式结束。1632 年年初，沃修斯和另外一位因追随阿米尼乌主义而被驱逐的莱顿大学前教授，一起在阿姆斯特丹创办了一所更具世俗性或较少受教会控制的新学院，即后来的阿姆斯特丹市属大学（the Municipal University of Amsterdam），并同莱顿大学展开竞争。受这一发展的鼓舞，在尤腾鲍加特一再坚持下，埃皮斯科皮乌斯终于辞去他在鹿特丹教会的职务。1634 年秋，埃皮斯科皮乌斯出面在阿姆斯特丹组建了一所小小的"抗辩派"神学院，并同沃修斯等人先期创建的世俗新学院形成松散的附属与合作关系。这所"抗辩派"神学院第一届招收了 7 名学生，由埃皮斯科皮乌斯本人负责教授神学。至此，"抗辩派"全面完成了在建制上的独立。埃皮斯科皮乌斯于 1643 年逝世。

尤腾鲍加特可谓是"善始善终"。从头至尾见证、参与、支持并领导阿米尼乌主义运动的尤腾鲍加特，在"抗辩派"与"反抗辩派"领袖人物中，几乎是最后一个离开的。他于 1644 年 9 月 4 日晚上谢世，享年 88 岁。尤腾鲍加特自从早年求学时代就与阿米尼乌成为志同道合的挚友。他对阿米尼乌的事业与追求提供了最为关键和重要的帮助与支持。在阿米尼乌逝世后，他领导着"抗辩派"将阿米尼乌主义推向一个新的发展阶段。在多特会议后，他与埃皮斯科皮乌斯领导着流亡中的"抗辩派"，并最终获得在荷兰"联省"内的宽容。可以说，尤腾鲍加特对推动阿米尼乌主义厥功至伟。而他在荷兰错综复杂、剑拔弩张的政治与宗教斗争中表现出来的克制、睿智与干练，更是为他赢得包括他对手在内的一切人的敬佩与称赞。在著述方面，尤腾鲍加特除了最为人熟知的关于政教关系问题的那本小册子，还曾在晚年著有《生平自述》和《低地国家教会发展史》。后两本著述为后人了解那个时期荷兰的社会与宗教情形，留下许多颇有价值的史料。

第二节 "抗辩派"在荷兰本土的后续发展

概而言之，结束了迫害与流亡，返回荷兰"联省"本土的"抗辩派"的后续发展，是一段既漫长又简短的经历，是一个既令人惋惜又让人感到欣慰的故事。说它是一段漫长的经历，是因为"抗辩派兄弟会"作为一个自由教会宗派或社团，如果从 1610 年算起，迄今已经不间断地存活了整整 400 年之久。在漫长的历史长河里，它始终都坚持自由普遍恩典教义，维护人的自由意志，并为一个自由与宽容的基督教社会而努力。这个始终强调和平、宽容、学识、开放与自由精神的教会，作为荷兰领土上几乎唯一一个超宗派信纲性质的独立教会宗派，依靠其历史传承以及家族关联，依靠其自由开放与适应变通精神，在此后的历史动荡与变迁中，奇迹般地跨越四个世纪的历史长河，一直保持到今天。"抗辩派兄弟会"（"Remonstrant Brotherhood"或者荷兰语"Remonstrantse Broederschap"）在当代社会里依然保持着活力和生机，在维持信仰、缔造友爱和平以及传布智慧与知识等方面发挥着自己特有的作用。当今的"抗辩派"教会所遵循的，只有这样一个简单而笼统的信仰原则："'抗辩派'教会是这样一个信仰社团，它根植于耶稣基督的福音中，忠实于自由与宽容原则，并寻求崇拜和事奉上帝。"到21世纪的今天，它在荷兰全国各地仍然拥有大约46个教堂会众团体，信徒人数约为8000人。说它又是一段简短的经历，是因为随着社会文化形式的变迁，随着宗教信仰重心与关注问题的转移，"抗辩派"在荷兰"联省"本土作为一个被主流新教改革宗判定为"异端"的教会，作为一个信徒人数不断减少、社会文化影响日趋式微的小教会或小宗派，逐渐蜕变成一个无足轻重的信仰团体。这其中并没有太多的内容和篇章来加以详尽叙述和评论。当然，"抗辩派"神学院在整个17世纪里的发展以及涌现出的一些杰出神学家，还是在其历史上形成了一个亮点。下文将专门对这一点作出叙述。

说它是一个令人感到惋惜的故事，是因为"抗辩派"在荷兰本土的发展，在某种程度上，似乎印证了他们对手对其神学脉络与发展走向的预判，印证了他们对手对其教义立场所持有的担忧和批评。因为"抗辩派"在荷兰本土随后四个世纪里的发展，已经确凿无疑地走上一条自由主义信仰与神学的道路，并因为突破传统基督教信仰的界限而有最终消解基督教信仰的危险。事实上，由"抗辩派"坚持的阿米乌主义在其后续发展中，构成一个极其容易滑向苏西尼主义和自然主义的下降通道。许多人都顺着这一"通道"方便地滑向神学异端和非宗教立场。这也许并不完全是出于偶然的原因，而是具有它自己内在的生长根源。由意大利神学家苏西尼（Fausto Sozzini或者Socinus，1539—1604年）而得名的苏西尼主义，否认原罪、耶稣基督完全的神性以及替人赎罪性的死亡。由此也可以推断出，只要以彻底的自然主义和理性主义来理解宗教，其最终的归宿不可能逃脱最终消解基督教信仰的苏西尼主义窠臼。在"抗辩派"代表中，库尔塞勒斯就认为传统基督教有关三位一体的教义是不可接受的，在一些教义主张上表现出倾向于阿里乌主义和苏西尼主义的倾向。利姆鲍尔奇则在某种程度上拒绝原罪说，明显降低基督赎罪教义，并拒绝恩典在人的救赎中的首要性原则。凡此种种，都为走向基督教信仰立场之外打开方便之门。说它又是一个让人感到欣慰的故事，是因为作为传统加尔文派中温和形式的阿米尼乌主义，历来强调宽容和平以及知识理性，推重人文主义和理性主义，使得它逐渐演变成一种温和与实践性的基督教形式。"抗辩派"教会对艺术、文学与科学均保持着开放心态，并将小说、诗歌与戏剧等形式引入布道与宗教活动中。但这并不意味着"抗辩派"对于世俗主义采取无分别的非批判立场，它并没有全盘接纳世俗主义。在某种意义上，特别是在近期发展中，荷兰"抗辩派"还是保持了某种克制与自我约束，以使自己仍然保留基督教的信仰与形式。换言之，荷兰"抗辩派"曾经是自由主义与现代主义的先驱，但是当后来自由主义与现代主义开始向自己的逻辑极端演进时，"抗辩派"作为"过来人"又先行注意到那种逻辑演进潜在的风险，并率先作出自我反省和调整，譬如开始重新强调福音信仰和宗教社团生活。

总而言之，剧烈而残酷的宗教纷争过后，荷兰在宗教、文化与道德等问题上逐渐发展成为一个盛行宽容与自由的国度。在这种意义上，倒是阿米尼乌主义倡导的原则压倒了其对手持守的原则。后世的荷兰阿米尼乌主义者渐渐放弃最初坚持的温和加尔文主义，越来越明显地倾向于一种持折中立场的准贝拉基主义，并最终走向理性主义和自由主义。在宽容与和平的氛围里，在人们对其敬而远之的心态下，狭义上的"抗辩派"教会，在荷兰本地逐渐萎缩成一个人数极少的教派（sect），其活动地区主要局限在阿姆斯特丹和鹿特丹等少数城市。不过，在他们作为一个组织机构和教会实体日趋没落的同时，他们的思想主张与影响却在另一个更广阔的舞台上发挥着重要作用。

如果再返回到17世纪30年代，可以看到，从流亡中返回荷兰"联省"的"抗辩派"，并没有如期迎来"抗辩派"教会的大发展。经过十来年在国外的流亡后，当那些"抗辩派"教会领袖重新返回自己的故乡后，却发觉他们宛若生活在一个别样的国度里。他们的宗教信仰立场的确受到了"宽容"，但那是一种"冷漠而疏远的宽容"。普罗大众不仅根据"多特会议"判决，已经将他们认作信仰异端，而且在经过多年的教义纷争以后，人们的宗教热情已经迅速回落了。事实上，伴随着整个荷兰社会开始进入充满机会与财富的"黄金时期"，在"多特会议"已经确立"正统"信仰以后，宗教生活就已经不再是荷兰社会与公共生活中最突出和最重要的因素。荷兰的宗教与教会发展进入了它自己的常规状态和平稳轨道上。而已然确立了主导和正统地位的传统改革宗教会，已然完全驱逐和消除了不同宗教立场的正统加尔文派，也就可以平静地默许和容忍小小的"抗辩派"教会在它自己的国土上自行发展了。

从 17 世纪 30 年代起，"抗辩派"领袖，在荷兰原有的改革宗教会之外，已经组成独立的"抗辩派"教会，并逐渐完成自己作为一个新教独立宗派的教会建制。他们先是在鹿特丹和阿姆斯特丹组成自己的教会，随后，乌得勒支、豪达、霍恩、莱顿、阿尔克马尔等地的"抗辩派"秘密聚会点，开始由"地下"转为"地上"、由"秘密"转为"公开"，并得以自由和自如地进行崇拜与聚会。不过，这些"合法化"的"抗辩派"教会在随后的发展里，始终没有获得较大规模的发展，信众人数与社会影响也极其有限。1634 年在阿姆斯特丹成立的"抗辩派"神学院，却成为荷兰"抗辩派"事业中一个不多的亮点。由西蒙·埃皮斯科皮乌斯领导的"抗辩派"神学院，在为各地"抗辩派"教会培养圣职人员和保存"抗辩派"事业方面发挥着十分关键的作用。在荷兰"抗辩派"随后发展中，这所规模不大的神学院及其网罗的杰出教会人才，使得它成为后期"抗辩派"事业的标志或象征。埃皮斯科皮乌斯是一位杰出的教会领袖和神学家。在他看来，神学家和基督徒能够在神学教义观点多样性前提下，彼此保持良好的基督徒友爱。他在神学院的系统神学讲课内容在他去世后，以《神学原理》为题加以结集出版，并构成"抗辩派"神学的系统表述。

埃皮斯科皮乌斯逝世后，接替他职位的是法国北部城市亚眠（Amiens）的法国人斯蒂法奴斯·库尔塞勒斯（Stephanus Curcellaeus，1586—1659 年），又名艾蒂安·德·库尔塞勒斯（Etienne de Courcelles）。库尔塞勒斯出生并受教育于日内瓦，曾修习过历史、哲学和科学等学科。1614 年返回法国任新教教会牧师；其间对严格加尔文派的僵硬预定论和受必然性驱使的意志论产生不满。1622 年在阿莱兹（Alez）举行的"法国全国宗教会议"，正式认可和接受"多特会议"通过的教典，并要求法国所有新教圣职人员接受并签署"多特会议"教典。一些倾向于阿米尼乌主义立场的人被终止教会职务，其中就包括色当（Sedan）新教学院的教授丹尼尔·蒂勒奴斯（Daniel Tilenus）和亚眠教会的牧师库尔塞勒斯等人。其后，在亲朋好友游说下，库尔塞勒斯有条件地接受"法国全国宗教会议"的规定，但声明自己绝不谴责"抗辩派"，绝不全部接受多特会议的教典。为此而受到排挤的库尔塞勒斯在法国一所偏僻教会任职到1634年，然后他转往荷兰阿姆斯特丹并加入"抗辩派"教会。他出众的学识和信仰很快就为他在"抗辩派"圈子里赢得尊重和声誉。埃皮斯科皮乌斯去世后，在另一位法国阿米尼乌派蒂勒奴斯教授支持下——后者给阿姆斯特丹"抗辩派"神学院捐赠一笔巨款，在阿姆斯特丹瓦隆语教会要求下，库尔塞勒斯接替了埃皮斯科皮乌斯留下的教授职位。干练的库尔塞勒斯进一步发展了阿米尼乌主义神学思想。在赎罪论上，他采取一种类似于雨果·格劳秀斯赎罪论的立场，强调人的自由意志说和无限赎罪论。同时，他作为"基督教伦理学"这门基督教分支学科的先驱，全面梳理了从自然律到摩西律再到福音律的基督教伦理道德体系，并为此作出一些具有开创性的研究。而且，在库尔塞勒斯努力下，"抗辩派"神学院的影响超越荷兰本土的限制，成为欧洲新教阵营中阿米尼乌派的旗帜和标杆。

库尔塞勒斯于1659年逝世以后，来自荷兰鹿特丹的年轻"抗辩派"牧师阿诺德·波伦博格（Arnold van Poelenburgh，1629—1667年），接替了他留下的职位。波伦博格以希伯来语见长，但他在"抗辩派"神学院执教时间并不多。他在1667年的过早去世，使他成为历史影响有限的一位过渡性人物。

"抗辩派"神学院的第四任神学教授是著名的菲利普·范·利姆鲍尔奇（Philip van Limborch，1633—1712年）。利姆鲍尔奇出生于阿姆斯特丹"抗辩派"世家，是埃皮斯科皮乌斯的甥外孙（great-nephew）。他自幼接受的就是典型的"抗辩派"熏陶和教育，先是在阿姆斯特丹学习，后进入乌得勒支大学；学习了伦理学、历史和哲学。从1657年开始，他在豪达"抗辩派"教会担任牧师达十年。1668年前往阿姆斯特丹接任"抗辩派"神学院神学教授一职。利姆鲍尔奇极具神学才赋与组织能力，在荷兰阿米尼乌派神学家中，他是仅次于阿米尼乌和埃皮斯科皮乌斯的著名神学家。他整理和出版了他三位前任留下的大量文献和手稿，梳理和系统化了"抗辩派"学说与教义，并为阿米尼乌主义作出了有力辩护。与此同时，他还竭力使自己坚持的信仰与当时的社会文化发生有益的关联。应"抗辩派"教会请求，利姆鲍尔奇于1683年出版了他的神学巨著《基督教神学》（*Theologia Christiana*）。作为阿米尼乌主义思想第一部最为完全系统的著作，这部著述以《圣经》和理性为基础，借助于思辨推理和教牧实践，按照阿米尼乌和埃皮斯科皮乌斯的神学思想脉络，提供了一套完整系统的神学教义阐述与解说；并为阿米尼乌主义与加尔文主义之间的关联与分野提供了令人信服的界定与解说。他的努力，在荷兰内外，为17世纪后半期一直到18世纪初叶的阿米尼乌主义赢得广泛的尊重和声誉。可以说，在那个时代，许多人尤其是一些学者和教授，正是通过利姆鲍尔奇以及他的同事勒克拉克，才认识或者重新认识了"抗辩派"教会与阿米尼乌主义。

　　与利姆鲍尔奇志同道合的勒克拉克（John LeClerc，1657—1736年），来自法国胡格诺教会家庭，他本人出生并受教于日内瓦。但是对日内瓦神学气氛感到不适应的勒克拉克，受到利姆鲍尔奇的吸引，于1683年来到阿姆斯特丹。随后他抛弃了原先学习的加尔文主义，转而加入"抗辩派"教会并成为"抗辩派"神学院的哲学教授。这可能也在一定程度上受到家族关系的影响：他祖母的兄弟就是"抗辩派"神学院第二任神学教授斯蒂法奴斯·库尔塞勒斯。勒克拉克不仅是位十分多产的作家，而且还与当时欧洲知识界保持着密切的联系。那是个"大家"与"巨匠"辈出的时代：近代哲学之父法国人笛卡儿（René Descartes，1596—1650年），虽然最终死于瑞典，但在去世之前的20年里却是在荷兰莱顿度过的。笛卡儿从人的内在观念出发的哲学，是与基督教坚持的以上帝外在启示为出发点的主张相矛盾的。而出生于荷兰阿姆斯特丹的犹太人斯宾诺莎（Benedictus de Spinoza，1632—1677年），则试图以一种泛神论来反对笛卡儿哲学的二元论。但在传统基督教信仰看来，斯宾诺莎由于否定上帝经由耶稣基督所作的神圣启示，而被看作一种无神论学说。在直接或间接受到这些思想家影响的同时，勒克拉克还与自己的同胞法国哲学家、执教荷兰鹿特丹大学的培尔（Pierre Bayle，1647—1706年）成为论战中的死敌。但他同利姆鲍尔奇一道，与英国的洛克（John Locke，1632—1704年）和剑桥柏拉图派一些代表人物都保持着密切的友谊，并在许多神学与哲学观点上有相通和相互发明之处。洛克在旅居荷兰的六年时间里，与"抗辩派"过从甚密；并在宗教自由与宽容等问题上深受"抗辩派"影响。值得一提的是，洛克也被正统加尔文派指责具有苏西尼主义异端思想。勒克拉克在思想上可谓广博有余但精深不足——他因编辑出版格劳秀斯《论基督教的真理》一书而深受格劳秀斯的影响，而这一特征正好使他成为一个将"抗辩派"信仰与社会文化结合在一起的最佳人选。实际上他具有"百科全书派"的思维与学识，并与不久以后兴起的"法国百科全书派"一样对理性推崇备至。在阿米尼乌与埃皮斯科皮乌斯那里，虽然看重理性的地位，但理性仍然是启示的女仆；在格劳秀斯和利姆鲍尔奇那里，理性与启示似乎具有同等的地位；而在勒克拉克那里，理性已经上升到女主人的地位，神启的东西与超自然的东西似乎让位给人本的东西和自然理性的东西。可能正是因为勒克拉克所持的这种极端理性主义与自然主义思想，使得他的见解在"抗辩派"教会内并未获得多少认可和支持。利姆鲍尔奇逝世后，勒克拉克未能顺理成章地接替利姆鲍尔奇的职位，而是继续作为哲学教授任职到 1731 年。他于 1736 年去世。

　　18 世纪的西欧，是一个理性主义与启蒙运动的时代。受时代精神与文化影响，虽然在传统加尔文派阵营里不断涌现出接近阿米尼乌主义的人物与思想；但是在"抗辩派"这一小小阵营里，要想寻觅接近传统加尔文主义的人物就难乎其难了。哲学上的自然理性主义与宗教上的准苏西尼主义遥相呼应，几乎席卷一切。处在这种社会文化大潮中的"抗辩派"教会，尽管竭力想要恪守圣经与"福音"之道，但却无力阻挡这一时代的脚步。紧随利姆鲍尔奇之后的几位"抗辩派"神学院的继任者，譬如说坎腾博格（Adrian Van Cattenburgh）和韦特斯泰因（John James Wettstein，1639—1754 年），均持有明显的自由主义与苏西尼主义异端思想；他们理解的基督教信仰与传统基督教信仰，无论在内涵上还是在形式上都已经相去甚远了。18 世纪中后期，英国的约翰·卫斯理曾经三次访问荷兰。卫斯理虽然明确宣称自己是阿米尼乌主义者，但是他在访问荷兰各地过程中，并没有接触"抗辩派"教会和神学院。这一方面是因为此时的"抗辩派"已经萎缩成一个影响甚小的宗派，另一方面也是因为此时的"抗辩派"所追求的自由主义与理性主义，与卫斯理寻求的宗教虔敬与复兴意趣迥异。[1]

　　19—20 世纪，受世俗文化的影响，在整个基督教阵营里开始涌现出种种现

1　Cf. Johannes van den Berg and W. Stephen Gunter, *John Wesley and the Netherlands*, Nashville：Abingdon Press，2002，p. 120.

代思想与自由观点，其中比较核心的是对于耶稣基督位格的一种新理解。由此逐渐滋生出所谓神学教义上的自由主义与现代主义。受大势所趋，"抗辩派"与自由主义神学之间的界限逐渐模糊消失，并终于合流了。在教义信仰上，他们与自由主义一道，由超验的、超越的上帝转向可经验的、内在的上帝；由上帝的启示转向人的理性；由"基督"耶稣转向"拿撒勒的耶稣"；并对人的向善能力与自治自主能力怀有前所未有的乐观精神；人对自己命运的把握能力从未像今天这么实在和真切。这一时期的"抗辩派"教会和神学院，开始积极引入和采纳各种哲学思潮与科学思想譬如康德哲学，开始积极致力于"比较宗教学"研究，开始积极参加基督教左翼发起的种种基督教与社会组织及运动。其中"抗辩派"神学院自1873年起，从阿姆斯特丹迁往莱顿，并附属于莱顿大学神学部。但无论如何，"抗辩派"在神学上主张的上帝恩典普遍性的思想，在宗教信仰上强调的个人内在丰富信仰以及对于社团生活的看重，在教会内外呼吁的和平、适中、宽容友爱精神，都为当今社会提供了有益启迪。应该说，尽管今日的"抗辩派"教会及其神学院颇有些微不足道的意味，但它们的影响与作用，不论在深度上还是在广度上都远远超出它们自己的范围，而延伸到包括整个基督教新教在内的这一更加广阔的领域之中。

第三节 "高教派"及"广教派"阿米尼乌主义

在16世纪后期与17世纪初期，作为欧洲新教阵营的两大主要势力，小小的荷兰与孤立岛国的英国，在宗教、政治以及其他诸多领域都有着十分密切的关联与合作。巴罗、珀金斯、卡索邦、伯修斯、沃斯修斯以及格劳秀斯等人都是促进两国宗教联系的重要人物。不过，英国的所谓阿米尼乌主义并不是荷兰阿米尼乌派的直接结果，而是在英国本土上自发出现的。譬如，不能说格劳秀斯出使英国直接皈依了一些人接受阿米尼乌主义，而只能说格劳秀斯在出使英国期间就发现有人与自己的信仰立场相像，而他的活动与游说则进一步刺激或推动了英国原有的反极端加尔文主义运动。而英国的反极端加尔文倾向基本上都采取了所谓的阿米尼乌主义形式。1613年，雨果·格劳秀斯出使英国期间，不仅面对英国朝野仔细阐释和维护了阿米尼乌主义观点，而且还不顾阿博特和温伍德等人的不快，指出荷兰的"反抗辩派"与英国的"清教徒"实际上是相互一致或对等的，均属于一种极端化形式的加尔文主义。格劳秀斯的努力，看来在兰斯洛特·安德鲁斯和约翰·奥弗罗尔等人那里产生强烈共鸣，后者还曾致函格劳秀斯特地表明，英国神学不是完全都像阿博特主张的那样。其时，英国的阿米尼乌主义思想，已经处在萌芽和初期发展阶段，并因格劳秀斯的到访而获得更多的关注与生机。

考察两国之间在宗教思想方面的联系与影响，应该说，首先是以某种原因访问、旅居或流亡在荷兰领土上的那些英国宗教人士和团体，最直接生动地感受和经验到荷兰"联省"的宗教纷争，这些英国宗教信徒和团体在接受荷兰改革宗教会种种影响的同时，有时还以某种方式卷入或参与到荷兰的教义纷争当中。

英国的"独立派"（Independents）或"分离派"（Separatists）罗伯特·布朗（Robert Browne，1550—1633 年）及其追随者，为了躲避国内的宗教压制与迫害，于 16 世纪 80 年代曾经流亡荷兰的米德尔堡，其信徒与传道人不久即出现和活动于阿姆斯特丹等地。这些英国布朗派（Brownists）分子对英国国内主教制的拒斥，并没有导致他们接受流亡地荷兰的改革宗教会体制。在这些英国流亡者看来，荷兰的教会体制存在着诸多混乱与不完善之处，譬如没有圣化主日，信徒成员缺乏统一的行动和表现；荷兰教会不正当地为那些不属于可见教会成员所生的孩子实施洗礼；他们不按照"马太福音"第六章里的规定进行祈祷；他们在敌基督之拜偶像的殿堂里崇拜上帝；他们的教会议会成员一年一选而不是永久性的；他们在教堂里举行婚礼，并庆祝一些基督新教不应恪守的节日等。[1] 这些旨在"再改革""宗教改革"的英国宗教激进主义者，无可避免地与其他"宗教改革"教会分离开来了。这些英国激进派宗教流亡者虽然身处异国他乡，但是他们既不会入乡随俗，亦不愿韬光养晦，而是对寄居国教会的种种不同于己的情形进行猛烈批判，并积极着手传布自己的教会形式与信仰。由此，在许多地方引发争论和遭受排挤就是预料之中的事情了。

1　Cf. *The Works of James Arminius*，Vol. 1，pp. 160 – 161，"note"．

1593 年 7 月，詹姆斯·阿米尼乌向阿姆斯特丹教会议会报告了这样一件事情：有英国布道者亦即亨利·安斯沃思（Henry Ainsworth）开始在一位阿姆斯特丹市民家里传道。亨利·安斯沃思是一位年轻的剑桥大学毕业生，精通希伯来文，并具有卓越的教会组织与管理能力，逐渐成长为流亡荷兰的英国分离派的中坚和领袖，其教牧事奉曾影响过寄居荷兰莱顿的英国分离派信徒团体，而后者则是 1620 年乘坐"五月花"号到达北美的英国清教徒先驱（the Pilgrim Fathers）。阿姆斯特丹教会议会经商议后，认为这是一件不能允许其继续发展下去的重要事情，于是制止了它，并将这件事情报告给阿姆斯特丹市政当局和英国教会当局。后来当阿姆斯特丹教会议会得知那些英国传道者在坎彭（Kampen）受到礼遇时，他们还曾经指派阿米尼乌前去警告坎彭教会议会。不过，那些流亡荷兰的英国布朗派分子绝不是什么知难而退的人。不久以后，他们为其制造麻烦的，是距离阿米尼乌家不远的以让·塔芬为牧师的阿姆斯特丹瓦隆语教会。先是在 1595 年 10 月有一位瓦隆语教会成员，自行前往阿姆斯特丹附近的英国人教会参加崇拜，后是在 1596 年 6 月，有布朗派分子在一位瓦隆语教会成员家里进行布道。这对塔芬以及阿姆斯特丹教会议会提出了严重的问题：这样做违背教会纪律吗？英国人教会也坚持正统教义吗？伴随着这些疑问，阿姆斯特丹教会议会派阿米尼乌和普兰修斯等人协助塔芬制止了这件事情的继续发展。

大致也是在这一时期或者稍晚一些时候，这些主要寄居在阿姆斯特丹和莱顿等地的英国分离派再次掀起事端。他们出版了旨在表明自我信仰立场的"信纲"，并有针对性地将他们的"信纲"分寄给荷兰、苏格兰、德国、瑞士和法国一些具有重要影响的新教大学的神学教授，这其中就包括当时在莱顿大学担任神学教授的弗朗西斯·朱尼厄斯。由此被动地陷于不尴不尬境地的朱尼厄斯教授，在与包括弗朗西斯·约翰逊（Francis Johnson）和亨利·安斯沃思等人在内的英国分离派领袖人物的通信中，委婉批评了他们这种做法的唐突与失礼之处，并建议他们不要再对那些敏感问题譬如教会政体问题进行无谓的争论，以便尽可能地保持教会的平静与和谐，并与为他们提供庇护所的荷兰人民与教会和平相处。

然而，朱尼厄斯的好意劝诫，却受到英国布朗派的猛烈反击和批判。为此，朱尼厄斯在 1599 年 1 月撰写了一封总结性长信，[1] 全面回应了布朗派对荷兰及英格兰教会体制的质疑与批判。两个月后，阿米尼乌和塔芬以阿姆斯特丹全体牧师名义，给朱尼厄斯写去一封声援信。[2] 值得注意的是，阿米尼乌等人尽管不赞同布朗派分子对荷兰与英格兰教会的批评，并尤其提防布朗派在自己身边的传道活动，但他们始终以宽容心态对待这些不甘寂寞的布朗派分子，而没有武断地宣布其为宗教信仰上的异端——倘若此，势必将导致他们自己先前曾遭受过的宗教审查与迫害。事实上，不论阿米尼乌、朱尼厄斯还是普兰修斯，他们只是拒斥布朗派对于荷兰改革宗教会体制的抨击，但他们均承认布朗派属于改革后的新教之列。布朗派在救赎论这一核心教义问题上，并没有什么明显异于新教一般立场的看法。随着时间的推移，到 1610 年前后，那些定居在莱顿、开始适应荷兰教会体制并接受荷兰教会崇拜形式、后来乘坐"五月花"号到达北美的英国清教徒先驱们，反而无法认同和宽容阿米尼乌主义关于恩典的教义及其救赎论学说。这的确是一种怪异的转折。卡尔·班斯有些困惑地对此总结道，"布朗派逃离在那里得不到宽容的英格兰，来到能够为他们提供宽容的荷兰。然而他们却抨击他们的荷兰东道主没有建立起真正的教会。当荷兰教会自身在宽容问题上一分为二时，布朗派却站在支持宽容的'抗辩派'的对立面。而为着宗教宽容缘故来到马萨诸塞的'清教徒移民先驱'却没有宽容阿米尼乌主义"。[3]

具有反讽意味的是，后来当英格兰支持荷兰"联省"围攻和迫害"抗辩派"时，在英国遭到宗教迫害的布朗派，却在荷兰找到躲避英王詹姆斯一世迫害的庇护所——尽管英国驻荷兰大使卡尔顿曾试图说服荷兰行政当局对英国布朗派采取一定的限制措施。那些寄居在莱顿和米德尔堡等地的英国清教徒们，很快就与荷兰当地极端加尔文派结成同盟，并开始一同反对"抗辩派"信仰主张。譬如，在荷兰避难的英国著名清教徒威廉·埃姆斯（William Ames，1576—1633 年），就直接卷入荷兰"联省"的宗教纷争。在鹿特丹期间，埃姆斯与当地极端加尔文派一道，与"抗辩派"领袖格雷文乔维斯等人展开神学论争。在

1　Cf. *The Works of James Arminius*, Vol. 1, pp. 149–159, "note".

2　Cf. *The Works of James Arminius*, Vol. 1, pp. 159–165, "note".

3　Carl Bangs, *Arminius: A Study in the Dutch Reformation*, Nashville: Abingdon Press, 1971, p. 159.

多特会议期间，埃姆斯还曾间接影响过英国和荷兰本地的加尔文派分子。

　　不过，就阿米尼乌主义在英国本土的发展而言，则是另一个有其自身独立发展脉络但又与荷兰阿米尼乌主义遥相呼应的故事。概括地讲，英国的阿米尼乌主义最初是独立、自发出现的；但在随后的发展过程中，直接或间接受到荷兰阿米尼乌主义的影响；即便是存在着这些影响，英国的阿米尼乌主义依然呈现出一种独特的发展走向和外貌。

　　在英国新教会独立与成型初期，英国新教会采纳的信仰信纲，是在首任坎特伯雷大主教托马斯·克兰麦（Thomas Cranmer，1489—1556 年）起草的蓝本基础上形成的，并且带有明显的路德宗信仰的影响与印痕。早在英国教会与罗马天主教完全断绝隶属关系后不久，克兰麦于 1538 年，在德国与路德宗领袖就基督教信仰基础问题经过磋商后，以 1530 年版《奥格斯堡信纲》为样本，撰写了一系列教义声明。这些教义声明经过长时间修订后，在 1553 年形成当时英国新教教会接纳的所谓《四十二条信纲》。这是英国教会第一部经过正式认可的、完全属于新教立场的信仰声明。在伊丽莎白一世（Elizabath I，1533—1603 年）执政期间（1558—1603 年），新教开始兴盛。1571 年《四十二条信纲》被修订成著名的《三十九条信纲》。《三十九条信纲》经过英国国王和教会批准后，成为此后四个世纪英国国教会的正式教义标准。检阅这些信纲，不论早先的《四十二条》还是后来的"三十九条"，均在上帝预定问题上采取了一种温和与含混的说法。它们只是简单提及对于生命的预定，而没有提及上帝的弃绝。亦即在这一问题上只是提供了肯定立场而没有提出否定立场，而且根本就没有涉及任何无关乎被预定者状况的神圣的、自由的、绝对的上帝命令问题。对于人的自由意志问题，这些信纲也同样没有可以明确判定为"严格加尔文派"的表述。总的说来，这些信条信纲，可以被称为"温和的"加尔文主义。所以对于《四十二条信纲》和《三十九条信纲》中的相关表述，不论站在伯撒还是站在阿米尼乌的角度，都不会感到完全满意。

　　然而，并不是所有英国新教徒都乐意接受那些信纲。对于不满《四十二条信纲》的人来说，他们有一部分人甚至还脱离了英国国教会，从而形成激进的"分离派"或"独立派"。有资料显示，早在玛丽一世统治时代（1553—1558 年），就出现了一个本能地反对上帝预定并主张自由意志的小信徒团体。他们被称为"自由意志者"（Freewillers）；也有人将他们称作"加尔文派修正论者"。[1]
当玛丽王朝政府将这帮"新教徒"与其他新教徒关押在同一座监狱后，其中的
"自由意志者"还与传统加尔文主义者就上帝预定问题发生过论战。不过，在
那个极其特殊的处境里，那种发生在共同遭迫害的新教徒内部的论战很难继续
下去，也不可能产生什么有益的结果。人们普遍认为，在这些早期"自由意志
者"，与后来于16世纪末出现的反预定论者之间，并不存在任何直接的关联。
但是这些零星、本能和自发出现的"自由意志者"，却构成随后出现的极端加
尔文主义"异议者"的前兆。他们表明，并非全部英国新教徒都能够认同严格
加尔文主义特别是其绝对预定论。

　　尽管有一些零散的不满和抗议，但严格加尔文主义在伊丽莎白一世执政期
间，仍在英国教会内获得稳步而迅猛的增长。那些在玛丽一世统治下成百上千
流亡日内瓦、瑞士和法国等地的信徒，在伊丽莎白执政后开始陆续返回英国的
同时，也从欧洲加尔文派改革宗教会那里带回严格的加尔文派教义和信仰。他
们对罗马天主教的极端仇视，以及对严格加尔文主义的热切拥护，又进一步推
动了清教主义在英国本地的影响与发展。到16世纪90年代，极端加尔文主义
在英国达到鼎盛阶段。英国新教史第一位重要的本土神学家、剑桥大学的威
廉·珀金斯（William Perkins，1558—1602年）教授，就紧随日内瓦的伯撒等人
采纳了一种严格的堕落前预定论。正是珀金斯在1590年前后撰写的小册子《论
预定的模式与秩序，兼论神圣恩典的充足性》，后来被阿姆斯特丹牧师阿米尼乌
发现并受到后者的严厉批判。不过，在荷兰的阿米尼乌批判英国的珀金斯之前，
珀金斯及其所持的神学主张，就在英国的剑桥受到严重挑战。

　　在16世纪90年代，亦即詹姆斯·阿米尼乌正在阿姆斯特丹教会从事事奉
并悄悄进行神学思考与写作的同时，远在英国的剑桥就爆发了关于预定与自由
意志问题的争执。这一时期，加尔文派在剑桥大学占据主导地位。神学家威
廉·珀金斯，虽然是一位温和的清教徒，但在救赎论上却走向极端预定论立场。
珀金斯所持的那种双重预定论见解，很快就遭到他的同事彼得·巴罗（Peter

　　1　Herbert Boyd McGonigle, *Sufficient Saving Grace：John Wesley's Evangelical Arminianism*, Carlisle, Cumbria, U. K. & Waynesboro, GA, USA：Paternoster Press, 2001, p. 47.

Baro, 1534—1599 年) 等人的反对。彼得·巴罗出生于法国,在布尔日大学 (University of Bourges) 成为"特许传道者"(licentiate),亦即未被按立为牧师但具有传道资格的人。后为躲避宗教迫害而逃亡英国。在 1574 年或之前,他当选"玛格丽特夫人"(Lady Margaret) 神学教授,同时成为彼得学院 (Peterhouse) 的成员。在剑桥,他成为严格加尔文主义者譬如钦定讲座神学教授威廉·惠特克 (William Whitaker) 和威廉·珀金斯等人的论战对手。

双方的矛盾愈演愈烈;到 1595 年达到高潮。这一年,彼得·巴罗的学生同时也是学院牧师威廉·巴雷特 (William Barrett),因拒绝接受珀金斯的预定论而未被授予神学学士学位。威廉·巴雷特则在公开布道中,宣称上帝的拣选与弃绝都是有条件性的而非绝对无条件性的。作为对巴雷特与巴罗对正统加尔文主义挑战的回应,在这一年年底,威廉·惠特克起草了作为《三十九条信纲》"附录或补遗"的《兰贝斯条款》[1](Lambeth Articles);这些极具加尔文主义色彩的"条款",明确支持堕落前预定论;该"条款"获得坎特伯雷大主教惠特吉夫特 (Archbishop Whitgift) 的授权。总的说来,《兰贝斯条款》中包含的这"九条信纲",属于明显的极端加尔文主义,并用明确无疑的表述形式肯定"双重预定说"。这九条信纲中的前四条是这样界定预定问题的:"第一,上帝在永恒中预定一些人会获得生命;弃绝一些人会获得死亡。第二,预定获得生命的动力因或有效因,不是被预见的信仰,不是坚忍持守,不是好事工,不是被预定者内在的任何东西,而只是上帝的良善意志和喜好。第三,那被预先决定的预定者数目,既不能增加也不能减少。第四,那些没有被预定获救的人,必定会因他们的罪受到谴责。"[2]《兰贝斯条款》的提出,表明英国严格加尔文派试图用更加符合极端加尔文主义口吻的信仰信纲,来修正和弥补比较温和的《三十九条信纲》;标志着伊丽莎白时期加尔文主义在英国教会里的影响所达到的顶峰。

坚决反对《兰贝斯条款》并遭受压制的彼得·巴罗,只得于 1596 年春主动

1　Cf. Schaff, Philip (ed.), *The Creeds of Christendom: With a History and Critical Notes*, 3 Vols., 6th ed. Grand Rapids, MI: Baker Books, reprinted 1998 from the 1931 edition, Vol. III, pp. 523 – 525.

2　Schaff, Philip (ed.), *The Creeds of Christendom: With a History and Critical Notes*, 3 Vols., 6th ed. Grand Rapids, MI: Baker Books, reprinted 1998 from the 1931 edition, Vol. III, p. 523.

辞去剑桥教授职务并搬回伦敦。也正是在彼得·巴罗陷入麻烦和困境中的时候，他于1596年4月1日，给远在丹麦哥本哈根的著名宗教改革运动领袖和神学家、被称为"丹麦伟大教师"的尼古拉斯·赫明鸠斯（Nicholas Hemmingius，1513—1600年）——亦称尼尔斯·赫明森（Niels Hemmingsen），撰写了一封表明自己立场并寻求支持的书信。尼古拉斯·赫明鸠斯1513年出生于丹麦国王管辖下的拉兰岛（the isle of Laland），年轻时因聪颖博学被送往德国维腾贝格大学（University of Wittenberg），追随宗教改革领袖梅兰希顿学习长达五年之久，深得梅兰希顿的赏识。返回哥本哈根后，曾先后担任"哥本哈根圣灵教会"牧师和哥本哈根大学希伯来语教授与神学教授。作为一位路德宗牧师，他却按照加尔文观点解释圣餐中"真实临在"问题。而在另一方面，他又成为日内瓦学派关于预定论教义的有力反对者。他在晚年成为欧洲北部新教阵营的一面旗帜，深受阿米尼乌和巴罗等人的推崇。彼得·巴罗在这封书信里，称赞赫明鸠斯对梅兰希顿预定观点的坚持，并提到自己因坚持这种观点而在剑桥遭受的压制。在这封书信后面，彼得·巴罗还附上一份自己撰写的《关于三种预定论的概要》[1] 的短文。

在这份"概要"里，彼得·巴罗对预定论问题，提出了极其类似于阿米尼乌提出的那些甄别与评判。他指出，在新教教会里，就上帝对人的预定问题而言，存在着三种主要观点。其中，第一种观点是伯撒等人坚持的创世前预定论；第二种观点是采取较为温和形式的堕落后预定论。这两种观点均认为上帝在永恒中拣选了一定数目的、特定的个人——以彰明其仁慈；忽略或弃绝了其余的同时也是绝大多数的人——以彰明其正义。由于上帝不仅为个体的人规定了目的，而且也为个体的人决定了达致那种目的的手段或途径，所以那些隶属于特定数目之列的个人将不得不信仰或不得不获救；而其余的、绝大多数的个人则绝无可能获得信仰或获得救赎。这样一来，也就将人置于一种必然而然的必然性之下。彼得·巴罗明确表示自己无法认同这两种预定论。他所赞成的是他所谓的第三种预定论。他还指出在新教阵营里坚持这第三种观点的代表人物，在德国有梅兰希顿，在丹麦有尼尔斯·赫明森，在弗里斯兰则有格利乌斯·斯内

1　Cf. *The Works of James Arminius*, Vol. 1, pp. 92 – 100. "note".

卡纽斯（Gellius Snecanus）——看来，巴罗对阿米尼乌还一无所知。巴罗将这第三种观点的要旨总结如下："既然那本性良善的上帝，是为了良善的事情，亦即为了一种祝福的生命而创造了人；并且在人堕落以后，应许了以其圣子为人的救赎主——由此他就能够打烂毒蛇的头，并施加这样一种律法；而按照这样一种律法他就可以对每个人形成一种最终评判：'信而受洗的必然得救，不信的必被定罪'（'新约·马可福音'16：16）；他同样也是每日都在真切地呼召和邀请着'所有人'——没有任何限定——悔改、认信和获救。既然这些就是它的条件，那么很明显，基督就是试验的基石（the stone of probation），借此被拣选者与被弃绝者得以相区分；上帝关于人的救赎与毁灭，并没有其他隐秘的命令，而只是以书面'上帝之道'所揭示的并为我们所知的就是：'信而受洗的必然得救，不信的必被定罪'。因而上帝预定了他从永恒中预知的那些人将会信仰基督（基督是永生的唯一之道），那些人将与上帝一道永享荣耀；上帝同样亦从永恒中弃绝了所有的反叛者，那些人将固执地沉溺于罪里，并不配分享上帝之国。"[1] 在彼得·巴罗看来，第一和第二种观点均错误地主张上帝预先决定了大多数人要么走向毁灭，要么就是沉溺于亚当的堕落中而永无被宽恕的指望。而第三种观点则坚持上帝希望所有人都获救；基督是为所有人而死；上帝并不憎恶人，而只是憎恶罪人。由此，彼得·巴罗得出与阿米尼乌相似的结论，"第一和第二种观点在它们自身之中并为人强加上谴责与获救的必然性。而第三种观点则没有这种倾向：尽管它承认预定在神圣意志里是不可改变的，但它否认这种预定会使人的意志成为不可改变的，亦没有为其强加上某种必然性，以免由这种结论推导出上帝是罪以及人之毁灭的作者"。[2]

彼得·巴罗大概在撰写这封书信不久，就从剑桥搬回伦敦居住。可是三年后，当这位被迫去职的剑桥前教授逝世后，伦敦全体神职人员却为他举行了盛大而隆重的葬礼，这是因为教会的领导权，从病重的惠特吉夫特大主教手里，转移到伦敦主教理查德·班克罗夫特（Richard Bancroft）手里。相应地，英国的神学风潮也发生转向。就剑桥的状况而言，在巴罗被迫离开以后，"钦定神学

1　*The Works of James Arminius*, Vol. 1, p. 96, "note".

2　*The Works of James Arminius*, Vol. 1, p. 98, "note".

教授"约翰·奥弗罗尔成了阻止极端加尔文派完全占据剑桥的代表人物。奥弗罗尔的重要同盟理查德·汤普森（Richard Thompson），曾经在 16 世纪 90 年代中期访问过阿姆斯特丹和阿米尼乌本人，并深为阿米尼乌的神学观点折服。[1]由此可以确定，奥弗罗尔与汤普森是英国本土反预定论者中，最早了解阿米尼乌并受到阿米尼乌影响的重要人物。前者认为上帝的救赎恩典需要信仰者对罪的悔改，而后者则依据洗礼的普遍有效性否定了绝对的预定说。他们的思想为英国随后的温和加尔文主义者所继承和发挥。1607 年，奥弗罗尔的钦定教授职位由约翰·理查德森（John Richardson）接替。理查德森同样亦认为上帝在基督里的恩典，是提供给所有人而非只是提供给拣选者的。这就在剑桥大学继续保留了反加尔文主义或者类似于阿米尼乌主义的力量和传承。理查德森后来因为自己持有的教义立场而在 1617 年被迫离职。由此看来，威廉·巴雷特、彼得·巴罗、约翰·奥弗罗尔以及约翰·理查德森等神学家，代表着剑桥大学从16 世纪 90 年代到多特会议以前的反加尔文派传统，他们构成英国阿米尼乌派的先驱和代表。

自从伊丽莎白一世时代以来，剑桥和牛津就是加尔文主义影响的重镇。这两所大学之间的不同在于，在剑桥大学，自从 16 世纪 90 年代以来，就不断有人挺身而出反对盛行的严格加尔文主义学说。而在牛津，大学校方当局以及一些重要的神学教授职位，一直为严格加尔文派把持。他们成功钳制和压抑了一切对加尔文主义不满的声音与观点，譬如安东尼·科罗（Anthony Corro）。这种局面一直到 17 世纪 20 年代后期才开始发生转变。在挑战加尔文主义学说方面，如果说兰斯洛特·安德鲁斯是剑桥大学的代表人物，那么劳德则是牛津大学的重要代表。威廉·劳德（William Laud，1573—1645 年）与约翰·豪森（John Howson）为牛津反加尔文派提供了重要的支持和保障。

在整体走向上，英国教会的神学走势与倾向，在很大程度上受到王室君主的影响。英王在教义问题上的喜好取舍，在相当大程度上左右着英国加尔文派与反加尔文派的盛衰起伏。詹姆斯一世统治期间，就是英国加尔文主义的高涨

1　Cf. Nicholas Tyacke, *Anti-Calvinists: The Rise of English Arminianism c. 1590 – 1640*, New York: Oxford University Press, 1987, p. 36.

期。不过，英王詹姆斯一世虽然在教义上采纳了加尔文主义，但他却对清教徒主张的教会仪式改革感到怀疑，并担心那种教会礼仪上的改革最终会扩展为政治与社会的改革。所以詹姆斯在支持加尔文派的同时，还要倚重那些并不完全接受严格加尔文主义的主教和大主教。1604 年 1 月，在由英王主持召开的"汉普顿宫会议"（Hampton Court Conference）上，以约翰·雷诺兹（John Reynolds）为首的清教徒，希望将《兰贝斯条款》整合到《三十九条信纲》里，亦即希望能够赋予《兰贝斯条款》以英国国教会正式信纲的宗教权威和地位。但是这一尝试受到以理查德·班克罗夫特为首的大多数主教们的反对，而最终未能如愿以偿。[1] "汉普顿宫会议"的教义争论，使得对加尔文主义的挑战首次超越大学围墙界限，并上升到全国教会层面上。不仅仅是那些身居要职的主教和大主教们对严格加尔文主义感到不满，在某种意义上，阿米尼乌主义成为所有对严格加尔文主义感到不满之人的发泄通道，成为对加尔文派教条主义不满的一种标记和符号。这一时期的英国阿米尼乌分子不仅盛行于英国国教会内，而且也出现在其他一些宗派当中，譬如"独立派"（Independents）的约翰·古德温（John Goodwin）即是一例。

至于英王詹姆斯一世大力支持和推动的"多特会议"，其影响可以说是多方面的。从长远影响与发展上看，"在多特会议上出现的英国官方代表团，对于英国阿米尼乌主义的兴起，是一个至关重要的事件。1619 年举行的这次谴责荷兰阿米尼乌派教义的国际加尔文主义者大聚会，对于 17 世纪早期英国的宗教思想来说，起到一种催化剂的作用"。[2] 它使英国国内神学家之间的宗教分歧与不和，由含蓄和间接层面转化到公开和直接的层面，使英国人从这个问题上的沉睡中惊醒过来。譬如，曾参加过多特会议的托马斯·戈德，在从多特回来以后，尽管受到英王的奖掖和晋升，但却无法消除自己心中对于极端预定论教义的怀疑：绝对预定有可能会导致上帝是罪之作者的结论。戈德认为，上帝必然知道亚当会堕落，但上帝也知道亚当并不必然会堕落，因为亚当是有可能不堕落的。

1　Cf. Nicholas Tyacke, *Anti-Calvinists：The Rise of English Arminianism c. 1590 - 1640*, New York：Oxford University Press, 1987, chapter 1.

2　Nicholas Tyacke, *Anti-Calvinists：The Rise of English Arminianism c. 1590 - 1640*, New York：Oxford University Press, 1987, p. 87.

在此并不存在什么无条件的绝对预定。像戈德这样因多特会议而对严格加尔文立场产生怀疑的人，在英国代表中并非只是孤例。

但是，就短期影响而言，荷兰多特宗教会议由于英王的支持和英国官方代表的参与，而在一段时期内几乎完全窒息了英国反加尔文主义声音。从多特会议上返回英国的代表，在随后几年里，大都晋升到更重要的职位。他们在英国教会和大学里，至少在一段时期以内，大都在维护他们曾直接卷入的多特会议的教典与教义立场，尽管他们有些人已开始产生疑惑之心和不同看法。这种加尔文派的高压态势一直到詹姆斯一世执政末期，特别是当英国国王詹姆斯一世本人开始对自己早先的神学立场发生怀疑和动摇以后，才开始逐渐被打破。其中的标志性事件就是理查德·蒙塔古的著述及辩护。

1624 年，理查德·蒙塔古（Richard Montagu）为了回应一份攻击英国国教会的小册子《新福音的塞口布》，而撰写了一份充满讥讽与嘲笑的小册子：《老蠢鹅的新塞口布》（A New Gag for an Old Goose）。次年，蒙塔古又撰写了题名为《上诉恺撒》（Appello Caesarem）的小册子，来为自己作进一步的辩护。蒙塔古宣称自己没有阅读过阿米尼乌的著述，他本人既不是阿米尼乌派，也不是加尔文派或路德派，而只是一个基督徒。但就《老蠢鹅的新塞口布》这份引发轩然大波的小册子而言，有迹象表明，蒙塔古这份小册子曾获得过英王詹姆斯的批准。倘若此，他的对手就果真有理由怀疑这背后牵扯到一个更大的颠覆英国国教会的阴谋。撰写这本小册子的起因，原本是要驳斥罗马天主教一方在早先发表的攻击英国教会的小册子《新福音的塞口布》。但蒙塔古的做法，不是直接批判那份小册子中的具体内容，而是在英国国教会与清教之间进行断然的切割，指出对方攻击的只是清教的信仰立场，而无关乎英国国教会的新教立场，因为对手重点加以攻击的绝对预定论只是属于清教的教义主张而非国教的信仰主张。蒙塔古所作的这种分离与切割，首先伤害和触怒的当然是英国国教会内的严格加尔文派。为此，在刻意寻求制裁蒙塔古的"英国众议院"与蓄意保护蒙塔古的新任国王查理一世之间，展开了漫长的拉锯战式斗争。

随着查理一世的上台，英国王室的权力更替及其所持的宗教立场，再次左右英国国教会的神学走向和信仰倾向。与詹姆斯一世不同，查理自执政伊始，就表明了自己反预定论、反加尔文派的宗教立场。英国的阿米尼乌主义也只是

从查理执政时代，才开始获得没有约束的发展。在此之前，英国反加尔文派的
阿米尼乌主义只是在某些特定时期和空间里，得到"宽容"性的默许和容忍，
并不时受到种种当权势力的警告和干扰。但查理一世的上台却彻底改变了这种
局面。正如当代学者尼古拉斯·泰亚克（Nicholas Tyacke）指出的，"在查理一
世统治之初，阿米尼乌派理查德·蒙塔古向他保证'您用剑保护我，我用笔保
护您'；而加尔文派乔治·卡尔顿则应之以'应保护真理与信仰，既然上帝使
您成为保护者，那么（也只有）上帝能使您立于不败之地'。而国王则决定反
对那些声称站在上帝一方的人，支持那些准备以君主权威来维护其信仰的高级
教士团体"。[1] 在查理一世统治期间，阿米尼乌派获得自由生长的空间，并额外
获得英国国王的大力支持。在教会内，相继当权的坎特伯雷大主教劳德与约克
大主教理查德·尼尔（Richard Niele），都直接或间接支持阿米尼乌派。相应
地，反加尔文主义的势力也得到空前的发展。在查理时期，阿米尼乌主义与圣
礼主义紧紧结合在一起，由此也就构成了为清教徒极端仇视的"高教会派阿米
尼乌主义"。

　　如果说在伊丽莎白一世和詹姆斯一世统治时代，加尔文主义构成英国国教
会的官方信仰形式，那么这种局面在查理统治时代发生很大转变，至少原来一
直受到压制的阿米尼乌主义开始获得相当大的发展空间和机会。查理一世上台
后，认定清教徒属于危险和叛乱分子，开始完全依赖以劳德为首的反加尔文派
的"高教会派"。查理与劳德在英国国教会内进行了大规模的人员置换和清洗，
将认同自己立场的反加尔文派安置在教会内的各个重要职位上。在一个时期里，
人们对阿米尼乌派在教义神学上的主张甚至都变得有些模糊不清了。以至于对
于"阿米尼乌派持有什么"这一问题的一个广为流传的诙谐答案，就是"英国
所有最好的主教职位和教长职位"。"随着主教们越来越要求'高教会'仪式的
表现形式，越来越反对教会里清教一翼所主张的简化事奉的要求。他们的对手
也越来越多将他们指称为'阿米尼乌派'，这个术语意味着圣礼主义派、礼仪
派、法衣华服派、仪式派——而没有什么教义性的指责。阿米尼乌及其追随者

---

　　1 Nicholas Tyacke, *Anti-Calvinists*: *The Rise of English Arminianism c. 1590 – 1640*, New York: Oxford
University Press, 1987, p. 181.

的神学与教义观念，在反高级教士、反仪式主义的喧嚣骚动中被遗忘了。"[1]　至此，阿米尼乌派"这种表述，实际上已经成了清教徒一方指称另一类教士的绰号，这后一类教士对加尔文派正统缺乏热情，并把目光转向已被抛弃的罗马仪式与教条上来"。[2]　因而在部分清教徒眼里，所谓"阿米尼乌派"还具有一种亲罗马天主教的额外意味。这愈发加深了他们对于所谓阿米尼乌派的反感和敌视。

在英国清教革命期间，阿米尼乌派受到压制，加尔文派的影响重新达到顶峰。1643 年"威斯敏斯特会议"上，通过的《威斯敏斯特信纲》，更是对清教加尔文主义神学的全面系统表述。它成为此后世界各地长老会教会的教义标准和基础。

从英国革命开始一直到英王复辟以前，阿米尼乌派陷入活动低谷。在教会内外以及大学里，只有一些零星和微弱的阿米尼乌主义声音，并受到像约翰·欧文（John Owen，1616—1683 年）和威廉·特威斯（William Twisse，1578—1646 年）这样严格加尔文派的猛烈抨击。但这并没有完全窒息阿米尼乌主义的声音。一些人对严格加尔文派学说感到不满，但又不愿意公开站在阿米尼乌派一方。于是，他们有些人就选择了折中立场。譬如，理查德·巴克斯特就吸收和发挥了法国反加尔文派神学家约翰·卡梅伦与莫伊斯·埃米劳特的思想，从教牧实践角度发现，假如基督只是为拣选者而死，那么福音宣扬者就不可能宣称上帝宽恕所有悔改和认信的人，因为这其中有可能包括非拣选者在内。所以巴克斯特采取一种居于严格加尔文主义与阿米尼乌主义之间的立场。持有相近立场的，还有被称为福音派阿米尼乌主义者的约翰·古德温（John Goodwin，1594—1665 年），他从圣经出发提出一些与阿米尼乌主义相似的观点。更有甚者，古德温还进一步提出那些从未聆听过福音的异教徒也可能获救的观点。[3]这种偏激教义观点只能是加深敌对者对其异端倾向的怀疑。

1660 年查理二世（1630—1685 年）复辟以后，许多事情似乎都倒退回查理一世执政期间，其中也包括相互争竞的加尔文派与阿米尼乌派之间此消彼长的

1　Rosalie L. Colie, *Light and Enlightenment：A Study of the Cambridge Platonists and the Dutch Arminians*, London：Cambridge University Press, 1957, p. 15.

2　A. W. Harrison, *Arminianism*, London：Duckworth, 1937, p. 128.

3　A. W. Harrison, *Arminianism*, London：Duckworth, 1937, p. 159.

关系。在经历风云跌宕的宗教与政治斗争后，人们的精神变得有些厌倦疲惫，对于宗教事务的兴趣也大大降低了。

需要特别指出的是，在 17 世纪中期和后期，在英国思想学术界，特别是以剑桥大学为中心，相继出现的"剑桥柏拉图派"和"宽容（放任）派"，对推动英国的阿米尼乌主义发挥了特殊作用。它们既是同流的，又分别拥有各自的侧重点。在这一运动发展初期，一些学者将对古代教会和希腊哲学的研究，看作反加尔文主义的一个重要阵地。奥弗罗尔、安德鲁斯、卡索邦以及后来的理查德·蒙塔古等人，均对当时的加尔文派正统信仰缺乏足够热忱，而是把目光与兴趣转向古代基督教教会、转向古代教父研究，并以此来作为他们挑战严格加尔文主义的基础。在认定古代教会属于基督教真正正统信仰的前提下，他们进而论证英国教会符合或吻合于古代教会，从而间接否定了宗教改革运动以来出现的种种新发明或新学说，或者至少是间接降低了某些宗教改革运动确立之"正统"的权威性与确定性。

剑桥柏拉图派（Cambridge Platonists）主要代表人物包括约瑟夫·米德（Joseph Mede，1586—1638 年）和本杰明·惠奇科特（Benjamin Whichcote）；两人均因不满加尔文派的双重预定论而被对手指责为阿米尼乌主义者。在他们之后，则是亨利·莫尔（Henry More，1614—1687 年）和拉尔夫·卡德沃思（Ralph Cudworth，1617—1688 年）；两人都因为无法完全接受加尔文派有关"命运"的"无情"教义，而走上更为自由与宽容的神学之路，并在"抗辩派"教会那里找到知音。他们的研究领域主要涉及《圣经》传统和唯心主义及神秘主义哲学传统。他们以《圣经》权威和古代教父及古代教会来作为他们主张真理的出发点，企图通过探求基督教"根源"，来确证自己教义主张的真实有效性。但也有人批评说他们在进行学术研究和理论阐述时，更经常引证的权威是柏拉图而非圣保罗。应该说，这种典型的学院派纯学术研究，回避了现实的争执和冲突，企图在政治与宗教纷争世界之外的学术领域来寻找信仰和平与慰藉，并企图编织出一种人工的"乌托邦"。他们的许多主张在现当代人看来也许十分保守，但在他们那个时代仍然属于比较前卫的观点，属于十分"现代性的"见解。他们使宗教信仰条款处在理性审视之下，并且还试图用所谓"常识"来检视那些信仰信条。

毋庸置疑，在英国剑桥柏拉图派与荷兰"抗辩派"之间存在一种非正式的联盟。它们相互从对方那里寻求理论支持和佐证，并借鉴对方的观点与发现。剑桥的亨利·莫尔和拉尔夫·卡德沃思，与阿姆斯特丹"抗辩派"神学院的利姆鲍尔奇与勒克拉克，保持着长期的通信联系，并一直在为他们的共同话题进行着使双方都有所获益的探讨。利姆鲍尔奇还与好友约翰·洛克在宗教立场上，特别是在宗教宽容与和平问题上具有许多共通之处。[1] 总之，不论剑桥柏拉图派，还是宽容（放任）主义，他们在宗教信仰上所强调的宽容与适中精神，与同一时期荷兰的"抗辩派"是十分接近和类似的。它们相互从对方那里找到了知音和同盟军。剑桥柏拉图派在建构这种哲学定向特别是柏拉图哲学定向的神学中，对一系列传统基督教概念进行重新界定，并在某些方面突破了传统基督教的限制，从而无可避免地走向偏离基督教的道路。他们虽然竭力使自己同霍布斯（Thomas Hobbes，1588—1679年）的唯物主义区分开来，但由于其广义的阿米尼乌主义和苏西尼主义倾向，而很容易像随后的宽容（放任）主义一样，走向自然神论（Deism）和无神论的归宿。可以说，这一特征更明显地体现在所谓的"宽容（放任）主义者"那里。因为17世纪后期的"宽容主义者"在保持剑桥柏拉图派宗教信仰立场的同时，却缺乏前者深厚的学术素养，因而也就更易于以更加自由的时代文化精神来"改造"基督教信仰。

虽然在某种意义上也可以将剑桥柏拉图派称作宽容（放任）主义者，但学术界一般更多地将他们的继任者和学生门徒称作"宽容（放任）主义者"（Latitudinarians）。他们之间不仅具有相似的宗教立场与观点，而且还存在广泛的师生传承与姻亲友情关联。他们出于对"反律法的唯信仰主义"（antinomianism）的担忧与惧怕，而反对宗教狂热和偏执，反对宗教与哲学上的绝对主义（absolutism），主张理性和宽容，强调仁爱的道德实践，将教会和平看作至高价值追求。对于宽容（放任）主义者，他们同时代人苏格兰教会史学家吉尔伯特·伯内特主教（Gilbert Burnet，1643—1715年）是这么描述的："他们希望以更加温和适中的方式来待人接物；他们会继续与那些具有不同观点的

1　Cf. Rosalie L. Colie, *Light and Enlightenment：A Study of the Cambridge Platonists and the Dutch Arminians*, London：Cambridge University Press, 1957, pp. 30 – 31.

人保持良好联系，并在哲学和神学上允许有较大的自由；由此他们被称为宽容大度的人。那些具有更狭隘思想与更暴烈脾性的人，则将这些人称为'宽容（放任）主义者'。他们阅读了许多埃皮斯科皮乌斯著作。"[1] 可见，宽容（放任）派这个术语起初是来自对手的攻击与蔑视之词，是对英国"广教派"及其相关群体的方便指称。当代研究学者 J. R. H. 穆尔曼（J. R. H. Moorman）则对这些"宽容大度的人"或者"宽大包容的人"作出下列概括："他们在总体上是宽宏大量的人，厌倦于争论以及他们在其中成长起来的那种强烈宗教情感，并渴望在追求良善与公义中过上一种平静的生活。他们强烈信赖理性，并极其憎恶和蔑视各种形式的狂喜出神性的个人主义——后者在那时开始被称为'宗教狂热'（Enthusiasm）"。[2] 历史上，宽容（放任）主义者的先驱可以追溯到强调理性之光的理查德·胡克（Richard Hooker，1554—1600 年）和威廉·奇林沃思（William Chillingworth，1602—1644 年）等人那里。在 17 世纪后期的代表人物是约翰·蒂洛森（John Tillotson，1630—1694 年）。他们代表着英王复辟以后国教会里的温和适中政策，其宗教观属于典型的宽容（放任）主义，并被称为阿米尼乌派。

蒂洛森及其代表的宽容（放任）主义，后来受到卫斯理兄弟以及怀特菲尔德等人的严厉批判，指出正是由于蒂洛森等人代表的宽容（放任）主义，才导致英国国教会在灵性生活上的萎靡不振与消极低沉。但无论如何，到 17 世纪末 18 世纪初，剧烈宗教斗争时期已经过去了。人们转而在宗教与政治上寻求方便权宜之计，寻求妥协与折中。人们开始进入一个遵循常识和憎恶狂热的时代。宽容（放任）主义精神充斥整个英国国教会。相应地，宗教虔敬、信仰热忱与崇敬礼拜之心萎缩了。宗教信仰以及宗教生活逐渐呈现出冷漠松弛、荒芜干涸的状态。

第四节　"福音派"阿米尼乌主义

持有某种"乐观"教义的阿米尼乌主义至此出现了"不容乐观"的发展。

---

1   Gilbert Burnet, *History of My Own Time*, ed. by O. W. Airy, Oxford, 1897, Vol. I, pp. 334 –335.

2   J. R. H. Moorman, *A History of the Church of England*, London, 1953, p. 255.

阿米尼乌主义在历史与现实中的演进，在荷兰本土"抗辩派"教会和英国国教会"高教派"及"广教派"教会里的后续发展，似乎成了一个面临异端指控并逐步被证实为神学"异端"的过程。阿米尼乌在提出他的神学见解之初，就遭到严格加尔文派普兰修斯和戈马鲁斯等人的质疑和批判。"抗辩派"依靠荷兰议会的支持，在"相互宽容"期间，也并未能够获得荷兰新教会大多数信众的支持和认同。具有相当"国际性"的多特会议更是正式判定"抗辩派"立场为教会异端，并从改革宗教会里驱逐了阿米尼乌分子。在阿米尼乌主义的后续发展中，阿米尼乌主义在逻辑与时间上获得进一步的推进和展现。在荷兰本土，受到迫害和边缘化的"抗辩派"教会及其教义，在埃皮斯科皮乌斯以后，迅速滑向理性主义、自然主义和自由主义的泥沼，并蜕变成一个无甚分别和无关轻重的信仰团体。而在英国，自发生长起来并受到荷兰阿米尼乌主义影响的英式阿米尼乌主义，由于历史际遇而在教会内外一度占据主导地位。但它由于同英国国教会里"高教派"和"广教派"的紧密结合，而逐渐成为仪式主义、形式主义和自由宽容主义的同名词，并直接导致英国国教会在宗教信仰生活上的干涸与贫瘠，灵性与虔敬生活上的荒芜与萧索。按照这样一种发展趋势，看来阿米尼乌及其附属的教义学说，将有可能在基督教会里永远成为一个为人所排斥、贬抑与诟病的异端标签，并逐渐无可逆转地流于旁枝末节、无足轻重的境地。但是，"福音派"阿米尼乌主义（Evangelical Arminianism），特别是"卫斯理式"福音派阿米尼乌主义的出现，[1] 却永远而彻底地改变了这一切。卫斯理阿米尼乌主义（Wesleyan Arminianism）的出现，可以说将"阿米尼乌主义"从"不名誉"中解救出来，使得此后一切指斥阿米尼乌主义为基督教神学异端的声音，开始变得游移与温和起来，甚至成为不足凭信的了。"按照这种阿米尼乌形式，上帝对于世界的意志，是一种救赎的普遍意志；这一断言本身，在18世纪卫理公会信仰兴起以前，并没有真正成为一种教会教义。"[2]

约翰·卫斯理（John Wesley, 1703—1791 年）不需要作过多的介绍。这位

1　David Bebbington, *Evangelicalism in Modern Britain：A History from the 1730s to the 1980s*, Baker Books House, 1989, p. 27.

2　Jaroslav Pelikan, *The Christian Tradition：A History of the Development of Doctrine*, 5 Vols., Chicago and London：The University of Chicago Press, paperback edition, 1975 – 1991, Vol. 4, p. 235.

自从"宗教改革运动"以来，英语世界最具影响力的新教教会领袖人物，其影响早已超越宗派界限而成为整个基督教会的瑰宝。自视为阿米尼乌派的卫斯理式阿米尼乌主义，并不是詹姆斯·阿米尼乌本人或者荷兰阿米尼乌派的直接继承者。准确地说，它是经过卫斯理本人及其父母亲所隶属的英国国教会中介过的、英国本土阿米尼乌主义的产物。其中，卫斯理个人的寻求思考以及他的家庭影响发挥了重要作用。卫斯理的父亲塞缪尔·卫斯理（Samuel Wesley）是英国林肯郡（Lincolnshire）埃普沃思（Epworth）的教区牧师，具有学者气质和文学才赋；其在宗教信仰上属于约翰·蒂洛森那一类型，具有明显的"宽容（放任）主义"色彩；他熟悉荷兰"抗辩派"著述，并格外欣赏雨果·格劳秀斯等人的教义学说。事实上，塞缪尔·卫斯理和妻子苏珊娜·安斯利（Susanna Annesley）分别来自英国著名清教徒家庭。他们两人在年轻时通过自我探询而各自放弃了他们禀承的"不从国教派"（Nonconformist）立场，并重新回归到英国国教会当中。所以他们两人组成的家庭，属于圣公会与清教主义这两大信仰传承的混合体：在外表上保持着圣公会"高教派"形式与礼仪的同时，在内心深处仍然保留着强烈的清教徒精神。[1] 后人在评价约翰·卫斯理的家庭背景时，曾这样评价道："埃普沃思教区牧师的家是这样一个家，其特征是圣公会的崇拜、清教徒的虔敬、严格的纪律以及对学识与好书的热爱。"[2] 在卫斯理这个多子女的大家庭里，母亲苏珊娜几乎是独立负担了全部孩子的早期教育；她对包括约翰·卫斯理在内的孩子们的人格与信仰的塑造，打下了贯穿其终生的烙印。

约翰·卫斯理 1720 年进入牛津基督学院学习，1724 年毕业获得学士学位；1726 年进入林肯学院，次年获得硕士学位；1728 年成为圣公会牧师。在短时间返回埃普沃思担任一段时间的助理牧师后，1729 年返回伦敦。不久加入由正在基督学院求学的弟弟查尔斯·卫斯理（Charles Wesley，1707—1788 年）等人组建的"圣洁俱乐部"（the Holy Club），并迅速成为这个宗教小团体的领袖。这个小团体的主要目的是，使一些志同道合的年轻人聚集在一起祷告、讨论经典、学习"新约"、省察自我和开展一些互济互助活动。其主要成员除了卫斯理兄

1　A. W. Harrison, *Arminianism*, London：Duckworth, 1937, pp. 186 – 187.

2　Herbert Boyd McGonigle, *Sufficient Saving Grace：John Wesley's Evangelical Arminianism*, Carlisle, Cumbria, U. K. & Waynesboro, GA, USA：Paternoster Press, 2001, p. 73.

弟外，还包括乔治·怀特菲尔德（George Whitefield，1714—1770 年）。这个小组的成员因其严格的宗教生活，而被批评者讥讽性地称为"循道派或卫理派"（methodists）。

这一时期，是约翰·卫斯理积极致力于个人精神探索和信仰追求的时期。其中 1725 年对于他此后信仰上的阿米尼乌主义定向和自我认同，算得上是比较关键的一年。卫斯理受家庭熏陶和个人兴趣影响，开始对所谓"心灵的宗教"发生浓厚兴趣。同时，受到杰里米·泰勒（Jeremy Taylor，1613—1667 年）、托马斯·厄·肯培（Thomas à Kempis，约 1380—1471 年）与威廉·劳（William Law，1686—1761 年）等人著作的影响，对个人圣洁与完满问题以及对灵性与灵修问题，表现出极大的兴趣与关注。与此同时，卫斯理很快也就发觉自己这些关切与意趣，与传统加尔文主义是格格不入的，并逐渐强化了自己的反加尔文主义倾向。也正是在这一年，卫斯理在他父亲推荐下，获得格劳秀斯的《新约注解》一书；这是卫斯理以第一手形式了解"抗辩派"观点的最早证据。

在这段时间里，卫斯理显然是通过阅读杰里米·泰勒主教的《圣洁之生与死的规则与实践》一书，通过查考《三十九条信纲》等探究，而对救赎确据、救赎预定和信仰本质等问题进行了认真思考。在 1725 年 7 月 29 日写给母亲苏珊娜的信里，卫斯理表达了自己对于所谓预定问题的困惑："那么我能够对预定说什么呢？"如果上帝永恒不变的旨意是要解救一些人免遭惩罚，那么也就意味着其余的人并不在上帝的拣选之列。如果只有被拣选的人才能获救，那么大多数人只能是注定接受永罚，而没有任何可能作出挽救或规避。这如何能够是与上帝的公义与仁慈相一致呢？如何能够摆脱将上帝置于罪之作者的亵神结论呢？[1]

母亲苏珊娜很快就在 8 月 18 日的回信里，就卫斯理的疑惑提供了自己的看法与见解。[2] 苏珊娜给儿子卫斯理的回信是十分重要的，它不但全面表明卫斯理母亲对于预定及其相关问题的理解，而且还为人们了解卫斯理自幼在其中受到宗教熏陶的家庭信仰背景提供了一个真实的窗口；它如实反映了卫斯理家庭

1　Cf. *The Works of John Wesley*, Frank Baker ed., Bicentennial ed., Oxford: Clarendon; Nashville: Abingdon, 1975 – 1996, Vol. 25, pp. 175 – 176.

2　*The Works of John Wesley*, Frank Baker ed., Bicentennial ed., Oxford: Clarendon; Nashville: Abingdon, 1975 – 1996, Vol. 25, pp. 179 – 180.

在这个重要教义问题上早已固定成型的看法。在回信里，苏珊娜首先表示上帝预定问题是一个不易把握的棘手问题，年轻人最好能够回避它："我常常奇怪，人们总是徒劳无益地使自己去探询那人的智力所不能探询的上帝命令，而不是用他们的时间与才赋，去实现他们的救赎和确定他们的呼召与拣选。这一类探究与其说能启发不如说能混淆人的理解。年轻人最好别去碰这些问题。但既然我发现你对于我们的预定条款产生疑虑，所以我不妨告诉你我对这个问题的想法。如果这不能使你满意，你还可以去寻求你父亲的指导，他无疑比我更胜任一个决疑论者（casuist）。"

在阐明自己的立场之前，苏珊娜表示自己对严格加尔文派的观点无法认同："由严格加尔文派主张的那种预定教义，是极其令人震惊的，也是十足令人厌恶的，因为它指控最神圣的上帝成为罪之作者。我认为你想得很好，应当反对它。使任何人处在身体或道德必然性下去犯罪，然后又因此去惩罚这个人；这肯定是与上帝的正义与良善不一致的；罪绝非来自上帝。'世间万物的审判者难道不做正义之事吗？'"接着，苏珊娜表明了自己的建立在预知基础上的预定观，并引证了"罗马书"8：29、30 来证明自己的观点："我坚决相信，上帝在永恒中拣选了一些人以获得永生，但我也谦卑地意识到，这种拣选是建立在上帝预知的基础上的。"苏珊娜对上帝预定与上帝预知关系的了解，表明她对于这一教义的学术争论具有一定程度的涉猎。再接下来，苏珊娜解释了自己的完全是属于"基督论的""群体而非个体性的"预定观："在其永恒的预知中，上帝知道哪些人会正当利用其才赋，并接受那供给的仁慈；他的确为他的子民预先决定了他特殊的珍宝。为了使他们能够符合于圣子的形象，上帝通过外在的'上帝之道'和福音宣扬，并内在地通过圣灵，呼召他们归于他自己。通过呼召他们顺从、悔罪和认信，并经由耶稣基督的功德和中介，上帝就看称他们为义，宽恕他们所有的罪过，承认他们为公义正直的人。在如此被称义后，上帝就接纳他们得享荣耀——得享天国。"这一见解与阿米尼乌本人的观点如出一辙。最后，苏珊娜总结了自己的观点，并为自己的预定观既没有损害上帝自由的恩典亦没有损伤人的自由而感到满意："这就是对我所相信的预定的总结。我认为它与信仰的类推是相吻合的，因为它既没有贬抑上帝自由的恩典，也没有损害人的自由。人们绝不能说，上帝的预知是如此众多之人最终毁灭的原因；就像绝不能说，我们知道太阳明天将会升起就是它升起的原因一样。"卫斯理母亲在这封家书里，用半学术半通俗性语言表述的上帝预定观，涉及预定、拣选、弃绝、恩典、自由和预知等一系列关键概念和问题。其所体现的鲜明阿米尼乌主义立场，成为影响和左右卫斯理终生信仰的格调和定向。

当然，也正如在这封书信里间接透露出的，卫斯理本人不倦的信仰探索使他在这一系列问题上走向更高和更深的田地。在这次通信以后的十来年里，除曾短期回到家乡帮助父亲担任助理牧师以外，卫斯理的大部分时间都是在牛津和伦敦度过的。利用在林肯学院担任协调员（Moderator）和研究员（Fellow）的机会，卫斯理广泛研读宗教与神学书籍，参加多种宗教活动与聚会，在学术上、神学上和灵性上取得长足的进步，成为饱受自胡克至蒂洛森这一传统浸染与陶冶的十足圣公会信徒和圣职人员。但是，接下来的两年美国传教之行所经历的挫折与失败，以及同莫拉维亚兄弟会信徒（the Moravians）的亲身密切接触，使得卫斯理对自己想当然的传统与信仰发生怀疑，并发觉自己其实并不具有那真实无误的、活生生的救赎性信仰。持续的教义探索和灵性挣扎，最终于1738年5月24日在伦敦奥尔德斯盖特街（Aldersgate Street），卫斯理的"心被奇异地温暖了"："我感到，我真的信赖基督，唯有基督，才能救赎。我被赋予这样一种确信，他已经带走了我的罪。"[1] 经过基督教教会史上这次最广为人知的突然而至的灵性皈依后不久，卫斯理就远赴德国前去拜访莫拉维亚兄弟会领袖。但他很快就发现了英国莫拉维亚兄弟会派与德国莫拉维亚兄弟会派之间的差异，特别是通过拜访亲岑道夫（Nicholaus von Zinzendorf，1700—1760年）发现，莫拉维亚兄弟会将称义与成圣收缩重叠在一起，而没有为那凭借爱而运作的信仰或者信仰者里面渐进的圣洁过程留下足够的空间。[2] 在与莫拉维亚兄弟会渐行渐远之时，他开始形成和完善自己的体系。在开始巡回布道之前，卫斯理通过信仰获得救赎的观点，有关称义与成圣之间既相关联又相区别的观点，以及看重个人灵性皈依经验与圣洁生活的观点，逐渐走向成熟和完备。

1　John Wesley, *The Journal of Revd John Wesley*, AM, ed. N. Curnock, 8 Vols., 1909–1916, Vol. 1, p. 476.

2　Thomas J. Nettles, "John Wesley's Contention with Calvinism", in *The Grace of God*, *The Bondage of the Will*, Ed. T. R. Schreiner and B. A. Ware, Baker Books, 1995, p. 300.

　　1739 年 4 月初，约翰·卫斯理受"圣洁俱乐部"好友乔治·怀特菲尔德的邀请到达布里斯托尔（Bristol），并在好友鼓励下，开始在极其艰苦条件下，向英国底层民众巡回布道，其中有许多场次都属于野外露天布道。在布里斯托尔开始布道事奉不久，卫斯理的阿米尼乌主义倾向就受到身边严格加尔文派的猜忌和反对，由此在"循道者或卫理公会"（Methodist Societies）内部引发著名的"布里斯托尔争论"。这场辩论的结果，就是在这场福音派宗教复兴运动内部，造成以怀特菲尔德为首的加尔文派与以卫斯理为首的阿米尼乌派之间的分道扬镳。[1] 尽管这两大派别领袖后来在豪厄尔·哈里斯（Howell Harris，1714—1773 年）等人调解下，在个人层面上进行了和解，但他们彼此之间在神学教义上的分野已无可弥合。在这场争论中，卫斯理在 1739 年 4 月 29 日面对四千名听众发表了题为《自由恩典》的著名布道。[2] 这篇布道此后经修订出版而成为双方争论的焦点。作为卫斯理直接论述预定问题的第一篇正式布道和出版物，《自由恩典》依据"罗马书"8：32，论述的主题在于，人们由以获得救赎的上帝恩典是"全然自由的"（free in all）——它是由上帝凭白赐予的而不是由人的品性或功德所挣得的；也是"对一切人自由的"（free for all）——如果这恩典只是给予拣选者的，那么其余大多数人将注定永死而无丝毫得救的可能。由此，卫斯理将批判矛头直接对准了"可憎可怖的"预定论；而对预定论的批判又直截了当地由上帝拣选转向上帝弃绝，因为由上帝的单重预定必定会推导出上帝的双重预定。接着，卫斯理用布道的简明语言，罗列出极端加尔文派预定论的五大错误和两大亵神之处。五大错误包括：使宣道成为徒劳无益的；摧毁了圣经要求的圣洁生活；破坏了宗教的慰藉和基督教的福祉；压抑了好事工的热情；颠覆了整个基督教的启示。两大亵神之处包括：使救主耶稣基督成为伪善者和骗子；使圣父上帝的公义、仁慈和真理成为不公、残忍和虚伪。

　　卫斯理在整理出版这篇论述预定问题的著名布道之后，还通过摘录其他作者著述的形式，先后出版另外三部论述预定问题的论著：《有关拣选与弃绝教义

1　Cf. Alan C. Clifford, *Atonement and Justification*: *English Evangelical Theology 1640 - 1790*: *An Evaluation*, New York: Oxford University Press, 1990, pp. 55 - 56.

2　*The Works of John Wesley*, Frank Baker ed., Bicentennial ed., Oxford: Clarendon; Nashville: Abingdon, 1975 - 1996, Vol. 3, pp. 542 - 563.

的严肃思考。摘自一位已故作者》（1740 年）、《有关绝对预定的严肃考虑。摘自一位已故作者》（1741 年）和《有关预定、拣选与弃绝的圣经教义。摘自一位已故作者》（1741 年），并得出了与《自由恩典》相似的结论。需要指出的是，也就是在卫斯理高度关注预定问题的同时，他于 1741 年夏在林肯学院，碰巧发现了一本西蒙·埃皮斯科皮乌斯论述"多特会议"的著述，并深为多特会议的派系偏袒性和对"抗辩派"的不公迫害感到震惊。至此，可以肯定，卫斯理已经对荷兰"抗辩派"著述与历史遭遇具有相当的了解。作为对卫斯理《自由恩典》这篇阿米尼乌主义布道词的回应，怀特菲尔德出版《致约翰·卫斯理牧师先生的一封信》，认为如果将"罗马书"第八章综合起来考虑，将会支持上帝拣选的教义；同时，还表明，如果相信人的原罪与堕落，那么上帝拣选教义就不仅不是"可憎可怖的"，而是"可亲可爱的"。值得一提的是，在怀特菲尔德的著述出版不久，就出现一份匿名维护卫斯理立场的小册子，题名《一位女士在致朋友的信里，对"怀特菲尔德牧师先生致卫斯理牧师先生的一封信"所作的评论》。后人经研究，发现这份小册子的作者，就是卫斯理的母亲苏珊娜。[1] 她不但从小就影响了儿子对预定论的看法，而且还在儿子后来有关预定论的论战中暗施援手。

总之，持续了几年时间的所谓"布里斯托尔争论"，坚定了卫斯理对严格加尔文派以预定论为中心的五点基本教义的不满，并促使卫斯理以"普遍恩典论"来取代"拣选预定论"。根据普遍恩典，上帝的救赎福音与恩典就是提供给所有人的，并使所有悔改和认信基督的人都有可能得救。正是这一主张构成卫斯理派和怀特菲尔德派争论的焦点。这场争论就像从前的阿米尼乌派和戈马鲁斯派争论一样，双方各自从不同的立场和着眼点得出各自自圆其说的推论。学者 A. W. 哈里森曾这样评价卫斯理与怀特菲尔德之间的这场教义之争："严格加尔文派也许会使逻辑站在自己一方，如若始于这样一种上帝定义，亦即其位格使绝对意志与知识必然化了；不过，假如全世界并没有与救赎的供应关联在一起，那如何能将好消息宣扬给全世界呢？当走出去吁请罪人回归上帝时，逻

---

1 Herbert Boyd McGonigle, *Sufficient Saving Grace*: *John Wesley's Evangelical Arminianism*, Carlisle, Cumbria, U. K. & Waynesboro, GA, USA: Paternoster Press, 2001, p. 127.

辑就站在卫斯理一方……这是一个让人左右为难的困境。"[1]

不过,坚信极端加尔文主义损害福音宣教、助长"反律法的唯信仰主义"的约翰·卫斯理,并不只是满足于批评加尔文派的无条件拣选教义,尽管这是其核心教义。他还决心要对加尔文派的圣徒之无条件忍耐持守教义亦即多特会议通过的第五条教典发起攻击,因为这一教义特别容易诱发信徒"唯信仰主义"式的放任自流。极端加尔文派主张的预定论否定人的自由选择。一些人接纳恩典只是因为自己是拣选者,而其余的人没有接纳恩典也只是因为自己是非拣选者,这不仅抹杀了人的自由性与能动性,而且也使上帝成为罪与不公的作者,并与上帝爱的本质属性相矛盾——在卫斯理看来,即便是堕落了和处在罪里的人,也仍然是上帝爱的对象。那种极端预定论不仅没有任何圣经依据,而且也不利于实际教牧事奉和信徒灵性生活,因为极端预定论及其培育的"唯信仰主义",只能使人对自己的救赎感到自满或者失望、放纵或者绝望。1751 年卫斯理撰写了《有关圣徒忍耐持守的严肃思考》的小册子,[2] 主旨论述的是真正的信徒也有可能从上帝那里跌落并遭受永罚。卫斯理认为,如果信徒坚信没有什么能够最终损害其救赎,那么它就有可能会成为基督徒软弱或过错的借口。基于这样一种考虑,卫斯理通过考察圣经后断言,圣经明确支持的只是有条件的忍耐持守教义。既然救赎信仰是上帝的恩赐而不是强制,既然认信是经上帝恩典激活的一种意志的行为,那么上帝的救赎就是通过顺从所维持的与上帝的团契,而与上帝的团契亦有可能因不顺从而丧失。

卫斯理这本小册子激起英国浸信会牧师约翰·吉尔(John Gill)的文字回应。作为一种回应的回应,同时也是作为对自己此前有关预定问题看法的系统总结,卫斯理于 1752 年撰写了较长篇幅的专题论著《对预定的平静考察》。[3] 在这部论述预定问题的重要著述里,卫斯理总结了他此前许多年对这个问题的

1　A. W. Harrison, *Arminianism*, London: Duckworth, 1937, p. 194.

2　*The Works of John Wesley*, Frank Baker ed., Bicentennial ed., Oxford: Clarendon; Nashville: Abingdon, 1975 – 1996, Vol. 10, pp. 284 – 298.

3　*The Works of John Wesley*, Frank Baker ed., Bicentennial ed., Oxford: Clarendon; Nashville: Abingdon, 1975 – 1996, Vol. 10, pp. 204 – 259.

思考与观察，其中包括他在 1725 年的印象，在牛津求学和工作期间的读书心得，赴美传教和与莫拉维亚兄弟会交往的思索，"布里斯托尔争论"中的收获，以及此后若干年教牧事奉中的反思。在这篇论述里，卫斯理首先确定了拣选预定与弃绝预定，是预定论中相互包含与牵扯的亦二亦一的教义。接着他从三个主要方面阐述了自己的见解。第一，通过考察和对比各国新教教会采纳的信条信纲，发现根据那些信纲亦可以作出有条件拣选和有条件弃绝的推论和结论。第二，从整个圣经中引证了大量经文段落，来论证上帝救赎的普遍性、基督赎罪的普遍性、上帝的公义性和人的责任性等问题。第三，专门分析了整个"罗马书"，对许多导向预定论的解释作出反驳，并提供了另一种解释。由此，卫斯理全面批判了极端加尔文派的无条件绝对预定论、有限赎罪论、恩典不可抗拒论和恩典不可背叛论等一系列教义。所有这些都不由让人回想起荷兰"抗辩派"的"五条抗辩"。卫斯理也正是如此这般使自己站在阿米尼乌主义立场上。鉴于圣经解释的重要性，卫斯理在 1755 年还出版了《新约注解》，全面对"新约"重要经文作了阿米尼乌主义解释，为卫斯理派宣教布道者确定了卫斯理神学的界限与基调。

在约翰·卫斯理漫长的教牧事奉生涯里，他同加尔文派之间的神学争论是一个持续不断的主题。在 18 世纪 70 年代前半期，发生的所谓"纪要争论"（Minutes Controversy），就再一次将阿米尼乌主义问题提到显著位置。在"循道派或卫理公会"内部教义之争中，始终站在怀特菲尔德一方的亨廷登伯爵夫人塞利娜·黑斯廷斯（Selina Hastings，Countess Huntingdon，1707—1791 年），在 1770 年要求所有阿米尼乌派辞去特里维卡学院（Trevecka College）的教职。这一决定直接导致约翰·威廉·弗莱彻（John William Fletcher，1729—1785 年）等人的去职，并转投到以卫斯理为首的阵营里。在这一年，卫斯理发表两份有关维护阿米尼乌立场的小册子。第一份的标题是《问题，"什么是阿米尼乌派？"回答，自由恩典的热爱者》。[1] 这篇短文首先指出，由于无知和误解，阿米尼乌派已经成为一个人们避之唯恐不及的异端代名词，人们将许多不

1　*The Works of John Wesley*，Frank Baker ed.，Bicentennial ed.，Oxford：Clarendon；Nashville：Abingdon，1975–1996，Vol. 10，pp. 358–363.

实之词都强加在这个名目之下。接着简要介绍了阿米尼乌本人和"抗辩派"在多特会议上受到的不公对待。最后，对极端加尔文派对阿米尼乌派所作的五点指控进行了分析和辨正。从这篇文章可以看到，卫斯理似乎了解阿米尼乌本人的相关学说，但因为卫斯理没有作出更深入的展开和分析，所以也就无法判定他对阿米尼乌的了解究竟有多么直接和深入。卫斯理在这一年的另一篇相关著述则是对奥古斯塔斯·托普莱迪（Augustus Toplady，1740—1778 年）所持绝对预定论的批判。

"纪要争论"将相互对立的加尔文派与卫斯理派中的许多人都牵连其中，并一直持续到 18 世纪 70 年代中期。作为与托普莱迪主编的《福音杂志》相抗衡的对应物，卫斯理决定创办一份属于自己的杂志。这份于 1778 年年初正式创刊的月刊性宗教杂志，被冠名为《阿米尼乌杂志》（Arminian Magazine）——这是约翰·卫斯理公开明确自视为属于阿米尼乌派的显著标志。从 1778 年创刊到 1791 年他逝世为止，卫斯理一直负责编辑这份杂志。该杂志后更名为《卫理公会杂志》，复又更名为《卫斯理卫理公会杂志》而存活到 20 世纪，成为世界上连续出版的最古老杂志之一。该杂志第一期就最明显地表明了它的基调和风格。在第一期《阿米尼乌杂志》里包括有：一篇有关阿米尼乌的简要生平，彼得·伯修斯在阿米尼乌葬礼上所致的"悼词"，依据杰勒德·勃兰特《低地国家的宗教改革史》所写的"多特会议"进程。值得一提的是，在第一期里，还包括卫斯理母亲苏珊娜在 1725 年就预定论所写的那封书信。半个多世纪过去了，来自埃普沃思的卫斯理仍然行走在最初确定的神学道路上。

也正是从 18 世纪 70 年代开始，约翰·卫斯理开始公开、明确和有意识地自称为"阿米尼乌派"。当然，卫斯理的阿米尼乌主义，并非荷兰阿米尼乌或"抗辩派"的直接继承者，而是经过英国本土阿米尼乌主义中介过的圣公会阿米尼乌主义的继承者。卫斯理反对绝对预定、无条件拣选、无条件弃绝、有限恩典以及恩典的不可抗拒性和背叛性，使得他的神学教义立场也足以当得起阿米尼乌主义这一称号，可谓名至实归。不过也应当看到，卫斯理以普遍恩典与福音宣教为重心的阿米尼乌主义，既不同于荷兰的"抗辩派"阿米尼乌主义，也不同于英国的"高教派"阿米尼乌主义、"广教派"阿米尼乌主义或"宽容派"阿米尼乌主义，而是自成一派的阿米尼乌主义，是三一论（Trinitarian）和福音派的（Evangelical）阿米尼乌主义。可以将其称为"福音派阿米尼乌主义"；抑或更直接地称为"卫斯理派阿米尼乌主义"。

　　总而言之，约翰·卫斯理的阿米尼乌主义思想是从小培养起来的，但是一直到18世纪70年代"纪要争论"以前，卫斯理并没有公开直接将自己的神学立场标称为阿米尼乌主义，从未在出版的著述中引用过阿米尼乌的原著原文，也从未提及除格劳秀斯和埃皮斯科皮乌斯之外其他"抗辩派"领袖的著述和教义立场。此外，约翰·卫斯理一生中分别于1738年、1783年和1786年三次访问荷兰，其中后两次还是在他创建《阿米尼乌杂志》以后，并分别在荷兰逗留数周之久。但是他没有像人们预期的那样会见荷兰"抗辩派"教会和神学院领袖人物。甚至当他到达莱顿以后，也没有与在莱顿大学执教的"抗辩派"神学教授举行会谈。以至于曾经有学者发出卫斯理究竟了解多少阿米尼乌著述的疑问，并质疑卫斯理究竟是否正确解释了阿米尼乌的思想。但是就卫斯理的有条件预定和普遍救赎等神学思想而言，就算卫斯理并未深入了解阿米尼乌本人的著述，也并不意味着他的有关了解就仅仅局限于第二手资料，也并不意味着他就没有受到阿米尼乌的影响；相反，这正好说明卫斯理的阿米尼乌主义并非荷兰前驱的直接结果，而是经过英式阿米尼乌主义中介过的卫斯理式阿米尼乌主义。有研究学者总结说，"卫斯理的阿米尼乌主义是通过圣公会中介给他的。阿米尼乌的基本观念传递过来了，但却带上一种鲜明的英国口音。卫理公会信徒将他们自己称作阿米尼乌派，但他们不过是阿米尼乌的远亲而非直系后裔"。[1]卫斯理选择阿米尼乌主义，作为自己神学教义的身份认同并明确投身于阿米尼乌一方，有充足证据表明这是一个明智而审慎的决定与选择，也是一个恰如其分和名副其实的决定与选择。

　　概括起来，阿米尼乌主义在17世纪以后的发展大致可以区分为两大分

　　1　Luke L. Keefer, Jr., "Characteristics of Wesley's Arminianism", in *Wesleyan Theological Journal*, Vol. 22, No. 1, Spring 1987, p. 90.

支：理性主义的阿米尼乌主义（rationalistic Arminianism）和福音派的阿米尼乌主义（evangelical Arminianism）。理性主义的阿米尼乌主义，强调信仰宽容、教会和平和中庸理性，重视人文主义与自由主义，积极汲取哲学与科学研究成果及理念。到19世纪特别是自从19世纪后半叶以来，加尔文主义与阿米尼乌主义之间的传统神学争论逐渐退居次要地位。传统加尔文派已经很少宣扬和强调双重预定的极端预定论了，在阿米尼乌派这个老对手之外，又兴起了更加强劲的神学自由主义和现代主义。在越来越兴盛的理性主义、自然主义、实证主义和自由主义面前，传统加尔文主义遭遇到空前的合理性挑战和生存危机。而基督教教会内外的神学兴趣，也从此前高度关注的预定教义、称义教义和赎罪教义，转移到道成肉身教义上。相应地，有关预定论的争论开始退向后台。这一时期的理性化阿米尼乌主义分支，逐渐演化为神学自由主义或现代主义。由于其传统宗教色彩日趋淡薄，由于其过于强调知识与理性，而逐渐混迹和消失于自由主义与科学实证主义的理性化与世俗化的时代浪潮之中。它作为一种神学运动和教会运动大大衰落了。受理性主义阿米尼乌主义的影响，在新派基督教教会里，还逐渐发展出诸如一位论派（Unitarians）和普救论派（Universalists）等更加自由化的神学运动和教会分支。原先包含在其中但受到约束与限制的阿里乌主义、贝拉基主义与苏西尼主义等异端倾向，更是获得充分的暴露与展现。具有反讽意味的是，到了20世纪，当自由主义神学大行其道时，自由派的阿米尼乌教会却开始审慎地强调其基督教的传统信仰与实践，似乎唯有如此，它才能够保持自己之为宗教与教会的存在，而不至于彻底被等同于此起彼伏的种种"主义"或"学说"。

不过，阿米尼乌主义的主体发展还是在于福音派阿米尼乌主义分支。在主张普遍救赎与自由意志之外，福音派阿米尼乌主义由于注重基督中心论、灵性皈依、圣洁生活和福音传教，而在神学与教会两个层次上获得空前发展。它以其强劲的教会发展而跻身基督教主流教会之列，并逐步构成传统与保守基督教的重要表现形式和主体。这其中，约翰·卫斯理等人领导的圣洁与福音运动当然发挥了重要的推动作用，以至于在英美教会里有句常说的话就是，"自从卫斯理以后，我们全都是阿米尼乌派了"。[1] 由卫斯理推动的卫理公会一系当然是 18 世纪以来基督教教会引人注目的重大发展，而受卫理公会影响或者由卫理公会培育起来的一些保守派基督教运动，譬如五旬节派、灵恩运动、圣洁教会、拿撒勒人教会（the Church of the Nazarene），等等，在神学思想上大都属于福音派阿米尼乌主义。而在狭义的卫理公会这一传统宗派之外，在浸信会里也曾经出现过大体与卫理公会平行的发展与演化，譬如，英美浸信会就曾因为类似神学教义之争，而一度分化为"特殊论或加尔文派浸信会"（the Particular or Calvinistic Baptists）和"普遍论或阿米尼乌派浸信会"（the General or Arminian Baptists）。在其他较小宗派譬如说公谊会内部，福音派阿米尼乌主义亦有重要影响和表现。

其实，在某种意义上，阿米尼乌主义已经同英美保守派基督教或者福音派密切联系在一起。英国宗教史学家大卫·贝冰顿（David Bebbington）认为，福音派宗教是 18 世纪 30 年代以来，在英国出现的一种大众性新教运动。它并不等同哪一具体宗派，尽管卫理公会在其中发挥了巨大影响。这是一种"被灌装到许多瓶子里的新酒"。[2] 贝冰顿还提出"福音派四特征说"来界定这场基督教运动，[3] 它们分别是"皈依主义"，即对生活生命需要改变的信仰；"行动主义"，即宣扬福音的行为与努力；"圣经主义"，即对圣经权威的特殊看法；以及"十字架中心主义"，即强调基督在十字架上的替代性牺牲；这种值得优先考虑的"四边形"构成此后英美福音派的信仰基础。总之，福音派（evangelicalism）是近现代以来主要起源和存在于英语国家和地区并逐渐影响全世界的，一种主要见于基督教新教中的超越传统信仰信纲与宗派界限的既非基要主义亦非自由主义的神学运动或趋势。一个福音派信徒就是一个信仰和宣扬耶稣基督福音的人。在词源学上，英语中的"福音派"一词源于希腊文新约中的"euangelion"，意即"好消息"或"福音"的意思。这种福音是指圣经见证

1　G. F. Nuttall，"The Influence of Arminianism in England," in Gerald O. McCulloh（ed.），*Man's Faith and Freedom*：*The Theological Influence of Jacobus Arminius*，Nashville：Abington Press，1962，p. 46.

2　David Bebbington，*Evangelicalism in Modern Britain*：*A History from the 1730s to the 1980s*，Baker Books House，1989，p. 1.

3　David Bebbington，*Evangelicalism in Modern Britain*：*A History from the 1730s to the 1980s*，Baker Books House，1989，pp. 2 – 3.

的有关上帝为世人获得精神与生命救赎，而在基督里并通过基督的人格与事工所做救赎的信息；耶稣基督的道成肉身、赎罪性死亡以及肉体复活构成基督教福音的实质；它在圣经中的主要依据之一是"哥林多前书"十五章一至四节的一段经文。就福音派在历史上的发展与流变而言，18 世纪 30 年代以来发展至今的宗教复兴主义或虔敬主义福音派，强调的是个体灵性皈依、恩典的领受和圣洁的信仰生活。到 20 世纪 40 年代兴起的当代福音派，强调的则是圣经权威论、个体灵性皈依和社会精神变革。在社会表现形态上，现当代福音派具有以下三个特征。第一，它是超宗派性的；它本身不是一个传统意义上的宗派，也不局限于某一具体的宗派形式。第二，它是存在于各主流宗派中的一种主要神学运动或趋势。第三，它本身在某种意义上就代表着一种普世性运动倾向；不论各自的宗派归属如何，在福音派中存在着一种超越传统宗派界限的自然亲和力与归属感。就其发展动态而言，福音派自 20 世纪后期以来，已成为当代基督教新教中发展最快、信众最多、宗教热情最高以及宗教活动最为活跃的流派。从福音派的这些信仰特征和教义立场上，可以清楚地看到注重普遍恩典与自由意志等所谓的阿米尼乌主义倾向。可以说福音派将传统阿米尼乌主义发展到一个具有新形态的新阶段。

在福音派阿米尼乌主义的发展与传布过程中，由英国向北美的延伸，是一个值得重视的动向。美国新教的早期发展基本上属于英国新教和欧陆新教发展的延伸。从 17 世纪早期开始，英国国内由于王权更替，而使相互争斗的加尔文派与阿米尼乌派以及其他一些较小派系，在不同时期和不同背景下，处于此消彼长、交替上升、相互排挤与打压的状态，由此也造成不同信仰立场的宗教移民，离开英国前往美洲新大陆。那些新移民相应地也把国内的不同神学派系和纷争带到新殖民地。所以，在 17 世纪，荷兰的阿米尼乌派和英国的"高教派"与"宽容派"阿米尼乌主义，也分别传播到美国。但这种教义神学分歧，在当时殖民地的实际宗教生活中影响甚小。阿米尼乌主义在美国的真正有影响和有规模的发展，是 18 世纪中期的卫斯理派阿米尼乌主义。卫斯理派传教士在新英格兰的宣教活动，正式将阿米尼乌主义引入美国宗教生活中。他们宣扬的自由恩典、自由意志的"福音"，尤其符合早期殖民者和早期拓荒者的生存状况和信仰追求。从 19 世纪开始，在美国获得空前发展的卫理公会神学家和学者，陆续发表出版了一些译介和研究阿米尼乌主义的著述。其中，卫理公会牧师巴格诺尔编辑出版的"美国版"《阿米尼乌文集》就是一例。从19世纪后期至今，基督教新教在北美大陆的蓬勃发展与层出不穷的宗教试验与创新，也为阿米尼乌主义的发展注入新动力和新元素，并渐渐成为延续传统加尔文主义与阿米尼乌主义之争的主战场。

除了地域空间上的转换变化外，在保守基督教内部出现的一些新现象和新实践形式，亦对福音派阿米尼乌主义产生巨大影响。其中最令人瞩目的就是从19世纪后期不断涌现的大众福音布道家。他们以个人和团队从事的强化宣教活动，以专注于灵性皈依为目的的福音宣教活动，而在指导思想和实际实践中表现出明显的阿米尼乌主义色彩和特征。在许多情形下，大众福音布道家的阿米尼乌主义特征，似乎是天生就自然具有的神学特征。其主要代表人物，在英国这一侧有司布真。著名福音布道家查尔斯·哈登·司布真（Charles Haddon Spurgeon，1834—1892年）将福音对所有罪人的呼召放在首要地位，早期既反对阿米尼乌主义，又反对极端加尔文主义，并曾经同极端加尔文派陷入激烈论战，后期则不再将基督徒区分为阿米尼乌派或极端加尔文派，因为这种派系标签意味着太多额外的牵涉和含义。但阿米尼乌主义仍然强烈影响了司布真对宗教复兴运动的理解。与极端加尔文派不同，司布真既承认上帝意志对世界万物都是切实有效和统治看顾性的，又承认人是自由的并对自己行为负有责任。换言之，司布真既承认上帝的预定又承认人的自由和责任。这两者之间看似是不一致或相互矛盾的，其实不然；这是一个神圣的奥秘，并不能全然为人所理解。在司布真看来，极端加尔文主义似乎是将宣扬福音仅仅看作召集拣选者的手段。而福音宣扬者如若要对听众应许说，他们全都受到悔改和认信基督的呼召并因这信仰而得救的话，那么就是违背了极端加尔文派的预定与拣选教义，因为他们认为基督只是为拣选者而死。这对司布真来说是无法认同的；他无法接受极端加尔文派对福音宣扬所施加的这些理论或观念上的限制。司布真相信，救赎福音邀请是普遍性的，是针对所有罪人而不只是圣徒的；它邀请所有人接纳这福音并在这福音里获救。福音布道者作为上帝的使者，已被授权呼召所有人认信福音并因此而获得救赎。对于作为福音布道家的司布真来说，他的教义或者信仰是简明而坚定的：基督为所有人而死，福音为所有人而宣扬；所有接受基督的人都将获救，而所有拒绝基督的人都将毁灭。基于这样一些基本信念，将福音宣扬和罪人在福音里重生置于首要地位的布道家司布真，就突破极端加尔文主义的限制，而走向阿米尼乌主义的立场，并具有了阿米尼乌主义的色彩。

在北美一侧，大众福音布道家更是层出不穷，最著名的包括有芬尼。作为一位长老会牧师的查尔斯·芬尼（Charles G. Finney，1792—1875 年），对传统加尔文主义教条进行了猛烈抨击。在著名福音布道家当中，几乎没有谁像芬尼那样在神学教义上明确以阿米尼乌主义自居了。在芬尼之后，有德怀特·穆迪（Dwight L. Moody，1837—1899 年）和比利·桑戴（Billy Sunday，1862—1935 年），在"第二次世界大战"之后，则兴起了著名的葛培理（Billy Graham）和一系列利用新式大众传媒的福音布道家。连绵不断涌现的大众福音布道家，成为北美保守派基督教阵营的一个显著特征。当代许多大众福音布道家所采纳的神学与福音布道方式，都被批评者指责为具有浓厚的阿米尼乌主义倾向。帕特·罗伯逊（Pat Robertson）就吁求那些尚未认信基督的人：你会给上帝一次机会吗？而葛培理更是被批评者攻击为当代最著名的阿米尼乌派，因为葛培理对那些尚未皈依基督的人经常发出的信息是：你们许多人都关闭了心灵之门；耶稣正在敲响你的心灵之门；他说道，"我想要进来，我想要宽恕你，我想要赋予你永生"；但耶稣永远不会强行推开那扇门；你必须要打开那扇门；你愿意将心灵之门为基督打开吗，就在现在？按照葛培理的观点，在个人重生上，圣灵不论怎样激发、吸引和爱一个人，但最终还是取决于这个人的决定与选择。不过，葛培理的福音布道，尽管呼吁未信仰者"为基督作出决定"，但他还是有所节制，并谨慎地使自己不过多显示出阿米尼乌主义特征。

而当今阿米尼乌主义的麻烦就在于，它对不同的人意味着不同的东西。对于一些人来说，一提起阿米尼乌主义，就会自动将他们设想为自由派，与普救主义者没有什么区别，或者至少在救赎论上与阿里乌派和贝拉基派持类似的主张；事实上，也的确有一支阿米尼乌主义持有类似的见解。不过，总的说来，通过将人的决定置于救赎的核心，阿米尼乌主义迎合了当下的时代精神与文化，并提供了当代福音派所需要的：一种将个人选择作为决定性因素的福音。所以，有批评者曾指出，"至少在盎格鲁‒撒克逊世界里，尽管有一些显著例外，但是保守福音派大都倾向于阿米尼乌一方。在这一方面，他们也许在很大程度上受到福音传教这一战略需求的影响：基督为所有人而死，并呼召所有人皈依他，但他们必须作出决定来接受他；如若不接受他那就是拒绝了他。上帝不是自动救赎，只有当福音被宣告并被接纳时，才会救赎"。[1] 在葛培理等福音布道家的大众性福音布道中，因为过于强调人的决定，而更像以人为中心而不是以上帝为中心，尽管他们往往会使用一些被动语态来淡化和矫正自己过度的阿米尼乌主义色彩。当代神学家詹姆斯·帕克（James I. Packer）就不无理由地抱怨道，在当今福音派基督徒血液里，流淌着的是准贝拉基主义或阿米尼乌主义。[2]

第五节　"开放性神学"阿米尼乌主义

在"第二次世界大战"以后，首先在北大西洋两岸英语世界里获得复兴的当代福音派运动，是当代基督教新教发展中一个十分引人注目和具有重要影响的现象。福音派作为基督教的一种神学运动或趋势，是个极其复杂的现象。在福音派这个名号下聚集着形形色色的亚团体与支流派，它们当中有"和平教会"保守派，有阿米尼乌保守派，有卫斯理信徒，有浸信会信徒，有保守的加尔文派，有移民教会，有虔敬派教会，有基督复临论者，有五旬节派与灵恩派，有黑人福音派，诸如此类，不胜枚举。福音派从历史上讲一般认为是主要起源并兴盛于英语国家的基督教保守派运动。但随着它的不断发展，其影响范围也日趋扩大。时至今日，可以说，福音派至少在北美及英国已成为宗教生活中人数最为众多、宗教热情与活动最为高涨的信仰群体。在当今世界几乎没有哪个地区没有受到过福音派势力的触及和影响。福音派作为一种颇具生命力的神学运动或趋向，如今不仅广泛影响于美国、英国以及加拿大，而且其势力也不同程度地波及世界其他各个地区。

以强调传统信仰与保守神学为特征的当代福音派，由于一贯坚持圣经权威、基督中心、灵性皈依和福音宣教，而在某种程度上，自觉或不自觉地具有某种阿米尼乌主义倾向和色彩。而福音派先天就具有的跨宗派性信条信纲的特征，

1　James Barr, *Fundamentalism*, SCM Press Ltd., London, 1977, p. 188.

2　J. I. Packer, "Introduction," in Martin Luther, *The Bondage of the Will*, Trans. by J. I. Packer & O. R. Johnston; Grand Rapids: Fleming H. Revell, 1957, pp. 58－59.

又为其自身内部的阿米尼乌主义发展提供了发育土壤和生长空间。正是在这样一种处境里，仍然作为敏感话题的阿米尼乌主义，以一种不太张扬的暧昧姿态，低调成为当代福音派神学的有机构成因素之一，并在福音派运动内部得到相当程度的宽容与认可。事实上，由于阿米尼乌主义与福音派之间密切的历史与神学关联，而使得两者已经密不可分地联系在一起，以至于可以作出这样的宣言："不论是否意识到这一点，如今我们全都是阿米尼乌派了。"[1] 不过，在福音派阵营内也有一些人并不满足于传统或古典阿米尼乌主义信仰，而是结合时代精神与现代文化，通过对圣经的重新诠释和对以往神学争论的重新评价，提出了新形式的阿米尼乌主义学说。正是这种更加激进、更加彻底同时也是更加新颖的阿米尼乌主义学说，在当代福音派内外引发新的争论与探讨，并遭到主流福音派的诘难和排斥。这种连主流福音派都感到难以认同的新式阿米尼乌主义，其主要代表人物，在前期有 C. S. 刘易斯（Clive Staples Lewis，1898—1963 年），在后期有克拉克·平诺克（Clark H. Pinnock，1937—2010 年）。

英国当代著名理智巨匠和基督教信仰辩护者 C. S. 刘易斯的丰富创作和著述，培育和增进了"第二次世界大战"后整整一代福音派信徒的基督教信仰。他宣扬的所谓"纯粹基督教"尽管带有明显的英国圣公会宗派特征，但这在福音派阵营里并没有引起太大的问题，仍然有无数普通保守派信徒，将他看作正统基督教信仰解说与辩护的正统护教家。问题在于 C. S. 刘易斯具有的明确阿米尼乌主义特征，导致他对基督教信仰的解说在一些重要教义问题上同传统新教教义陷入冲突。譬如，C. S. 刘易斯就明确认为上帝不会将其不可抗拒的权能施加于不情愿的非信仰者。在《斯克鲁泰普信札》里，他的结论是，"不可抗拒和不容置辩，是上帝方案的性质，禁止上帝使用的两种武器。仅仅压倒人的意志对上帝来说是无益的。不能强奸，只能求爱"。[2] 而在《大离异》里，C. S. 刘易斯进一步表明，上帝最终是尊重他赋予受造物的自由选择的，"最终只有两类人：那些对上帝说'你的意志将会实现'的人，以及那些上帝对他们说最终'你的意志将会实现'的人。所有那些在地狱里的人，都是选择了在地狱里。

1　G. F. Nuttall，"The Influence of Arminianism in England，" in Gerald O. McCulloh（ed.），*Man's Faith and Freedom：The Theological Influence of Jacobus Arminius*，Nashville：Abington Press，1962，p. 63.

2　C. S. Lewis，*The Screwtape Letters*，HaperCollins Edition 2001，p. 39.

没有那种自我选择，就不会有地狱"。[1]　可以说，许许多多阅读与聆听过 C. S.
刘易斯教诲的普通基督徒受其熏陶和影响，也不自觉地站在阿米尼乌主义立场
的边缘。这就是为何尽管 C. S. 刘易斯是 20 世纪对传统与保守派基督教影响最
大的人物之一，但他在保守派基督教阵营内却没有获得应有的尊重和地位的
原因。

　　C. S. 刘易斯最具个人特色的信仰观念，是他对基督教地狱教义的重新解
读；他的地狱观甚至都影响到英国福音派领袖约翰·斯托特（John Stott）等人。
与传统基督教持有的地狱是上帝对拒绝接纳福音者所作正义审判和惩罚的观念
不同，C. S. 刘易斯在《大离异》和《痛苦问题》等著述中，将永恒描述为一
座荒凉灰暗之城，将地狱看作人以自我为中心的和自我选择的与上帝的疏离，
甚至是一种心灵状态，将天国与地狱理解为基于人之自由的心灵归宿与目的地。
而在谈论到人的自由意志时，C. S. 刘易斯则说道，"上帝创造的事物是具有自
由意志的。这意味着受造物既能够是错误的也能够是正确的。一些人能够设想
一个受造物是自由的但不可能犯错；而我却无法如此设想。如果一个事物能自
由地成为好的，那么它也能自由地成为坏的。自由意志使得邪恶成为可能。那
么，上帝为什么要赋予他们自由呢？因为自由意志，尽管使得邪恶成为可能，
却是唯一使那值得拥有的仁爱、良善与喜乐成为可能的东西"。[2]　所以在神学
上，地狱象征着能够被生活目标所错失的一种实在；而人之所以错失那一目标，
是由于人基于上帝赋予的自由意志所选择的与上帝的异化或分离；人的自我中
心主义最终导向了地狱并在那里得到了实现。总之，C. S. 刘易斯将地狱描述为
一种分离而非烈火的永罚。他的末世学亦未构想整个受造物与造物主上帝的最
终和解，而是倾向于认为人与上帝无意义的疏离将会持续到永远。

　　除了这种新式地狱观念，在《纯粹基督教》《奇迹》和《斯克鲁泰普信札》
等著述中，C. S. 刘易斯还将基督理解为永恒的预先存在的"道"，并无法接受
基督在十字架上替代性牺牲即为赎罪这一传统教义。而在《纳尼亚纪事》等著
述里，C. S. 刘易斯更是提供了一种渐进性的、道成肉身性的和基于人之自由的

1　C. S. Lewis, *The Great Divorce*, HaperCollins Edition 2001, p. 75.

2　C. S. Lewis, *Mere Christianity*, HaperCollins Edition 2001, pp. 47–48.

救赎观：上帝之子永远都既是"狮王"又是"仆人"；基督是拯救性的"狮王"和"仆人"；基督对人的救赎不仅在于他的死亡，而且还在于他的永生；而"狮王"在 C. S. 刘易斯的文学传奇叙述中，似乎也只是满足于重新回归自己的王位，然后就变得昏昏沉沉、无所事事起来。无论如何，在半个多世纪里，C. S. 刘易斯通过自己引人入胜的护教著述，深深影响了数以千万计的读者。他在将许多人更深入地引向基督教信仰的同时，也将自己的阿米尼乌主义立场潜移默化地渗入新一代基督徒和神学家的思想与理解当中。

在深受 C. S. 刘易斯影响的新一代神学家中，有一些人更进一步推进了阿米尼乌主义。其中的代表人物和学派，就是从 20 世纪 70 年代以来在福音派内部兴起的所谓"自由意志有神论"（free-will theism）或者"开放性神学"（openness theology）。随着福音派运动在北美和英国重新回归信仰生活和社会文化生活的主流，在福音派运动内部也开始出现寻求福音派神学多样性的呼声和尝试。其中一些人出于对主导福音派神学的传统改革宗信仰的不满，出于对当代精神与科学文化所强调的开放性、动态性、交互性与过程性等思想与观念的积极回应，在 20 世纪 70 年代至今的数十年间，英国和北美主要隶属于大学和神学院的一批兴趣相投的年青一代神学家，主要以专题学术研讨会和专题论文集形式，并结合一些个人学术专著，围绕着所谓"无限制的恩典"（1975 年）、"上帝的恩典与人的意志"（1989 年）、"上帝的开放性"（1994 年）和"最受触动的推动者"（2001 年）等核心议题，以明确姿态重新提出所谓的"阿米尼乌主义问题"（A Case for Arminianism），并试图"为阿米尼乌福音派这一沉默的大多数发出更响亮的声音"。[1] 这种"开放性神学"或"自由意志有神论"新模式，在传统阿米尼乌主义基础上，通过重新诠释圣经和评估信仰传统，重新建构起一种极具活力和吸引力的神学新模型。它在对传统神学和福音派信仰形成刺激或挑战的同时，也为自己招致激烈而广泛的批判与质疑。不论这种新型阿米尼乌主义是否代表着一种正确的神学发展方向，它都是 20 世纪末与 21 世纪初一种最为引人关注的神学发展新动向。这种新神学运动的骨干成员包括理

---

[1]　Clark H. Pinnock（ed.），*The Grace of God，The Will of Man：A Case for Arminianism*，Grand Rapids：Zondervan Publishing House，1989，p. 27.

查德·赖斯（Richard Rice）、约翰·桑德斯（John W. Sanders）、威廉·哈斯克（William Hasker）、戴维·贝辛杰（David Basinger）、杰克·科特雷尔（Jack W. Cottrell）、威廉·克雷格（William L. Craig）和格雷戈里·博伊德（Gregory A. Boyd）等人。而这一神学运动的领袖则是加拿大神学家克拉克·平诺克。

克拉克·平诺克1937年出生于加拿大多伦多（Toronto），自幼生活在一个自由派浸信会教会里，在少年时代主要受祖母影响而经历皈依，并深受福音派"亚文化"的影响。在青少年时期形成的对上帝的爱和对圣经的信任，成为他终身信仰的根基和特征。1960年，平诺克从多伦多大学古代近东研究专业毕业，随后赴英国曼彻斯特大学（Manchester University），师从著名"新约"研究学者 F. F. 布鲁斯（Bruce）。1963年以对"保罗的圣灵概念"的研究获得博士学位。在这一时期以及随后短暂留校任教期间，平诺克深受当时福音派领袖弗朗西斯·谢弗（Francis Schaeffer，1912—1984年）的影响，甚至还曾经到后者在瑞士创立的"茅舍基督教退省中心"（L'Abri Christian retreat center）工作过一段时间。从1965年至1977年，平诺克先后任教于新奥尔良浸信会神学院（New Orleans Baptist Theological Seminary）、芝加哥三一福音派神学院（Trinity Evangelical Divinity School）和温哥华维真学院（Regent College at Vancouver）。1977年返回家乡，在安大略省哈密尔顿市的麦克马斯特神学院（McMaster Divinity College，Hamilton，Ontario）担任神学教授直至退休。平诺克的个人神学立场曾经历多次转变。对此，他以卡尔·巴特为同道，并深信改变立场要远胜于固守错误道路。他曾这样回顾自己的立场转变："奥古斯丁将重点放在上帝之神治上，阿米尼乌将重心置于人之自由上。我的朝圣历程可以描述为是从奥古斯丁向阿米尼乌的转变。"[1]

克拉克·平诺克在许多教义问题上都发生过转变，而他所谓的从奥古斯丁向阿米尼乌的转变，大致发生在20世纪70年代。正如他自己所说，[2] 在这次转变之前，他一直认为加尔文主义是建立在圣经基础上的福音派的最纯粹表现形

1　Clark H. Pinnock（ed.），*The Grace of God*，*The Will of Man*：*A Case for Arminianism*，Grand Rapids：Zondervan Publishing House，1989，p. 16.

2　Clark H. Pinnock（ed.），*The Grace of God*，*The Will of Man*：*A Case for Arminianism*，Grand Rapids：Zondervan Publishing House，1989，p. 17.

式。他声称他的怀疑始自加尔文逻辑中最薄弱的一环。但平诺克所指的这最薄弱环节，却并非公认的弃绝教义，而是圣徒忍耐持守教义。通过对使徒"希伯来书"中勉励信徒话语的思索，平诺克发现，使徒发出的那些勉励与警醒表明，上帝恩典的持续性至少可以在人之参与者这一方得到增强或松弛。由此，他开始放弃那种在永恒中预先决定一切的宿命论与机械论的上帝观，开始认为上帝所造的人是既能够接受又能够拒绝上帝旨意的自由受造物。人不是非时间性神圣命令的产物，而是上帝盟约的伙伴和历史的真正参与者；必须要将交互性（reciprocity）与条件性（conditionality）等维度引入上帝与世界的关系之中。

这种考虑很快引导平诺克得出以下五点新发现：第一，根本就不存在加尔文所说的上帝之永恒命令；加尔文那种看法也许在逻辑上是必需的，但在道德上却是无法容忍的。上帝在基督里提供的救赎对所有人都是充足的供应，而个人要想获得这种救赎就是回应这种"好消息"并与上帝进入新的关联之中。平诺克依据他认同的交互性原则，否定了极端加尔文派的双重预定论。第二，平诺克完全接受阿米尼乌的拣选是群体范畴而非个体意义的观点，认为上帝拣选所指的是一群人或一类人，而非单独的个体。第三，加尔文主义的既要上帝决定万物又要承认人之自由的矛盾，只是加尔文派的逻辑产物，而非圣经启示。按照圣经启示，上帝创造的人是具有相对自主性的；上帝自愿限制了自己的权能，以使人能够分享那种神圣创造性；人是上帝的合作者；上帝邀请人一同决定未来。平诺克认为这种观点转变就消除了极端预定论以及神正论等许多传统神学难题。第四，平诺克表示自己理解约翰·卫斯理提出"普遍先在的恩典"的初衷，因为这使他既能够坚持人的完全腐败性，又能够使灵性已死的罪人在信仰里作出回应，但是平诺克无法接受卫斯理的解决建议。这促使平诺克再次转向圣经解读，他发现圣经表明的一个简单事实就是，人能够也有责任回应上帝；福音将人看作自由与回应性的动因。第五，基督替代全人类的十字架之死，使所有人与上帝和解成为可能。平诺克对圣安瑟伦和格劳秀斯的赎罪说均不甚满意，认为赎罪不是像他们所说的要表明上帝司法性审判，而是要表明上帝的公义和圣洁。

从历史神学的角度，平诺克将自己的立场转变，划归为阿米尼乌主义反对极端加尔文主义的延续。他无法接受那种历史上的极端预定论。至于像洛兰·

贝特纳（Loraine Boettner，1901—1990 年）在《改革宗的预定教义》（1932 年）一书中提出的那些极端双重预定论，更是令他感到反感不已。[1] 譬如，该书就断言"甚至亚当的堕落，经由他导致整个种族的堕落，也不是出于偶然或事故，而是在上帝秘密旨意中被如此这般决定的"。[2] 所以，平诺克在 1975 年编辑的论文集《无限制的恩典》中，明确反对一个已经预先决定好一切的上帝观，而主张恩典的普遍性："如果我们不知道上帝爱所有罪人，那么我们就不知道上帝爱我们，也不知道上帝爱那些我们带给他们福音的人。"[3] 而双重预定的可怕教义，不论在圣经解释学上还是在神学上和道德上，都是无法令人接受的。这样一种预定论观点，几乎使上帝成为魔鬼，而且也无法动态地理解上帝的意志。而所谓动态和交互性地理解上帝的意志，就是说上帝与人之回应者之间的关系更像是一种"对话"，而不是"独白"。"这种对话是完全真实的。当上帝赋予他的'道'时，人既能刚硬自己的心，也能接受它。人能够接受圣灵或者抵制圣灵。人能够遵从上帝律法或者加以拒绝。人能够回绝上帝救赎计划或者接纳它。圣经历史的长河清楚地表明，上帝在人当中的行动不是一种上帝独自表演的独白；相反，它是上帝与受造物之间的一种戏剧性对话。"[4] 凭借这种对话，上帝自由地以积极或消极的方式对人的自由作出回应，并把人的自由选择回应性地编制进他对历史的计划之中。平诺克认为自己的神学转变，"远离了有关上帝规则与救赎的决定论，并处在这样一种定向中，即更加倾向于上帝、世界以及上帝之人类受造物之间的一种动态的人际关系。我相信，这种趋势的开端是源于，在与那将重心置于自主、现世性与历史变化的现代文化的对话中，对于《圣经》的一种新鲜而忠实的解读"。[5]

1　Clark H. Pinnock （ed.），*Grace Unlimited*，Minneapolis，Minnesota：Bethany Fellowship，Inc.，1975，p. 101.

2　Loraine Boettner，*The Reformed Doctrine of Predestination*，Phillipsburg：Presbyterian and Reformed Publishing Company，1932，p. 234.

3　Clark H. Pinnock （ed.），*Grace Unlimited*，Minneapolis，Minnesota：Bethany Fellowship，Inc.，1975，p. 11.

4　Clark H. Pinnock （ed.），*Grace Unlimited*，Minneapolis，Minnesota：Bethany Fellowship，Inc.，1975，p. 107.

5　Clark H. Pinnock （ed.），*The Grace of God*，*The Will of Man：A Case for Arminianism*，Grand Rapids：Zondervan Publishing House，1989，p. 15.

　　这种转变的结果，就是促使平诺克摒弃了那种总是一意孤行的绝对君主式的上帝观，转而拥抱了一个对人的需求保持敏感的慈爱父母亲般的上帝观："我们可以将上帝主要看作一个冷漠的君主，摆脱世界的偶然性，其存在的所有方面都是毫无变化的，是一种决定一切和不可抗拒的力量，意识到所有将要发生的事情而从不采取任何冒险。抑或我们也可以将上帝理解为一个关爱的父母亲，具有慈爱与回应、宽厚与敏感、开放与脆弱等特性，作为这样一个人（而不是一个形而上学原则），他经验着世界，对发生的事情作出回应，与我们关联在一起并动态地与人发生相互作用。"[1] 这就是说，从 20 世纪 80 年代开始，平诺克开始从自己对于上帝神治与人之自由之间关系的新理解出发，进而重新思考上帝其他的属性，重新建构新视域里的上帝教义。于是，平诺克开始猛烈抨击基督教"古典有神论"，并试图代之以他所谓"自由意志有神论"。对于这样一种彻底的范式转换及其面临的困难，平诺克有着清醒认识，"我在此要应对的基本问题在于这样一个事实，古典基督教有神论模式，如此决定性地受到那处在希腊哲学下的奥古斯丁的影响，将圣经描述的一个动态人格性上帝的图景，置于这样一种思考上帝方式的处境里，即推重上帝是非时间性的、非变化性的、非情感性的、非受动性的和非运动性的。其所造成的合成体，不仅巧妙地改变了圣经描述的上帝观，而且还倾向于抑制它的一些重要方面。特别是，它抵制聆听圣经对于这样一个上帝所作的见证，即上帝与世界在真正地相互作用着，富有激情地回应在其中所发生的一切，甚至还会改变自己的计划以合乎正在变化着的历史情形。而奥古斯丁主张的上帝预先知道和决定一切并从不调整自己计划的观念，与圣经处在明显的张力中，并深深固定在过去的基督教思维里。它是源于古典有神论对希腊化文化所作的适应"。[2]

　　在拒绝深受希腊化文化影响的古典有神论后，平诺克等人提出一种"上帝开放性"神学。在平诺克看来，圣经所提供的是一种开放的上帝观；上帝赋予人的历史是开放的，而不是封闭的；上帝与世界的关系是动态的，而不是静止

　　1　Clark H. Pinnock［et al.］，*The Openness of God：A Biblical Challenge to the Traditional Understanding of God*，Downers Grove，Illinois：InterVarsity Press，1994，p. 103.

　　2　Clark H. Pinnock（ed.），*The Grace of God，The Will of Man：A Case for Arminianism*，Grand Rapids：Zondervan Publishing House，1989，pp. 23 – 24.

的。上帝在恩典里赋予人以真实的自由；人能够回应上帝恩典的动议，而上帝则对人的回应作出回应，如此持续进行下去。在爱的对话中，上帝邀请人加入他以实现未来。在上帝的这种开放性中，上帝可以是变化的，可以内在于时间里，可以不必知道自由动因的未来选择。因为"道成肉身"中的"成"就表明上帝具有可变的不变性；而基督徒热切的祈祷就表明他们相信自己在与上帝进行真实的对话，而未来也并非已经成为一成不变的固态未来。"上帝的开放性意味着，上帝对于历史之变化着的实在是开放的，意味着上帝关怀我们并让我们所做的影响他。"[1] 平诺克认为在这种新神学模式里，上帝仍然是造物主并统治或掌控着万物，只不过其统治或掌控的方式与形态发生了变化。

为了重新理解上帝本质及其与受造物的关系，平诺克等人重新建构了上帝本质教义，并将其命名为"上帝的开放性"，由其衍生的神学则被称为"开放性神学"。2000 年，在英国曼彻斯特拿撒勒神学院（Nazarene Theological College）举办的著名年度系列学术讲座"迪兹伯里讲座"（Didsbury Lectures）上，克拉克·平诺克以《最受触动的推动者》（*Most Moved Mover*）为题，对自己倡导的上帝开放性神学进行了系统而完整的表述。平诺克指出，基督教古典有神论具有圣经和"希腊哲学"的双重起源，并曾试图将希腊文化的上帝观与圣经的上帝观融合在一起；但由于无法取得成功，而只得更多地偏向希腊哲学与文化一方。亚里士多德曾将他的"哲学化的上帝"描述为"不动的推动者"，并以此作为"亚伯拉罕、以撒和雅各的上帝"的对立物。而对古典有神论感到不满的平诺克则反其道而行之，将他的开放性神学中的上帝描述为不是不动的，而是"最受触动的推动者"。[2] 这种触动就来自上帝与世界或人的开放性和动态性并以爱为首要特征的关联。

平诺克借用"路加福音"15：11－32 叙述的"浪子比喻"来说明开放性神学所主张的那种关联。在这个比喻里，耶稣将上帝看作一位父亲：这位父亲渴望与两个儿子形成一种爱的关系。他的儿子都享有真正的自由，并可以自由地

1　Clark H. Pinnock［et al.］, *The Openness of God: A Biblical Challenge to the Traditional Understanding of God*, Downers Grove, Illinois: InterVarsity Press, 1994, p. 104.

2　Cf. Clark H. Pinnock, *Most Moved Mover: A Theology of God's Openness*, Grand Rapids: Baker, 2001, p. 7.

离开家以拒绝父亲的爱。但由于赋予儿子这种自由，这位父亲也就承担着巨大的风险，并使自己暴露在有可能被拒绝的痛苦中。但与此同时，这种赋予的自由也使他有可能享受到和解的喜悦。而且，这位父亲在渴望和等待的同时，并不知道小儿子将会做什么；这个故事的结尾也留有这样的悬念：他的大儿子会回家吗？这个寓言用形象方式表明了"开放性神学"所持有的上帝观。"按照开放性模式，上帝在恩典里神治性地赋予人们有效的自由，以使他们为了其生命而与上帝意志相合作或相抗衡，以使他们与上帝自己进入动态的、相互迁就的关系中。它将重点放在上帝与人类之间发生的真实相互作用上：我们如何回应上帝的动议以及上帝如何回应我们的回应。"[1] "上帝的权能是创造性的、牺牲性的和赋予能力性的，而不是强迫性的；上帝的荣耀在于与他人分享生命，而不是控制他人。上帝是为我们并与我们在一起的。上帝不是一种行而上学的抽象物，而是使他的临在成为能够被感知的——主动性的、回应性的、关系性的、动态性的和交互性的。上帝是超验的，但并不存在于与世界隔绝之中。上帝在其特性上是不变的，但在与我们的关系上却不是不变的。"[2]

目前，开放性神学是一套正在探究和成型过程中的神学方案或体系，正处在早期发展阶段，还需要假以时日才能更显成熟与完备。处在现代精神文化中的开放性神学，由于借鉴吸收了过程哲学的一些观念，有时被人误认为是一种类似于过程神学的新神学。对此，开放性神学家深不以为然。其实，上帝开放性神学与过程神学有着根本区别。最主要的不同在于开放性神学并不认同过程神学主张的上帝与世界在本体论上是相互依赖和密不可分的。[3] 正如平诺克所说，"我赞同过程有神论的一些主旨。而且，我也认为实在是开放的而不是封闭的……但是我也同古典有神论一道肯定创世教义，并认为上帝在本体论上是独立于世界的"。[4] 此外，过程神学属于一种自然神学，主要依据的是哲学思想，

1　Clark H. Pinnock, *Most Moved Mover: A Theology of God's Openness*, Grand Rapids: Baker, 2001, p. 4.

2　Clark H. Pinnock, *Most Moved Mover: A Theology of God's Openness*, Grand Rapids: Baker, 2001, p. 6.

3　Cf. Richard Rice, *God's Foreknowledge and Man's Free Will: New Insights into the Balance between Divine Knowledge and Human Freedom*, Minneapolis, Minnesota: Bethany House Publishers, 1980, 1985, pp. 33 – 34.

4　Clark H. Pinnock, "God Limits his Knowledge," in David Basinger & Randall Basinger (ed.), *Predestination & Free Will*, Downers Grove, Illinois: InterVarsity Press, 1986, p. 147.

属于主流自由派教会里的一种神学。而开放性神学则属于圣经神学，主要依据的是上帝启示，属于保守的福音派阵营里的一种神学。

事实上，平诺克及其他开放性神学家都自视为正统基督徒。开放性神学对自己的神学与历史定位是，在传统的加尔文主义与阿米尼乌主义之争中隶属于阿米尼乌主义一方，是传统"自由意志有神论"的一种新形式和新发展。"开放的上帝观产生于卫斯理式阿米尼乌主义的神学——如果不是教会——土壤里。它属于那些肯定人的自由并否定完全的神圣控制的传统。"[1] "我们加尔文派批评者将其称作'彻头彻尾的'阿米尼乌主义；对于这样一种评判，我并不想加以拒绝。"[2] 不过，开放性神学与古典阿米尼乌主义也有不同之处，这就是开放性神学更加彻底和激进。譬如，在上帝本质属性问题上，不论阿米尼乌还是卫斯理，均坚持传统的立场，将上帝看作永恒的、不变的和全知的；而开放性神学则摆脱了这种传统有神论坚持的上帝观。再如，在上帝神圣全知问题上，古典阿米尼乌主义因坚持传统的上帝预知教义，而不得不求助于所谓"中间知识"来解决自己的教义困难，而开放性神学则直接将上帝详尽无遗的预知看作非圣经概念并拒斥了这一教义。在某种意义上，"开放性神学"阿米尼乌主义由于转换了上帝观，从而摆脱了许多在加尔文主义与阿米尼乌主义之争中的神学难题，在上帝神治和全知等许多问题上都不再纠缠于传统的诘难与辩解。

可见，开放性神学是比古典阿米尼乌主义更为激进的阿米尼乌主义形式，它距离传统加尔文主义立场更为遥远。"与阿米尼乌派先前提出的形式相比，它使得那些选择更为尖锐、更为清晰，而它自身也成为加尔文主义的一种更为严谨一致的替换物。"[3] 正因为开放性神学构成当代更加激进的阿米尼乌主义形式，所以，在传统有神论者和严格加尔文派将其看作神学异端的同时，许多持传统阿米尼乌主义立场的人，也对平诺克等人倡导的这种激进阿米尼乌主义表示出谨慎看法和不同意见，因为就连那些传统的阿米尼乌派都无法完全接纳开

1　Clark H. Pinnock, *Most Moved Mover：A Theology of God's Openness*, Grand Rapids：Baker, 2001, p. 106.

2　Clark H. Pinnock, *Most Moved Mover：A Theology of God's Openness*, Grand Rapids：Baker, 2001, p. 12.

3　Clark H. Pinnock, *Most Moved Mover：A Theology of God's Openness*, Grand Rapids：Baker, 2001, p. xii.

放性神学提出的一些革命性见解。譬如，传统阿米尼乌派、美国南方福音派神学院（Southern Evangelical Seminary）的诺曼·盖斯勒（Norman L. Geisler）就无法接受平诺克等人的激进见解，而拒绝承认他们是真正的阿米尼乌主义者。[1]至于诺曼·盖斯勒本人则坚持一种温和与折中立场，认为上帝预定与人的自由选择是一个奥秘，而不是一个矛盾；它超越理性，但不违背理性。对于"开放性神学"面临的这种腹背受敌、前后夹击的尴尬处境，克拉克·平诺克等人有着清醒的自我认识，并期待着更多来自传统阿米尼乌派的批判与意见。他坦称，"要获得接纳，这种开放观就必须要克服加尔文派对其所作的异端指控，以及阿米尼乌派对其走得过远的质疑"。[2]

---

1   Cf. David Basinger & Randall Basinger（ed.），*Predestination & Free Will*, Downers Grove, Illinois：InterVarsity Press，1986，p. 170.

2   Clark H. Pinnock, *Most Moved Mover：A Theology of God's Openness*, Grand Rapids：Baker, 2001, p. 24.

结　语

神治与人之自由的奥秘

　　"上帝的神治（sovereignty）"与"人的自由"这两者之间的关联及紧张关系，历来都是基督教神学思想中一个难以索解的奥秘，也是摆在基督教神学家面前一个需要回应的永恒议题。阿米尼乌主义就是真切感触到这一关系内在固有张力之后，对这一主题作出的正面而积极的回应。以 16 世纪后期和 17 世纪初荷兰神学家詹姆斯·阿米尼乌命名的阿米尼乌主义，几乎是一直如影随形地伴随基督教新教四个多世纪的发展。它作为加尔文系新教改革宗内部的重要神学分支，对于丰富和深化基督教新教信仰发挥了重要作用和影响。在全面考察了阿米尼乌及其思想的起源、发展、争论与传布后，在此不敢说有什么最终结论，但还是希望能够在这些主要枝节以外再补充一些絮语，也算是一些感想和心得吧。

一　"宗教改革"对上帝与世界关系的理解

　　上帝与人的自由意志问题在基督教思想发展史上算是一个永恒的问题。在宗教改革运动之前，奥古斯丁是基督教教会史上第一位真正的预定论者。他持有一种相对温和的双重预定论。在奥古斯丁与贝拉基发生的教义争论中，虽然奥古斯丁最终战胜了贝拉基，但罗马教会却在随后的发展中并未真正接受奥古斯丁的观点，而是在实际上采取了一种间接或部分肯定人的自由意志的准贝拉基主义。由于罗马天主教在坚持上帝神启之外，还肯定"自然启示"的存在与作用，所以在整个中世纪里，罗马天主教一直都在教导，堕落的人仍保存有与辅助性恩典相合作的微弱能力，并以其自然能力行使其意愿。可以说，在持续千年的中世纪教会里，准贝拉基主义战胜了奥古斯丁主义；罗马天主教采取了一种准贝拉基主义的立场。同时在上帝预定问题上，罗马天主教在肯定上帝拣选的同时却没有进而明确上帝弃绝。事实上，它认为被弃绝者遭受的永罚，不是出于上帝的命令，而是因为他们对上帝恩典的抗拒或不信仰。至于拣选者的信仰恩赐，也不是不可抗拒性的，至少它不会取消那些固执于罪里的受造物的自由性。与罗马教廷这一立场相一致，托马斯·阿奎那将预定看作上帝神佑论的一个特定方面，但他并没有在其无所不包的神学体系里详细论述上帝预定这一教义问题。

在宗教改革时代，路德曾为这个问题与伟大的荷兰人文主义者伊拉斯谟（Desiderius Erasmus，约 1469—1536 年）进行过争论。路德在他的重要著作《意志的束缚》一书中，指出基督徒是由上帝之灵而不是由"自由意志"引领着的。而所谓"引领"就像一个木匠驱使一把锯子或斧子一样。路德对一切主张人在救赎问题上存有一定自由意志的观点都表示了极大的轻蔑：人也许有自由去给奶牛挤奶和去建造一所房屋，但要论到救赎灵魂却绝无可能。在与伊拉斯谟争论期间，随着双方争执的深入，路德在肯定神圣恩典之神治的过程中，在逻辑推论上允许其采取一种双重预定的形式。不过，路德的教义核心和出发点是因信称义说，而不是像加尔文那样从上帝完全的神治出发。所以，路德并未在上帝预定问题上进行过多纠缠，而是以尊敬神圣意志的奥秘为由，告诫人们应当在预定问题上保持沉默。后来的路德宗亦在低调肯定上帝拣选后，只是消极地表示拣选本身如果不与弃绝相对立就无法自圆其说。此外，路德还倾向于主张，在上帝的神治下，上帝预定与上帝神佑是同源性的教义，前者指上帝意志的终极目标，后者则包括上帝意志的其他中间目标。上帝意志是万物的必然原因，而上帝意志又是公义与仁慈的，由此上帝的预定或神佑论就与哲学决定论和宗教宿命论形成本质区别。

就人的自由性而言，路德同样也完全否定在救赎上人具有自由意志。路德在其名著《意志的束缚》里表明，自由意志不是在一般意义上言说的，而是一个重要的救赎论概念。路德强调人的完全堕落性与腐败性。但这并不是说人经由罪就不再是人了，而是说人经由罪就不再是良善的了，不再有能力取悦上帝了。如果说人凭借其自由意志独立地做了什么，并因而从上帝那里获得作为回应性奖励之救赎的话，那么由此而来的救赎，归根结底就是人自己挣来的救赎，是人自己救赎了自己而不是上帝救赎了人。路德的追随者与继承者菲利普·梅兰希顿试图在意志自由问题上调和伊拉斯谟与路德两人相互对立的立场，但未获成功。但梅兰希顿却在这场争论中逐渐靠近伊拉斯谟的立场。梅兰希顿在后期坚信，"在那些皈依了的人之内必定有某种东西，将他们与那些拒绝皈依的人区分开了。在后来成为争论焦点的原因罗列中，梅兰希顿为这种皈依确定了三个原因：'道、圣灵以及认同而不是抗拒上帝之道的人之意志'。对路德教义这一修正的基础，在于这样一种主张：'在人的堕落中，上帝的完整形象并没有被毁坏和完全废止，就像许多人错误主张的那样'"。[1]

　　加尔文采取了与路德类似的立场。在加尔文看来，人的完全堕落使得人与上帝的公义发生了完全的疏离。而加尔文更进一步认为，圣经已经对上帝预定作出足够明确的启示，人们可以据此提出一种系统的预定论。预定教义在加尔文的神学体系里并不具有首要性地位，它不是决定了加尔文的神学体系，而是被整合在了那个体系之中。"预定是加尔文体系里的一种核心教义，但它并不是首要性的。它是其上帝神治教义的派生物。"[2] 亦即，上帝是预定的，这一点是加尔文坚持上帝完全神治的逻辑和义理衍生物或推论。而且，加尔文与奥古斯丁一样更乐意谈论拣选而不是弃绝问题，因为弃绝教义构成预定教义的阴暗面。但从逻辑与教义推演上，唯一可能的预定论教义就是双重预定论教义。虽然弃绝似乎只是一种逻辑推论，但却是某种必然的逻辑推论。所有坚持严格预定论学说的人，最终都不得不直接或间接承认双重预定论。譬如在约翰·卫斯理与乔治·怀特菲尔德的争论中，当卫斯理竭力想要证明弃绝是拣选的必然推论时，怀特菲尔德就干脆直接承认了这一点。路德和加尔文都引证圣经里埃及法老的故事，来肯定上帝的弃绝。加尔文不认可在此再对"神圣行为"与"神圣允许"作进一步区分，但上帝意志与法老刚硬之间究竟是"因果关系"还是"允

1　Jaroslav Pelikan, *The Christian Tradition: A History of the Development of Doctrine*, 5 Vols., Chicago and London: The University of Chicago Press, paperback edition, 1975–1991, Vol. 4, pp. 143–144.

2　Alan P. F. Sell, *The Great Debate: Calvinism, Arminianism and Salvation*, Eugene, Oregon: Wipf & Stock Publishers, 1998, p. 3.

许关系"，还是成了后人争论的一个焦点话题。而后来的阿米尼乌则在"上帝意愿"与"上帝允许"之间作出进一步区别。总的说来，加尔文在其代表作《基督教原理》里，从 1536 年第一版到 1559 年最后一版，逐步强化了他的预定论学说。他不仅提到上帝的拣选，而且也提到上帝的弃绝。加尔文对预定问题的解说，为伯撒等人完善出一套更加严格、更加极端的双重预定论提供了基础和出发点。

路德撰写《意志的束缚》是为了反驳荷兰鹿特丹人伊拉斯谟的主张。类似地，加尔文撰写《意志的束缚与解放》则是为了反驳另一位荷兰人坎彭神学家阿尔伯特·皮格修斯（Albert Pighius，1490—1542 年）。伊拉斯谟和皮格修斯两人的共同之处在于，他们都为人的自由选择保留了一定的地位，都在救赎论上采取了一种准贝拉基主义立场。而在人的自由意志问题上，阿米尼乌继承和发展了他两位荷兰先驱的观点。对此，著名学者亚罗斯拉夫·佩利坎（Jaroslav Pelikan）曾总结道，"在重述和发展了当加尔文在世期间就已经流行的对于预定论的许多反对理由的同时，阿米尼乌和'抗辩派'的抗议集中在意志问题上：人的意志，是对其行为负责的，并因而在某种真实意义上是免于'宿命必然性'的；神圣的意志，是对所有人发出的，并因而在某种真实意义上是普遍的，同时也是免于罪与邪恶的，是免于强迫的，因为这种自由即是'神圣意志的完满性'。而加尔文'虚构的预定命运'对'宗教是有害的'，因为它必定损害了上帝的自由意志和人的自由意志"。[1]

从更宽广的神学教义范围看，加尔文主义与阿米尼乌主义之争，源于带有普遍性的上帝神佑论与带有特殊性的基督论之间存在的持续张力。单纯从教义内容上看，像戈马鲁斯等人主张的那种极端预定论，使传统上隶属于上帝神佑论中的部分内容与特性，下降或转移到上帝的预定论当中，并被看成上帝预定范围之内的事情。在某些方面，这种极端预定论有将上帝神佑与上帝预定合而为一的倾向。在注意到极端预定论的这种不当倾向后，阿米尼乌特别使自己留意上帝神佑与上帝预定之间的界限，并在原则上，将上帝神佑的部分内容置于

---

[1] Jaroslav Pelikan, *The Christian Tradition: A History of the Development of Doctrine*, 5 Vols., Chicago and London: The University of Chicago Press, paperback edition, 1975 – 1991, Vol. 4, p. 233.

上帝预定之下，从而保持了上帝预定的外延要小于上帝神佑的范围；此外，阿米尼乌还明确了上帝神佑是上帝论中的问题，而上帝预定则是救赎论中的范畴，两者具有不同的内涵和指涉。

总之，极端预定论，不论堕落前预定论还是堕落后预定论，均属于无条件预定论。就堕落前预定论而言，并不能完全肯定加尔文本人会认同这一主张。但可以肯定的是，在加尔文之前，并没有任何人曾经明确坚持过这样一种观点。一般认为它主要是伯撒等人后来的发明。而英国的威廉·珀金斯和荷兰莱顿大学的戈马鲁斯所主张的就是这样一种预定论。不仅如此，他们还明确主张双重预定论，亦即坚持上帝无条件和绝对地拣选与弃绝。而就堕落后预定论而言，一般认为奥古斯丁坚持这一观点。有学者认为奥古斯丁有可能是从斯多亚学派或诺斯替派那里借鉴了这一观念。在奥古斯丁之外，路德基本上也认同这一观点。但路德神学的出发点是人在上帝面前的称义问题。路德担心如果过于强调预定论，就有可能会削弱或冲淡人的因信称义教义。此外他们往往会有意识回避所谓的弃绝问题，而采纳某种经过修订的预定论或者单重预定论，亦即对上帝弃绝问题并不作出任何积极的表述和肯定，并倾向于认为上帝只是忽略了那些非拣选者。

而阿米尼乌坚持的不是预定论的"预定论"属于有条件的预定论。换言之，有条件的预定论在某种意义上并不是真正的预定论。它建立在上帝对个体人接纳福音还是拒绝福音的预知基础上。亦可以将其称为群体或类别预定论，亦即上帝预定获得救赎的是一类人而不是具体的个体人，是对悔改与认信的信仰者群体之救赎的预定。在阿米尼乌看来，"神圣命令本身，作为上帝一种内在行为，并不是事物的直接因"。[1] 应该说阿米尼乌主义更多是基督中心论的。它对上帝拣选与弃绝的理解是以基督福音为中心的。在上帝三位一体里，上帝的第二位格而不是第一位格，成为阿米尼乌思考上帝属性及其与人之关系的中心。反对极端预定论立场的阿米尼乌还进一步指出，根据那种认为上帝直接决定了万物的机械决定论，必然会得出上帝亦决定了罪的亵神结论。按照这样一种机械的在先性的决定论，就会出现以下四点荒唐的推论，"第一，它使得上帝成为

1　*The Works of James Arminius*, Vol. 1, p. 752.

罪的作者，而人则免除一切罪责。第二，它使上帝成为真正、完全和唯一的罪者。因为当存在着一种禁止某一行为的固定律法，当存在着这样一种'预先决定'并从而使得这一行为不可能不被实施的时候，其必然的结论就是，正是上帝本人违背那一律法，因为他就是实施违法行为的人。尽管这是由受造物直接实施的，但就此而言，受造物并没有任何罪过，因为在确立这种'预先决定'后，这种行为对人而言就是不可避免的。第三，按照这种教义，上帝需要罪人及其罪过，以彰明其正义与仁慈。第四，就这个术语而言，罪就不再是罪了"。[1]

二　阿米尼乌的教义不满与反叛

在对"罗马书"第七章的解释中，阿米尼乌与他大多数同时代人不同之处就在于，阿米尼乌更加看重恩典的力量。阿米尼乌并不否认，罪亦存在于重生者那里，但他认为罪对于重生者和未重生者的影响是不同的。换言之，阿米尼乌更看重圣灵的更新对于人的作用与意义；在他看来，经过更新或重生的人与没有经过更新或重生的人有着本质的区别。在与罪的"交战"中，如果赋予恩典的力量过于微弱，不仅是对上帝恩典的贬低，而且也是对重生者在德性方面积极性的一种挫伤和打击。在对"罗马书"第九章的解释中，以及在与朱尼厄斯博士的书信磋商中，阿米尼乌强调，预定的对象并不是自然状态的人而是堕落了的罪人，不是个体性的人而是群体性的人亦即组成了教会的信仰者。所以，上帝对人救赎的预定，就是堕落了的罪人，经由福音的宣扬，通过悔改和认信，而在中介者基督耶稣里与上帝的和解。总而言之，阿米尼乌对"罗马书"第七章的解释认为，保罗谈论的内心挣扎，是一种皈依前的而非皈依后的挣扎。对"罗马书"第九章的解释认为，雅各和以扫所指的不是两个个体而是两类人。

由此，阿米尼乌就离开了宗教改革家坚持的奥古斯丁教义模式。阿米尼乌认为，在圣经清楚明白的陈述与当时教会采用的信条信纲之间，在某些方面存在着不一致之处。在他看来，在伯撒以及其他一些极端加尔文派那里，改革宗

1　*The Works of James Arminius*, Vol. 1, p. 762.

神学在某些方面超越了新教信仰的原则。因为正是伯撒而非加尔文教导说，基督只为拣选者而死亡。这样一种神学观点的转变在救赎确据理解上、在教会实践和教牧事奉等方面都具有深远的意义。阿米尼乌坚持，加尔文本人并不是一个极端加尔文主义者。极端加尔文主义者在神学教义上为了防止一种极端却陷入另一种极端，为了防止贝拉基主义却让自己陷入决定论的泥沼。在许多方面，他们"高度界定了"他们所主张的观点，并将那些观点置于圣经的"明确陈述之外"。譬如，当他们解释"约翰福音"3：16 时，就有意识地将"世人"解释为"被拣选的世人"。对于这样一种进一步缩小其范围的限定，即便是加尔文本人可能也无法接受。假如让加尔文本人来评判阿米尼乌主义的话，他很可能不会认同阿米尼乌对于无条件拣选教义的批判，但是对于阿米尼乌所持的救赎范围的看法也许不会表现出那么坚定的反对。

三 阿米尼乌发起的神学范式转变

著名历史学家菲利普·沙夫在评价荷兰 17 世纪初叶的加尔文主义与阿米尼乌主义之争时指出，"加尔文主义代表着一贯的、逻辑的和保守的正统信仰；阿米尼乌主义则是一种弹性的、开明的和变化着的自由主义。加尔文主义在多特会议上取得了胜利，并驱逐了阿米尼乌主义。类似地，在前一代人那里，严格路德主义也在'协同信条'上，取得了对于梅兰希顿主义的胜利。但在这两大教会里，被征服一方的精神，却在正统信仰范围内一再浮现，并发挥着调节和解放性的影响，或者是在神学前进过程中提出了新问题"。[1]

对于基督教神学家和哲学家来说，上帝的神治（sovereignty）与人的责任（responsibility）之间的关系，历来都是一个大费周章的问题。在那极其敏感的政治氛围下，在极端不宽容的教会生活中，阿米尼乌的审慎风格以及他所处的影响有限的地位，再加上他的许多著述都是在完成多年以后才陆续公开发表出版，这一切都使得他的革命性观点处在一种半遮半掩、若隐若现的状态。在与

1　Schaff, Philip (ed.), *The Creeds of Christendom: With a History and Critical Notes*, 3 Vols., 6th ed. Grand Rapids, MI: Baker Books, reprinted 1998 from the 1931 edition, Vol. I, p. 509.

对手的辩论中，阿米尼乌审时度势，也不得不在自己的立场上有些闪烁其词，并采取了诸多委婉的缓解手段。而且，阿米尼乌的许多著述，除了在莱顿大学所作的系列"公开辩论"和"不公开辩论"以外，大都是以辩护和答疑形式出现的。其主要目的不在于阐述自己特有的见解，而在于表明自己的立场隶属于传统正统信仰范围之内。这就愈发增加了其著述的暧昧性。

阿米尼乌认为，救赎与惩罚，是依据对信仰与不信仰的预知而永恒地加以决定的，是建立在对未来偶然性的预知基础上的。阿米尼乌区分出在先的神圣意志与随后的神圣意志，并设定在先的恩典是普遍的和可抗拒性的，这样就为人的自由意志的行使提供了空间，并使自己处在了传统加尔文主义立场的对立面。他还进而运用源自罗马天主教徒苏亚雷斯和莫利纳的"中间知识"来解释上帝的神圣知识与预知问题。

但在极端加尔文派看来，阿米尼乌理解的上帝与世界的关系中，上帝只是干预性的而非神治性的；上帝只是影响和决定某些事件而非掌控着世界万物。严格加尔文派的预定论，在一个极端上，强调的是一切都来自上帝，上帝是以其自由与自发性的爱施与人以救赎；强调的是堕落了的人的完全罪性，以及在自我救赎上的绝对无所作为特性。预定论坚持的上帝神治观代表着一个全然神圣或宗教性的极端。但是从这个极端可以很容易地跳到与它相对立的另一个极端上。在极限情形中，一切都变得出其不意和令人诧异了。但有时这种严格预定论也会提出和利用一些派生教义，来缓和自己的极端立场，并获得一种不易察觉的变通。而就上帝的绝对神治与预定问题而言，严格加尔文主义由于主张上帝对万物的预先决定与控制，而不得不在自己的神学体系内，引入上帝的双重意志论亦即启明的意志与隐秘的意志，来间接和变相肯定人的自由性，来处理这种极端决定论引起的内在矛盾之处。

这种极端加尔文主义，在改革宗教会内使得许多人在思维与心灵之间、在理智与行动之间，造成了一种特有的紧张，以至于在不少基督徒中造就了所谓"头脑的加尔文主义"与"心灵的阿米尼乌主义"或者"理智的加尔文主义"与"实践的阿米尼乌主义"这样一种矛盾性的分裂。譬如，美国历史上最伟大思想家与神学家乔纳森·爱德华兹在神学上就坚持他所理解的加尔文主义，并坚决反对所谓的阿米尼乌主义，尽管他对这两种学说有着他自己与众不同的理解与界定。但这并不意味着上帝在救赎论上的绝对预定与人的自由意志问题，就没有使他产生迷惑与困扰。事实上，很可能正是对这个教义问题的纠结，使他早年在执教耶鲁学院期间出现长达三年的灵性麻木期，并陷入严重的精神危机与消沉状态，甚至还一度迫使他考虑过放弃加尔文派信仰。[1] 只是后来当他重新接受上帝的完满圣洁性这一教义前提后，他才心悦诚服地接受了加尔文派上帝绝对神治的教义。对此，爱德华兹的当代权威传记作者、著名教会历史学家乔治·马斯登（George Marsden）曾评论道，"爱德华兹对他数年'低落、消沉状态'之后续事件的这种描述，也许为形成那种状态的多重构成因素之一提供了一种线索——一种反复出现的、无法使自己满足于上帝的神治教义亦即上帝救赎他愿意救赎者的教义。只有当他能够使自己接受上帝完全圣洁这一前提时，他才能够接受下列教义：人对如此完满者的反叛是无限邪恶的，以至必定会获致永恒惩罚。只有当他能够保持一种那无限超越了人之标准的上帝圣洁性观点时，他才能够喜悦于上帝专断的但却是完全良善的神治"。[2]

正是严格加尔文主义面临的这种逻辑窘境和教义困难表明，阿米尼乌主义提出的与传统模式不同的神学方案，可以成为一个自成一体的替代性教义体系。阿米尼乌在否定极端预定论的同时，重新界定了隶属于预定范畴内的拣选与弃绝教义，并将上帝的拣选与弃绝看作有条件的而不是无条件的，而这条件就是对耶稣基督的信仰。相应地，阿米尼乌在重新诠释预定教义后，还进一步对上帝的恩典、基督的赎罪性质与范围、圣灵的更新与圣洁作用、福音宣教的意义等一系列核心教义，进行了调整和重新界定，由此也就完成了阿米尼乌式的神学模式转变。当代著名研究者理查德·穆勒就充分肯定阿米尼乌神学的范式变革意义："17 世纪最初 20 年里的阿米尼乌争论，标志着新教教义史上一个重要转折点。16 世纪的伟大宗教改革家，不论路德、布塞尔、茨温利、加尔文、布林格、韦尔米利，还是其他同时代人，均主张经由信仰唯独凭借恩典而称义这样一种教义，并将信仰本身置于上帝恩典之中。所有人都以这种或那种方式认

1　Cf. George M. Marsden, *Jonathan Edwards*: *A Life*, New Haven & London: Yale University Press, 2003, pp. 104 – 105.

2　George M. Marsden, *Jonathan Edwards*: *A Life*, New Haven & London: Yale University Press, 2003, p. 112.

为，预定是在对保罗的奥古斯丁式解释中建立的，是在中世纪的奥古斯丁传统里加以完善的。此外，也没有一位作者认为预定教义是取消人之责任性的一种宿命论或哲学决定论，加尔文肯定如此。"[1] 在肯定阿米尼乌神学的这种创获后，理查德·穆勒还指出，阿米尼乌神学，"是这样一种尝试：对整个改革宗神学体系提供一种大规模的替换物；实际上是，不仅按照恩典与预定教义，而且还根据上帝、创造、神佑、盟约以及基督的位格与事工等教义，来重述和修订新教对于上帝与世界之间关系的理解"。[2]

站在基督教之外立场上讲，加尔文主义与阿米尼乌主义分别为其信仰者提供了一个自成一体的解释系统。加尔文主义将上帝与人之关系的一切方面，都纳入严格的上帝神佑及神治之下；而阿米尼乌主义则同时肯定上帝的神佑神治与人的自由性。用形象方式看，它们提供了两个大有不同的解说系统，加尔文主义的解说类似于一副上下两铺的高低床，将上帝神治与人之自由分置在上下两个层面，在两者之间设定严格分明的界限，并以较高层面对较低层面实施全面的监管与掌控。而阿米尼乌主义体系则类似于一副双人床，使上帝神治与人之自由实质上处在并行与互动的地位，并使双方之间的界限处在一种弹性适应之中。从事物归因角度看，加尔文主义将一切事物的根本因同时置前和置后了，同时置于万物之前和万物之后；而阿米尼乌主义则在形式上将根本因置于上帝与人之交互关系这一中间位置上。由这两个解说系统提供的视域或世界观来看，加尔文主义似乎是佩戴了一副颜色较深的有色眼镜，其宗教信仰色彩要更为浓重；而阿米尼乌主义则更像是佩戴了一副颜色较浅的有色眼镜，其现实主义程度要更为突出。而且这两种佩戴有色度深浅不一眼镜的体系，都可以从自己立场出发认定，那些佩戴无色眼镜的非宗教信仰体系，因外界过于明亮的光线而处在假性失明状态。

1　Richard A. Muller, "Grace, Election, and Contingent Choice," in Schreiner, Thomas R. and Bruce A. Ware (ed.), *The Grace of God, The Bondage of the Will*, 2 Vols., Grand Rapids: Baker, 1995, Vol. 2, pp. 251 – 252.

2　Richard A. Muller, "Grace, Election, and Contingent Choice," in Schreiner, Thomas R. and Bruce A. Ware (ed.), *The Grace of God, The Bondage of the Will*, 2 Vols., Grand Rapids: Baker, 1995, Vol. 2, p. 254.

四　处在神圣恩典里的回应恩典的自由

阿米尼乌认为，自由意志的"自由"是指免于必然性的自由，而这一点也正是自由的本质。否则，所谓的"自由"就不再是"自由"了。但是免于"必然性"的自由，并不是指免于"罪"的自由。人没有免于"罪"的"自由意志"，由此也没有朝向"灵性的善"的意志或能力。人的"自由意志"处在"罪"的束缚下；它需要有来自人自身之外的解救或救赎。唯有万能而仁慈的上帝能够提供这种救赎。而上帝的救赎并不需要人的"自由意志"来作为其辅助或支持。人对上帝所有的回应都是出自上帝恩典的作为或事工；信仰的整个过程都来自恩典的事工。上帝对罪人的恩典性救赎或更新的结果之一，就是人在"信仰"中的"合作"。这里的"合作"不是"更新"或"重生"的手段，也不是辅助性或次要性的"手段"，而是"更新"或"重生"的结果。恩典点燃光明和爱，使人能接受上帝在基督里提供的"灵性的善"。总之，这里并不牵扯到传统所谓的"独力论"（monergism）与"合作论"（synergism）之间的争执。阿米尼乌的"合作"概念与"合作论"之间存在着很大差别。而且，这也不是传统所谓的"普遍呼召"与"特殊呼召"之间的问题。

那么，上帝恩典是一种不可抗拒的力量吗？阿米尼乌认为，恩典并不是一种力量，而是一个"位格"或"人格"（Person），是圣灵。在个人之间的关系中，并不存在一个位格被另一个位格完全压倒性的力量。阿米尼乌相信，有许多人抗拒了圣灵，拒绝了那提供给他们的恩典，所以上帝恩典并不是不可抗拒的。[1]　那么，到底谁能获得救赎呢？阿米尼乌并没有说所有人都能信仰。他只是谨慎地主张所有人都急需福音；但如果福音只是对少数人的福音，那么其他大多数人在绝境里就毫无希望了。阿米尼乌主张，对于每个人来说，罪有很多很多，但恩典也有很多很多。只有那些接受福音并悔改和认信耶稣基督的人才能够获救。而处在恩典下的人对上帝供应的恩典是赋有回应的义务和责任的。

为了阐明这个问题，阿米尼乌使用了这样一个比喻，尽管他承认这个

1　Cf. *The Works of James Arminius*, Vol. 2, p. 721.

比喻并不是十分贴切。一个富人给一个穷困饥饿的乞丐提供了赖以养家糊口的施舍："因为那个乞丐伸手接受那份施舍，那么它就不再是一种纯粹的赠礼了吗？能够正当地说，'那份施舍部分有赖于捐赠者的慷慨，部分有赖于接受者的自由吗'——尽管后者只有在伸手接受那份施舍后才拥有了它？能够正确地说，'那个乞丐，只要他愿意，能够拥有那份施舍，或不拥有那份施舍吗'——而乞丐总是准备接受施舍的？如果这些断言不能够正确地应用于一个接受施舍的乞丐的话，那么它们就更不能应用于信仰的赠礼，因为接受信仰的赠礼更为需要神圣恩典的行为。"[1] 也许是受到阿米尼乌这一比喻的启发，后来卫斯理派神学家约翰·弗莱彻在他的第一篇《遏制唯信仰主义》（1771 年）里，就人对神圣意志的"合作性""意愿"亦作出了这样形象的解说。弗莱彻认为，上帝恩典无疑是给罪人的自由恩赐，但这也假定了人与神圣意志合作的意愿性。譬如说有两个乞丐。我对他们说伸出你们的手，这是我给你们的施舍。一个听从了，而另一个拒绝了。如果我只将施舍给予那伸出手的乞丐，谁又能说我的施舍就不再是自由施舍了呢？倒是强行掰开乞丐的手将施舍硬塞到乞丐手里，反而使得那施舍不再是自由施舍了。但是对于极端加尔文派来说，上帝的恩典不仅延伸到这施舍上，而且还延伸到乞丐伸出接受那施舍的双手上。但对于阿米尼乌主义者来说，那乞丐拥有自然能力或自由以伸出他接受那施舍的双手。

五　神圣意志与神圣预知的关系

基督教历来坚持上帝的全知性是上帝的本质属性之一。那么，根据这种属性，上帝对于未来的知识是否是详尽无遗的呢；更具体地，上帝是否知道未来自由决定的那些内容呢？加尔文派当然主张上帝对未来的预知是详尽无遗和绝对的，因为上帝的预知就建立在上帝的预定之上，上帝知道所有事情是因为上帝已经决定了所有事情。阿米尼乌派则坚持人被赋予了真正选择和自我决定的能力，可以自由地接受或拒绝上帝救赎的供应。但

1　*The Works of James Arminius*, Vol. 2, p. 52.

如果说人是真正自由的，其行为不是上帝预先决定的，那么上帝如何能够预先知道人们将要做的一切事情呢？如果上帝不能预知未来的自由抉择，那么就等于否定了上帝的全能全知特性。在这里，阿米尼乌主义面临着一个进退两难的问题。为了能够同时肯定上帝神圣的预知和人的自由，阿米尼乌借鉴了莫利纳的"中间知识"理论来处理这一难题。

　　肯定人的自由意志固然可以将罪恶责任由造物主那里转移到受造物那里，但它似乎也否定了上帝神圣的全知。如果说上帝的全知必定也包含对所有未来事物的预知，那么如何使上帝神圣本性中包含的完满知识与人的自由意志相一致，就是一个令人棘手的问题。有鉴于此，西班牙耶稣会士莫利纳（Luis de Molina，1535—1600 年）在 1588 年出版的《自由意志与恩宠恩惠的整合》一书的"第四部分"，[1] 发明了"中间知识"（scientia media）这个概念，以试图解决这一难题。莫利纳将神圣知识区分为三类：第一类是上帝的自然知识。它是上帝对个体以及一切与个体相关事情的了解。由于这种知识是上帝的本质属性，所以被称为"自然的"。上帝的这种自然知识并不依赖于上帝的意志。第二类是上帝的自由知识。这种知识是指在上帝意志的自由决定之后，上帝绝对的但同时又非决定性的所知道的东西。由于这种知识发生在上帝的意志决定之后，又由于上帝的意志行动是绝对自由的，所以这种自由知识并不是神圣全知所必不可缺少的东西，而是有赖于上帝实际决定的世界。上帝是否创造或者创造哪一种世界，上帝的自由知识就会因之发生不同。第三类知识就是介于自然知识与自由知识中间的知识。上帝通过知道某一可能的受造物在某一可能的条件下将会做什么，并通过决定实际创造一个包含有那些条件的世界，上帝就可以预先知道在实际世界里的偶然性事件；而这种中间知识也就构成了上帝预知的基础。根据自然知识，上帝知道一个人处在一系列特定情形下"将会"（could）做什么；而根据中间知识，上帝知道一个人处在同一系列情形下"将要"（would）做什么。依据中间知识，上帝能够知道一个事件但又不决

　　1　Luis de Molina, *On Divine Foreknowledge* (Part IV of the *Concordia*), tr. A. J. Freddoso, Ithaca, NY：Cornell University Press，1988，IV，52，9.

定它。根据这种中间知识，预知不但不是未来将要发生事情的原因；相反，未来将要发生之事反而成为这种预知的原因。

　　阿米尼乌显然是受到莫利纳的影响，也求助于"中间知识"来化解上帝全知与自由意志之间的矛盾。在莱顿大学进行的"公开辩论"与"不公开辩论"中，阿米尼乌详细论述了自己理解的中间知识学说。[1] 阿米尼乌首先明确，可以将无限知识（infinite knowledge）与全知（omniscience）正当地归之于上帝。上帝的知识是为上帝自己所特有的，绝不可将它们应用于任何受造物或人。上帝的单一和最简单的知识，可以根据其对象以及与这些对象的关系区分为"理论知识"与"实际知识"；上帝通过前者来理解处在实体与真理关系下的事物，通过后者来考虑处在至善（Good）关系下并作为上帝意志与权能之对象的事物。亦可以区分为"直观知识"（vision）与"单纯理智知识"（simple intelligence）；上帝通过前者看见（to behold）他自己的实在以及其他一切实体或存在物的实在，通过后者理解他自己、所有可能的事物以及所有实体的本性和实质。上帝通过其来认识他自己的实质与实在、所有可能的事物以及所有实体（entity）的本性与实质的知识，是完全必然的——以与他自己知识的完满性相匹配。而上帝通过其来认识其他实体的实在知识，则是"假设或预设性地"（hypothetically）必然的——亦即假如它们正在具有、已经具有或将要具有一种实在（existence）的情形下。换言之，上帝通过前者来理解他自己以及所有可能的事物（things），而通过后者来认识所有其他的存在（beings）。其中，前一种知识先于神圣意志的一切自由行为（every free act）；后一种知识则后于神圣意志的一切自由行为。学者们通常将前一种知识称为"自然知识"（natural knowledge）；将后一种知识称为"自由知识"（free knowledge）。在这两种知识之外，还有第三种知识亦即所谓的"中间知识"（middle knowledge）；上帝通过其知道，"如果'这个'事物发生，那么'那个'事物就会发生"。这第三种知识之所以被称为"中间知识"，是因为它介于"自然知识"与"自由知识"之间。事实上，就"理智"而言，它先于神圣意志的自由行为；但它根据"直观"又知道未来的事物——只是通过它的假设或预设。

1　Cf. *The Works of James Arminius*, Vol. 2, pp. 123–124, 341–342.

在上述这些类别的上帝知识中，"自由知识"抑或"直观知识"亦被称为"预知"或"预见"；既然这种知识后于神圣意志的自由行为，所以它不是事物的原因。"自然知识"抑或"实际知识""单纯理智知识"则是事物的原因——通过规定和指引的模态，再加之以意志及能力的行为。而"中间知识"则应当介入事物之中——这有赖于受造物选择或意愿的自由。阿米尼乌清楚意识到上帝救赎与人之责任性的关系这一神学难题。作为神学家，在坚持上帝的终极性神圣计划与尘世的道德与物质事件之间，存在着必然与一致性的接触点或关联的同时，亦认为这种关联并非属于简单合理性的一致性关联，而是存在一种神圣的张力。这种张力涉及的就是上帝与受造秩序中的偶然性生命之间的关系问题。阿米尼乌认为，上帝通过其中间知识所预知的偶然性，对于上帝的意志来说是真实而非虚假的偶然性。

换言之，阿米尼乌认为，上帝的意志力（volition）并不是上帝的知识或预知的原因。[1] 在上帝里的知识要先于意志力，这依赖于上帝的无限实质——上帝通过它以一种直接行为知道了一切事物。所以，在上帝里，意志力并不引发预知，意志力不是上帝里的知识或认知的原因。其实，上帝的意志力可以置于上帝意志决定要完成的对象之前。但是这并不意味着，上帝的预定就是上帝的知识或预知的原因。上帝的意志力只是产生了结果（effect）或者指定了其产生（production），但这个事物不可能不被上帝所预知——鉴于上帝的知识与实质的无限性。亦即意志力没有引发预知，而只是产生了结果；而这结果又是上帝的知识或预知的对象。这就好比说，并不是有颜色的东西形成人的视像，而是由位于人之内的视觉器官，借助于照射在这个有颜色东西上面的光线，才形成人的视像。上帝的视像或预见也同样如此。上帝预定不是上帝预知的原因，而只是为预知提供了对象。不是提供本身而是提供的对象与上帝的直观直接结合在了一起。因此，上帝的预见不是由预定而是由预定了的对象直接引发的；意志力并非预知的原因。总之，上帝的"知识"与"意志"之间的次序是这样的："知识"看见了对象本身，并将其提供给"意志"——如果"意志"要为那个对象实施某种行为的话。类似地，上帝看见或认识了他自己以及可能的事物，

1　Cf. *The Works of James Arminius*, Vol. 3, pp. 572 –573.

并将他自己以及可能的事物提供给"意志",以便这"意志"能够爱上帝,并从可能的事物中选择这"意志"希望产生的事物。然而,当这"意志"已经决定要实施这些事物或者选择哪些事物要产生的时候,却并不将其提供给"神圣知识"来供其看见或预见,因为"意志"的这种决定和选择一旦形成,它们就直接为上帝的"知识"所认识和理解了。

阿米尼乌有关上帝预知的这种见解,在其后来追随者那里得到扬弃。约翰·卫斯理认为,"罗马书"8:29经文中,使徒使用的"预知"(foreknowledge)概念,就是"预先知道"的意思。说上帝"预知"其实是对神圣全知(omniscience)的绝对性的一种拟人表达形式。上帝的预知是包含在上帝全知中的;正因为上帝是全知的,所以上帝知道过去、现在与未来的一切事情,上帝是不受时间限制的。卫斯理断言,在上帝的预知中并不包含有任何预定的因素。亦即上帝对人救赎的预知并不依赖于上帝的预定。上帝之预知不是因为上帝预先决定了而是因为上帝是全知的。再到20世纪后期,在克拉克·平诺克和理查德·赖斯那里,由于上帝的全知并不必然包括未来详尽无遗的一切而是开放性和动态关联性的,所以开放性神学超越了阿米尼乌坚持的预知学说,并在某种意义上超越或废置了阿米尼乌采用的"中间知识"理论。

六　阿米尼乌的神学风格

阿米尼乌是一个性格温和与充满基督教友爱精神的人。雨果·格劳秀斯曾评价他说:遭受了别人的谴责,但却没有谴责任何人。

阿米尼乌的神学风格总的说来具有简明和清晰的特征。考虑他所处的那个时代,应该说他的推理思考方式以及使用的措辞用语,几乎没有多少那个时代"经院哲学"特有的晦涩烦琐的印痕。与他同时代的神学家相比,阿米尼乌的神学很少带有微妙极致、玄虚艰涩的形而上学症候。也许是多年担任牧师这一实践经历的影响,阿米尼乌的一切神学思考都源于对圣经的理解与解读。他对"罗马书"第七章和第九章的解读即是一例。在这种意义上,阿米尼乌算得上是一个圣经神学家。阿米尼乌对圣经权威推崇备至,并经常随身携带圣经加以研读和省察。在以"阿米尼乌的九个遗孤"名义,为阿米尼乌所著《对珀金斯博士所著小册子的审慎考察》的公开出版所撰写的"献词"中，[1] 曾提到阿米尼乌常常聚精会神、废寝忘食和夜以继日地研读和沉思《圣经》，并经常伴随有禁食和热切的祷告。阿米尼乌甚至认为，花费时间阅读《圣经》以外的东西，在某种意义上就是虚掷光阴。

在圣经解释上，阿米尼乌基本采取字面直解的方式。但有时他对某些圣经段落也采取类似于后来理性化的理解。譬如，对于《圣经·旧约·但以理书》第四章里提到的尼布甲尼撒王变身为野兽的离奇故事，阿米尼乌在 1606 年 7 月 20 日写给纳修斯的一封书信里，对这个故事作了一种类似于后来理性化的解释。他认为对此不能按照字面意义来加以机械式地理解，因为一种更合情合理的解释就是，尼布甲尼撒王在精神上出现了病症，他是发疯了。这种偶然性的理性化释经方式，在那个时代显然无法为人们所认可。不过，阿米尼乌并没有公开发表他的这种见解，也没有将这种释经方法广泛应用于《圣经》理解上。

七　"唯有圣经"原则下的信纲权威问题

被荷兰"联省"改革宗教会奉为圭臬的《比利时信纲》和《海德堡教理问答》，都是几十年前由国外的改革宗教会拟定和批准的，是在不正常的争取国家独立与宗教自由的背景下，未经审慎讨论就匆忙加以制定的。在那时，所谓的预定论等后来发生激烈争议的教义问题，还尚未进入人们特别关注的视域。这两部教会信条涉及预定问题的相关条款，譬如《比利时信纲》第 14 款和第 16 款，以及《海德堡教理问答》第 20 项问答和第 54 项问答，只是一些概括性的含糊表述。对于那些表述，可以作出两方面的解释。亦即极端预定论可以据此作出符合极端预定论的解释；而反对极端预定论的人也可以据此作出否定极端预定论的解释。也就是说，"信纲"里有关上帝预定问题的界定，可以从两个不同方向来进一步阐释和解说。阿米尼乌派和戈马鲁斯派都可以从现有信纲里找到支持自己立场与观点的依据。这也是导致他们彼此固执于自己见解的一个原因。

1　*The Works of James Arminius*，Vol. 3，p. 256，"note".

所以，争论的焦点就转向应当如何看待这些信条信纲的权威。更具体地，教会采纳的信条信纲所具有的信仰权威，与作为"上帝之道"的圣经所具有的信仰权威之间的关系究竟是什么。在极端加尔文派看来，既然圣经也是需要解释的，而他们采纳的《比利时信纲》和《海德堡教理问答》又是经过教会众多信徒和神学家检验的，所以应当按照现有信条信纲模式来理解圣经，从而将信条信纲与圣经置于同等重要的信仰权威位置。而阿米尼乌派则坚决主张"唯有圣经"的宗教改革立场，其目的是为自己与众不同的圣经理解与解说留下余地。但无论如何，那个时代的狂热分子还是赋予那些信条信纲以与圣经并驾齐驱的崇高权威，并使这种看法在一段时间里在教会内占据主导地位。在多特会议期间，瑞士代表就曾经提到，在他们那里，为了敦促年轻人学习《海德堡教理问答》，牧师们在允许他们结婚之前，先要考察他们对"教理问答"的熟练掌握程度，只有通过考察后，才会准许他们结婚。[1] 可见，在那个时候的新教教会里，所采纳的信条和信纲在信仰权威上具有与圣经同等重要的地位，并成为人们解释和理解圣经的依据和准则。而"宗教改革运动"倡导的"唯有圣经"原则，也在实践与操作层面上得到变通式的理解与运用。

八　阿米尼乌主义与宗教多样性和宣教问题

神学教义上的变化往往是同所处社会文化处境的变化联系在一起的。在展开阿米尼乌之争的那个年代，那些神学教义问题植根于其中的社会文化处境与权力结构正在发生着剧烈的变化。"东印度公司"的崛起，与西班牙军队的休战，社会阶层的新分化，以及权力与利益的再分配等因素，渐次也反映和影响到不同的教义关注与侧重面上，从而在怀有不同兴趣与旨意的人们中间产生分化与分野，并导致形形色色的神学与信仰争论。

具体地，在17世纪头20年间，荷兰"联省"与英国、法国及德国的政治外交关系，就对各国对待不同神学派别的态度发生了影响，其间存在着密切的关联。17世纪初期，大致在多特会议前后，西欧的政治地理版图与当代相比有

1　Cf. *The Works of James Arminius*, Vol. 1, pp. 501 – 502, "note".

着很大的区别。对于英国国王詹姆斯一世来说，有几种因素综合在一起导致他对荷兰"联省"的阿米尼乌主义采取一种反对立场。首先是他个人的宗教信仰。詹姆斯应该说对神学教义怀有一种真正的兴趣，并基本上接受了严格加尔文主义的看法。其次是他身边重臣的影响，坎特伯雷大主教阿博特、驻荷兰大使温伍德及其继任者达德利均持有严格加尔文主义，并站在阿米尼乌主义立场的对立面。同时，英王在早期卷入沃斯修斯的异端问题，以及稍晚一些时候伯修斯的错误应对举措，强化了英王对于荷兰阿米尼乌分子的敌意与仇视。不过，最主要的影响因素可能还是来自外交与政治军事方面的考虑。英国方面对于荷兰议会与贵族阶层同英国潜在的贸易与军事对手法国交往密切深感不悦，而同时又发现主战派莫里斯亲王以及荷兰底层民众对英国怀有更多的好感，这不能不促使两国极端加尔文派在心理和道义上采取更密切的合作。奥尔登巴恩韦尔特及其领导的荷兰议会主张与法国结成更密切的联盟，并拒绝在海上贸易中向图谋称霸海上的英国作出让步。而荷兰的主战派则主张对西班牙采取更剧烈的军事行动，并希望能够获得英国方面的军事援助，哪怕是在远东贸易和"东印度公司"问题上对英国作出一些妥协或让步。这从另一个侧面也说明，为何英国国王积极派遣代表团前往多特，而法国国王禁止受到邀请的法国新教教会代表前去参加多特会议。

就宣教问题而言，当时海外特别是远东探险与贸易活动的拓展，为一些人对基督教及其福音的反思提供了新的起点。那些从未有机会和条件聆听福音者的救赎问题，亦即那些外邦异教徒的救赎问题，成为基督教神学家需要加以反思和应对的新问题。对于阿米尼乌主义来说，既然他们不认同绝对的预定，而历来坚持只有悔改与认信、只有做基督的门徒才能够获救，所以这种神学立场的下一个逻辑推论，自然就应当是传布福音与宣教的问题。不过，阿米尼乌本人在这一点上并未明确作出这种推论和主张。那些包含在阿米尼乌思想中有利于传福音与宣教的潜在因素，只是到以后特别是到福音派阿米尼乌主义那里才得到充分的发挥。

在应对外部世界方面，加尔文主义与阿米尼乌主义应该说各有长短之处。严格加尔文主义在近代西欧基本上属于"基督教化"的世界里，具有更为明显的优势，所以它在宗教改革时代以及随后两三个世纪里在基督教教会里一直居于主导地位；它的特定拣选与弃绝教义可以有效为这个系统的对内对外身份界定提供有力的说服与支撑。而阿米尼乌主义在现代以世俗化为主的多元世界里，似乎具有更强的适应性，特别是它对上帝神治的自我限制以及主张的普遍恩典与福音宣教立场，为它的自我发展与使命意识提供了更加充裕的空间。事实上，在现当代以来，正是传统与严格加尔文主义受到了最大的挑战。在 19 世纪晚期至 20 世纪以来，北美传统基督教面临着来自教会内外两方面的压力。在教会外部，科学、理性以及世俗化的影响渐趋增强，现代化趋势的增强使得原有宗教观念及神学教义的合理性，受到人们越来越多的怀疑。实证科学的发展特别是达尔文进化论的传播对圣经的权威性构成直接挑战。在教会内部，社会文化的时代特征已引发日趋明显的回应。一方面，自由主义神学取得长足的发展；另一方面，圣经研究领域中的"高批判"原则已为越来越多学者所接受。面对所有这一切，首当其冲的就是古典加尔文主义的宗教信仰。作为回应，少数严格加尔文派走向基要主义，从而消极地限制了原有的神治世界观；多数加尔文派则走向自由主义，因而算是积极限制了原有的神治世界观。而面对同样挑战的福音派阿米尼乌主义则通过建立"亚文化世界"等方式亦限制了原有的神治世界观。当然，所有这些自我限制也可以理解为自我重新界定，而且其中也并不必然就包含有贬抑的意蕴。

阿米尼乌主义更为注重普遍的恩典与人对福音的积极回应，但却更为宽容与自由；严格加尔文主义更加强调特殊拣选、不可抗拒的恩典和获救确据，但却更加正统和严厉。这两者中间似乎存在一种难以理喻的张力与悖论。在某种意义上，极端加尔文主义更适合一个已然福音化了的基督教世界，适应一个已经击溃了诸神的由唯一上帝主宰与掌控着的世界。而福音派阿米尼乌主义则更适合一个有待福音化的多种信仰并列存在的世界，特别是它对恩典、皈依、圣洁与福音的看重，更使得它能够严肃看待当今这个世界的宗教多样性和基督教的个殊性。信仰预定，只会使现有的基督徒感到慰藉，但基本不会成为福音宣教的前提条件。对于宣道者来说，福音宣道呼召人们皈依基督，不是因为他们已经获救而是因为他们将有可能获救。所以福音布道者在实践自己的神圣使命时，几乎毫无例外地持有这样一种信念：福音是恩赐给所有罪人的，叫一切信耶稣基督的人获得永生。

九　后继者对阿米尼乌主义的推进

在阿米尼乌本人以后，阿米尼乌主义分化成两大类：一类强调宗教与信仰的宽容、自由与理性；另一类强调人对恩典的回应能力。前者属于"头脑的"阿米尼乌主义并走向自由主义，后者属于"心灵的"阿米尼乌主义并走向福音派复兴主义。不论如何，二者都是包含在阿米尼乌原初学说中的潜在因素的逻辑与历史推演，都属于原初阿米尼乌神学的派生与衍化物。理性派的阿米尼乌主义部分印证了传统加尔文主义对阿米尼乌学说的质疑与批判；而福音派的阿米尼乌主义则部分否定了传统加尔文主义对阿米尼乌学说的压制与诘难。这从另一个角度也表明了阿米尼乌主义自身具有的潜在危险与潜在价值。也正是由于这种二重特性，使得阿米尼乌主义在出现数世纪以后，仍然既无法被完全同化吸收也无法被完全否定拒斥；相反，它的后继者还从不同角度对它作出了种种推进与发展。

阿米尼乌看重经圣灵更新对罪人的意义，主张上帝在基督里的救赎是为所有人而不是限于被拣选者的，并坚持人在恩典里对神圣恩典回应的责任与能力。这些主张后来受到追随者的继承和发展。譬如在约翰·卫斯理推动的福音派阿米尼乌主义那里就是如此。悔改、信仰和圣洁构成卫斯理神学教义的核心。约翰·卫斯理提出的基督徒成圣观念，更是将阿米尼乌对恩典与重生积极效应的肯定大大推进一步。卫斯理认为，如果认为罪是对上帝诫命与律法明显冒犯的话，那么"完善的"基督徒有可能因恩典而不罹犯罪过。不仅如此，"完善的"基督徒还有可能免于内在的罪性，因为因上帝恩典而产生的爱是排斥罪的。卫斯理认为，真正的基督教圣洁就是心灵里的上帝之国。凭借悔改和认信而获得的称义，能够在信仰者心中击败罪的权能。因为信仰不但"被归给"公义，而且圣灵也开始在信仰者心中"产生"公义。罪的权能被打破了；在基督里的人具有圣洁的渴望与追求，而在重生里开始的圣化，也向信仰者指明了全面成圣的前景与可能。可以说，称义开启了成圣的过程：罪人因此不但"被看称为"义，而且还"被转变成"义。经由成圣的恩典，罪人的心灵就被洗涤残余的罪而逐渐充满上帝的爱，而完满则是罪的完全涤除和心灵充满纯粹的爱。在卫斯理看来，救赎与圣洁是同一回事，因为救赎就是指从罪里的解救和灵魂在公义与圣洁里的重生或恢复。称义就是来自上帝的原谅或宽恕，伴随着称义而来的就是罪人的重生。称义是一种相对的变化，重生则是一种实在的变化。而称义和重生后在圣灵恩典里的成长就是成圣。如果说称义和重生是即时性的，那么成圣则是一种在基督里渐进性的成长或成熟。卫斯理认为，上帝对悔改和认信的罪人恩赐的救赎，在人里面导致由罪性向正义性的转变，而这种转变的效果是由圣洁的顺从来维持和强化的，而持续的不顺从则有可能导致最终背叛并招致毁灭。

不过，对人的自由意志的强调亦不能走向极端，因为过于看重人的自由意志就有可能间接否定上帝神佑与神治的范围与程度。这在阿米尼乌主义更为晚近的后续发展中亦有实例。平诺克等人倡导"开放性神学"阿米尼乌主义，将阿米尼乌主义所包含的一些潜在趋向和逻辑可能发挥到极致，以至于在某种程度上都动摇了传统基督教有神论和上帝观模式。随着它自身的逐渐完善和修正，最终它也许能够在保守派基督教教会里获得默许或宽容的合法地位。

但无论如何，"开放性神学"在对基督教传统有神论的批评中，所揭示和暴露出的希腊化文化的影响以及那种影响对圣经叙述的上帝观的长期抑制，却是发人深省的。开放性神学以雄辩方式表明，基督教的传统上帝观具有希腊化哲学和圣经启示的双重起源；而在这种双重起源所具有的内在张力中，最终形成的合成物则是希腊化文化的上帝观以其形而上学优势取得上风，并对圣经启示的上帝观形成压制和遮掩；它以形而上学性的"完满"概念，将圣经见证的上帝观"净化"为一种抽象和非人格性的终极实在。"开放性神学"的这一洞见，对于全面而准确领悟基督教的上帝观具有深远的学术价值。这一点对于那些原先处在基督教之外，后来首先是通过哲学家和神学家著述了解基督教信仰，然后才通过传统和圣经了解基督教的人，感触尤为深刻。这些人在由哲学到神学再到圣经的过程中，可能会体验到一种明显的不适应：哲学与神学里描述的那种哲学抽象化和形而上学化的、以种种理性普遍原则彰显自我的上帝观，与圣经里见证和描述的活生生的人格性与关系性的上帝观，存在着明显的不衔接或断裂之处。然而，上帝在历史与圣经里的启示是一回事；凭着某一启示在人的思维中的理性推断又是一回事；基督教神学不能让属于人的理性推断置于神启之上或者替代神启。而了解了希腊思想的基督教化以及基督教思想的希腊化，就能理解这两种上帝观之间的落差或错位了。其实，呼吁将"哲学家的上帝"与"亚伯拉罕、以撒和雅各的上帝"区分开来的呼声在基督教教会自来有之，譬如在法国思想家帕斯卡尔（Blaise Pascal，1623—1662 年）那里，只不过当代"开放性神学"借助于新视角和新思维，对这个问题进行了更系统全面和更具说服力的剖析和评判。假如"开放性神学"能够依靠自己犀利的眼光，尽量暴露和揭示传统基督教上帝观的希腊化与形而上学化影响，并在这种影响与模式之外重新建构起更加符合圣经启示的上帝观，则功莫大焉。总之，可以说基督教神学历来存在着希伯来起源与希腊起源，但以希腊起源压抑和遮掩希伯来起源则是不当的。而在福音派阿米尼乌主义那里，则始终存在着将希伯来传统置于希腊传统之上的努力与尝试，力图是圣经地而不是哲学地建构自己的神学。以发展的眼光看，开放性有神论的上帝观也许不可能彻底取代古典有神论的上帝观，但它至少在陈旧的加尔文派神学方案之外，提供了一种当代性的阿米尼乌主义选择，为深入理解基督教启示和信仰提供了颇具启发性的一维。

十　隐秘的准贝拉基主义

仅从逻辑上讲，任何绝对的东西或主张都只能在吞没相对性的绝对中存在，而一旦置身于现实的相对性里，其自身包含的自我否定因素就会显现出来，从而导致绝对的自我瓦解和消融。基督教教义也不例外。在强调上帝完全神治（sovereignty）的同时，极端加尔文主义从人的完全堕落性出发，对人的自由意志作出完全的否定。但就像任何绝对事物都在自身之内包含着矛盾一样，这种对人的自由意志的绝对否定，也一样包含着导致自身否定或至少是部分自我否定的因素。这样一些因素已经在一些不满极端加尔文主义者譬如阿米尼乌或卫斯理那里展现出来。而对极端加尔文主义不满的阿米尼乌或卫斯理等人，同时又对教会史上公认的异端贝拉基主义保持着清醒的认识。那种主张依靠人的好事工来获得救赎的贝拉基主义，因过于主张人的自由和对上帝恩典的积极回应而导入神学异端。阿米尼乌派不满于极端加尔文主义，但同时也认定贝拉基主义为异端。由于这种不满，也由于这种警觉，使得阿米尼乌或卫斯理等人，只能通过提出额外概念或者在一些无谓或重复性强调与声明下，为人的自由意志争取一定的肯定性与能动性，使得人的自由意志在一定意义和一定程度上，在人的救赎中发挥某种"能动"效应或"合作"责任。

由人的自由意志也就生发出人的责任性。救赎无疑完全是由上帝赐予的，但人至少还有接纳或利用它的义务。从这个角度讲，不论阿米尼乌强调的"处在恩典里的人之自由意志"，还是卫斯理提出的"先在的（prevenient）恩典"，都不过是在形式上否认自己为贝拉基主义的同时，实质上通过另一种形式或者隐秘形式的准贝拉基主义，来赋予人的意志以某种能动性，使得人在自己的救赎中发挥一定积极作用而不是完全消极无为，由此削弱极端加尔文主义的绝对主张，使得极端加尔文主义的绝对性变得不再那么绝对和极端，从而在逻辑和教义上，使其教义主张不至于走向自我否定的极端。

就卫斯理而言，他有关上帝的基本认知是神圣与仁爱，而不是加尔文主义中的神治与神佑。这使得他认为恩典是没有限制的——在应用的范围上没有限制，在深入和改变人的心灵上也没有限制并能够战胜罪恶。"先在的恩典"并不是称义恩典或救赎恩典本身，而是由圣灵激活的使罪人回应上帝提供救赎的一种能力。他提出的"先在的恩典"学说，使他能够在原罪、自由意志和救赎信仰等教义问题上，行走在加尔文主义与贝拉基主义的夹缝之间。卫斯理由于对贝拉基主义异端保持着高度警觉，所以他必然会坚持认为罪人绝无可能对自己的救赎和对上帝的和解做出任何积极有效的作为。但他又要为罪人对上帝呼召与恩典的回应留下一定空间，以允许人的自由意志在其中发挥它应有的作用与责任。为了摆脱这种前后矛盾的困境，卫斯理只好提出其他一些概念，譬如说"先在的或者预备性的恩典"这一学说，来使自己在规避贝拉基主义异端的同时，为人对上帝恩典回应的自由性保留了余地；使自己在回避严格加尔文主义极端的同时，又不求助于贝拉基主义的异端。

就其后的福音派阿米尼乌主义而言，在强调福音传教优先性的福音派当中，其阿米尼乌主义色彩表现在，他们认为，基督是为所有人而死，并呼召人们认信基督。所以人们必须要作出抉择以接纳基督；如若他们没有接纳基督，那么他们就是作出了拒绝；而人的自我抉择就是出于人的自由意志，尽管这里所谓的自由意志是处在恩典之下并经过圣灵更新的自由意志。所以，上帝不是自动救赎，而是通过宣扬福音和接纳福音的过程来进行救赎的。一些福音布道家强调人在信仰上的自我决定或抉择，使他们的教义主张看起来更像是以人为中心而非以上帝为中心。所有这些现象及其特征都印证了，阿米尼乌主义自身具有隐秘性的准贝拉基主义倾向。

所以，在阿米尼乌派与加尔文派论战中，对手一再怀疑和攻击他们的贝拉基主义倾向，这并非完全是凭空捏造的；而他们自己一再辩称自己与贝拉基主义的界限与差别，这也并非完全是令人信服的。其原因就在于此。考虑到这一点，在基督教神学中，就像在基督教会里实际采纳的那样，倒是不妨赋予准贝拉基主义以一定的合理合法性，甚至还可以给予它一定程度的"正统性"。因为尽管有一以贯之的反对与批判，但准贝拉基主义在基督教教会里一直都是一种事实性的客观存在。譬如整个中世纪时期的罗马天主教会以及贯穿整个新教发展史的阿米尼乌主义。毕竟准贝拉基主义与彻头彻尾的贝拉基主义还是有重要差异的：准贝拉基主义仍然可以保持相当的宗教信仰形式与性质，而完全贝拉基主义则超越宗教信仰的界限而导向哲学或神话。此外，实践发展也证明，准贝拉基主义并不必然就会蜕变为纯贝拉基主义异端；贝拉基主义也并不必然就是准贝拉基主义的逻辑与历史归宿。但无论如何，传统教会反贝拉基主义异端的立场，还是有效约束与制约了那些从严格加尔文主义那里反叛出来的种种神学与教义，并使它们保持着一种清醒和约束。具体地，在阿米尼乌主义从严格加尔文主义或者说从严格奥古斯丁主义中作出一些神学反叛的时候，苏西尼主义或贝拉基主义的异端立场对它构成了一个必须时刻当心并竭力想要避免坠入其中的警示标志。它所有的反叛性观点，必须要受到那些异端警示的约束和制约。可以假设，如果没有贝拉基主义与苏西尼主义等已经成为定论的异端先例，阿米尼乌主义最终很有可能会跨越界限，得出完全属于贝拉基主义或苏西尼主义的神学结论。但既然它们能够根据那些现有异端警示而一直保持自己的隐秘性准贝拉基主义，而与此同时又能够始终维持自己的宗教信仰身份并保持自身的信仰活力，所以，在基督教教会内不妨以一种积极主动的姿态来处理和应对所谓的隐秘的准贝拉基主义问题。

十一　标签化与争执诘难中的扭曲与变形

　　正如加尔文的追随者伯撒等人发展和极端化了加尔文的某些教义观点一样，阿米尼乌的后继者也同样发展和极端化了阿米尼乌的某些神学思想。阿米尼乌主义在随后的发展中被标签化了，成为一个因人而异、各人有各自界定与指涉的方便神学标签。许多拥护支持者所维护和阐发的其实并不是阿米尼乌主义甚或正是阿米尼乌主义反对的观点。而许多反对者则对它做了大量不着边际的篡改与歪曲，他们许多振振有词的抨击，其对象其实只不过是他们自己竖立的"稻草人"而已。在基督教教会史上，阿米尼乌及其代表的思想算是这样一个比较特殊的例子：他被后人——不论继承者还是反对者——严重扭曲了。

　　在宗教信仰占据人们生活核心并被置于高度关注的处境里，陷入激烈争执的双方都不可避免地放大了对方体系的漏洞与缺陷。尽管在严格加尔文主义那里的确存在着教条化与经院哲学化的倾向，在阿米尼乌主义那里的确存在着准贝拉基主义和类苏西尼主义的异端倾向，但各自那些潜在问题都在争执里被对方不成比例地扩大或者拔高了。所以应当历史与辩证地看待加尔文派与阿米尼乌派之间的这场教义之争。应当注意到这场神学争论中的许多言辞均属争执之词。不论阿米尼乌还是卫斯理对严格加尔文主义的描述与批判，都属于派系性的看法，都属于相互争斗中对对方的攻击，肯定无法为正统加尔文派认同，而且也不一定就客观中肯。以卫斯理对好友怀特菲尔德所持加尔文主义的批判为例，按照卫斯理等人的看法，主张预定论的加尔文派及其助长的"唯信仰主义"会严重挫伤福音传教的热情。对于这种看法，加尔文派其实既不用求助于神学学说，也不用向外寻求支持，但就卫斯理的朋友兼对手怀特菲尔德而言，他就坚持严格预定论和加尔文主义，而他在北大西洋两岸的传教布道热情和努力丝毫不逊色于卫斯理。至于说预定论或极端加尔文主义是否一定就会导致"唯信仰主义"，也并不存在确凿的定论。

　　不过，在这场教义之争中，受到最大扭曲和攻击的还是阿米尼乌主义一方。这场神学争论的敏感性甚至也影响了后人对它的研究与探讨。对于阿米尼乌本人及其思想的研究更是十分稀少，因为在一些加尔文派看来，他当然不能称为十足的加尔文主义者；但在一些阿米尼乌派看来，他似乎又不是十足的阿米尼乌主义者。这从一个侧面进一步证明，阿米尼乌主义尽管是对改革宗新教正统的一种反叛，但这种反叛本身仍然隶属于新教改革宗这一阵营之内，仍然属于改革宗新教信仰的范畴。现当代以来，西方学术界之所以很少有人专门研究阿米尼乌，是因为在传统加尔文宗神学家和学者看来，阿米尼乌及其思想由于历史纠葛而或多或少带有一些"异端"意味。他们可能在主观上不愿意接触这样一个带有些许敏感性的主题，在客观上不愿意因研究它而不自觉地接受其影响。西方比较有建树的阿米尼乌研究者，主要还是集中在卫斯理传统中。但那些隶属于卫斯理传统的学者在通过卫斯理研究阿米尼乌时，会不自觉发现阿米尼乌还是带有许多加尔文派的特征，他们更愿意将自己的研究对象集中在卫斯理身上，而不是曾被卫斯理举荐的阿米尼乌身上。换言之，加尔文传统的学者因对异端的排斥而不愿意研究阿米尼乌；卫斯理传统的学者则不愿意越过卫斯理去研究先驱性的阿米尼乌；而在加尔文传统与卫斯理传统以外的其他宗派学者，又认为阿米尼乌是与他们无关的人物和话题，从而使得阿米尼乌主义学术研究成了一个冷僻的领域。

十二　新教改革宗内部的神学争论

总的说来，这场争论属于新教改革宗内部的一场神学教义争论。加尔文主义与阿米尼乌主义实际上是一对欢喜冤家，他们两者的相互对立组成了一个有机统一体。他们双方均声称拥有充足的圣经依据，并都提出了具有说服力的阐述与生发。但双方却以一种有违各自本意的相互依靠形成一种共存格局。应该说，"阿米尼乌主义是在其内部兴起的一种真实选择，它不是荷兰改革宗教会里滋生的一种寄生虫"。[1] 在救赎论上，加尔文派与阿米尼乌派有许多共同之处：他们都主张经由信仰通过恩典而获救赎；因信仰而称义，被接纳，与基督共融；成圣是称义和与基督融合的外延事工；所有真正信徒完全和最终的救赎即荣耀；等等。其主要不同之处在于，阿米尼乌派认为拣选是群体性而非个体性的，并

1　Alan P. F. Sell, *The Great Debate*, Eugene, Oregon：Wipf & Stock Publishers, 1998, p. 5.

且承认有某种"先在的恩典"使得人能够与上帝恩典相合作。亦即阿米尼乌派对于上帝预定与人的自由意志问题上存在着不同看法。而这两点也正是为对手所诟病的焦点，并认为这两种观点均缺乏圣经依据，属于个人的杜撰或新发明。但果真如此吗？这里就牵涉一个逻辑与时间的先后问题。从历史发生学上讲，并不是说由于阿米尼乌主义的出现，才在改革宗新教会里引发对于极端加尔文主义的不满，并逐渐传播蔓延开去。与此相反，应该说，阿米尼乌只是当时改革宗新教会产生的普遍不满情绪的一种，早在阿米尼乌学说问世以前甚至早在阿米尼乌本人出生以前，在荷兰、帕拉廷、法国、英国等地新教教会里，就已经出现各种形式的反预定论、反极端加尔文主义的思想或至少是其萌芽。换言之，阿米尼乌也许并不是第一个阿米尼乌派。阿米尼乌主义与其说是"新发明"，不如说是"新发展"。其对手往往喜欢将阿米尼乌主义看作一种突然出现或凭空而来的新学说，从而间接印证这一学说的"异端"性质。这就好比是说在阿米尼乌提出他的见解以前，教会里完全没有或者不了解这样一种思想，只是等阿米尼乌"异想天开地"打开"潘多拉之盒"以后，才出现了这种祸害教会正统信仰的学说。但是阿米尼乌和尤腾鲍加特等人不可能认同对手将他们的信仰指控为异端或新发明。相反，他们将自己看作荷兰改革宗教会与信仰的真正代表，并且还有足够历史资本对极端加尔文派夸口说：我们比你们更早来到这里。

事实上，阿米尼乌依然站在以圣经为基础的改革宗信仰范围内。他同样坚持上帝通过其神佑而统治看顾着世界万物；人是完全腐败的罪人，在其自然状态下甚至都没有能力接受上帝恩典的供应；救赎完全有赖于上帝恩典而不是通过任何事工；上帝对其受造物的永恒计划必定将会实现；等等。但阿米尼乌主义认为上帝恩典与救赎是普遍的，人的获救需要人在上帝恩典里对神圣救赎作出回应。这些都是基督教救赎论中一直存有争论的重要问题。在救赎事工中，上帝需要人的帮助吗？抑或在救赎事工中，人是完全还是部分没有能力帮助自己呢？这是用通俗语言形式表述的，在基督教新教教会内部已经持续四个多世纪的加尔文派与阿米尼乌派之间的神学教义争论。上帝与人的关系问题是宗教信仰中最为重大的问题，也是最难以破解的奥秘和上帝最高最终的启示。基督教教会围绕着这个问题进行了持久的探讨和争论，并在新教里演化成了加尔文主义与阿米尼乌主义这两大相互批判、相互发明的分支。可以断言，类似的神学教义争论还将持续下去，因为上帝与人之关系的永恒奥秘与启示，一直都在驱使和呼唤着人们去思考它、探索它、聆听它和拥抱它。

尾 声

阿米尼乌预定论之争
对于加尔文主义的意义[1]

一 作为"宗教改革"后续发展的阿米尼乌主义

有人说，"亚塔纳修懂得上帝，奥古斯丁懂得人，阿米尼乌则懂得上帝与人之间的关系"。[2] 詹姆斯·阿米尼乌（James Arminius，约 1559—1609 年），是一位 16 世纪后期至 17 世纪初的荷兰改革宗神学家。宗教改革是一场持续发展的历史运动。从宽泛的历史时期划分上看，他属于一名"宗教改革者"。具体地，如果把约翰·加尔文（John Calvin，1509—1564 年）看作第一代宗教改革者，把加尔文的继承人西奥多·伯撒（Theodore Beza，1519—1605 年）看作第二代宗教改革者，那么作为伯撒学生的阿米尼乌则属于第三代宗教改革者了。

阿米尼乌神学代表着那个时代基督教新教神学关注的焦点。作为一种温和或修正形式的加尔文主义代表，阿米尼乌与严格或极端加尔文主义围绕预定论发生了神学冲突。预定论是涉及基督教救赎论的一个核心教义，专指上帝经由基督而对人实施救赎的神圣旨意与安排。这些涉及上帝、人以及救赎等信仰根本问题的争论，都是围绕预定问题加以展开的。如何理解上帝的预定，左右着人们对于救赎、永罚、恩典以及自由意志等问题的理解。上帝的预定与人的自

1　本部分内容是在本人论文《"阿米尼乌预定论之争"对于加尔文主义信仰的意义》基础上修改而成的。该论文发表于中国社会科学院世界宗教研究所《世界宗教研究》2018 年第 5 期。特表谢意。

2　Cited from Carl Bangs, *Arminius：A Study in the Dutch Reformation*, Nashville：Abingdon Press, 1971, p. 18.

由意志这二者之间存在着一种持续性张力，并构成了基督教思想史上一个广泛持久的探讨论题。基督教教义与神学在其历史与逻辑推演中，围绕这一核心问题逐步凝结成所谓的"阿米尼乌主义之争"。

阿米尼乌在莱顿大学执教期间，与戈马鲁斯（Francis Gomarus）等人的争论其影响开始波及整个荷兰。阿米尼乌本人虽然在这场争论渐趋高潮时因病去世，但围绕阿米尼乌神学所形成的教义争论，却使整个荷兰都深深陷于"抗辩派"与"反抗辩派"的神学之争并几乎濒临内战边缘。多特会议之后，阿米尼乌主义又在新教世界获得进一步演化。一直到今天，几乎整个世界范围内的非路德系的基督教新教，在某种意义上都因此而区分成了所谓"加尔文派"与"阿米尼乌派"。

二　阿米尼乌主义之争的要旨

上帝预定问题，就是上帝拣选某些人救赎、弃绝某些人毁灭的问题。主张上帝拣选某些人救赎同时弃绝某些人毁灭的为双重预定论；仅仅主张上帝拣选某些人救赎的为单重预定论；单重预定论只不过是双重预定论的弱化和变异形式。极端预定论认为，上帝在不考虑人的正义或罪恶、顺从或不顺从情形下，完全出于自己的喜好，以一种永恒和不变的命令，预先决定了某些人会获得永生，而其余的人则会走向永恒的毁灭，以彰明自己的公义与荣耀。极端预定论者认为这种神学教义构成了基督教信仰的基础："在这些观点之上，确立了一切信仰者确凿无疑的慰藉，这能使他们的良心保持平静与安宁；在这些观点之上，还确立了对上帝恩典的赞美，以至于对这一教义提出任何反驳，都必定会褫夺上帝恩典的荣耀，并将救赎功绩归功于人的自由意志以及人自身的能力——而这样的归功也就带有了贝拉基主义的味道。"[1] 这种极端形式的预定论就像任何极端事物一样，也必定面临着自身内在逻辑推演所可能形成的矛盾。事实上，按照这种极端预定论，就有可能推导出"上帝是罪的作者"这样一种危及基督教核心信仰的荒唐结论。

1　*The Works of James Arminius*, London ed., Baker Books, 1986, Vol. 1, p. 617.

　　这场争论的由来，简言之，是由两处圣经经文释义所引发的神学问题。围绕着"罗马书"第七章所引发的问题主要集中在：使徒保罗在这里所说的是当时当下的他自己吗？换言之，他是以他自己的名义在谈论一个已经领有基督恩典的人呢，还是以第一人称形式在扮演或假装一个处在律法之下的人呢？此前教会对这个问题采取了比较含混的态度。但"宗教改革"后，随着新教正统教义的确立以及新教"经院哲学"的发展，一些极端加尔文派在这一问题上逐渐形成了一种非此即彼的态度，并将对立看法斥之为异端。然而在质疑者看来，如果认为使徒在本章尤其第 14 节至第 25 节所说的是一个已经重生了的人，而这个重生过的人还仍然被罪恶所主宰，还仍然只是慕善而不行善，那么所有对虔敬的关注、整个新成就的顺从以及整个新的创造，都将仅仅局限为一种主观的情感而不会导致实际的结果。这将会极大地贬低重生恩典的价值，并降低对虔敬的热忱与关注。阿米尼乌对"罗马书"第七章的解释认为，保罗谈论的内心挣扎是一种皈依前而非皈依后的挣扎。使徒在此所说的这个人，并不是一个已经重生过了的人，而是一个站在重生边缘或门槛上的人，亦即即将重生但还尚未重生的人。阿米尼乌并不否认，罪亦存在于重生者那里，但他认为罪对于重生者和未重生者的影响是不同的。在他看来，经过更新或重生的人与没有经过更新或重生的人有着本质区别。在与罪的交战中，如果赋予恩典的力量过于微弱，不仅是对上帝恩典的贬低，而且也是对重生者德性积极性的一种挫伤和打击。

　　相应地，阿米尼乌对"罗马书"第九章的解释认为，此处经文中提到的雅各和以扫，所指的不是两个个体人而是两类人。阿米尼乌的圣经解释强调，预定的对象并不是自然状态的人而是堕落了的罪人，不是个体性的人而是群体性的人亦即组成了教会的信仰者。所以，上帝对人救赎的预定，就是堕落了的罪人，经由基督福音的宣扬，通过悔改和认信，而在中介者耶稣基督里与上帝的和解。

　　关于人的自由意志问题，阿米尼乌与极端预定论者的分歧不是恩典的重要性问题，而是恩典运作的模态问题，亦即，恩典是否是不可抗拒的。阿米尼乌认为，自由意志的自由是指免于必然性的自由。但是免于"必然性"的自由，并不是指免于"罪"的自由。人没有免于"罪"的"自由意志"，因此也没有朝向"灵性善"的意志或能力。人的自由意志处在罪的束缚下，需要有来自人之外的救赎；而唯有上帝能够提供这种救赎。上帝的救赎并不需要人的自由意志作为其辅助或支持。人对上帝所有的回应都是出自上帝恩典的事工。上帝对罪人恩典性救赎的结果之一，就是人在信仰中的"合作"。这里的"合作"不是更新或重生的手段，也不是辅助性或次要性的手段，而是更新或重生的"结果"。那么，上帝恩典是一种不可抗拒的力量吗？阿米尼乌认为，恩典并不是一种力量，而是一个"位格"或"人格"，亦即圣灵。在人格关系中，并不存在一个位格被另一个位格完全压倒性的力量。阿米尼乌相信，有许多人抗拒了圣灵，拒绝了那提供给他们的恩典，所以上帝恩典并不是不可抗拒的。[1]

三　阿米尼乌主义在教会史和神学体系里的境遇

上帝与人的自由意志问题在基督教思想史上是一个永久问题。宗教改革以前，奥古斯丁是教会史上第一个明确的预定论者，他持有一种相对温和的双重预定论。在与贝拉基的教义争论中，虽然奥古斯丁最终战胜了贝拉基，但罗马教会却在随后发展中并未真正接受奥古斯丁的观点，而是采取了一种间接或部分肯定了人的自由意志的准贝拉基主义。罗马天主教在坚持上帝特殊神启之外，还肯定了自然启示的存在，并认为堕落的人仍保存有与辅助性恩典合作的微弱能力，并以其自然能力行使其意愿。而且，罗马天主教在肯定上帝拣选的同时并没有进而明确上帝的弃绝。它认为被弃绝者遭受永罚，不是出于上帝的命令，而是因为他们对上帝恩典的抗拒或不信仰。相应地，托马斯·阿奎那亦将预定看作上帝神佑论（divine providence）的一个特定方面，他没有在其无所不包的神学体系里详述上帝预定这一问题。

宗教改革时期，路德在肯定神圣恩典之神治的过程中，在逻辑上允许其采取一种双重预定的形式。不过他有意识回避了所谓弃绝问题，而采纳了某种经过修订的单重预定论。与加尔文从上帝神治（sovereignty）出发不同，路德神学的出发点是人在上帝面前的称义问题。路德担心如果过于强调预定就有可能削

1　Cf. *The Works of James Arminius*, London ed., Baker Books, 1986, Vol. 2, p. 721.

弱人的因信称义教义。所以，路德并未在上帝预定问题上进行过多纠缠，而是以尊敬神圣意志的奥秘为由，告诫人们应当在预定问题上保持沉默。路德曾为这个问题与伊拉斯谟进行过争论。菲利普·梅兰希顿试图在意志自由问题上调和他们两人的对立立场，但未获成功。但梅兰希顿却在争论中逐渐靠近了伊拉斯谟的立场。梅兰希顿坚信，"在那些皈依的了人之内必定有某种东西，将他们与那些拒绝皈依的人区分开了。在后来成为争论焦点的原因罗列中，梅兰希顿为这种皈依确定了三个原因：'道、圣灵以及认同而不是抗拒上帝之道的人之意志'"。[1]

　　加尔文采取了与路德类似的立场。加尔文更进一步认为，圣经已经对上帝预定作出了明确的启示，人们可以据此提出一种系统的预定论。不过，预定教义在加尔文神学体系里并不具有首要地位，它不是决定了加尔文的神学体系而是被整合在了那个体系之中。"预定是加尔文体系里的一种核心教义，但它并不是首要性的。它是其上帝神治教义的派生物。"[2] 而且，加尔文与奥古斯丁一样更乐意谈论拣选而不是弃绝问题，因为弃绝构成了预定教义的阴暗面。

　　就以堕落前预定论为代表的极端预定论而言，并不能肯定加尔文本人会赞同这一主张。但可以肯定的是，在加尔文之前并没有人明确坚持过这一观点。一般认为它是加尔文追随者的后期发明。譬如伯撒在坚持加尔文教导的同时，通过对加尔文预定教义的片面强调，以及对这些教义过于具体化和明确化的解读，使他所坚持的那种类型的加尔文主义，成为当时极端加尔文主义的滥觞。譬如伯撒就认为，使徒保罗在"罗马书"第七章后半部分提到的那个人是重生了的人，而在"罗马书"第九章里提到的"一团泥"是指还尚未创世之前的人。由此，伯撒提出了一种不仅是堕落前而且还是创世前的极端预定论。[3] 这种看法不仅简单化和片面呈现了加尔文的相关见解，而且也与后来阿米尼乌对这两段关键经文的解说形成了直接对立。有当代学者把伯撒对加尔文的这样一

　　1　Jaroslav Pelikan, *The Christian Tradition: A History of the Development of Doctrine*, 5 Vols., The University of Chicago Press, 1975–1991, Vol. 4, pp. 143–144.

　　2　Alan P. F. Sell, *The Great Debate: Calvinism, Arminianism and Salvation*, Wipf & Stock Publishers, 1998, p. 3.

　　3　Cf. Theodore Beza, *A Little Book of Christian Questions and Responses*, translated by Kirk M. Summers, Wipf & Stock Publishers, 1986, p. 84.

种发展，归结为因"继承者"对"被继承者"或者"二世"对"一世"过度忠诚热心而产生的一种常见症结："在伯撒那里，阿米尼乌将要直面的是一种派生性的加尔文主义，不是导师自己的，而是一位追随者的；这个追随者试图通过为原本是一种自由与创造性的神学，强加一种严格的内在一致性，来忠实于他的导师。也许，伯撒说的任何事情都能在加尔文那里找到出处，但重心不一样了。伯撒将预定论提升到一种它在加尔文那里所不具备的突出地位。以其自身为目的的预定，对伯撒来说，变成神圣意志的一种完全不可理喻的奥秘。"[1]

从更广泛神学教义范围看，这场教义之争源于带有普遍性的上帝神佑论与带有特殊性的基督论之间所存在的持续张力。单从教义内容上看，极端预定论把传统上隶属于上帝神佑论的部分内容与特性转移到了上帝预定论中，并被看成是上帝预定范围之内的事情。在某些方面，极端预定论有将上帝神佑与上帝预定合而为一的倾向。在注意到这种不当倾向后，阿米尼乌特别使自己留意于上帝神佑与上帝预定之间的界限，同时还明确了神佑是上帝论的一个问题，而预定则是救赎论中的范畴。总之，阿米尼乌理解的预定其实属于有条件的预定，它建立在上帝对人接纳还是拒绝福音的预知基础上。它对上帝拣选与弃绝的理解是以基督福音为中心的。在上帝三一体里，上帝的第二位格而不是第一位格，成为阿米尼乌思考上帝属性及其与人之关系的核心。在重新诠释预定教义后，阿米尼乌还进一步对上帝的恩典，对基督的赎罪性质与范围，对圣灵的更新与圣洁作用，以及对福音宣教的意义等一系列教义进行了调整或重新界定，从而完成了所谓的阿米尼乌神学范式转变。

四　福音派阿米尼乌主义的兴起

新教改革宗历史上，多特会议（Synod of Dort，1618—1619 年）是唯一一次具有"准普世性"特征的宗教会议。大会制定并通过的信仰教典，构成了 17 世纪加尔文主义的经典表述。它虽然通过了对于阿米尼乌主义"五条抗辩"的否定性评判，但亦拒绝了戈马鲁斯的堕落前预定论这一最极端教义，并修订了

1　Carl Bang, *Arminius*: *A Study in the Dutch Reformation*, Abingdon Press, 1971, p. 66.

加尔文和伯撒的某些僵化逻辑，而采取了一种比较温和的表述形式：拣选是上帝从堕落之人中的选择，而弃绝则是人自我堕落状态的自然后果。[1] 后人将多特会议五条教典之简要标题的首字母组合在一起，就形成了一个既具有字面含义又具有荷兰特色的单词。这就是加尔文主义改革宗的神学"郁金香"（TULIP）：T—total depravity（完全腐败）；U—unconditional election（无条件拣选）；L—limited atonement（有限赎罪）；I—irresistible grace（不可抗拒的恩典）；P—perseverance of the saints（圣徒的忍耐持守）。

不过，阿米尼乌思想中蕴含着多向发展的潜在可能。阿米尼乌主义既能够成为正统信仰的改良者与颠覆者，也能够成为正统信仰的支持者与维护者。面对极端加尔文主义，一方面它对"唯有恩典"（*sola gratia*）这一宗教改革精髓的过度强调作出了谨慎校正；另一方面它又对"唯有圣经"（*sola scriptura*）这一宗教改革精髓的不当贬抑作出了坚定维护。随着逻辑与历史的推演，阿米尼乌主义分化成了两大类：一类强调宗教与信仰的宽容、自由与理性；另一类则强调人对恩典的回应能力。前者属于"头脑的"阿米尼乌主义并走向了自由主义，后者属于"心灵的"阿米尼乌主义并走向了福音派复兴主义。正是由于这二重特性，使得阿米尼乌主义在出现数世纪后，仍然既无法被完全同化也无法被完全拒斥。阿米尼乌主义在荷兰"抗辩派"教会和英国"高教派"及"广教派"教会里的后续发展，似乎成了一个逐步被证实为异端的过程。但福音派阿米尼乌主义（Evangelical Arminianism），特别是卫斯理式阿米尼乌主义（Wesleyan Arminianism）的出现，却彻底改变了这一切。[2]

阿米尼乌看重经圣灵更新对罪人的意义，主张上帝在基督里的救赎是为所有人而不是仅限于拣选者，并坚持人在恩典里对神圣恩典回应的责任与能力。这些主张在约翰·卫斯理（John Wesley，1703—1791 年）那里得到了继承和发展。悔改、认信、圣洁和成圣构成了卫斯理神学的核心。自视为阿米尼乌派的卫斯理以普遍恩典论取代了拣选预定论。"按照这种阿米尼乌形式，上帝对于世

1　Cf. John L. Girardeau, *Calvinism and Evangelical Arminianism*, The Baker & Taylor Co., 1890, pp. 9 – 11.

2　Cf. David Bebbington, *Evangelicalism in Modern Britain: A History from the 1730s to the 1980s*, Baker Books, 1989, p. 27.

界的意志，是一种救赎的普遍意志。这一断言本身，在18世纪卫理公会信仰兴
起以前，并没有真正成为一种教会教义。"[1] 根据普遍恩典论，上帝的救赎福音
与恩典是提供给所有人的，并使所有悔改和认信基督的人都有可能得救。极端
预定论否定了人的自由选择，一些人接纳恩典只是因为自己是拣选者，而其余
的人没有接纳恩典也只是因为自己是非拣选者，这不仅抹杀了人的自由性与能
动性，而且也使上帝成为罪与不公的作者，并与上帝爱的本质属性相矛盾。[2]
可以说，卫斯理以普遍恩典与福音宣教为重心的阿米尼乌主义是自成一派的福
音派阿米尼乌主义。有研究者总结道，"卫斯理的阿米尼乌主义是通过圣公会中
介给他的。阿米尼乌的基本观念传递过来了，但却带上一种鲜明的英国口音。
卫理公会信徒将他们自己称作阿米尼乌派，但他们不过是阿米尼乌的远亲而非
直系后裔"。[3]

　　这样，阿米尼乌主义的主体发展还是在于福音派阿米尼乌主义分支。在主
张普遍救赎与自由意志之外，福音派阿米尼乌主义由于注重基督中心论、灵性
皈依、圣洁生活和福音传教，而在神学与教会两个层面上获得了迅猛发展。它
以其强劲的神学与教会发展而跻身基督教主流之列，并逐步构成了传统与保守
基督教的重要表现形式。其中，卫斯理等人领导的圣洁与福音运动发挥了重要
推动作用，以至于"自从卫斯理以后，我们全都是阿米尼乌派了"。[4] 受其影响
而发展起来的一些保守派基督教运动，譬如现代福音派、无旬节派、灵恩运动、
圣洁教会等，在神学思想上大都具有福音派阿米尼乌主义特征。一些福音派神
学家譬如 C. S. 刘易斯和克拉克·平诺克，一些大众福音布道家譬如司布真、芬
尼、穆迪、桑戴和葛培理，亦都具有明显的福音派阿米尼乌主义特征。许多情
形下，大众福音布道家的阿米尼乌主义特征似乎是天生就具有的神学倾向。通

1　Jaroslav Pelikan, *The Christian Tradition：A History of the Development of Doctrine*, 5 Vols., The University of Chicago Press, 1975 – 1991, Vol. 4, p. 235.

2　Cf. *The Works of John Wesley*, Frank Baker ed., Clarendon & Abingdon, 1975 – 1996, Vol. 10, pp. 284 – 298, 358 – 363.

3　L. L. Keefer, Jr., "Characteristics of Wesley's Arminianism", in *Wesleyan Theological Journal*, Vol. 22, No. 1, Spring 1987, p. 90.

4　G. F. Nuttall, "The Influence of Arminianism in England," in Gerald O. McCulloh (ed.), *Man's Faith and Freedom：The Theological Influence of Jacobus Arminius*, Abington Press, 1962, p. 46.

过将人的决定置于救赎核心，阿米尼乌主义迎合了时代精神与文化并提供了现代福音派所需要的：一种将个人选择作为决定性因素的福音。所以，有批评者指出："至少在盎格鲁－撒克逊世界里，尽管有一些显著例外，但是保守的福音派大都倾向于阿米尼乌一方。在这一方面，他们也许在很大程度上受到了福音传教这一战略需求的影响：基督为所有人而死，并呼召所有人皈依他，但他们必须作出决定来接受他；如若不接受他那就是拒绝了他。上帝不是自动救赎，只有当福音被宣告并被接纳时，才会救赎。"[1]　当代福音派认为基督是为所有人而死，并呼召人们认信基督。所以人们必须要作出抉择以接纳基督；如若没有接纳基督，那么就是作出了拒绝；而人的自我抉择就是出于人的自由意志，尽管这里所谓的自由意志是处在恩典之下并经过圣灵更新了的自由意志。所有这些现象都从侧面印证了阿米尼乌主义自身具有的但却是隐秘性的准贝拉基主义倾向。所以有当代学者不无理由地抱怨道，在当今福音派基督徒的血液里，流淌着的是准贝拉基主义或阿米尼乌主义。[2]

　　从 19 世纪后期以来，加尔文主义与阿米尼乌主义之间的传统神学争论逐渐退居次要地位。传统加尔文派已经很少宣扬和强调双重预定的极端预定论了，在阿米尼乌派这个老对手之外，又兴起了更为强劲的神学自由主义和现代主义。基督教教会内外的神学兴趣，也从此前高度关注的预定教义、称义教义和赎罪教义转移到了道成肉身教义上。相应地，有关预定论的争论逐渐趋于低调。

五　作为加尔文主义改革宗内部的一场神学争论

　　"上帝的神治"与"人的自由"这两者之间的神秘关联及紧张关系，历来都是摆在基督教神学家面前的一个重要论题。阿米尼乌主义就是对这一论题的正面回应。阿米尼乌主义几乎一直如影随形地伴随基督教新教这五个世纪的发展。它作为加尔文系新教改革宗内部的重要神学分支，对于丰富和深化基督教新教信仰发挥了重要作用。尽管与严格加尔文主义存在分歧，但阿

1　James Barr, *Fundamentalism*, SCM Press Ltd. , London, 1977, p. 188.

2　Cf. J. I. Packer, "Introduction," in Martin Luther, *The Bondage of the Will*, Trans. by J. I. Packer & O. R. Johnston; Grand Rapids: Fleming H. Revell, 1957, pp. 58 – 59.

米尼乌主义作为植根于宗教改革运动的一种新教改革宗神学，属于当今福音派神学的一个不可或缺的组成部分。

阿米尼乌坚持，加尔文本人并不是一个极端加尔文主义者，而极端加尔文主义者在神学教义上为了防止一种极端却陷入了另一种极端，为了防止贝拉基主义却让自己陷入了决定论的泥沼。对极端加尔文主义不满的阿米尼乌或卫斯理等人，同时又对教会史上公认的异端贝拉基主义保持着清醒认识。他们不满于极端加尔文主义，但同时亦认定贝拉基主义为异端。由于这种不满，也由于这种警觉，使得他们只能通过其他方式为自由意志争取一定的能动与责任性，使其在一定意义和一定程度上，在人的救赎中发挥某种"能动"效应或"合作"责任。救赎无疑完全是由上帝赐予的，但人至少还有接纳或利用它的义务。从这个角度讲，不论阿米尼乌强调的"处在恩典里的人之自由意志"，还是卫斯理提出的"先在的恩典"，都不过是在形式上否认自己为贝拉基主义的同时，实质上通过另一种形式的准贝拉基主义来赋予人的意志以某种能动责任性，使其能够在原罪、自由意志与救赎等教义问题上，行走在加尔文主义与贝拉基主义的夹缝之间。但无论如何，传统教会反贝拉基主义异端的立场，还是有效约束与制约了这些从严格加尔文主义那里反叛出来的神学与教义。

可见，阿米尼乌坚持的并非预定论的"预定论"其实属于有条件的"预定论"。它建立在上帝对个体人接纳还是拒绝福音的预知基础上。亦可将其称之为群体或类别"预定论"，亦即上帝预定获得救赎的是一类人而不是具体的个人，是对悔改与认信的信仰者群体之救赎的"预定"。在阿米尼乌看来，"神圣命令本身，作为上帝一种内在行为，并不是事物的直接因"。[1] 假如让加尔文本人来评判阿米尼乌主义的话，他很可能不会认同阿米尼乌对于无条件拣选教义的批判，但是对于阿米尼乌所持的救赎范围看法也许不会表现出那么坚定的反对。著名历史学家菲利普·沙夫指出："加尔文主义代表着一贯的、逻辑的和保守的正统信仰；阿米尼乌主义则是一种弹性的、开明的和变化着的自由主义。加尔文主义在多特会议上取得了胜利，并驱逐了阿米尼乌

1　*The Works of James Arminius*, London ed., Baker Books, 1986, Vol. 1, p. 752.

主义。类似地，在前一代人那里，严格路德主义也在'协同信条'上，取得了对于梅兰希顿主义的胜利。但在这两大教会里，被征服一方的精神，却在正统信仰范围内一再浮现，并发挥着调节和解放性的影响，或者是在神学前进过程中提出了新问题。"[1]

阿米尼乌主义同样坚持上帝通过其神佑而统治并看顾世界万物；人是完全腐败了的罪人，在其自然状态下甚至都没有能力接受上帝恩典的供应；救赎完全有赖于上帝的恩典而不是通过任何事工；上帝对其受造物的永恒计划必定会实现等。但阿米尼乌主义认为上帝恩典与救赎是普遍的，人的获救需要人在上帝恩典里对神圣救赎作出回应。在救赎论上，阿米尼乌派与加尔文派亦有许多共同之处：都主张经由信仰通过恩典而获救赎；因信仰而称义，被接纳，与基督共融；成圣是称义和与基督融合的外延事工；所有真正信徒完全和最终的救赎即荣耀；等等。不论如何，上帝与人的关系问题始终是宗教信仰中最为重大的问题，也是最为难以索解的奥秘和最终的启示。基督教教会围绕着这个问题进行了持久的探讨和争论，并在新教世界里最终演化成了加尔文主义与阿米尼乌主义这两大分支。阿米尼乌主义尽管是对改革宗新教正统的一种挑战，但这种挑战本身仍然属于新教改革宗这一阵营，仍然属于改革宗新教信仰范畴。总之，这场争论属于基督新教改革宗内部的一场具有重要意义的神学教义争论，它发展、丰富和完善了加尔文主义信仰。

阿米尼乌主义与加尔文主义实际上是一对欢喜冤家，他们两者的相反相成组成了一个有机共生统一体。其历史意义通过反省下面几种假设可以得到更明确的呈现：假如没有早期贝拉基主义异端的历史警醒，阿米尼乌主义还能够恪守信仰正统吗？答案是不能。假如阿米尼乌主义在争论中获胜，它还能够避免陷于神学异端吗？答案是不能。假如没有阿米尼乌或卫斯理，严格预定论也能受到类似挑战或质疑吗？答案是能够。假如没有阿米尼乌主义之争，加尔文主义神学还能保持信仰正统性吗？答案是不能。假如当代加尔文主义信仰完全忽略或遗忘阿米尼乌主义的挑战，它还能够继续保持其信仰正统性吗？答案是不

1　Schaff, Philip (ed), *The Creeds of Christendom: With a History and Critical Notes*, 3 Vols., 6th ed. Baker Books, reprinted 1998 from the 1931 edition, Vol. I, p. 509.

能。总之，阿米尼乌主义的重要意义就在于：一、矫正并确保了加尔文主义的神学走向；二、培育和发展了卫斯理式或福音派式福音主义；三、激励和推动了福音宣教运动的兴起。

参 考 书 目

Ahlstrom, Sydney E. *A Religious History of the American People*. New Haven and
 London: Yale University Press, 1972.

Annan, William. *The Difficulties of Arminian Methodism: A Series of Letters,
 Addressed to Bishop Simpson, of Pittsburgh*. Philadelphia: William S. & Alfred
 Martien, 4[th]ed., 1860.

Arminius, James. *The Works of James Arminius*. "London ed." trans. by James
 Nichols and William Nichols. 3 Vols., London, 1825, 1828, 1875;
 repr. with an intro. by Carl Bangs. Grand Rapids: Baker, 1986.

——. *The Writings of James Arminius*. "American ed." trans. by James Nichols
 and W. R. Bagnall. 3 Vols., 1853; reprinted, Grand Rapids: Baker, 1956.

Armstrong, John H., ed. *The Coming Evangelical Crisis*. Moody Press, 1996.

Bangs, Carl. *Arminius: A Study in the Dutch Reformation*. Nashville: Abingdon
 Press, 1971; Francis Asbury Press, 1985; Wipf and Stock Publishers, 1998.

Barr, James. *Fundamentalism*. SCM Press Ltd., London, 1977.

Basinger, David. *The Case for Freewill Theism: A Philosophical Assessment*. Downers
 Grove, Illinois: InterVarsity Press, 1996.

Basinger, David & Randall Basinger (ed.). *Predestination & Free Will*. Downers
 Grove, Illinois: InterVarsity Press, 1986.

Bebbington, David. *Evangelicalism in Modern Britain: A History from the 1730s
 to the 1980s*. Baker Book House, Michigan, 1989.

Beilby, James K. & Paul R. Eddy (ed.). *Divine Foreknowledge: Four*

Views. Downers Grove, Illinois: InterVarsity Press, 2001.

Berg, Johannes van den and W. Stephen Gunter. *John Wesley and the Netherlands*. Nashville: Abingdon Press, 2002.

Berkhof, Louis. *Systematic Theology*. new edition: containing the full text of *Systematic Theology* and the original *Introductory Volume to Systematic Theology*. Grand Rapids, Michigan / Cambridge, U. K. : William B. Eerdmans Publishing Company, 1996.

Bloesch, Donald G. *Essentials of Evangelical Theology*. 2 Vols. , Harper Collins Publishers, 1978.

Boettner, Loraine. *The Reformed Doctrine of Predestination*. Phillipsburg, New Jersey: Presbyterian and Reformed Publishing Company, 1932.

Boice, James Montgomery and Philip Graham Ryken. *The Doctrine of Grace: Rediscovering the Evangelical Gospel*. Wheaton, Illinois: Crossway Books, 2002.

Brandt, Caspar. *Historia vita Jacobi Arminii* (Brunswick, 1725) ; Translated into English by John Guthrie as *The Life of James Arminius*, *D. D.* (London, 1854; also issued with an introduction by Thomas O. Summers, Nashville, USA, 1857).

Brandt, Gerard. *Historie der Reformatie en andre Kerkelyke Geschiedenissen*, *in en ontrent de Nederlanden*. 4 Vols. (Amsterdam, 1671 – 1704) ; Translated into English as *The History of the Reformation and Other Ecclesiastical Transactions in and about the Low Countries: From the Beginning of the Eighth Century*, *down to the Famous Synod of Dort*. 4 Vols. (London, 1720 – 1723; repr. New York: AMS, 1979).

Brown, Henry. *Arminianism Inconsistencies and Errors: In Which it is Shown That All the Distinctive Doctrines of the Presbyterian Confession of Faith are Taught by Standard Writers of the Methodist Episcopal Church*. Philadelphia: William S. & Alfred Martien, 1856.

Calvin, John. *Concerning the Eternal Predestination of God*. trans. by

J. K. S. Reid. First published 1961 by James Clarke & Co. , Cambridge; Louisville, Kentucky: Westminster John Knox Press, 1997.

——. *Institutes of the Christian Religion.* 2 Vols, "Library of Christian Classics," vols XX and XXI: ed. by John T. McNeill; translated and indexed by Ford Lewis Battles; Philadelphia: The Westminster Press.

——. *The Bondage and Liberation of the Will*: *A Defense of the Orthodox Doctrine of Human Choice against Pighius.* ed. by A. N. S. Lane; trans. by G. I. Davies. Grand Rapids, MI: Baker Books, 1996.

Clark, Gordon H. *Predestination*: *the combined edition of "Biblical Predestinatin"* (1969) *and "Predestination in the Old Testament"* (1978) . Phillipsburg, New Jersey: Presbyterian and Reformed Publishing Company, 1987.

Clifford, Alan C. *Atonement and Justification*: *English Evangelical Theology 1640 – 1790*: *An Evaluation.* New York: Oxford University Press, 1990.

Colie, Rosalie L. *Light and Enlightenment*: *A Study of the Cambridge Platonists and the Dutch Arminians.* London: Cambridge University Press, 1957.

Curtiss, Geo. L. (George Lewis). *Arminianism in History, or, The Revolt from Predestinationism.* Cincinnati: Cranston & Curts; New York: Hunt & Eaton, 1894.

Dorrien, Gary J. *The Remaking of Evangelical Theology.* Westminster John Knox Press, Louisville, Kentucky, 1998.

Duke, Alastair. *Reformation and Revolt in the Low Countries.* London and New York: Hambledon and London, 2003.

Eaton, Michael. *No Condemnation*: *A New Theology of Assurance.* Downers Grove, Illinois: InterVarsity Press, 1995.

Edwards, Jonathan. *Sinners in the Hands of an Angry God and Other Writings.* Nashville: Thomas Nelson Publishers, 2000.

Engelsma, David J. *Hyper-Calvinism & the Call of the Gospel*: *An Examination of the "Well-Meant Offer" of the Gospel.* Grand Rapids, Michigan: Reformed Free Publishing Association, revised edition, 1994.

Geiger, Kenneth E. (ed.). *The Word and the Doctrine*: *Studies in Contemporary Wesleyan-Arminian Theology.* Kansas City, Missousi: Beacon Hill Press, 1965.

Geisler, Norman. *Chosen but Free*: *A Balanced View of Divine Election.* Minneapolis, Minnesota: Bethany House Publishers, 2nd ed. , 2001.

Geyl, P. *The Revolt of the Netherlands 1555 – 1609.* London, 1932.

Girardeau, John L. *Calvinism and Evangelical Arminianism.* New York: The Baker & Taylor Co. , 1890.

Grenz, Stanley J. *Theology for the Community of God.* Originally published: Nashville: Broadman & Holman, 1994; Newly published jointly: Wm. B. Eerdmans Publishing Co. , and Regent College Publishing, 2000.

Harrison, A. W. *Arminianism.* London: Duckworth, 1937.

——. *The Beginnings of Arminianism.* London: University of London Press, LTD. , 1926.

Henry, Carl F. H. *God, Revelation and Authority.* 6 Vols. , Word Books, Waco Texas, 1976.

Hunt, Dave. *What Love Is This? Calvinism's Misrepresentation of God.* Sisters, Oregon: Loyal Publishing, Inc. , 2002.

Israel, Jonathan I. *The Dutch Republic*: *Its Rise, Greatness, and Fall, 1477 – 1806.* Oxford: Clarendon Press, 1995.

Jacobsen, Douglas & William Vance Trollinger, Jr. (ed.). *Re-forming the Center*: *American Protestantism, 1900 to the Present.* Grand Rapids, Michigan / Cambridge, U. K. : William B. Eerdmans Publishing Company, 1998.

Kantzer, Kenneth S. & Henry, Carl F. H. , eds. *Evangelical Affirmations.* Zondervan Publishing House, 1990.

Lewis, C. S. *The Inspirational Writings of C. S. Lewis*: *Surprised by Joy* (1986); *Reflections on the Psalms* (1958); *The Four Loves* (1960); *The Business of Heaven* (1984) . New York: Inspirational Press, 1994.

Luther, Martin. *The Bondage of the Will.* Trans. by J. I. Packer & O. R. Johnston; Grand Rapids: Fleming H. Revell, 1957.

Marsden, George, ed. *Evangelicalism and Modern America.* William B. Eerdmans Publishing Company, Michigan, 1984.

McCulloh, Gerald O. (ed.). *Man's Faith and Freedom: The Theological Influence of Jacobus Arminius.* Nashville: Abington Press, 1962.

McGonigle, Herbert Boyd. *Sufficient Saving Grace: John Wesley's Evangelical Arminianism.* Carlisle, Cumbria, U. K. & Waynesboro, GA, USA: Paternoster Press, 2001.

McGrath, Alister E. *Iustitia Dei: A History of the Christian Doctrine of Justification.* Cambridge, UK: Cambridge University Press, 2nd ed., 1998.

——. *Reformation Thought: An Introduction.* Oxford, UK: Blackwell Publishing, 3rd ed., 1999.

McKinley, O. Glenn. *Where Two Creeds Meet: A Biblical Evaluation of Calvinism and Arminianism.* Kansas City, Missouri: Beacon Hill Press, 1959.

Mead, Sidney. *The Lively Experiment: The Shaping of Christianity in America.* New York: Harper and Row, 1963.

——. *The Nation with the Soul of a Church.* NY: Harper & Row, Publishers, 1975.

——. *The Old Religion in the Brave New World.* University of California Press, 1977.

Motley, John L. *The Rise of the Dutch Republic.* 3 Vols., London, 1889.

——. *The Life and Death of John of Barneveld, Advocate of Holland.* 2 Vols., New York, 1874.

Muller, Richard A. *God, Creation, and Providence in the Thought of Jacob Arminius: Sources and Directions of Scholastic Protestantism in the Era of Early Orthodoxy.* Grand Rapids: Baker, 1991.

——. *The Unaccommodated Calvin: Studies in the Foundation of a Theological Tradition.* New York: Oxford University Press, 2000.

——. *After Calvin: Studies in the Development of a Theological Tradition.* New York: Oxford University Press, 2003.

Murray, Iain H. *Revival & Revivalism*: *The Making and Marring of American Evangelicalism 1750 – 1858.* Carlisle, Pennsylvania: The Banner of Truth Trust, 1994.

——. *Spurgeon v. Hyper-Calvinism*: *The Battle for Gospel Preaching.* Carlisle, Pennsylvania: The Banner of Truth Trust, 1995.

Noll, Mark A., etc., eds. *Evangelicalism*: *Comparative Studies of Popular Protestantism in North American, the British Isles, and beyond, 1700 – 1990.* Oxford University Press, 1994.

Okholm, Dennis L. & Timothy R. Phillips (ed.). *Four Views on Salvation in a Pluralistic World.* Grand Rapids: Zondervan Publishing House, 1995, 1996.

Olson, C. Gordon. *Beyond Calvinism and Arminianism*: *An Inductive, Mediate Theology of Salvation.* Cedar Knolls, New Jersey: Global Gospel Publishers, 2002.

Olson, Roger E. *Aminian Theology*: *Myths and Realities.* InterVarsity Press, 2006.

Owen, John. *A Display of Arminianism.* London: a new edition, rev. and corr. by the Rev. S. Burder, 1809.

——. *The Death of Death in the Death of Christ.* With an Introduction Essay by J. I. Packer. Carlisle, Pennsylvania: The Banner of Truth Trust, 1959.

Packer, J. I. *Evangelism & The Sovereignty of God.* Downers Grove, Illinois: InterVarsity Press, 1961.

Palmer, Edwin H. *The Five Points of Calvinism.* Gand Rapids: Baker Book House, 1972.

Pelikan, Jaroslav. *The Christian Tradition*: *A History of the Development of Doctrine.* 5 Vols., Chicago and London: The University of Chicago Press, paperback edition, 1975 –1991.

Picirilli, Robert E. *Grace, Faith, Free Will*: *Contrasting Views of Salvation*: *Calvinism and Arminianism.* Nashville, Tennessee: Randall House Publications, 2002.

Pinnock, Clark H. *A Wideness in God's Mercy*: *The Finality of Jesus Christ in a World of Religions.* Grand Rapids, Michigan: Zondervan Publishing House, 1992.

——. (ed.). *Grace Unlimited.* Minneapolis, Minnesota: Bethany Fellowship, Inc. , 1975.

——. *Most Moved Mover: A Theology of God's Openness.* Grand Rapids: Baker, 2001.

——. (ed.). *The Grace of God, The Will of Man: A Case for Arminianism.* Grand Rapids: Zondervan Publishing House, 1989.

——. [et al.]. *The Openness of God: A Biblical Challenge to the Traditional Understanding of God.* Downers Grove, Illinois: InterVarsity Press, 1994.

Piper, John. *The Justification of God: An Exegetical and Theological Study of Romans 9: 1 – 23.* Grand Rapids: Baker Books, 2nd ed. , 1993.

Ramm, Bernard L . *The Evangelical Heritage.* Word Books, Waco Texas, 1973.

Rawlyk, George A. & Noll, Mark A. , eds. *Amazing Grace: Evangelicalism in Australia, Britain, Canada and the United States.* Baker Books, 1993.

Rice, Richard. *God's Foreknowledge and Man's Free Will: New Insights into the Balance between Divine Knowledge and Human Freedom.* Minneapolis, Minnesota: Bethany House Publishers, 1980, 1985.

Schaff, Philip (ed.). *The Creeds of Christendom: With a History and Critical Notes.* 3 Vols. , 6th ed. Grand Rapids, MI: Baker Books, reprinted 1998 from the 1931 edition.

Schreiner, Thomas R. and Bruce A. Ware (ed.). *Still Sovereign: Contemporary Perspectives on Election, Foreknowledge, and Grace.* Grand Rapids: Baker, 1995, 2000.

——. *The Grace of God, The Bondage of the Will.* 2 Vols. , Grand Rapids: Baker, 1995.

Scott, Otto etc. *The Great Christian Revolution: The Myth of Paganism and Arminianism.* Vallecito, California: Ross House Books, 1991.

Sell, Alan P. F. *The Great Debate: Calvinism, Arminianism and Salvation.* Eugene, Oregon: Wipf & Stock Publishers, 1998.

Slaatte，Howard A. *The Arminian Arm of Theology*：*The Theologies of John Fletcher*，*First Methodist Theologian*，*and his Precursor*，*James Arminius.* Washington，D. C.：University Press of America，1977.

Spencer，Duane Edward. *TULIP*：*The Five Points of Calvinism in the Light of Scripture.* Grand Rapids：Baker Books，2nd ed. 1979.

Sproul，R. C. *Willing to Believe*：*The Controversy over Free Will.* Grand Rapids：Baker Books，1997.

Steele，David N. and Curtis C. Thomas. *The Five Points of Calvinism*：*Defined*，*Defended*，*Documented.* Phillipsburg，New Jersy：Presbyterian and Reformed Publishing Company，1963.

Summers，Thomas O. *Systematic Theology*：*A Complete Wesleyan Arminian Divinity*，*Consisting of Lectures on the Twenty-five Articles of Religion.* Nashville，Tenn.：Publishing House of the Methodist Episcopal Church，South，1888.

Tyacke，Nicholas. *Anti-Calvinists*：*The Rise of English Arminianism c. 1590 – 1640.* New York：Oxford University Press，1987.

Vance，Laurence M. *The Other Side of Calvinism.* Pensacola，FL：Vance Publications，revised edition，1999.

Warren，William F. *In the Footsteps of Arminius*：*A Delightsome Pilgrimage.* New York：Phillips & Hunt，1888.

Wesleyan Theological Society. *Wesleyan Theological Journal.* ISSN – 0092 – 4245，1966 – 1978，annual；1979 – ，semiannual.

White，James. *The Potter's Freedom*：*A Defense of the Reformation and a Rebuttal of Norman Geisler's " Chosen But Free "*. Amityville，NY：Calvary Press Publishing，2000.

Wilson，Robert J. *The Benevolent Deity*：*Ebenezer Gay and the Rise of Rational Religion in New England*，*1696 – 1787.* Philadelphia：University of Pennsylvania Press，1984.

Wright，R. K. McGregor. *No Place for Sovereignty*：*What's Wrong with Freewill Theism.* Downers Grove，Illinois：InterVarsity Press，1996.

Wuthnow, Robert. *The Restructuring of American Religion.* Princeton University Press, 1988.

Wynkoop, Mildred Bangs. *Foundations of Wesleyan-Arminian Theology.* Beacon Hill Press of Kansas City, 1967.

人名与地名索引

补　记

借着再版机缘，阅读自己多年前出版的著作，是一种奇特怪异的体验。通常在这种情形下，多数学者都会谦虚地表达一些诸如惶恐、汗颜或惭愧之类的客套话，好像他们后来的作品已经变得更加成熟完善了。诚实地讲，我没有这种感觉。我最直接的第一感是，这本书已经读不懂了。有些段落和章节，需要反复研读三四遍，才能完全理解其中表达的意思。而读懂之后紧接着出现的第二感，就是一种陌生和诧异之心。这真的居然是我写下的作品吗？书的作者就像是生活在另一个时空里的陌生人。全书围绕基督教思想史上的预定与自由意志问题，以阿米尼乌主义之争为线索，环环相扣地把这一问题的逻辑与理路推演，通过从荷兰到英格兰再到新英格兰的空间场景转换，引人入胜地展示在基督教新教加尔文主义四个多世纪的教会与思想发展历程里。人物角色、场景流转以及情节变换等方面似乎在追求一种剧场式的抑扬顿挫节奏感。故事主人公阿米尼乌在全书刚刚进行到一半的地方就辞世离场，虽说有些突兀和遗憾，但其学说与主张通过追随者的薪火相传，而在加尔文主义世界里牢牢占据了一方属于自己的演绎舞台。揣摩书里的结构布局、情节安排、起承转合以及评议剖析，有时竟不合时宜地令我昏昏然暗生钦佩之意。然而，掩卷之余还是出现了第三感。不论人生还是治学，只有在回首崎岖来路时，才能蓦然惊觉其实已经悄然度过自己的顶峰阶段。此后路途之所以脚步稍感轻快，那只是因为行走在一段和缓下坡路上罢了。于是，当我悻悻然将本书看作个人鼎盛期代表作时，其实内心按捺不住的惭愧已经溢于言表了。

与此同时，创作本书的起因与过程，也渐渐在脑海里变得清晰连贯起来，并且有回忆的温情深深滋润其间。我对预定与自由意志问题的兴趣，最早可以追溯到 20 世纪 80 年代后期在武汉大学求学时期。那时候，风靡一时的"走向未来丛书"，翻译出版了马克斯·韦伯的名著《新教伦理与资本主义精神》（1986 年）。不久，更加注重学术研究性的"文化：中国与世界系列丛书"，又出版了苏国勋先生的博士学位论文《理性化及其限制：韦伯思想引论》（1988 年）。这两本书为当时中国读书界展示了韦伯有关新教伦理与资本主义精神之关系的新颖视域。其中尤其令我着迷的是有关新教加尔文主义信仰对人的心理与行为的直接和间接影响。不过，韦伯本人以及当时中国读书界掀起的"韦伯热"，主要关注的是由新教信仰支配的特殊伦理与某种经济行为之间的曲折关联。而我那时的兴趣或好奇则在于新教加尔文主义信仰本身。加尔文派神学思想与教义理路，使我在西方哲学史之外发现了一个更加引人入胜的领域。清教培育的禁欲主义与经济伦理之间果真存在某种内在联系吗？上帝预定与呼召究竟是否会赋予日常行为以某种神圣意义呢？怎样才能在上帝预定下通过此世履行呼召来寻求自己获救确据呢？加尔文主义预定论是否会必然导致宿命论或决定论呢？加尔文主义基于无条件拣选与弃绝教义的预定论，以及由此而来的有限赎罪论、恩典不可抗拒论和圣徒忍耐持守论等，驱使着我想要对它们进行深入系统的了解。然而，当时那种社会和学术处境不可能使我如愿以偿。我只是朦胧觉得，韦伯书里对基督教各宗派类型特征与异同的评论多有暧昧或牵强之处，这位社会学家使用的抽象形而上学评论常常令人有不着边际之感。而苏氏著作里对加尔文主义的论述也没有放在教义神学或系统神学背景里来加以评说。他们对加尔文信仰中那些具体神学教义的阐述，往往给人以似是而非之感。在对既有著述感到有些失望之余，也不由激起我想要深入了解这个问题的好奇之心。

后来，在我攻读博士学位并从事英美福音派研究期间，阿米尼乌主义及其预定论之争再次进入视野。在近现代福音派教会和神学里，阿米尼乌主义就像一个行踪无定的鬼魂幻影一般倏忽而来倏忽而去，令人难以捉摸和把握。不论神学院教授还是教会牧师，在谈及所谓阿米尼乌主义时大都支吾其词。查阅相关著述资料，发现阿米尼乌主义已被用作一种方便标签而时常遭到滥用，有关具体界定与内涵则大都语焉不详。在强烈好奇心驱使下，我索性专门查阅了几十种神学辞典和手册一类工具书。发现相关条目解释，基本上是对伯修斯在阿米尼乌葬礼上所致"悼词"内容的摘要复述和粗糙编写。其中猎奇意味往往大过真正的学术探讨意趣。譬如，许多辞书条目都满足于对阿米尼乌思想一百八十度大转折传说的以讹传讹：阿米尼乌被教会权威指派去反驳一位反极端加尔文派作者，然而当他详细了解那位作者思想后，竟然变成了他本来要反驳对象的忠实追随者。不过，这种易于为人津津乐道的描述更多的是想象传说而非历史事实。随着对福音派研究的深入，我还发现，那些对内对外都极易陷入争吵的福音派，对所谓阿米尼乌主义却有些讳莫如深。英国当代著名理智巨匠 C. S. 刘易斯，可以说是 20 世纪对英美基督教保守派影响最大的重要人物之一，然而他在保守派基督教阵营内却未能获得应有推重，其原因就在于他的基督教理解具有阿米尼乌主义色彩。美国著名福音布道家葛培理在世界基督教范围内获得巨大声誉，然而亦有批评者指责葛培理信仰与神学具有浓厚的阿米尼乌主义倾向。这一切都太耐人寻味了。从那时起，我就产生一个想法：如果能有时间和机会，可以对这个问题作出一项专门研究。

当然，我也会不禁对自己嘀咕，展开这项研究能有什么现实意义呢？或者说，它与我们此时此地的生活能有什么联系呢？基督教史上的阿米尼乌之争，毕竟是发生在那遥远地方和历史深处里的事情了。然而，在社科院宗教所工作后，通过一些学术交流，我偶然得知中国某些地方教会譬如浙江温州教会里曾经为一些神学教义问题陷入争吵和分裂，而引发争论的核心问题竟然是上帝预定与人的自由意志问题。初闻此事，我颇觉不可思议。但同时也隐约感到历史上的所谓阿米尼乌之争，一下子大大缩短了时空距离而与我们现实发生了联系。其实，许多问题都会在不同时代不同地方反复发作。譬如，在阿米尼乌分子看来，极端加尔文主义预定论有可能会损害福音宣教并助长"反律法性唯信仰主义"，不利于牧者事奉和信徒的灵性生活。特别是多特会议第五条教典"圣徒的无条件忍耐持守"教义，更是易于诱发基督徒的某种盲目自满或放任自流心态，使一些信徒动摇于自满与失望或者放纵与绝望之间。既然极端预定论否定人的自由选择，那么一些人接纳恩典只是因为是拣选者，而其余人没有接纳恩典也只是因为不属拣选者之列。这样一种信念势必会影响对于宣教传福音的看法。从反面看，如果信徒坚信没有什么能够最终损害其永恒救赎，那么就可能成为基督徒软弱或过错的借口。所以，阿米尼乌主义认为，救赎信仰只是上帝恩赐而不是什么强制结果；基督徒认信上帝是经由上帝恩典激活的一种意志行为，上帝救赎就是通过顺从上帝所维持的与上帝的互融团契，而这种与上帝的团契亦有可能因人的不顺从而失落。真正的信徒也有可能从上帝那里跌落并遭受永罚。像这类问题，对于反复经历过历史试炼与考验的中国基督教来说，引发深切关注应属自然而然的事情了。况且，我还了解到，中国近几十年新兴民间教会尤其新兴城市教会大都采取了一种加尔文主义信仰，改革宗信仰与神学成为许多基督徒自我界定的信仰形式。而在更早些时候发生的"文化基督徒"争论，在某种程度上亦牵涉到加尔文主义问题。通常，凡是在恪守和遵循改革宗加尔文主义的地方，就会看到那株在多特会议上大费周章栽培的神学"郁金香"，就会联想到作为那株神学"郁金香"前身后事如影随形的阿米尼乌预定论之争。

　　于是，我决定对预定与自由意志问题展开专项研究。而这样的宝贵机会也终于出现了。经选题申请，总部设在纽约的"亚洲基督教高等教育联合董事会（简称"亚联董"），同意全额资助我于2002—2003年度前往耶鲁大学神学院进行博士后研究。从事这项专题研究的基础，首先就是尽可能全面地收集相关资料，特别是那些历史古籍文献。在耶鲁大学神学院图书馆（Yale University Divinity School Library）、耶鲁大学主图书馆（Sterling Memorial Library）、耶鲁大学珍稀本与手稿图书馆（Beinecke Rare Book & Manuscript Library）以及其他一些图书资料机构，我如愿以偿地获得了几乎所有想要利用的古代和现代图书资料。那时候，每天在凛冽空气里踏着积雪穿越茂密树林往返图书馆，真是一件令人难忘的经历。图书馆工作人员还笑着表示：别的中国学者到这里是查阅你们中国古籍，而你到这里是查阅我们美国古籍，这真是太有意思了。此外，与耶鲁神学院隔路相望的"海外宣教研究中心"（OMSC），在为我提供温暖舒适住宿的同时，也以其特有渠道提供的赠书令我常有意外之喜，其中就包括慷慨获赠的一套绝版三卷本"美国版"《阿米尼乌文集》。

　　本书草稿主体部分就是在访问耶鲁大学那段时期里完成的。前后承蒙一些学者的支持和鼓励，自是难以忘怀。加拿大维真学院的许志伟教授算是第一位严肃促使我对这个问题进行系统研究的师长。那是还在维真学院研究福音派思想期间，我特地就自己心中的"阿米尼乌疑惑"向许老师提出请教。而许老师则用令人惊讶的坦率回答：我不知道啊；你知道，请你告诉我啊。在前辈师长中，几乎对一切学术问题总是保持浓厚兴趣的段琦教授，对我这一研究设想更是给予热情洋溢的支持和勉励，还特地给我介绍了她对中国教会预定论之争的观察与调研。卓新平教授在充分肯定我这一研究计划的同时，更是为我的耶鲁之行作出了决定性举荐。居住在耶鲁附近的"前辈的前辈"赵复三教授在详细了解我的访学计划后，一边肯定这项工作的学术意义一边语重心长地告诫我，学者就应当专心于这种学术研究，而不应徒劳无益地追求变化无定的政治关切。而我的同行同事和亲朋好友更是用他们的鲜活存在提醒我，人生世界里总是会有一些爱恨情仇悲欢离合的插曲，甚或还能构成一种或淡或浓的基调，就像我在本书里以委婉隐忍笔法精心描刻的那样。

　　不管怎么说，本书探讨的问题首先是我自己的问题。我对这个问题发生的强烈好奇与探究之心，驱使我必须要走过这段寂寞研究路途才能获得内心安宁。书中有言，上帝的绝对预定，使得上帝恩典不可能是普遍性的。如果上帝在没有预见人的任何特性或行为情形下，就预先决定一个人永恒的生死祸福，那么上帝创世和造人，只是成为实施和实现其预定命令的一种手段或途径。这是极端加尔文派预定论的立场。同时，它也与我自己在接触基督教神学以前的朴素理解有暗合之处。只不过在我原先的理解中没有明确引进人格性上帝，而是采取了一种盲目异己力量的泛神论和不可知论形式。但是，阿米尼乌主义在否定极端预定论的同时，重新解释了隶属于预定范畴内的拣选与弃绝教义，并将上帝的拣选与弃绝看作有条件而非无条件的，而这种条件性就是对耶稣基督的信仰。阿米尼乌主义通过强调人的自由意志，通过强调人对上帝之道的自由或自主性回应，可以更方便地解释现代世界特别是传统非基督教世界里人们对于福音的回应，也可以更方便地解释现代许多人对于基督福音的拒斥。在严格加尔文主义的薄弱环节中，除了弃绝教义，还有圣徒忍耐持守教义。一些当代福音派阿米尼乌主义者就认为，上帝恩典的持续性至少可以在人之参与者这一方得到增强或松弛。人不是什么非时间性神圣命令的产物，而是上帝盟约的伙伴和历史的真正参与者。上帝创造的人，是既能够接受又能够拒绝上帝恩典的受造物。阿米尼乌主义的解答，至少在某种意义上纠正或者解决了我本人对这个问题的困惑。

本书完成终稿后，经过中国社会科学出版社陈彪先生的努力终于出版了。然而，这是一本在某种意义上生不逢时的著作：发行量非常有限，读者反响也是非常有限。这既在意料之中又在意料之外。一方面，中国学界的纯基督教研究还很薄弱，如果研究人物或主题能够兼及宗教与西方哲学或其他学科，或许还能获得较广泛的关注；否则就只能吸引更少的读者了。另一方面，中国教界的思考和学术探究正在起步阶段，还需假以机遇和时日才能深化其思考与理解。换个角度看，"中国基督教思想研究"就其发展进程而言，第一阶段片面追求所谓"科学或实证"（scientific or positivistic）研究，然而，"科学或实证"研究对于包括基督教思想在内的人文学科并不适用。第二阶段纠缠于所谓"客观或主观"（objective or subjective）研究并力图区分出高下优劣，然而，所谓"客观"都是自封的，真正的客观并不存在，每人都有自己自觉或不自觉的出发立场和理论预设。第三阶段可以称之为"学术"（academic or scholastic）研究，然而，这样一种学术研究虽然在国际上已成主流之势，但在中国还未能完全解决其合理合法性问题。本书大概就属于纯基督教思想的纯学术性研究。也算是一种学术试验或探索吧。一如《诗经》所云：出自幽谷，迁于乔木；嘤其鸣矣，求其友声。令人稍感欣慰的是，本书内容没有时效性；所涉问题也是永恒的。即便再过几代学人，再过三五十年，只要还有人被这个问题所吸引，那么他就不可能避开本书对其构成的挑战。

本书修订版相对于初版，主要发生三个变化：一是重新进行了版式设计，同时对一些文字句法作了必要订正。二是增加了一节总结性的"尾声"，以便对全书内容提供一个简明概括。三是变换了叙述风格，初版采用一种比较利于作者思考的拖沓迟缓的叙述风格，而新版的叙述则变得更为简洁明快。经过这样修订处理，希望可以使读者的阅读，变得稍加轻松和流畅一些。

是为记。不，是为补记。

董江阳

2019 年 5 月 25 日写于北京